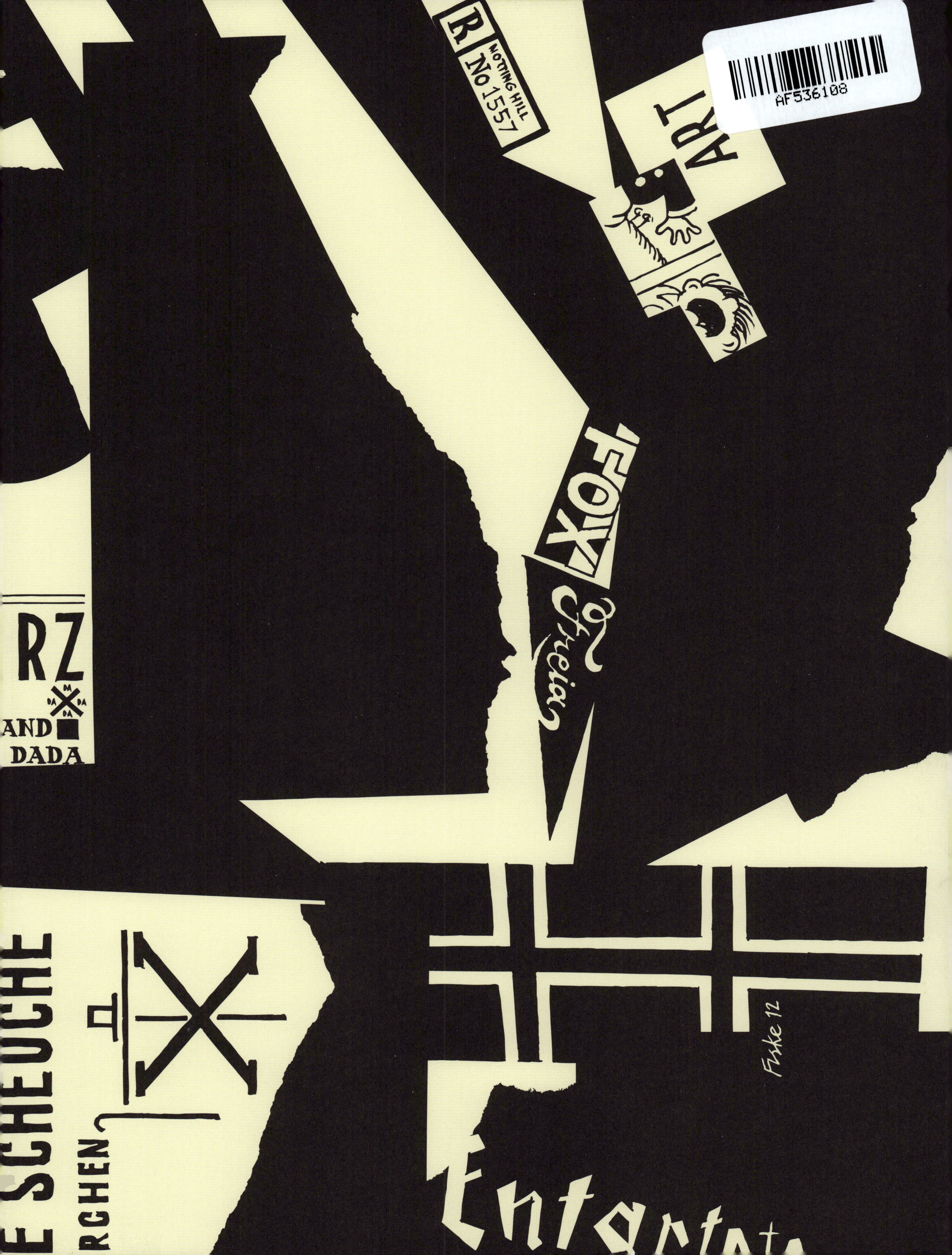

NOTTING HILL
No 1557
ART
FOX
RZ
AND
DADA
E SCHEUCHE
RCHEN
Fiske 12

LARS FISKE

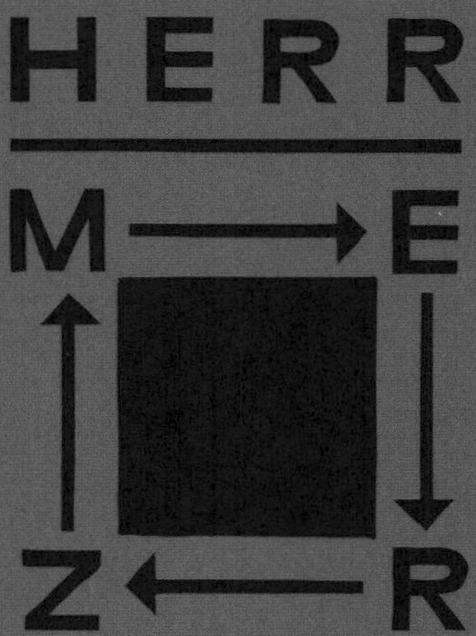

avant-verlag

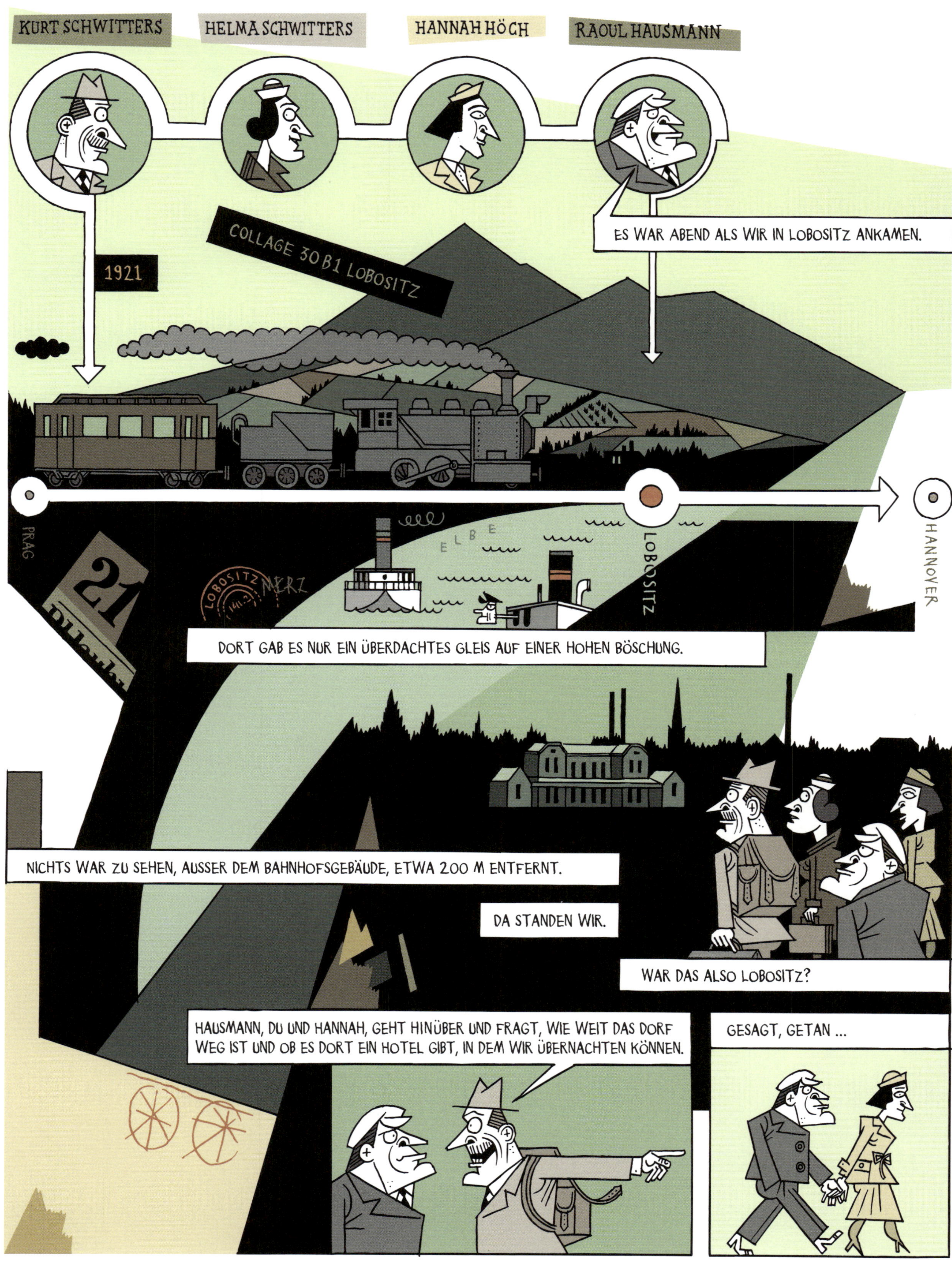
KURT SCHWITTERS
HELMA SCHWITTERS
HANNAH HÖCH
RAOUL HAUSMANN
COLLAGE 30 B1 LOBOSITZ
1921
ES WAR ABEND ALS WIR IN LOBOSITZ ANKAMEN.
PRAG
LOBOSITZ
HANNOVER
ELBE
LOBOSITZ
MERZ
21
DORT GAB ES NUR EIN ÜBERDACHTES GLEIS AUF EINER HOHEN BÖSCHUNG.
NICHTS WAR ZU SEHEN, AUSSER DEM BAHNHOFSGEBÄUDE, ETWA 200 M ENTFERNT.
DA STANDEN WIR.
WAR DAS ALSO LOBOSITZ?
HAUSMANN, DU UND HANNAH, GEHT HINÜBER UND FRAGT, WIE WEIT DAS DORF WEG IST UND OB ES DORT EIN HOTEL GIBT, IN DEM WIR ÜBERNACHTEN KÖNNEN.
GESAGT, GETAN ...

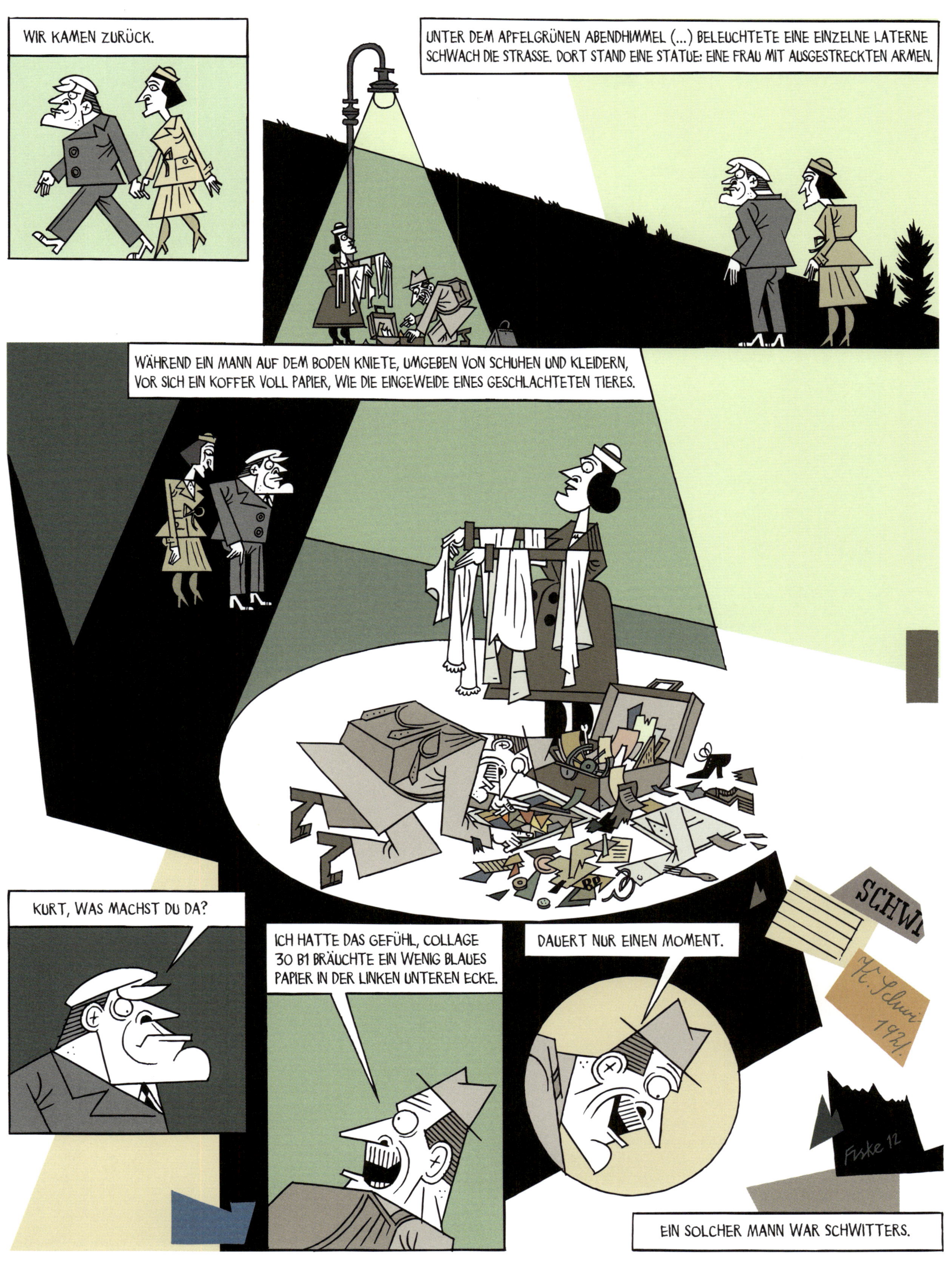
WIR KAMEN ZURÜCK.
UNTER DEM APFELGRÜNEN ABENDHIMMEL (...) BELEUCHTETE EINE EINZELNE LATERNE SCHWACH DIE STRASSE. DORT STAND EINE STATUE: EINE FRAU MIT AUSGESTRECKTEN ARMEN.
WÄHREND EIN MANN AUF DEM BODEN KNIETE, UMGEBEN VON SCHUHEN UND KLEIDERN, VOR SICH EIN KOFFER VOLL PAPIER, WIE DIE EINGEWEIDE EINES GESCHLACHTETEN TIERES.
KURT, WAS MACHST DU DA?
ICH HATTE DAS GEFÜHL, COLLAGE 30 B1 BRÄUCHTE EIN WENIG BLAUES PAPIER IN DER LINKEN UNTEREN ECKE.
DAUERT NUR EINEN MOMENT.
SCHWI
Fiske 12
EIN SOLCHER MANN WAR SCHWITTERS.

LARS FISKE:

MERZEN NACH SCHWITTERS

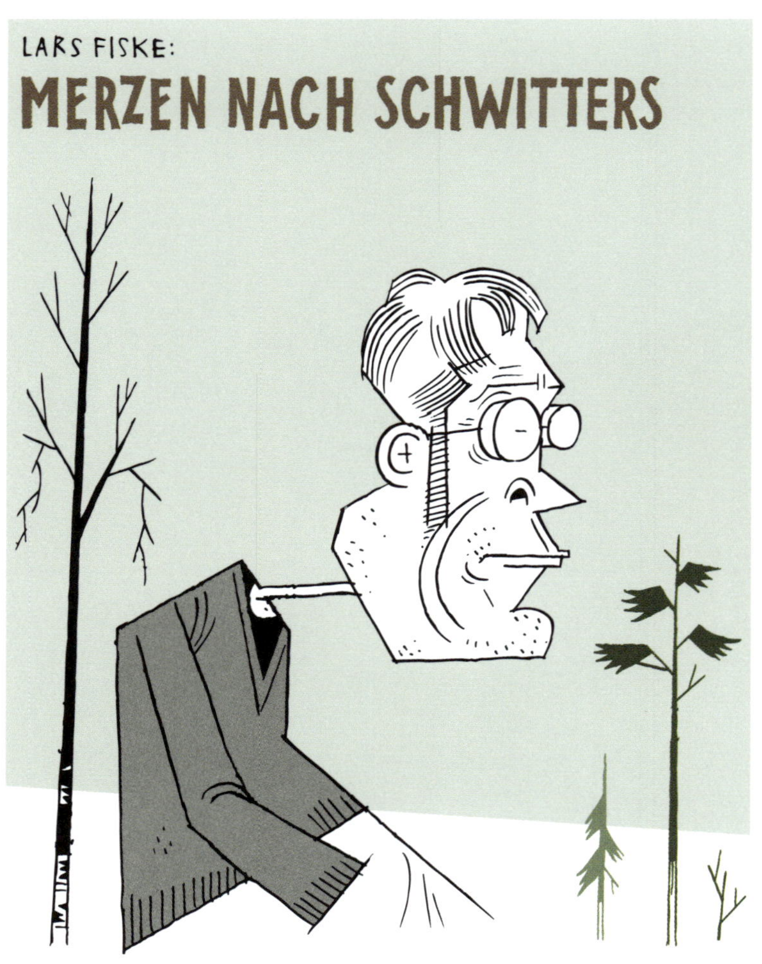

UM SCHWITTERS KUNST ZU VERSTEHEN, VERSUCHTE ICH EINES TAGES SELBST EINE COLLAGE HERZUSTELLEN.

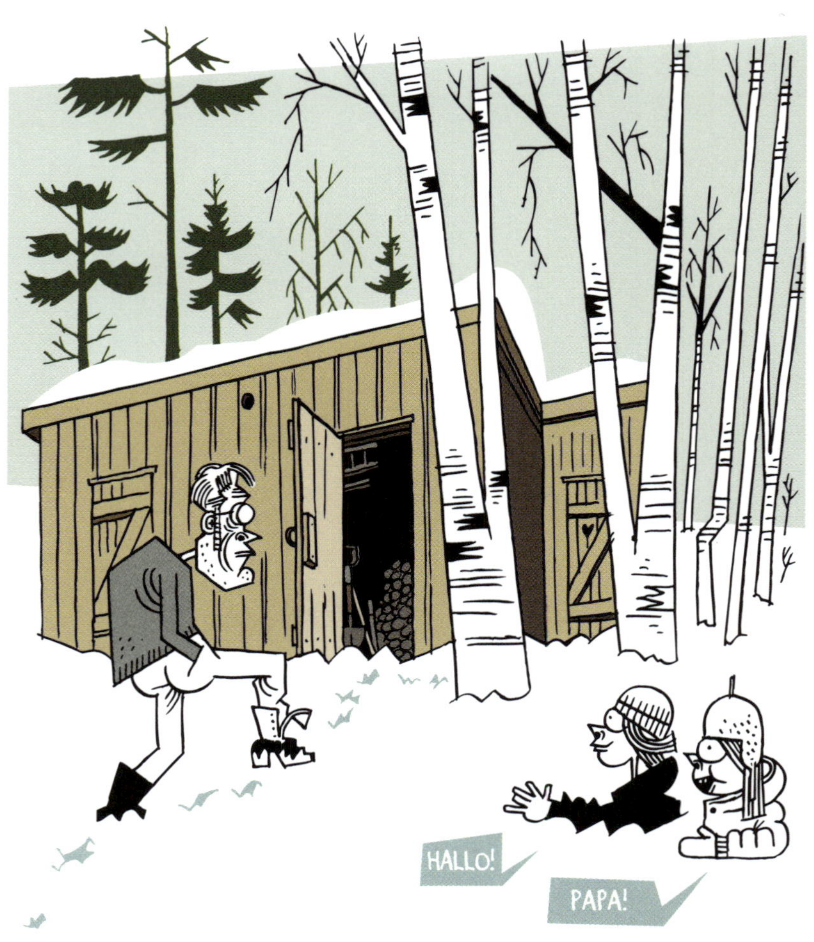

SCHWITTERS KOMPONIERTE SEINE BILDER AUS FRAGMENTEN, ZU DENEN ER EINE TIEFE VERBINDUNG FÜHLTE UND DIE EINE PERSÖNLICHE BEDEUTUNG FÜR IHN HATTEN.

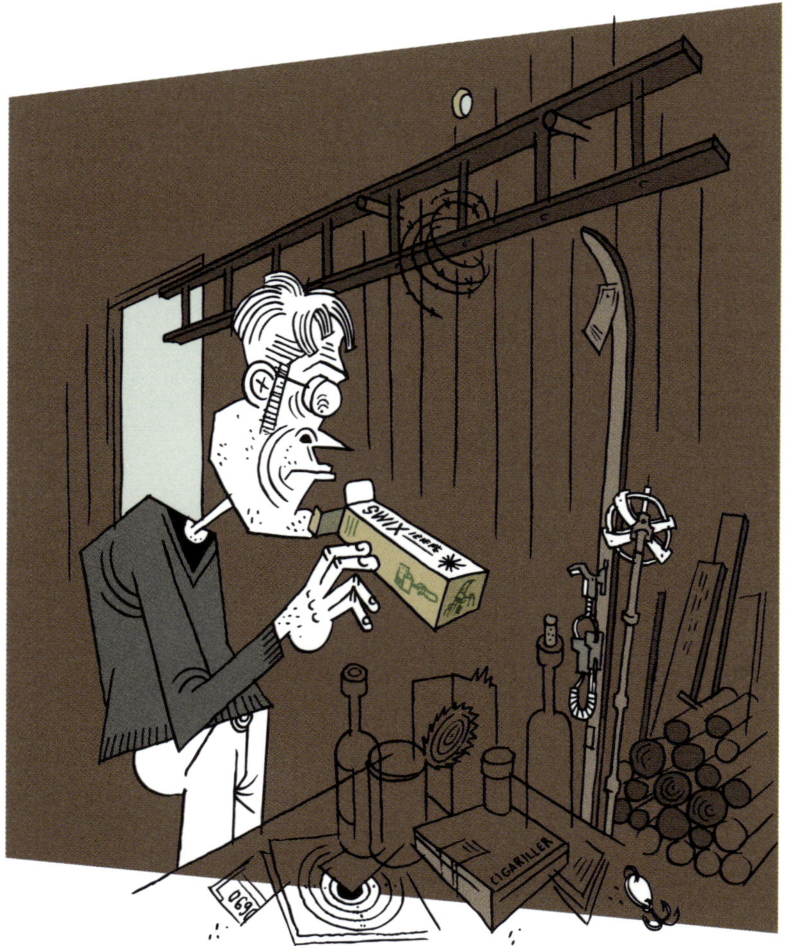

BEI UNSERER SOMMERHÜTTE HABEN WIR EINEN HOLZSCHUPPEN, IN DEM ALTE SACHEN HERUMSTEHEN. HIER FAND ICH STÜCKE MIT WAHRHAFT BIOGRAFISCHEM INHALT.

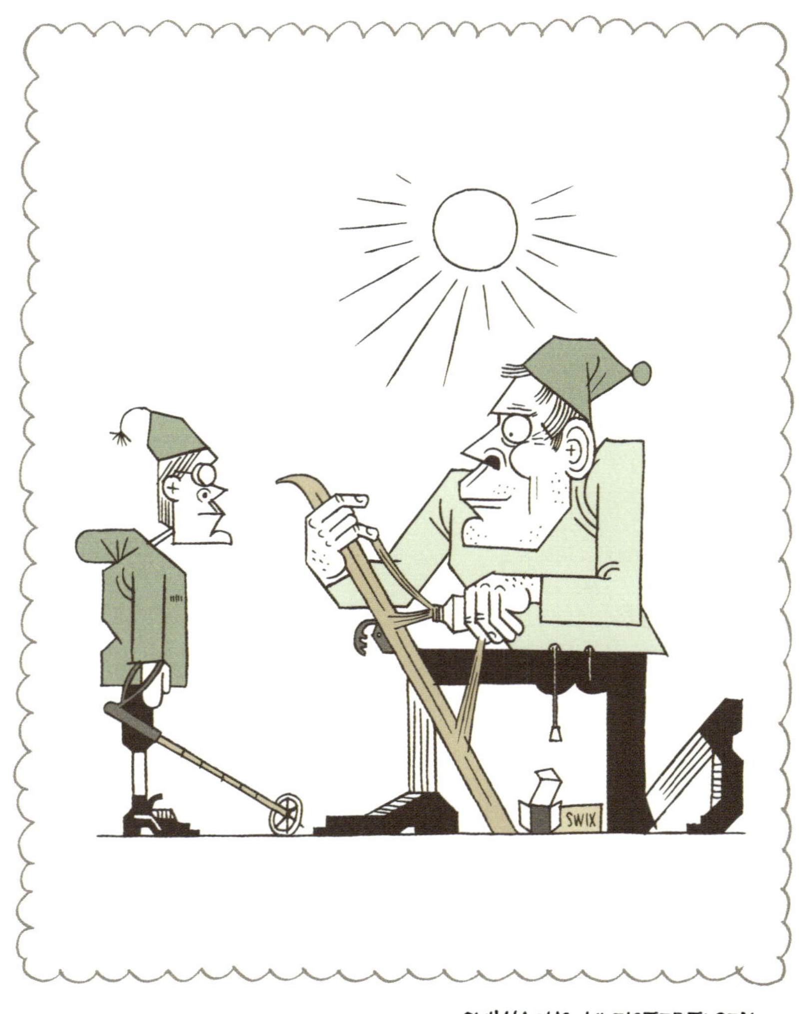

SKIWACHS, KLEISTERTUBEN ...

ZIELSCHEIBEN, ZIGARRENKISTEN, ANGELHAKEN ...

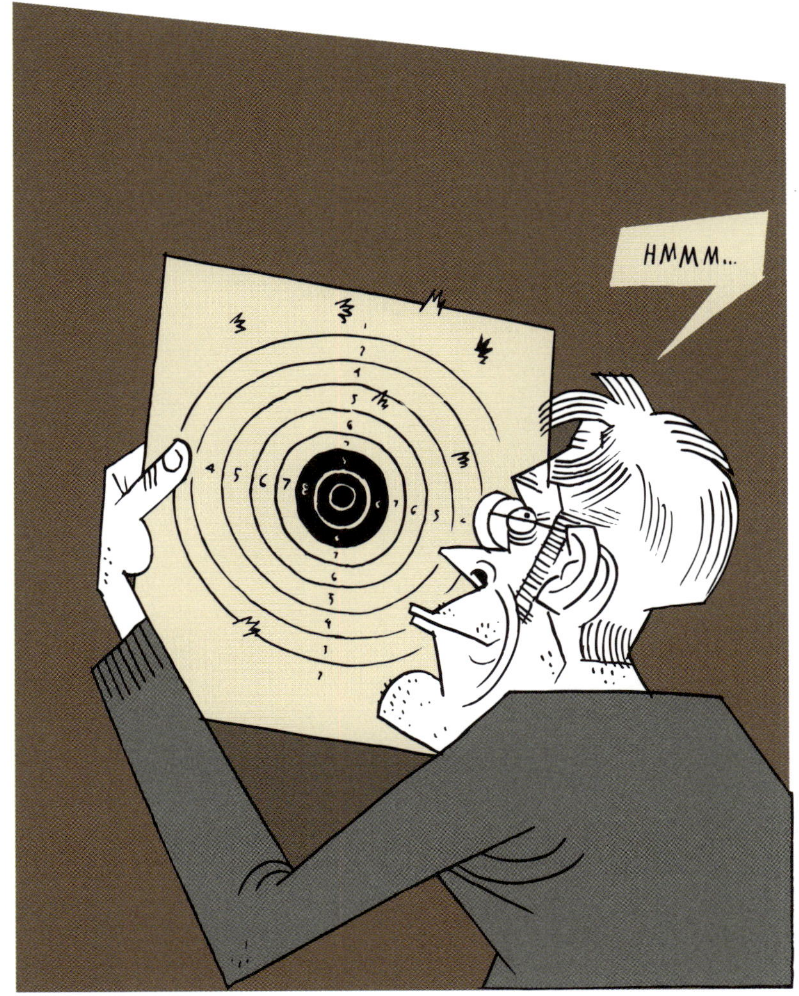

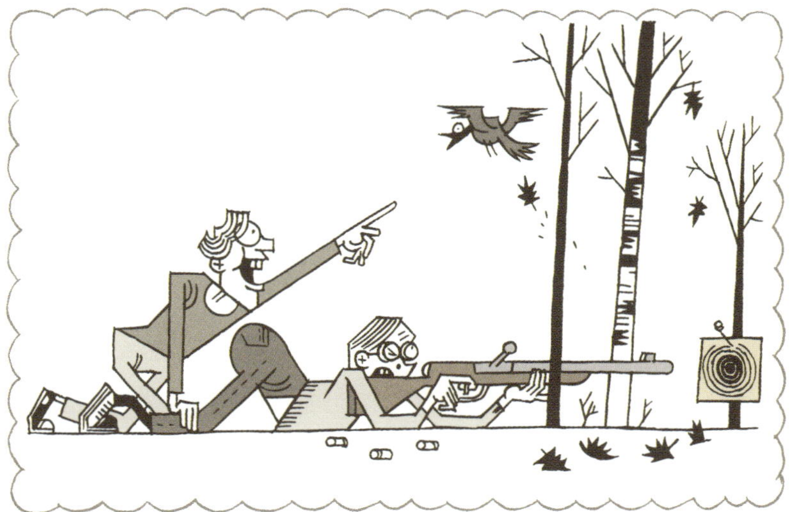

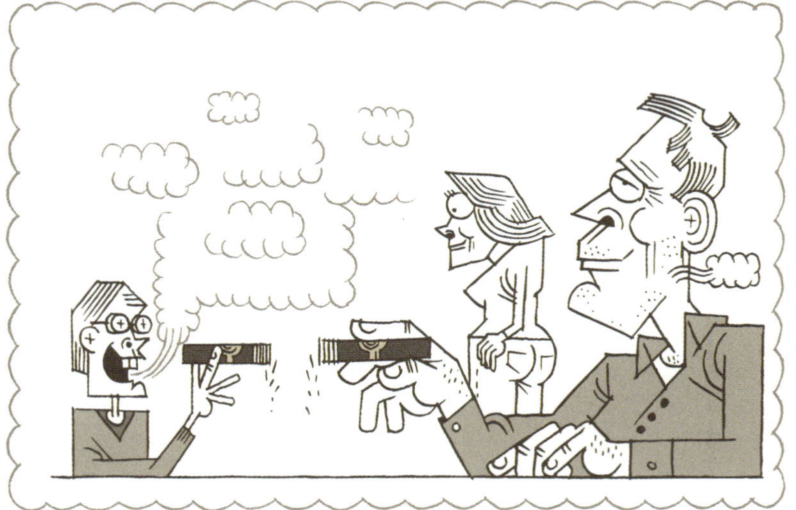

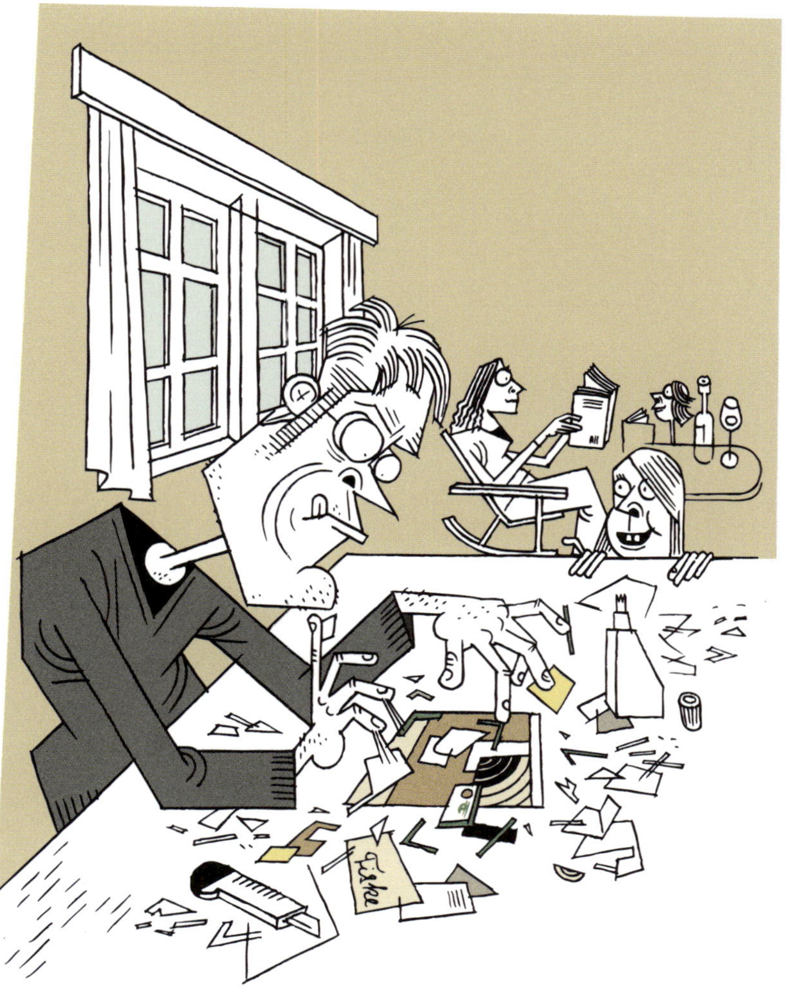

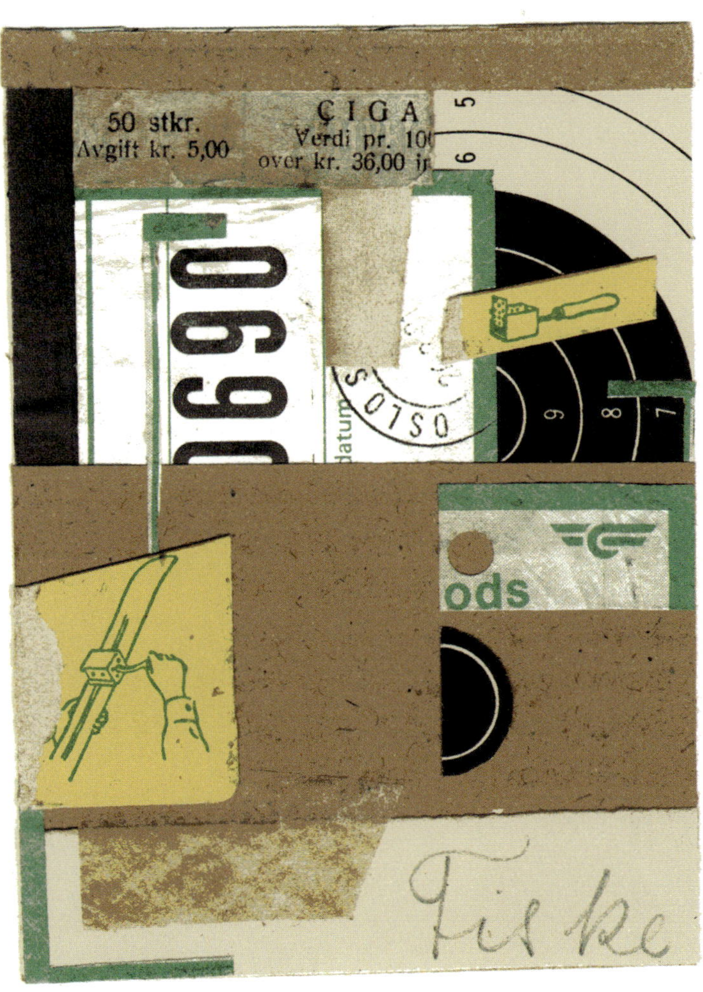

FERTIG GEMERZT: »HYTTEMERZ« 2006. Fiske 06

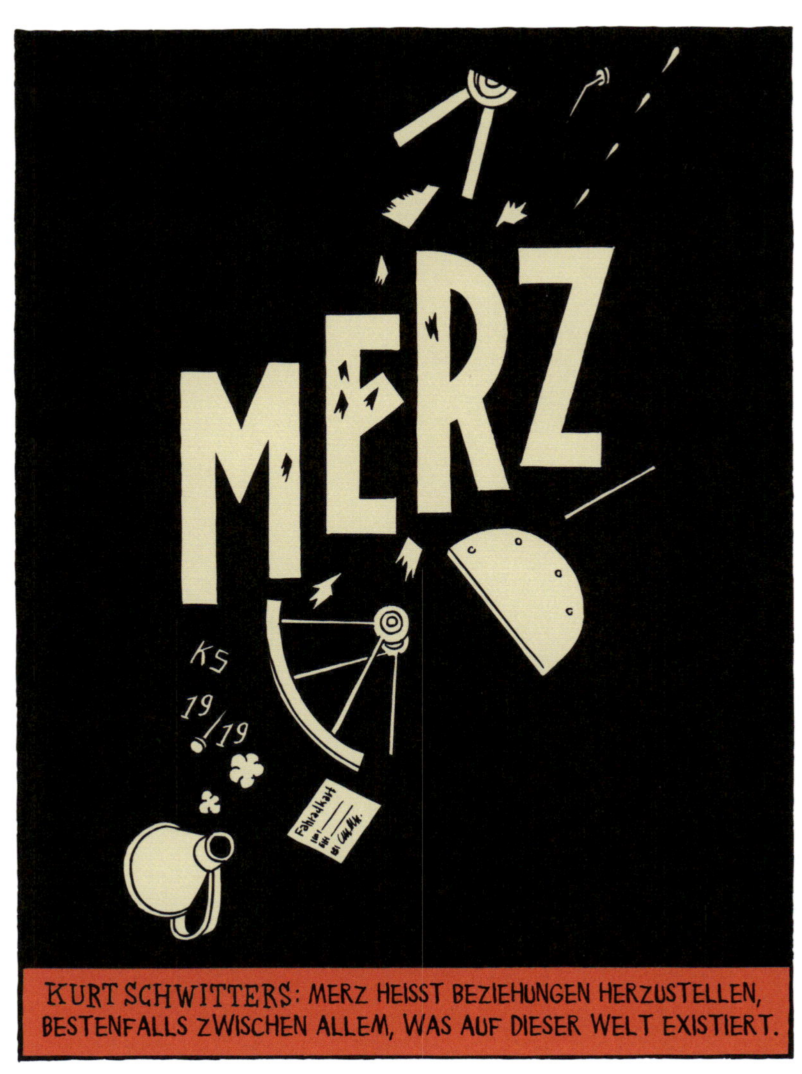
MERZ
KS
19/19
KURT SCHWITTERS: MERZ HEISST BEZIEHUNGEN HERZUSTELLEN, BESTENFALLS ZWISCHEN ALLEM, WAS AUF DIESER WELT EXISTIERT.

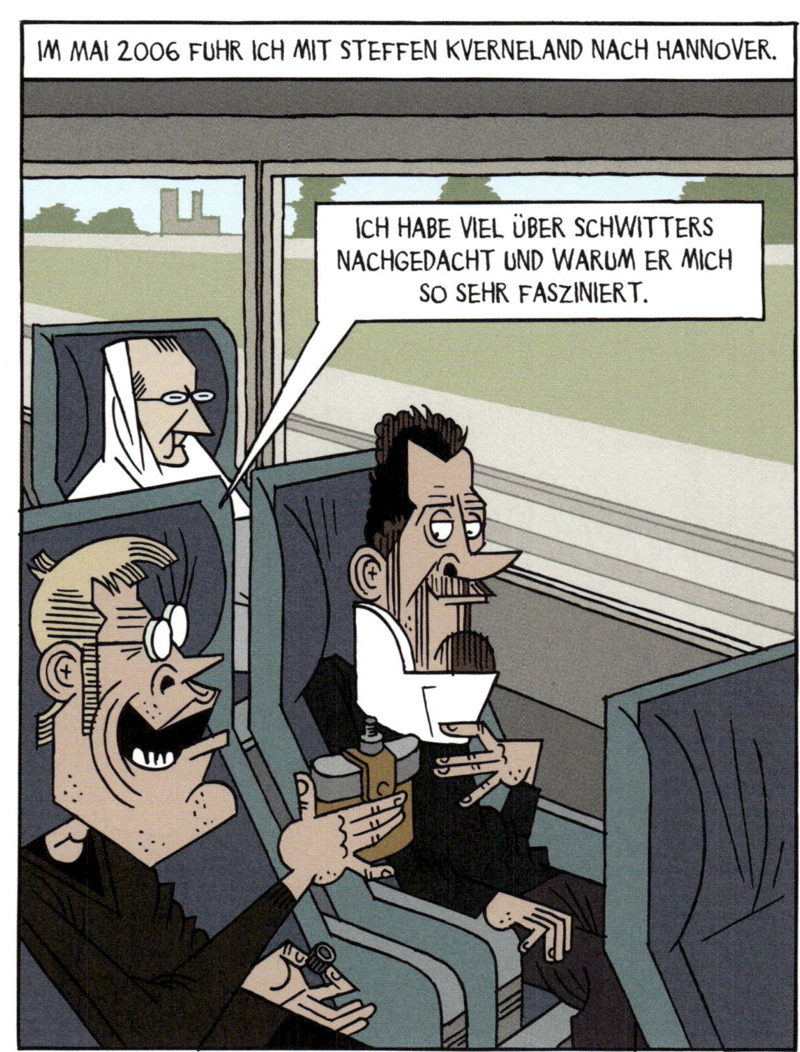
IM MAI 2006 FUHR ICH MIT STEFFEN KVERNELAND NACH HANNOVER.
ICH HABE VIEL ÜBER SCHWITTERS NACHGEDACHT UND WARUM ER MICH SO SEHR FASZINIERT.

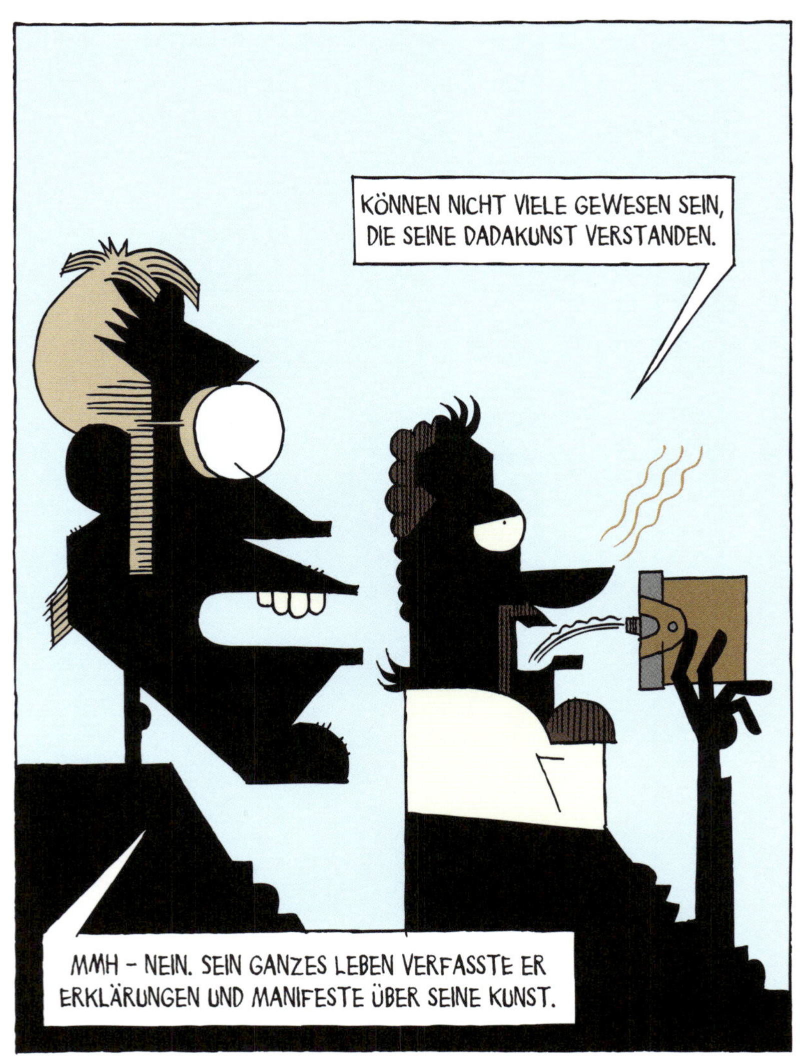
KÖNNEN NICHT VIELE GEWESEN SEIN, DIE SEINE DADAKUNST VERSTANDEN.
MMH – NEIN. SEIN GANZES LEBEN VERFASSTE ER ERKLÄRUNGEN UND MANIFESTE ÜBER SEINE KUNST.

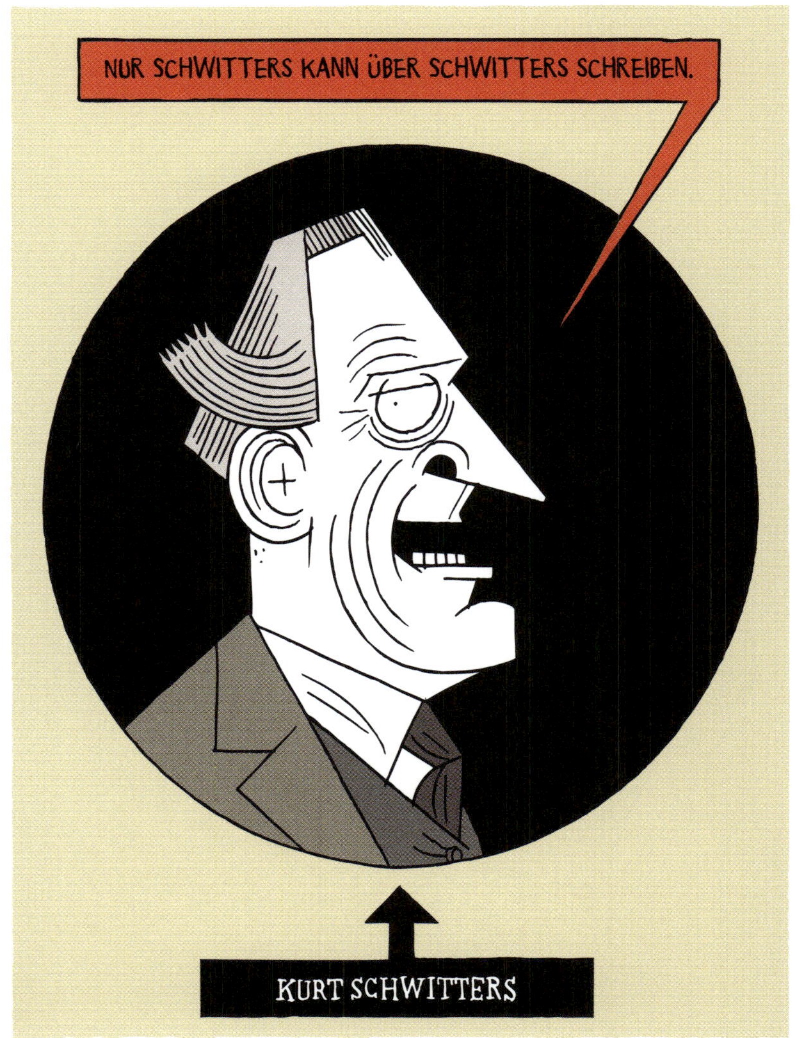
NUR SCHWITTERS KANN ÜBER SCHWITTERS SCHREIBEN.
KURT SCHWITTERS

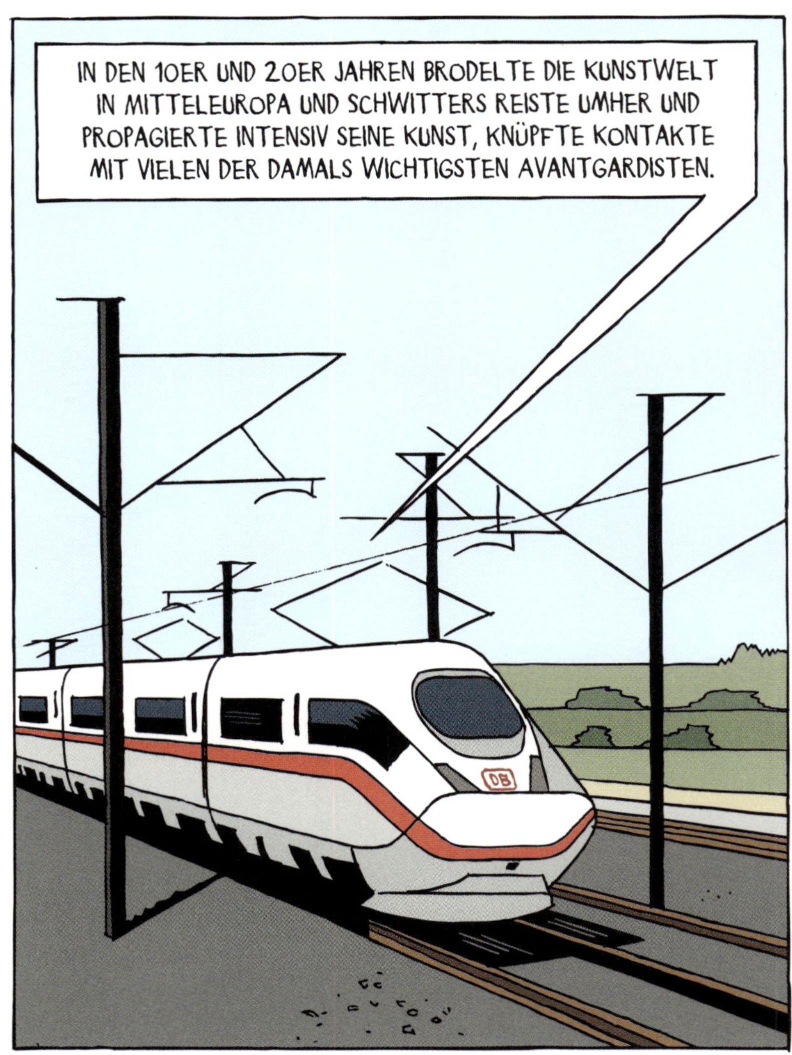
IN DEN 10ER UND 20ER JAHREN BRODELTE DIE KUNSTWELT IN MITTELEUROPA UND SCHWITTERS REISTE UMHER UND PROPAGIERTE INTENSIV SEINE KUNST, KNÜPFTE KONTAKTE MIT VIELEN DER DAMALS WICHTIGSTEN AVANTGARDISTEN.

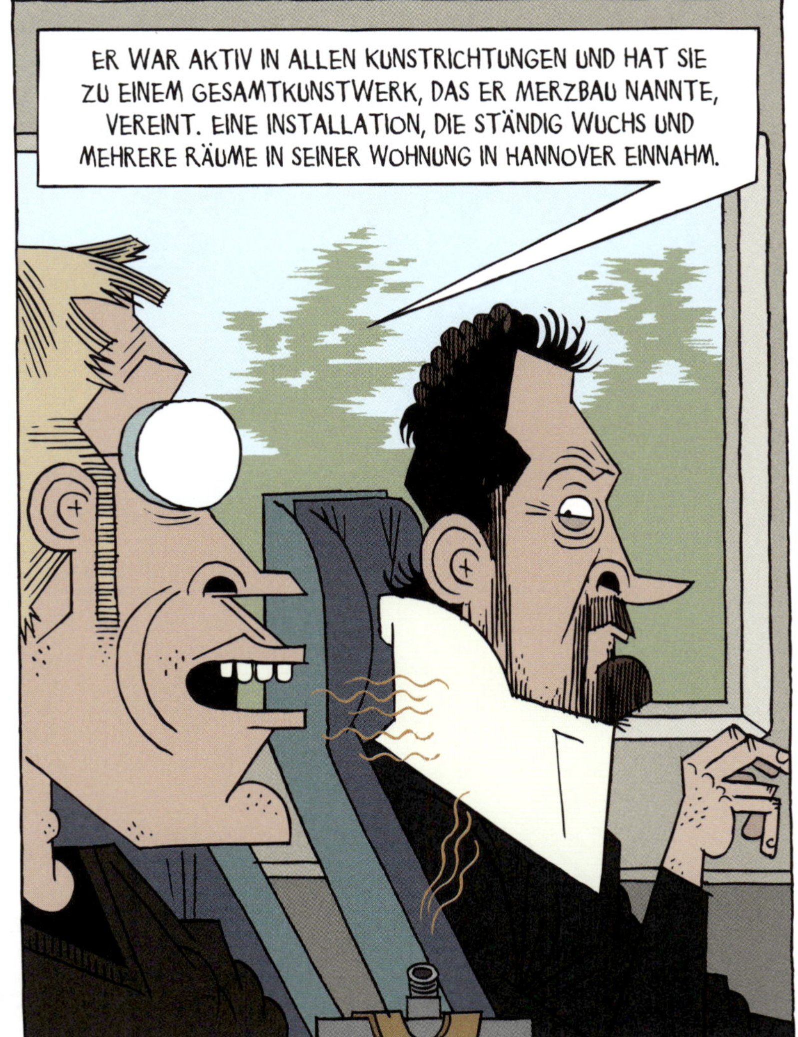
ER WAR AKTIV IN ALLEN KUNSTRICHTUNGEN UND HAT SIE ZU EINEM GESAMTKUNSTWERK, DAS ER MERZBAU NANNTE, VEREINT. EINE INSTALLATION, DIE STÄNDIG WUCHS UND MEHRERE RÄUME IN SEINER WOHNUNG IN HANNOVER EINNAHM.

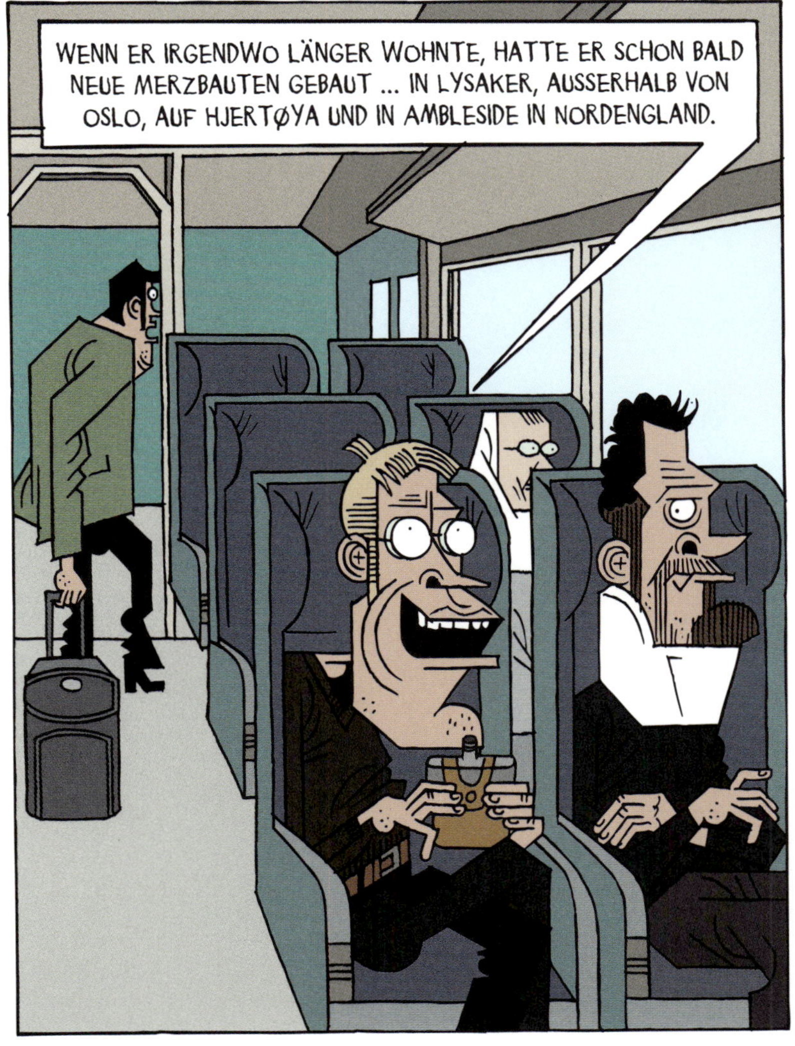
WENN ER IRGENDWO LÄNGER WOHNTE, HATTE ER SCHON BALD NEUE MERZBAUTEN GEBAUT ... IN LYSAKER, AUSSERHALB VON OSLO, AUF HJERTØYA UND IN AMBLESIDE IN NORDENGLAND.

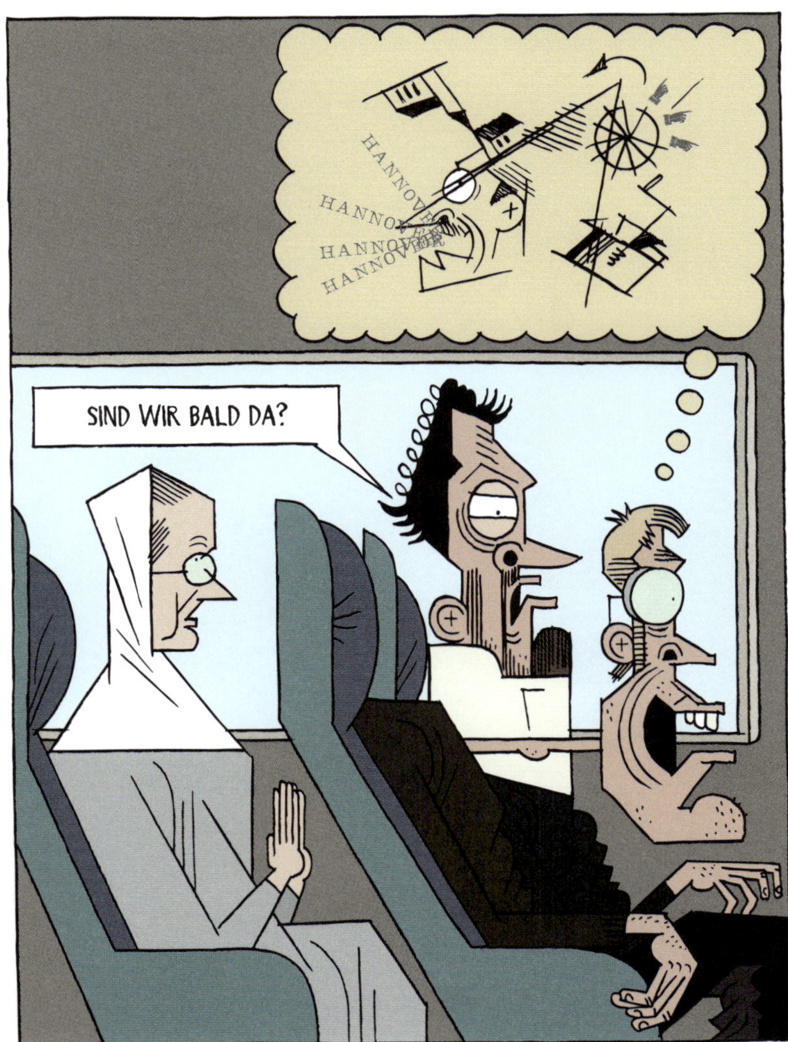
HANNOVER
HANNOVER
HANNOVER
HANNOVER
SIND WIR BALD DA?

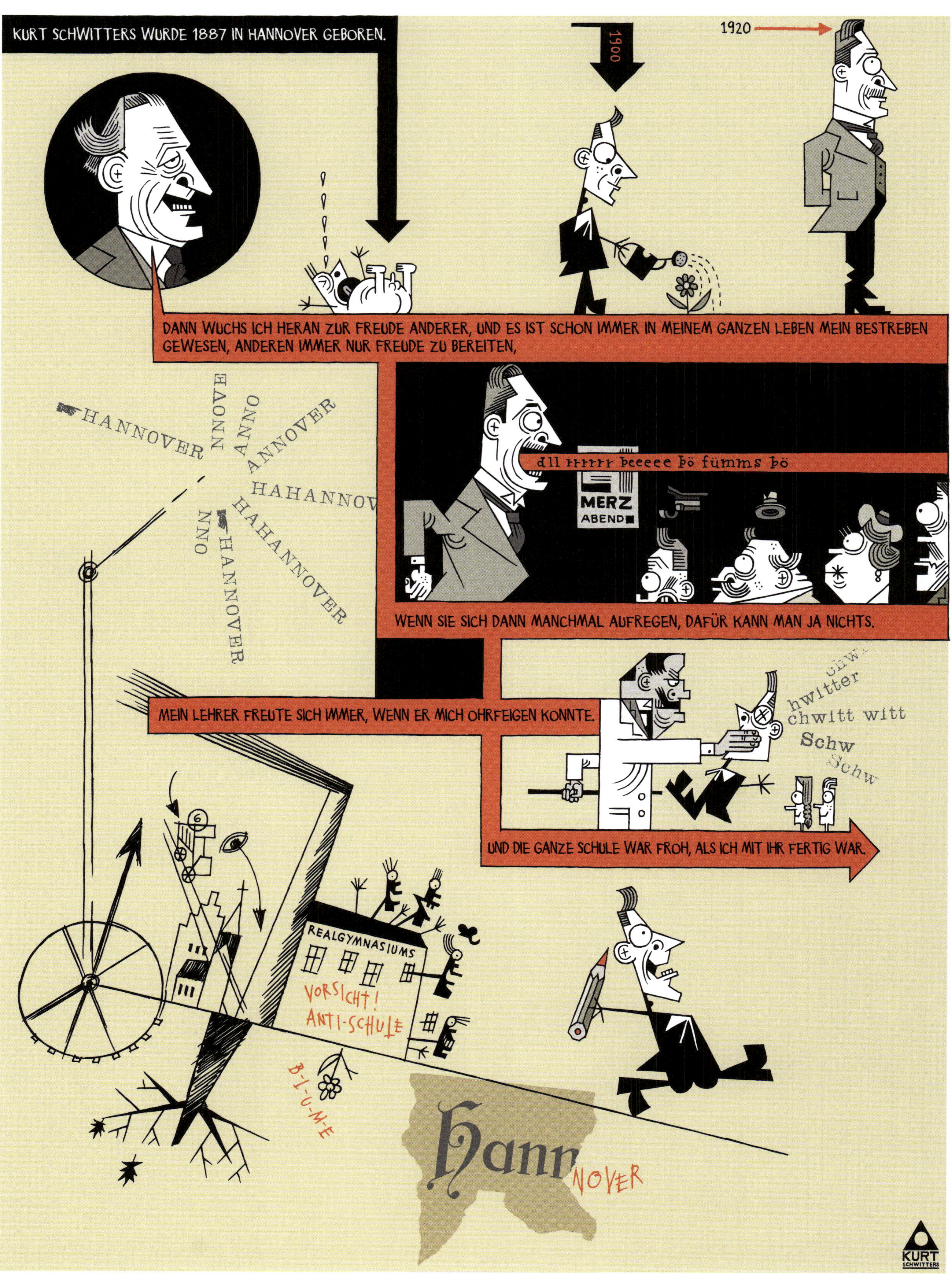
KURT SCHWITTERS WURDE 1887 IN HANNOVER GEBOREN.
1900
1920
DANN WUCHS ICH HERAN ZUR FREUDE ANDERER, UND ES IST SCHON IMMER IN MEINEM GANZEN LEBEN MEIN BESTREBEN GEWESEN, ANDEREN IMMER NUR FREUDE ZU BEREITEN,
dll rrrrrr beeeee bö fümms bö
MERZ ABEND
WENN SIE SICH DANN MANCHMAL AUFREGEN, DAFÜR KANN MAN JA NICHTS.
HANNOVER
NNOVE
ANNO
ANNOVER
HAHANNOV
HAHANNOVER
HANNOVER
NNO
MEIN LEHRER FREUTE SICH IMMER, WENN ER MICH OHRFEIGEN KONNTE.
hwitter
chwitt witt
Schw
Schw
UND DIE GANZE SCHULE WAR FROH, ALS ICH MIT IHR FERTIG WAR.
REALGYMNASIUMS
VORSICHT! ANTI-SCHULE
B-L-U-M-E
Hann NOVER
KURT SCHWITTERS

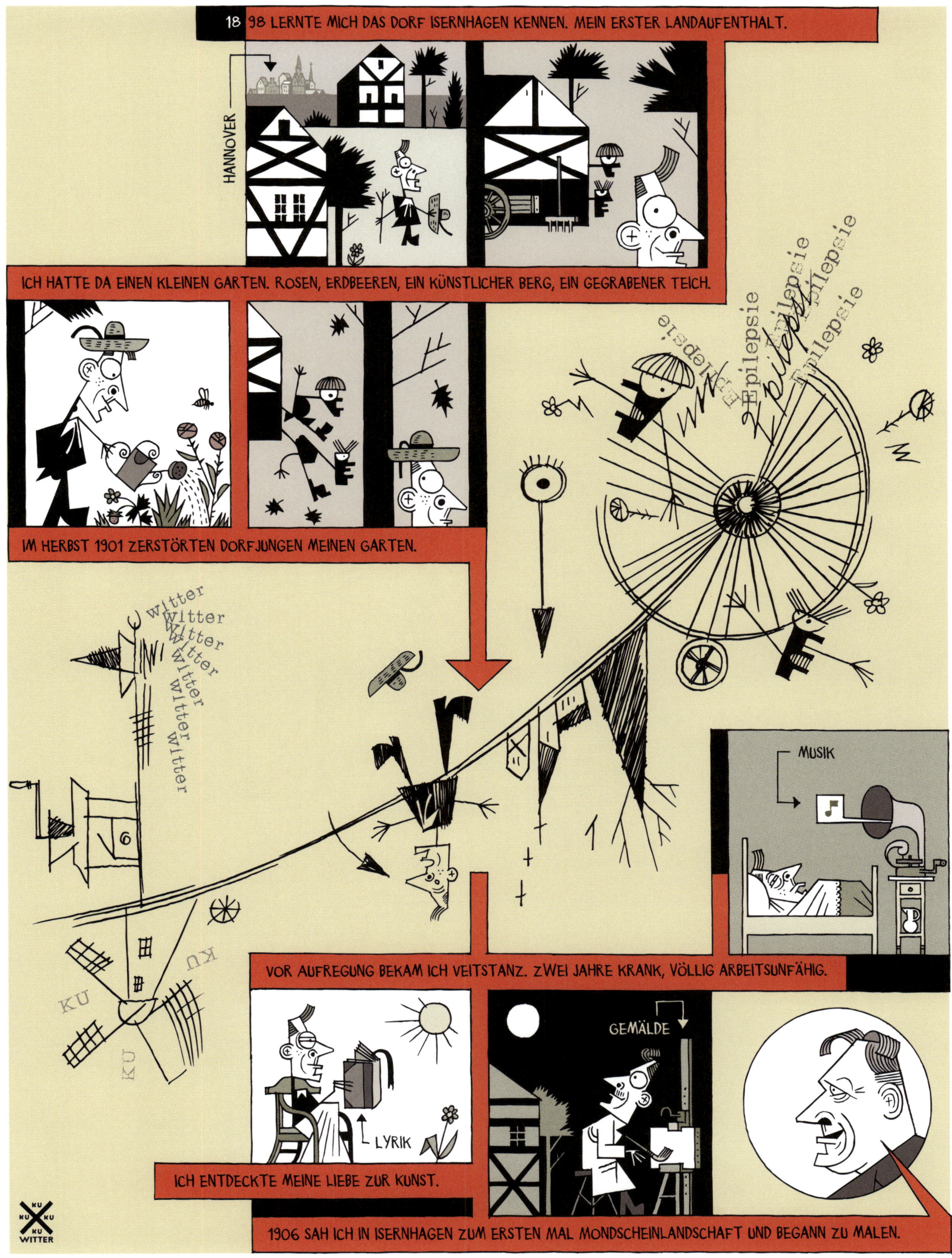
1898 LERNTE MICH DAS DORF ISERNHAGEN KENNEN. MEIN ERSTER LANDAUFENTHALT.
HANNOVER
ICH HATTE DA EINEN KLEINEN GARTEN. ROSEN, ERDBEEREN, EIN KÜNSTLICHER BERG, EIN GEGRABENER TEICH.
Epilepsie
Epilepsie
Epilepsie
Epilepsie
IM HERBST 1901 ZERSTÖRTEN DORFJUNGEN MEINEN GARTEN.
witter
Witter
Witter
Witter
witter
witter
Witter
MUSIK
KU
KU
KU
VOR AUFREGUNG BEKAM ICH VEITSTANZ. ZWEI JAHRE KRANK, VÖLLIG ARBEITSUNFÄHIG.
GEMÄLDE
LYRIK
ICH ENTDECKTE MEINE LIEBE ZUR KUNST.
KU KU KU KU WITTER
1906 SAH ICH IN ISERNHAGEN ZUM ERSTEN MAL MONDSCHEINLANDSCHAFT UND BEGANN ZU MALEN.

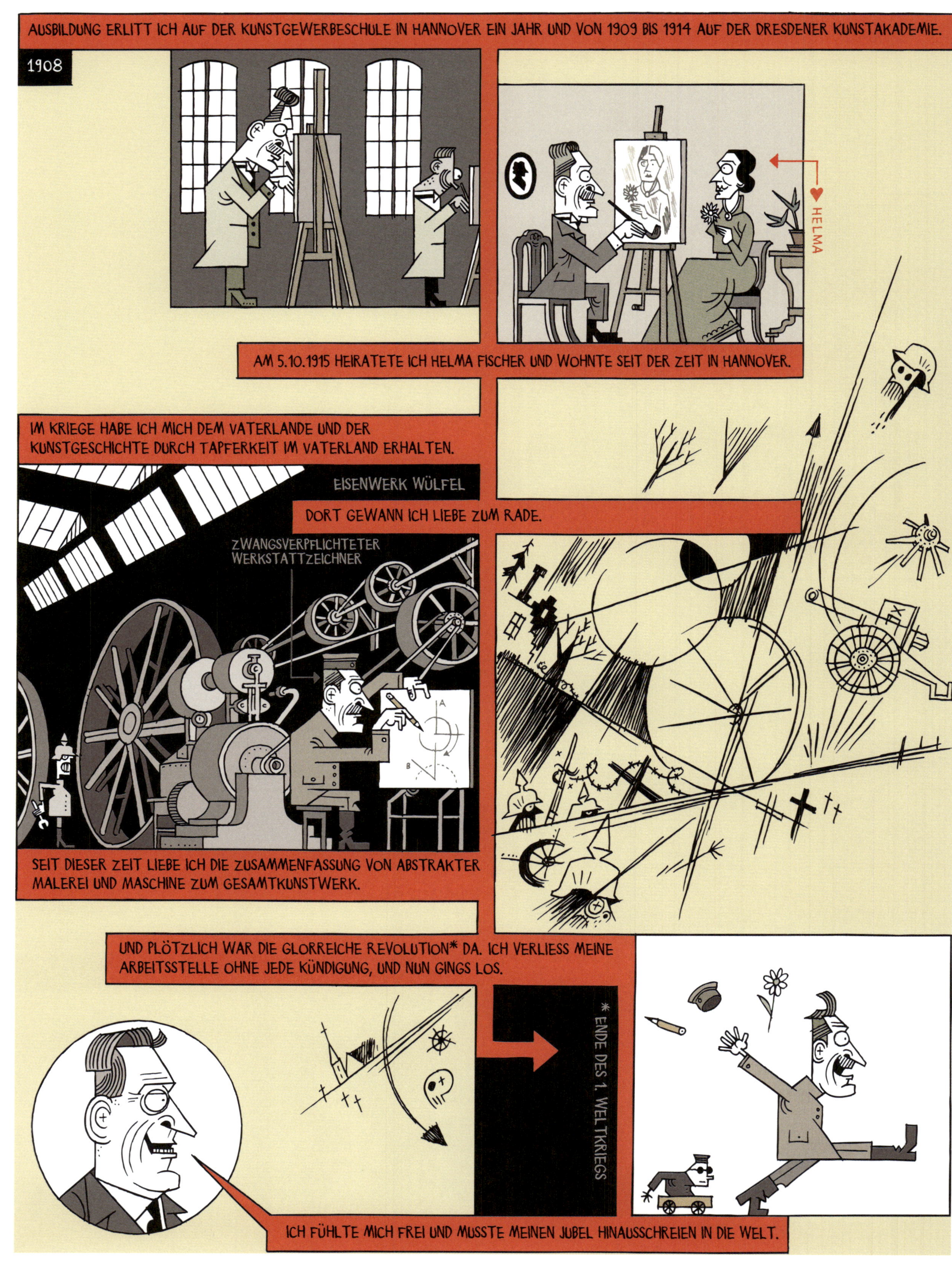
AUSBILDUNG ERLITT ICH AUF DER KUNSTGEWERBESCHULE IN HANNOVER EIN JAHR UND VON 1909 BIS 1914 AUF DER DRESDENER KUNSTAKADEMIE.
1908
HELMA
AM 5.10.1915 HEIRATETE ICH HELMA FISCHER UND WOHNTE SEIT DER ZEIT IN HANNOVER.
IM KRIEGE HABE ICH MICH DEM VATERLANDE UND DER KUNSTGESCHICHTE DURCH TAPFERKEIT IM VATERLAND ERHALTEN.
EISENWERK WÜLFEL
DORT GEWANN ICH LIEBE ZUM RADE.
ZWANGSVERPFLICHTETER WERKSTATTZEICHNER
SEIT DIESER ZEIT LIEBE ICH DIE ZUSAMMENFASSUNG VON ABSTRAKTER MALEREI UND MASCHINE ZUM GESAMTKUNSTWERK.
UND PLÖTZLICH WAR DIE GLORREICHE REVOLUTION* DA. ICH VERLIESS MEINE ARBEITSSTELLE OHNE JEDE KÜNDIGUNG, UND NUN GINGS LOS.
* ENDE DES 1. WELTKRIEGS
ICH FÜHLTE MICH FREI UND MUSSTE MEINEN JUBEL HINAUSSCHREIEN IN DIE WELT.

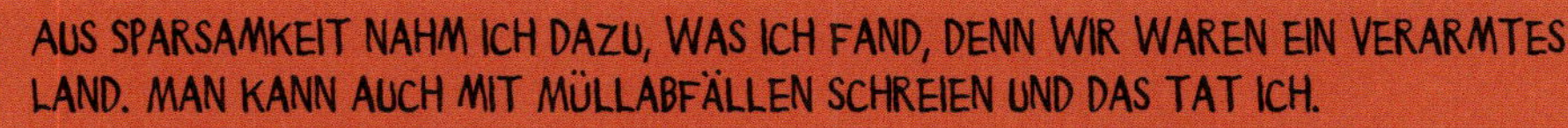

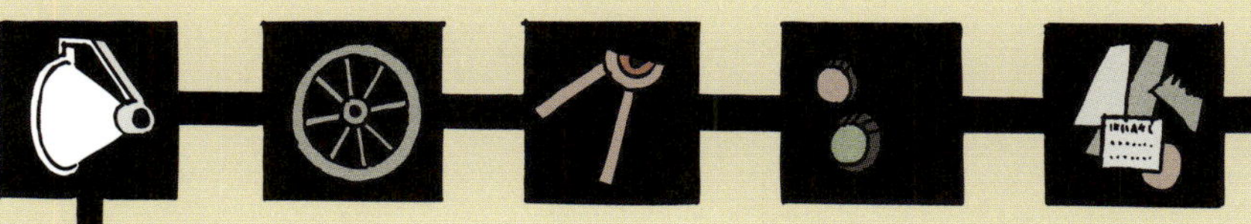

»KONSTRUKTION FÜR EDLE FRAUEN«

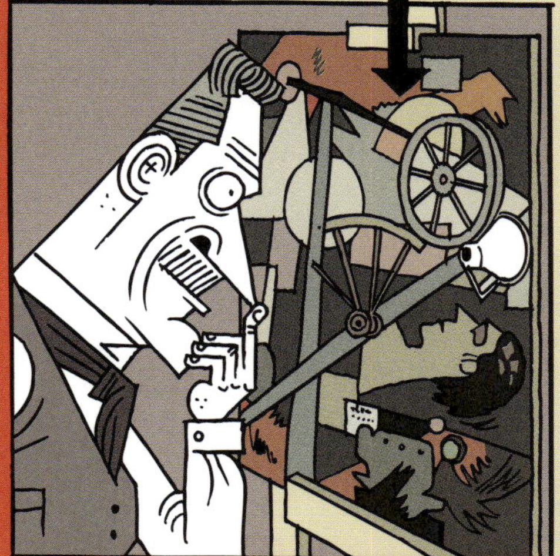

KURZ BEVOR ICH FAST FERTIG WAR, MERKTE ICH, DASS ETWAS FEHLTE.

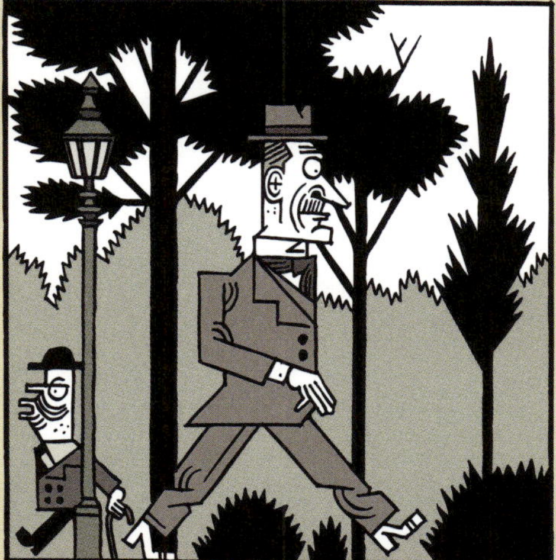

ICH GING IN DIE EILENRIEDE, DEN STADTWALD VON HANNOVER …

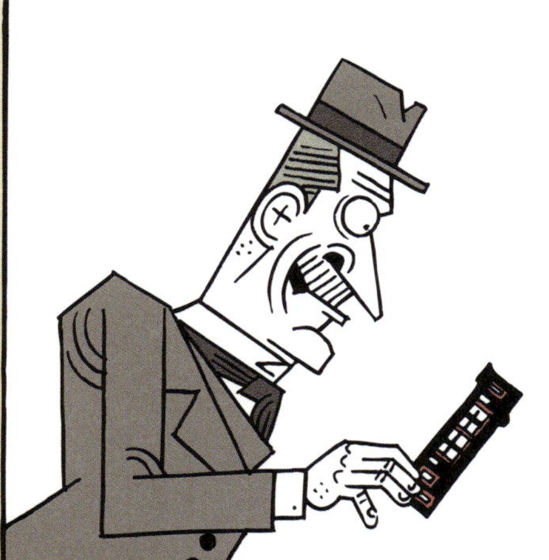

UND DORT FAND ICH DIE HÄLFTE EINER SPIELZEUGEISENBAHN.

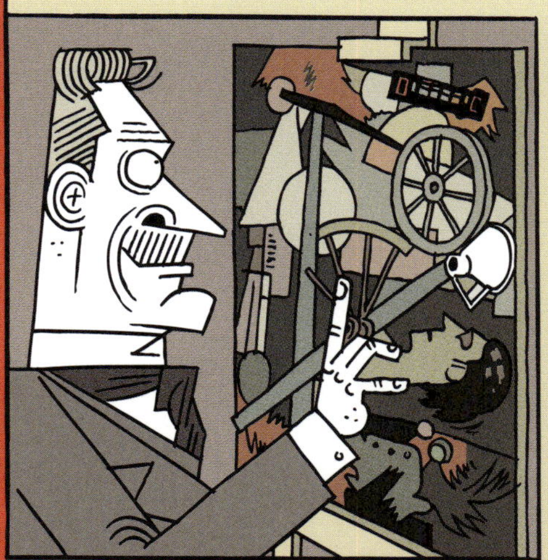

ICH WUSSTE SOFORT, DASS SIE IN DAS BILD GEHÖRTE UND FÜGTE ES AN DER PASSENDEN STELLE EIN.

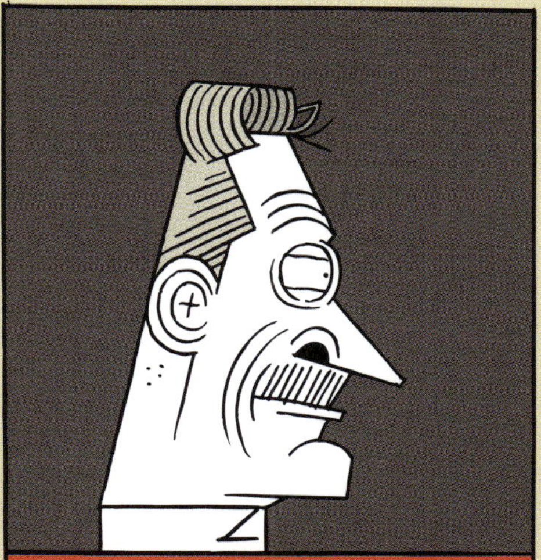

DOCH WO WAR DIE ANDERE HÄLFTE DES ZUGES? MIR WURDE GANZ UNWOHL, DA ICH DAS BILD NICHT OHNE DIE ANDERE HÄLFTE FERTIGSTELLEN KONNTE.

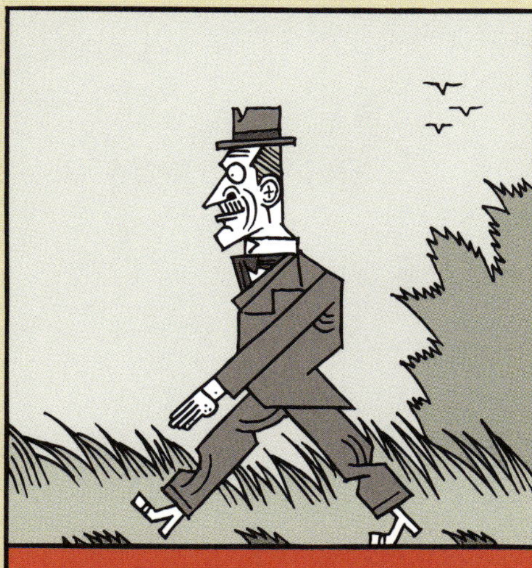

ICH GING IN DIE ENTGEGENGESETZTE RICHTUNG ZUR EILENRIEDE, IN DIE MASCH.

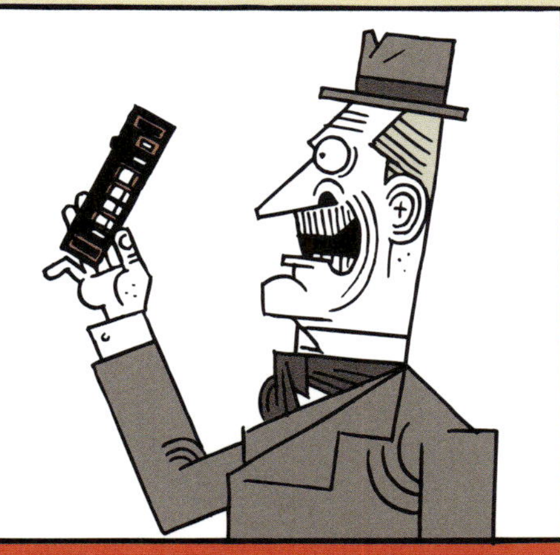

DAS ERSTE, WAS ICH ERBLICKTE, WAR DIE ZWEITE HÄLFTE.

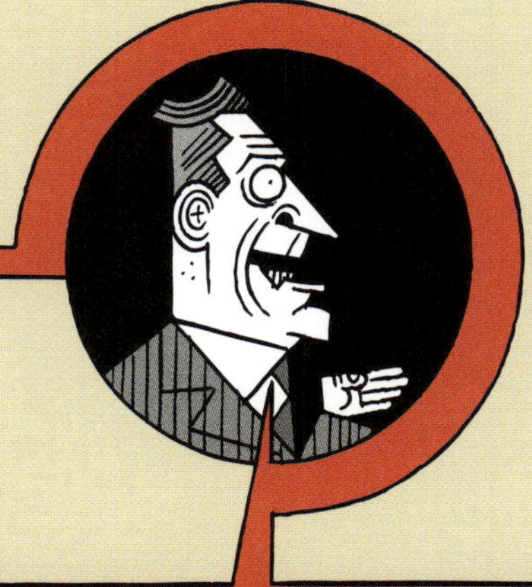

DER KÜNSTLER ERKENNT, DASS IN DER IHN UMGEBENDEN WELT VON ERSCHEINUNGSFORMEN IRGENDEINE EINZELHEIT NUR BEGRENZT UND AUS IHREM ZUSAMMENHANG GERISSEN ZU WERDEN BRAUCHT, DAMIT EIN KUNSTWERK ENTSTEHT.

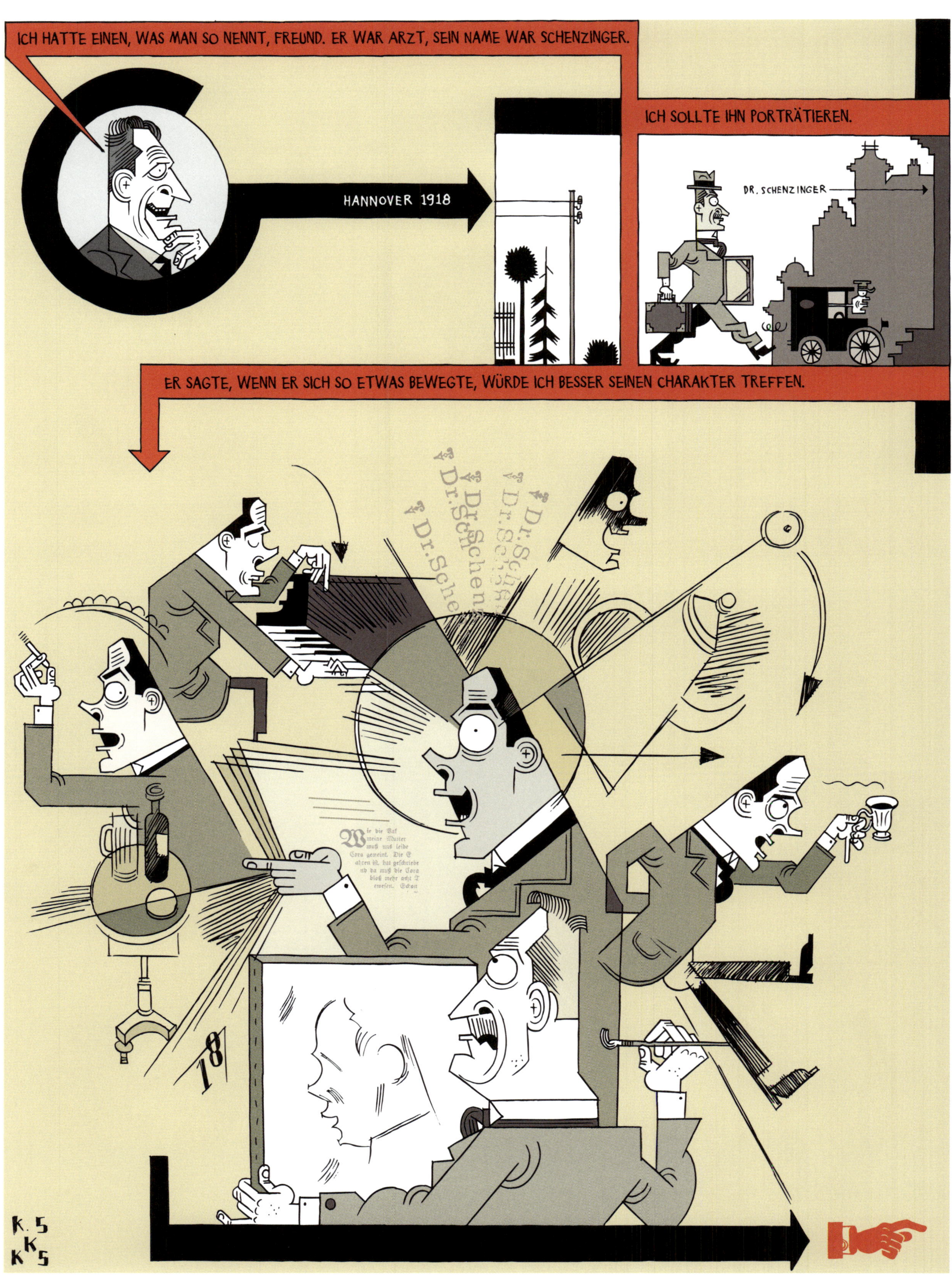
ICH HATTE EINEN, WAS MAN SO NENNT, FREUND. ER WAR ARZT, SEIN NAME WAR SCHENZINGER.
HANNOVER 1918
ICH SOLLTE IHN PORTRÄTIEREN.
DR. SCHENZINGER
ER SAGTE, WENN ER SICH SO ETWAS BEWEGTE, WÜRDE ICH BESSER SEINEN CHARAKTER TREFFEN.
18

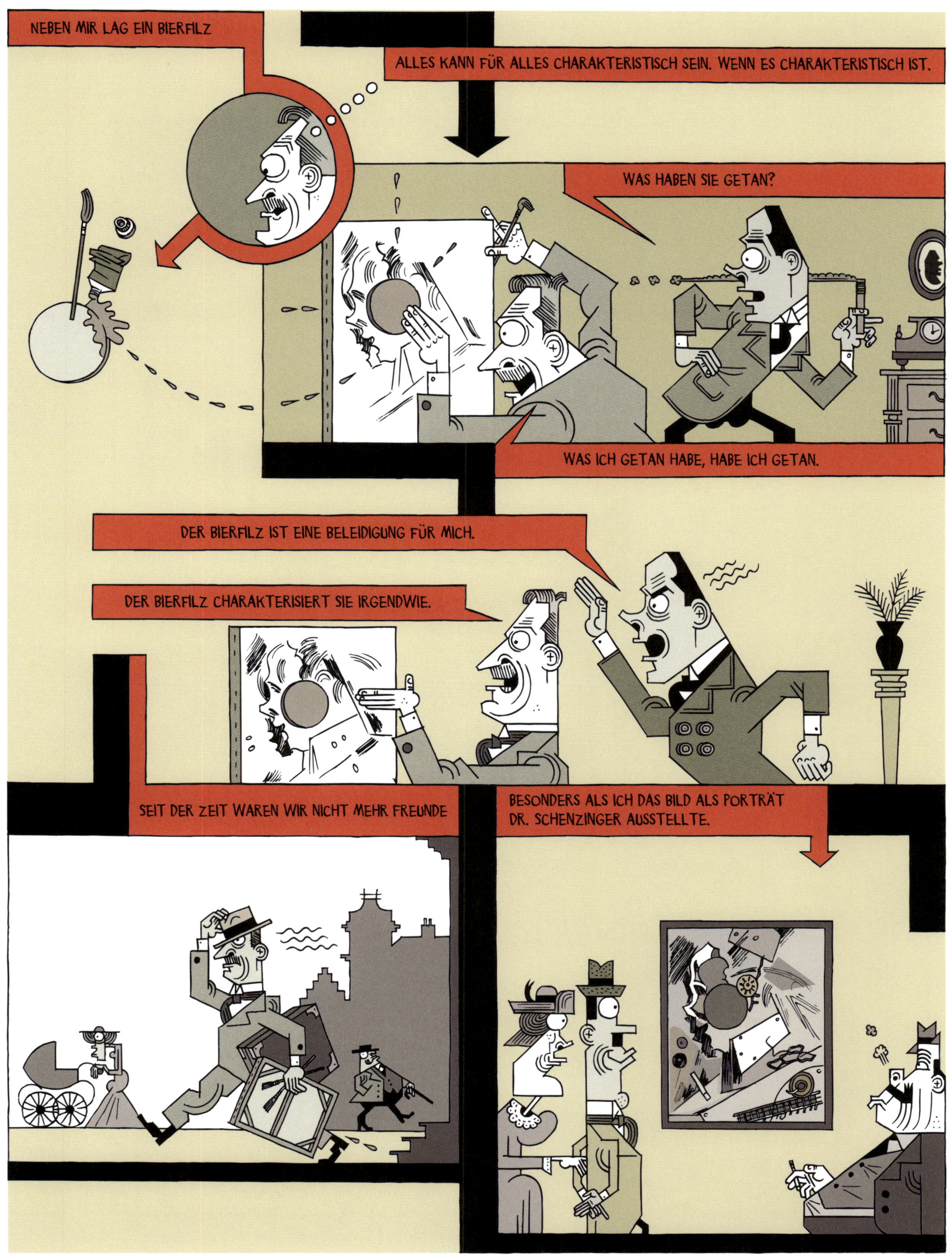
NEBEN MIR LAG EIN BIERFILZ
ALLES KANN FÜR ALLES CHARAKTERISTISCH SEIN. WENN ES CHARAKTERISTISCH IST.
WAS HABEN SIE GETAN?
WAS ICH GETAN HABE, HABE ICH GETAN.
DER BIERFILZ IST EINE BELEIDIGUNG FÜR MICH.
DER BIERFILZ CHARAKTERISIERT SIE IRGENDWIE.
SEIT DER ZEIT WAREN WIR NICHT MEHR FREUNDE
BESONDERS ALS ICH DAS BILD ALS PORTRÄT DR. SCHENZINGER AUSSTELLTE.

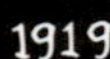

HANNOVER

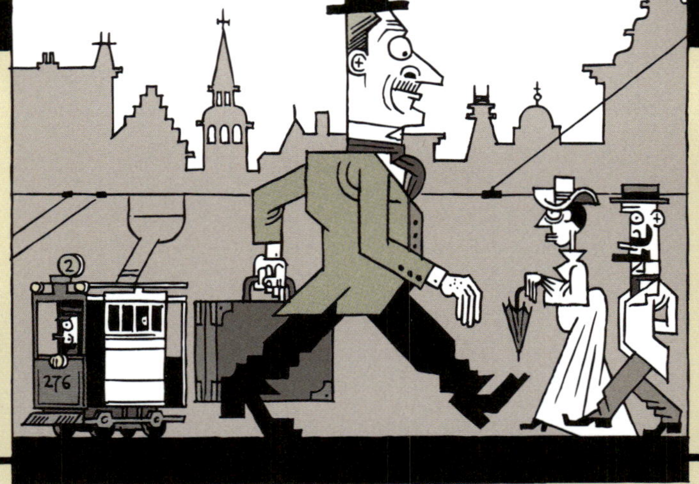

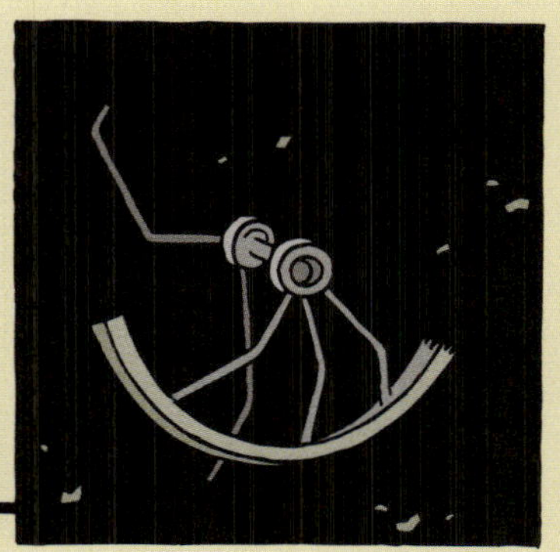

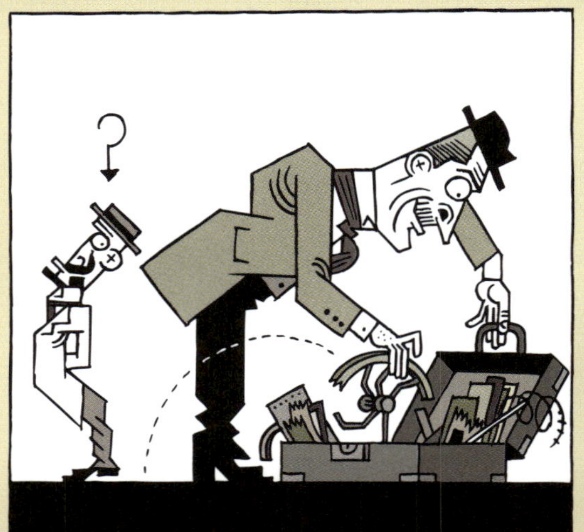

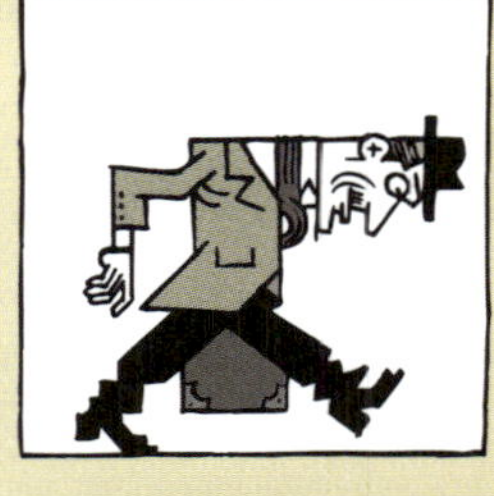

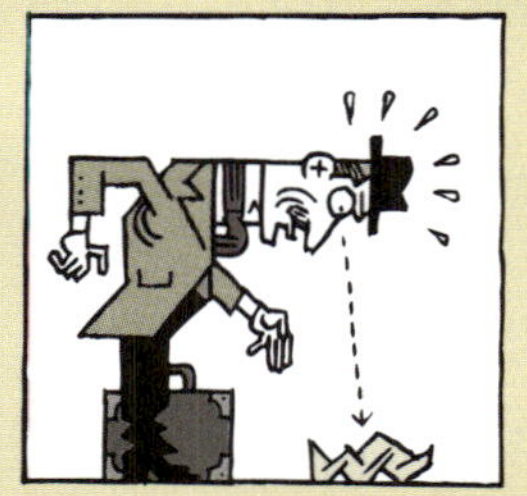

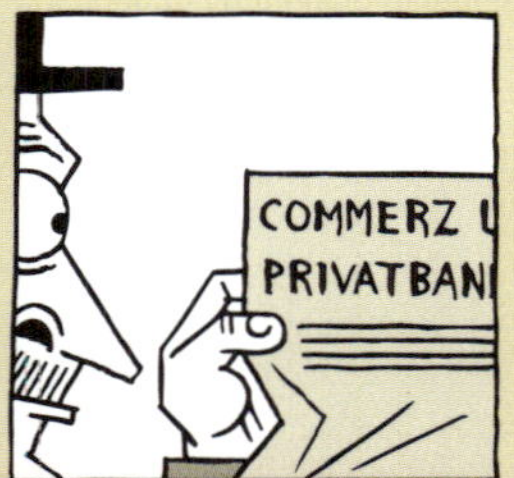

SIE MÖGEN ES GLAUBEN ODER NICHT, DAS WORT MERZ IST WEITER NICHTS, ALS DIE ZWEITE SILBE VON »COMMERZ«.

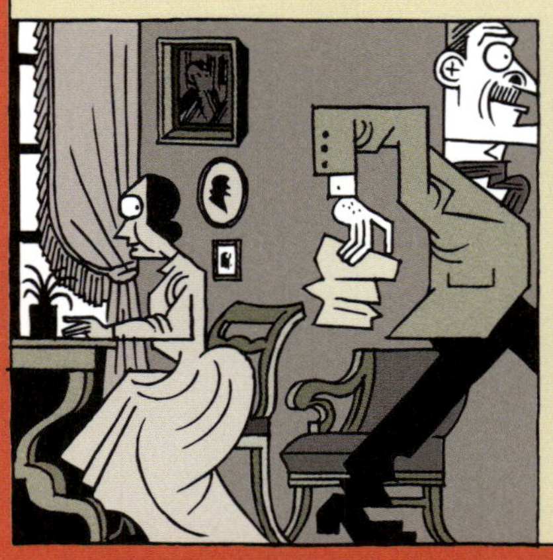

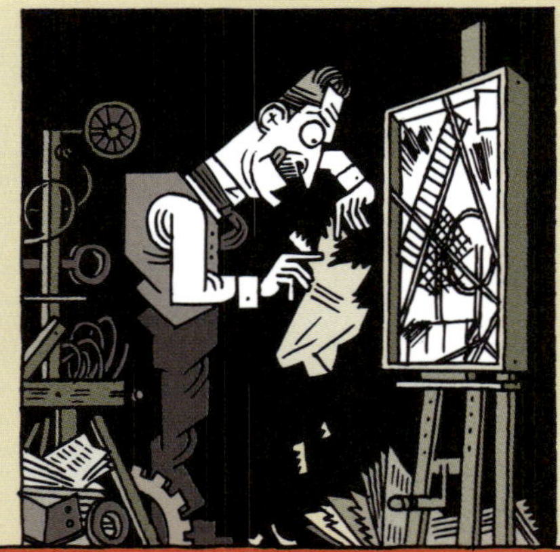

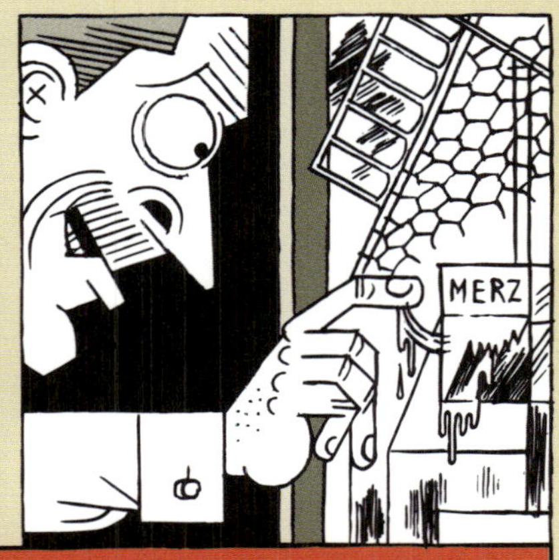

ICH NANNTE SEINERZEIT DAS BILD NACH DEM LESBAREN TEILE »DAS MERZBILD«.

M **E**

UND ALS ICH FÜR MEINE KUNST, ALS ES MIR KLAR WURDE, DASS ICH AUSSERHALB DER ÜBLICHEN GATTUNGSBEGRIFFE SCHAFFTE, EINEN GATTUNGSNAMEN SUCHTE, NANNTE ICH SIE NACH DEM TYPISCHSTEN BILDE, »DEM MERZBILDE«.

R **Z**

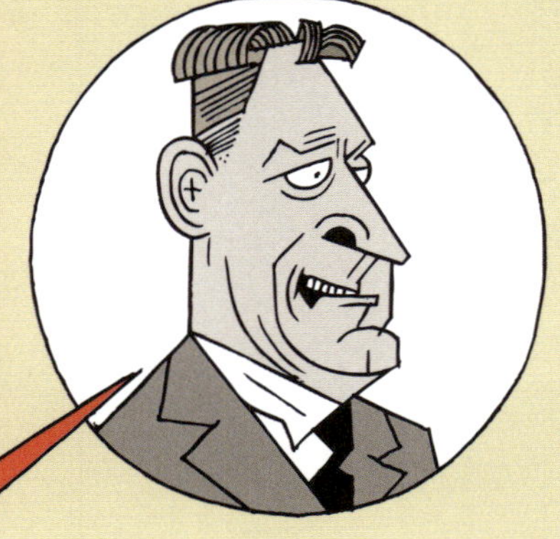

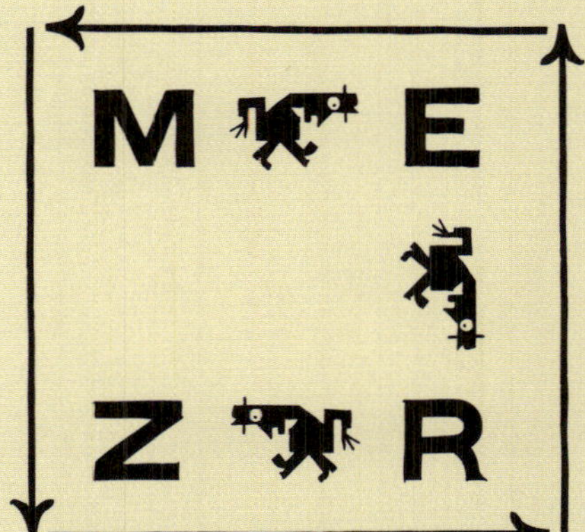

WAS MERZ IST, WEISS HEUTE JEDES KIND.

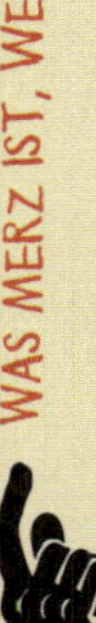

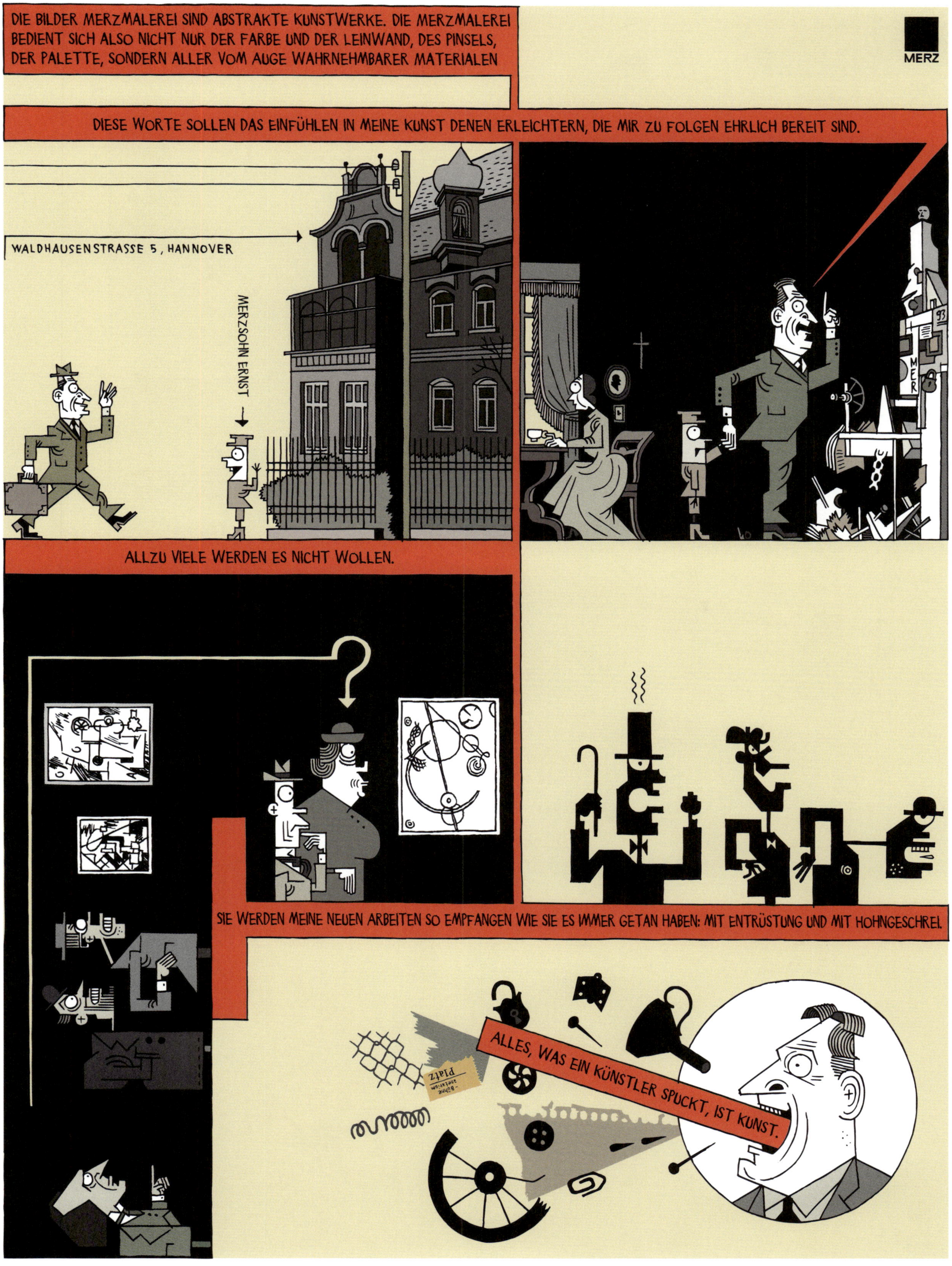

DIE BILDER MERZMALEREI SIND ABSTRAKTE KUNSTWERKE. DIE MERZMALEREI BEDIENT SICH ALSO NICHT NUR DER FARBE UND DER LEINWAND, DES PINSELS, DER PALETTE, SONDERN ALLER VOM AUGE WAHRNEHMBARER MATERIALEN

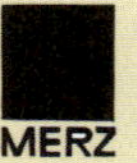

DIESE WORTE SOLLEN DAS EINFÜHLEN IN MEINE KUNST DENEN ERLEICHTERN, DIE MIR ZU FOLGEN EHRLICH BEREIT SIND.

WALDHAUSENSTRASSE 5, HANNOVER

MERZSOHN ERNST

ALLZU VIELE WERDEN ES NICHT WOLLEN.

SIE WERDEN MEINE NEUEN ARBEITEN SO EMPFANGEN WIE SIE ES IMMER GETAN HABEN: MIT ENTRÜSTUNG UND MIT HOHNGESCHREI.

ALLES, WAS EIN KÜNSTLER SPUCKT, IST KUNST.

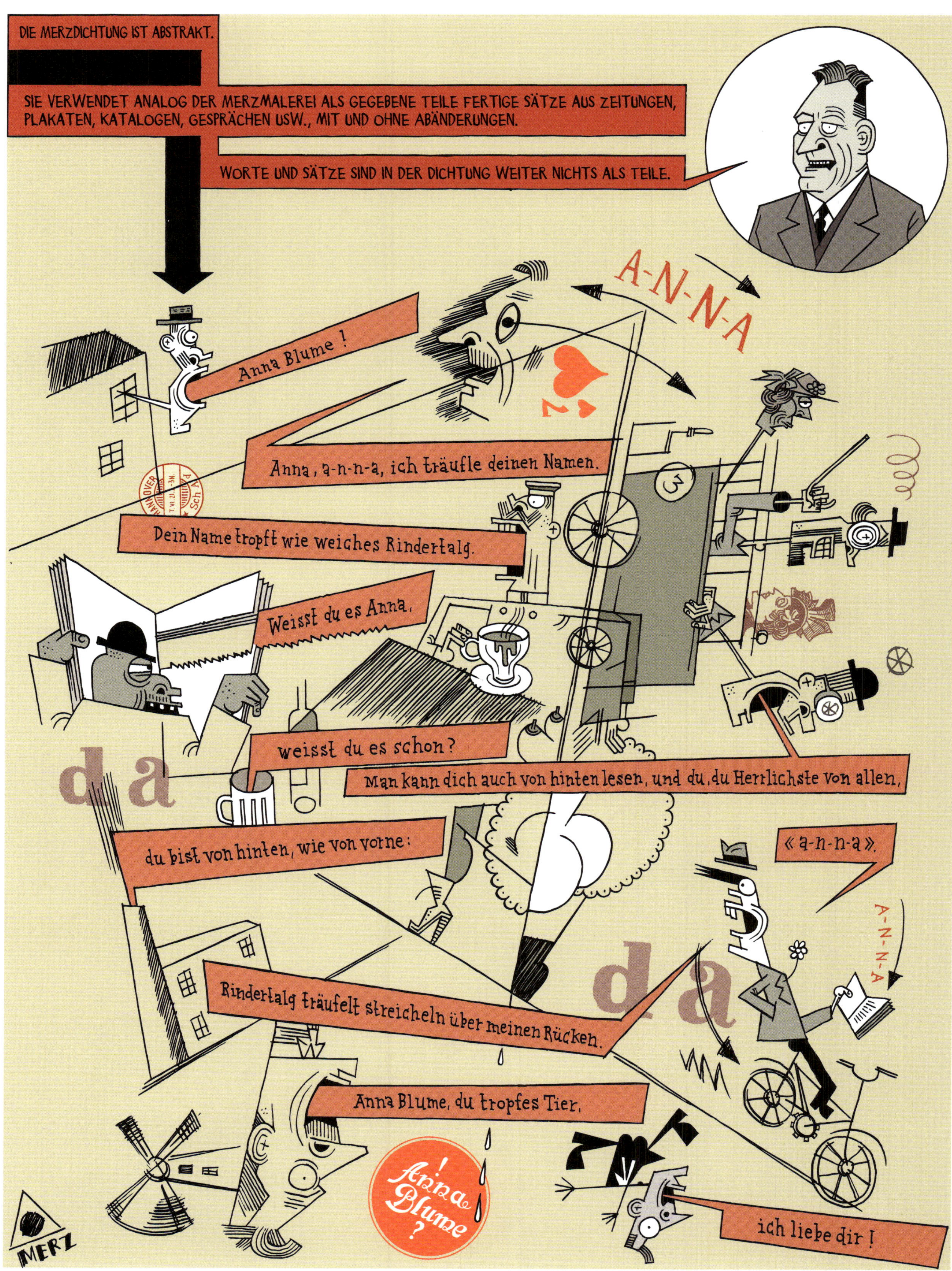
DIE MERZDICHTUNG IST ABSTRAKT.
SIE VERWENDET ANALOG DER MERZMALEREI ALS GEGEBENE TEILE FERTIGE SÄTZE AUS ZEITUNGEN, PLAKATEN, KATALOGEN, GESPRÄCHEN USW., MIT UND OHNE ABÄNDERUNGEN.
WORTE UND SÄTZE SIND IN DER DICHTUNG WEITER NICHTS ALS TEILE.
A-N-N-A
Anna Blume !
Anna, a-n-n-a, ich träufle deinen Namen.
Dein Name tropft wie weiches Rindertalg.
Weisst du es Anna,
weisst du es schon?
da
Man kann dich auch von hinten lesen, und du, du Herrlichste von allen,
du bist von hinten, wie von vorne:
«a-n-n-a».
A-N-N-A
da
Rindertalg träufelt streicheln über meinen Rücken.
Anna Blume, du tropfes Tier.
! Anna Blume ?
ich liebe dir !
MERZ

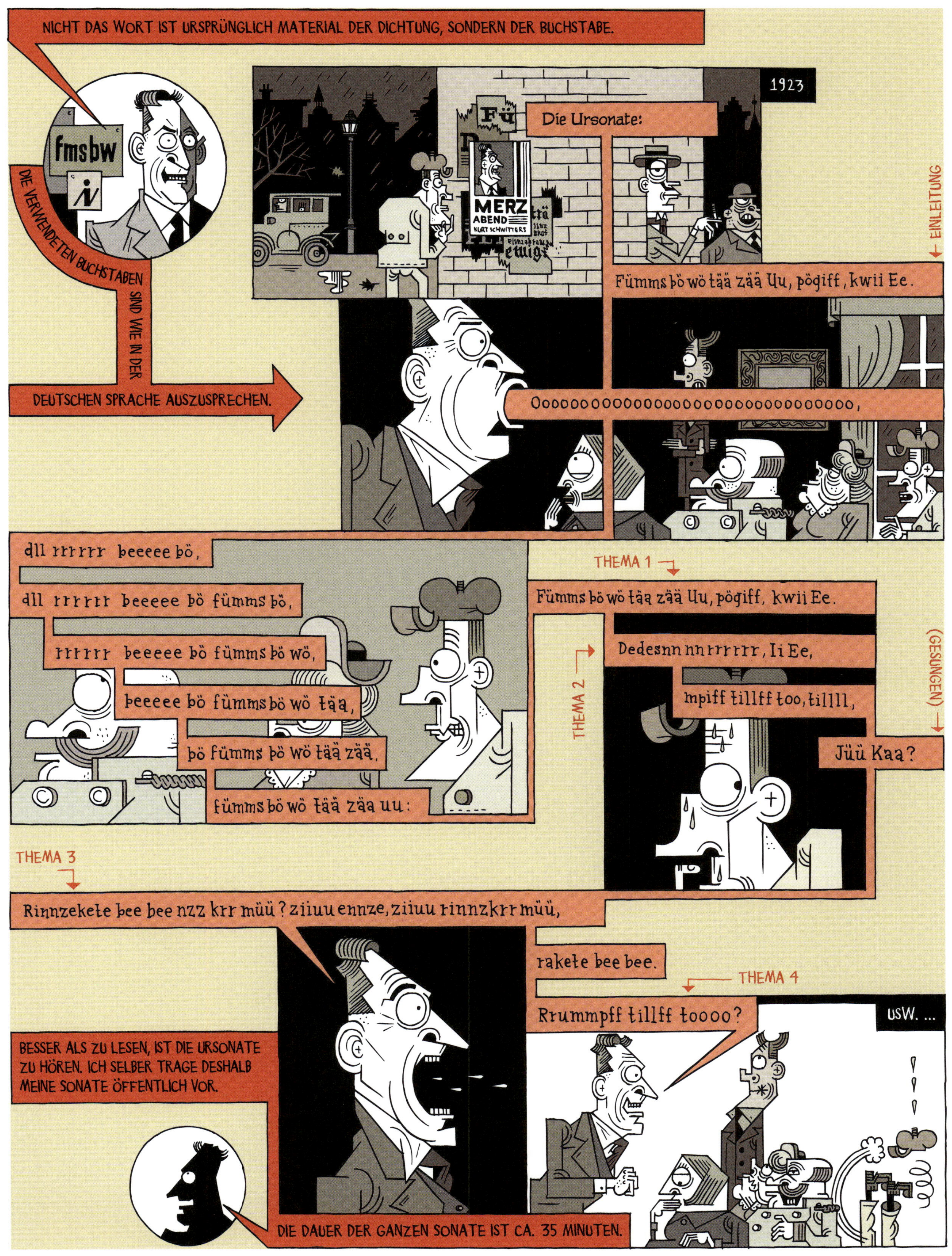
NICHT DAS WORT IST URSPRÜNGLICH MATERIAL DER DICHTUNG, SONDERN DER BUCHSTABE.
fmsbw
DIE VERWENDETEN BUCHSTABEN SIND WIE IN DER DEUTSCHEN SPRACHE AUSZUSPRECHEN.
1923
Die Ursonate:
MERZ
ABEND
KURT SCHWITTERS
ewig
EINLEITUNG
Fümms bö wö tää zää Uu, pögiff, kwii Ee.
Oooooooooooooooooooooooooooooooo,
dll rrrrrr beeeee bö,
dll rrrrrr beeeee bö fümms bö,
rrrrrr beeeee bö fümms bö wö,
beeeee bö fümms bö wö tää,
bö fümms bö wö tää zää,
fümms bö wö tää zäa uu:
THEMA 1
Fümms bö wö tää zää Uu, pögiff, kwii Ee.
THEMA 2
Dedesnn nn rrrrrr, Ii Ee,
mpiff tillff too, tillll,
Jüü Kaa?
(GESUNGEN)
THEMA 3
Rinnzekete bee bee nzz krr müü? ziiuu ennze, ziiuu rinnzkrr müü,
rakete bee bee.
THEMA 4
Rrummpff tillff toooo?
USW. ...
BESSER ALS ZU LESEN, IST DIE URSONATE ZU HÖREN. ICH SELBER TRAGE DESHALB MEINE SONATE ÖFFENTLICH VOR.
DIE DAUER DER GANZEN SONATE IST CA. 35 MINUTEN.

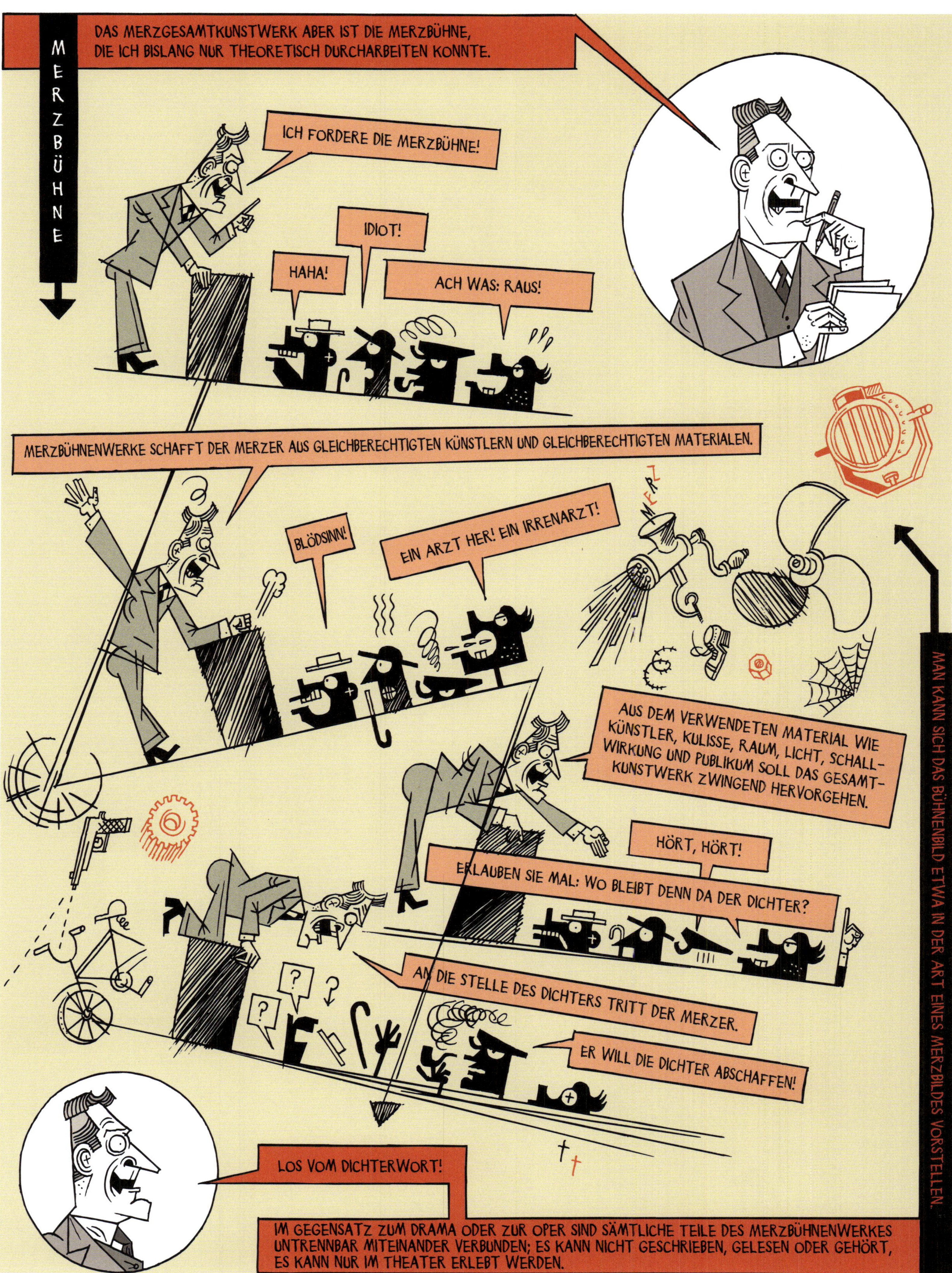
MERZBÜHNE
DAS MERZGESAMTKUNSTWERK ABER IST DIE MERZBÜHNE, DIE ICH BISLANG NUR THEORETISCH DURCHARBEITEN KONNTE.
ICH FORDERE DIE MERZBÜHNE!
HAHA!
IDIOT!
ACH WAS: RAUS!
MERZBÜHNENWERKE SCHAFFT DER MERZER AUS GLEICHBERECHTIGTEN KÜNSTLERN UND GLEICHBERECHTIGTEN MATERIALEN.
BLÖDSINN!
EIN ARZT HER! EIN IRRENARZT!
MAN KANN SICH DAS BÜHNENBILD ETWA IN DER ART EINES MERZBILDES VORSTELLEN.
AUS DEM VERWENDETEN MATERIAL WIE KÜNSTLER, KULISSE, RAUM, LICHT, SCHALLWIRKUNG UND PUBLIKUM SOLL DAS GESAMTKUNSTWERK ZWINGEND HERVORGEHEN.
HÖRT, HÖRT!
ERLAUBEN SIE MAL: WO BLEIBT DENN DA DER DICHTER?
AN DIE STELLE DES DICHTERS TRITT DER MERZER.
ER WILL DIE DICHTER ABSCHAFFEN!
LOS VOM DICHTERWORT!
IM GEGENSATZ ZUM DRAMA ODER ZUR OPER SIND SÄMTLICHE TEILE DES MERZBÜHNENWERKES UNTRENNBAR MITEINANDER VERBUNDEN; ES KANN NICHT GESCHRIEBEN, GELESEN ODER GEHÖRT, ES KANN NUR IM THEATER ERLEBT WERDEN.

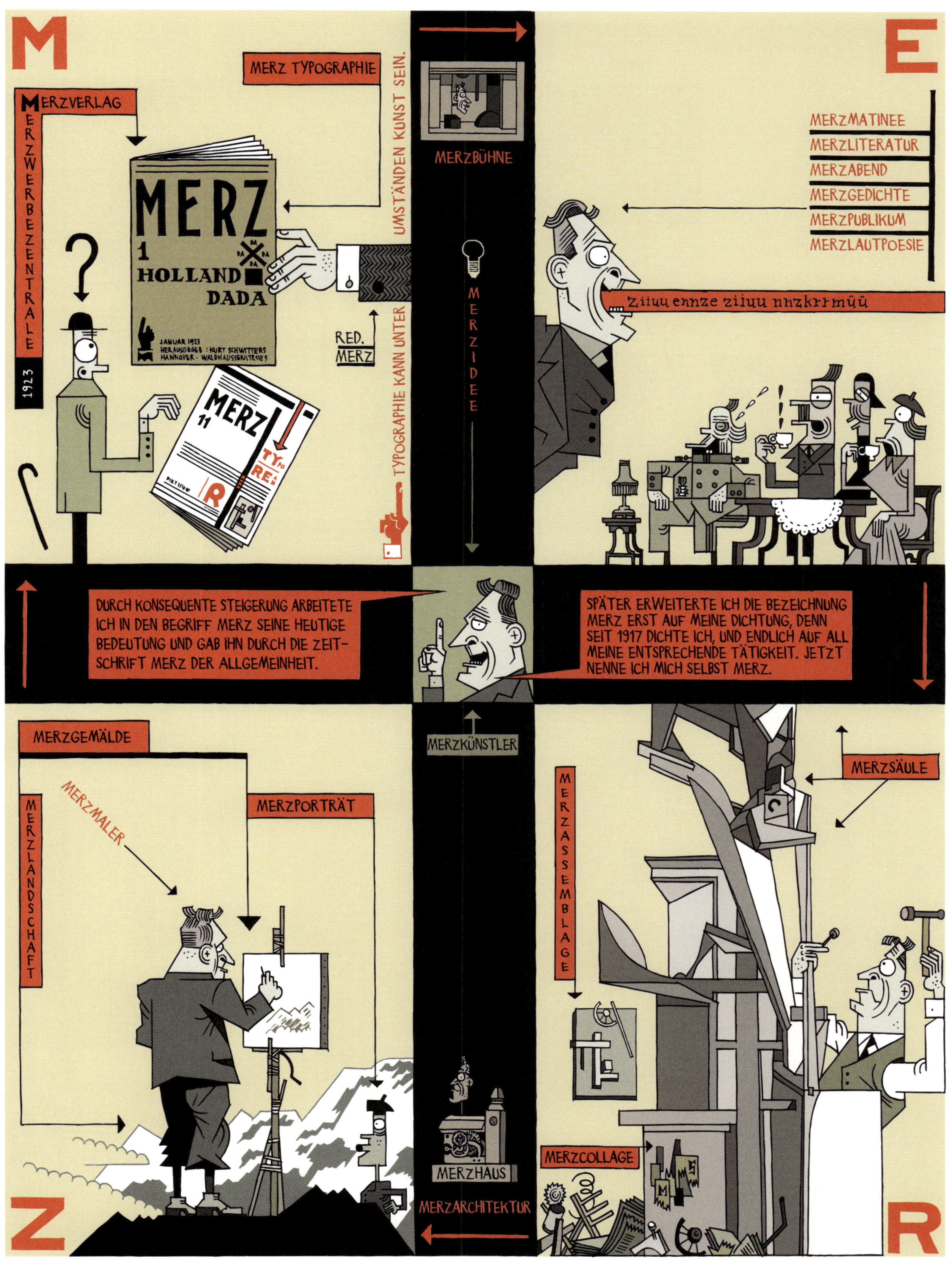
M
E
Z
R
MERZ TYPOGRAPHIE
MERZVERLAG
MERZWERBEZENTRALE
1923
MERZ
1
HOLLAND
DADA
JANUAR 1923
HERAUSGEGEB : KURT SCHWITTERS
HANNOVER · WALDHAUSENSTRASSE 5
MERZ
11
TYPO
RE
RED.
MERZ
TYPOGRAPHIE KANN UNTER UMSTÄNDEN KUNST SEIN.
MERZBÜHNE
MERZIDEE
MERZMATINEE
MERZLITERATUR
MERZABEND
MERZGEDICHTE
MERZPUBLIKUM
MERZLAUTPOESIE
ziiuu ennze ziiuu nnzkrrmüü
DURCH KONSEQUENTE STEIGERUNG ARBEITETE ICH IN DEN BEGRIFF MERZ SEINE HEUTIGE BEDEUTUNG UND GAB IHN DURCH DIE ZEITSCHRIFT MERZ DER ALLGEMEINHEIT.
SPÄTER ERWEITERTE ICH DIE BEZEICHNUNG MERZ ERST AUF MEINE DICHTUNG, DENN SEIT 1917 DICHTE ICH, UND ENDLICH AUF ALL MEINE ENTSPRECHENDE TÄTIGKEIT. JETZT NENNE ICH MICH SELBST MERZ.
MERZGEMÄLDE
MERZMALER
MERZPORTRÄT
MERZLANDSCHAFT
MERZKÜNSTLER
MERZHAUS
MERZARCHITEKTUR
MERZSÄULE
MERZASSEMBLAGE
MERZCOLLAGE

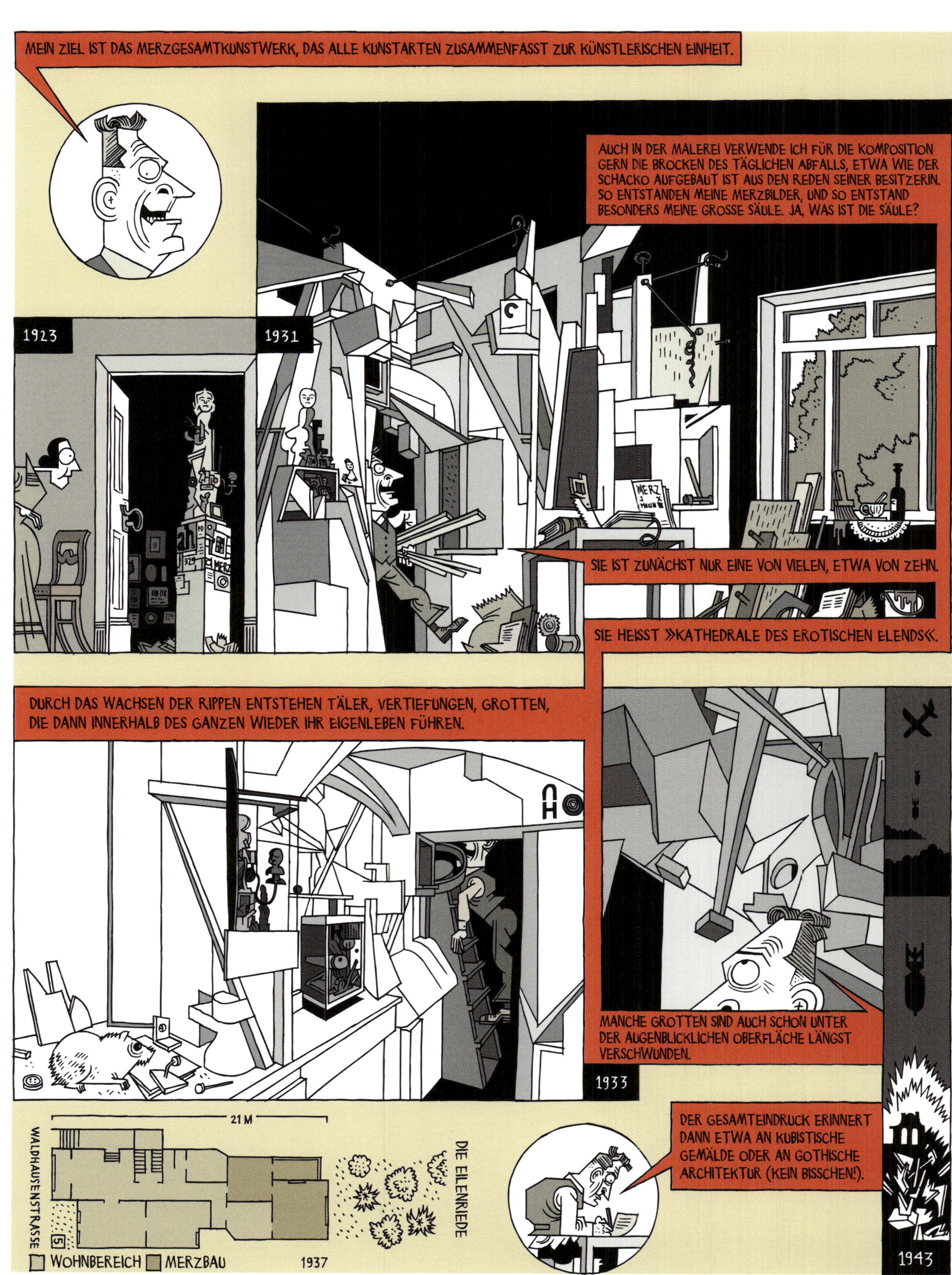
MEIN ZIEL IST DAS MERZGESAMTKUNSTWERK, DAS ALLE KUNSTARTEN ZUSAMMENFASST ZUR KÜNSTLERISCHEN EINHEIT.
1923
1931
AUCH IN DER MALEREI VERWENDE ICH FÜR DIE KOMPOSITION GERN DIE BROCKEN DES TÄGLICHEN ABFALLS, ETWA WIE DER SCHACKO AUFGEBAUT IST AUS DEN REDEN SEINER BESITZERIN. SO ENTSTANDEN MEINE MERZBILDER, UND SO ENTSTAND BESONDERS MEINE GROSSE SÄULE. JA, WAS IST DIE SÄULE?
SIE IST ZUNÄCHST NUR EINE VON VIELEN, ETWA VON ZEHN.
SIE HEISST »KATHEDRALE DES EROTISCHEN ELENDS«.
DURCH DAS WACHSEN DER RIPPEN ENTSTEHEN TÄLER, VERTIEFUNGEN, GROTTEN, DIE DANN INNERHALB DES GANZEN WIEDER IHR EIGENLEBEN FÜHREN.
MANCHE GROTTEN SIND AUCH SCHON UNTER DER AUGENBLICKLICHEN OBERFLÄCHE LÄNGST VERSCHWUNDEN.
1933
21 M
WALDHAUSENSTRASSE
DIE EILENRIEDE
WOHNBEREICH
MERZBAU
1937
DER GESAMTEINDRUCK ERINNERT DANN ETWA AN KUBISTISCHE GEMÄLDE ODER AN GOTHISCHE ARCHITEKTUR (KEIN BISSCHEN!).
1943

SCHWITTERS-SÄULE / MERZ-SÄULE
KATHEDRALE DES EROTISCHEN ELENDS
UND

MERZBAU

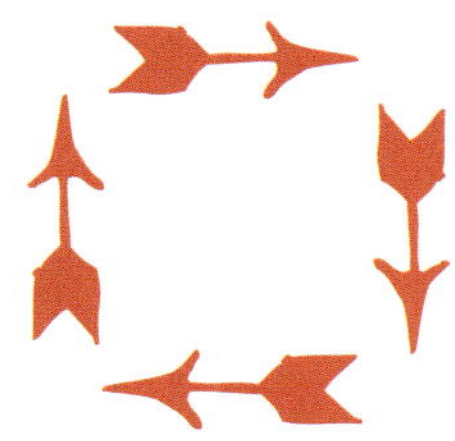

HANS RICHTER: BEI MEINEM ERSTEN BESUCH BEI SCHWITTERS IN HANNOVER, DER STADT IN DER ER GEBOREN WURDE UND WO ER LEBTE, BIS IHN DIE NAZIS VERTRIEBEN, ZEIGTE ER MIR, ALLERDINGS NICHT BEVOR ER MICH IN ALLER AUSFÜHRLICHKEIT VORBEREITET HATTE, DIE ARBEIT, DIE IHM AM MEISTEN BEDEUTETE: DIE »SCHWITTERS-SÄULE« IM ZWEITEN STOCK SEINES HAUSES, WELCHES ER VON SEINER FAMILIE GEERBT HATTE.

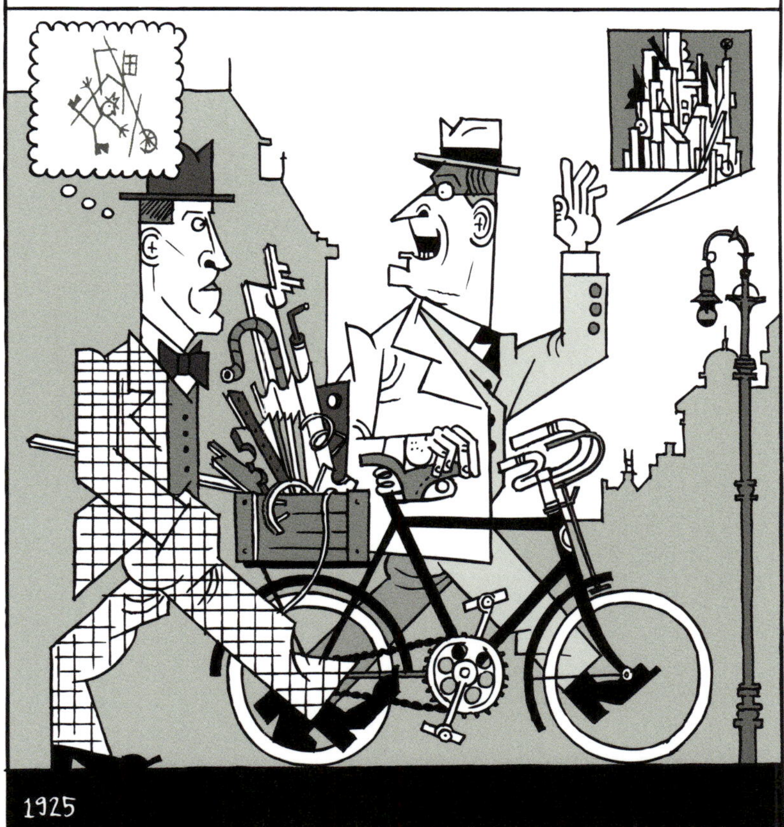

ES ÄHNELTE, FALLS ETWAS DAS SCHWITTERS MACHTE, ÜBERHAUPT IRGENDETWAS ANDEREM ÄHNELTE, FRÜHEN SKULPTUREN VON VANTONGERLOO. ABER ES WAR MEHR ALS EINE SKULPTUR – EINE LEBENDIGE, SICH TÄGLICH VERÄNDERNDE DOKUMENTATION ZU SCHWITTERS UND SEINEN FREUNDEN.

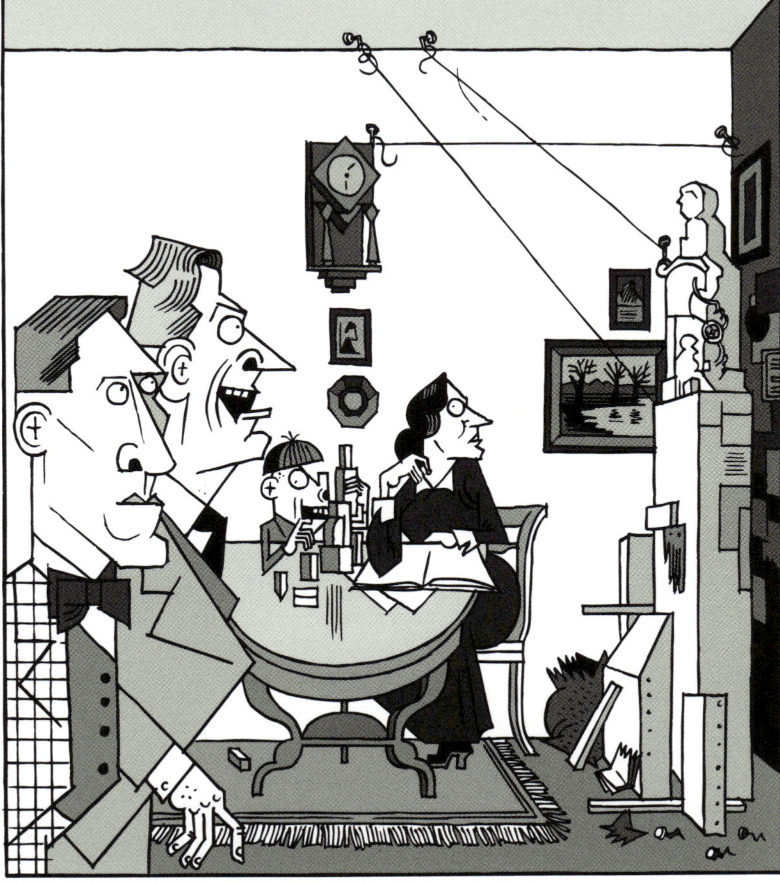

HANS ARP: NACH JAHRELANGER HARTER ARBEIT HATTE ES SCHWITTERS GESCHAFFT, DAS HAUS, IN DEM ER LEBTE, KOMPLETT ZU »MERZEN«. DIE ENORME MERZ-SÄULE, KONGENIAL KONSTRUIERT AUS ALTEN ROSTIGEN EISENGITTERN, SPIEGELN, RÄDERN, FAMILIENPORTRÄTS, BETTFEDERN, ZEITUNGEN, ZEMENT, FARBE, GIPS UND LEIM – VIEL LEIM – STREBTE IN DIE HÖHE.

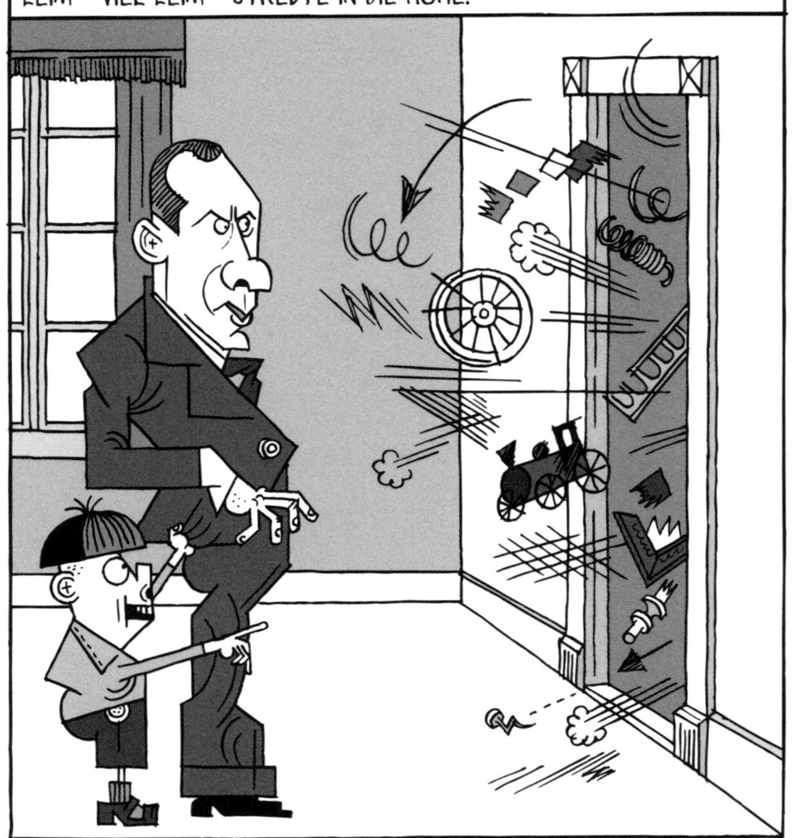

HANNAH HÖCH: DIE SÄULE VON KURT SCHWITTERS, DIE JA NUR IM ANFANG EINE SOLCHE WAR UND SICH ZULETZT ZU EINEM PROGRESSIVEN, ARCHITEKTONISCHEN »GEWÄCHS« ENTWICKELTE.

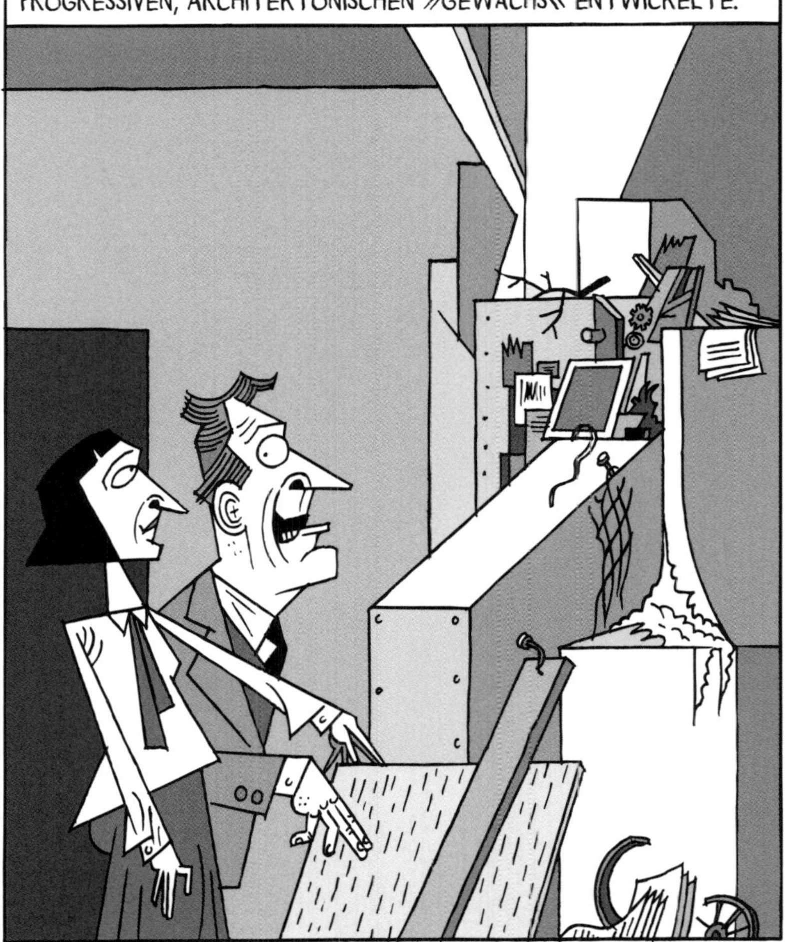

KATE STEINIZ: DIE SÄULENARTIGE STRUKTUR WAR HOHL. DIE INNENWÄNDE WAREN MIT EINGÄNGEN ZU DEN GROTTEN PERFORIERT, DIE MEHR ODER WENIGER DUNKEL WAREN, JE NACHDEM OB DIE ELEKTRIZITÄT FUNKTIONIERTE.

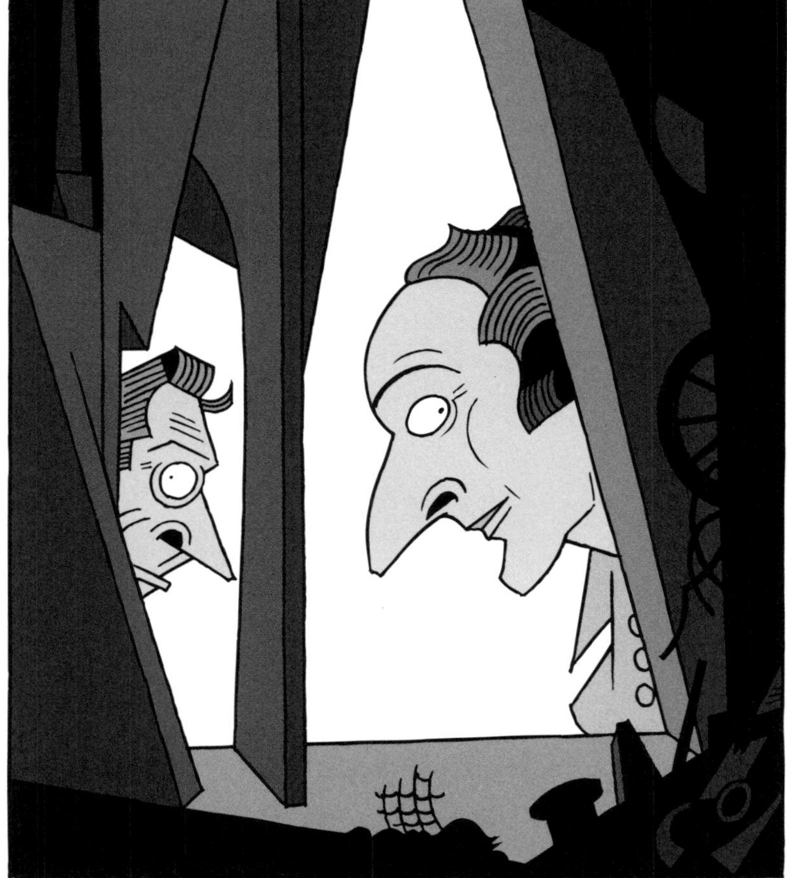

HANNAH HÖCH: ALS BESONDERE EHRUNG DURFTE MAN ES ANSEHEN, WENN KURT SCHWITTERS EINEM GAST ERLAUBTE, EINE HÖHLE ZU GESTALTEN. ER STELLTE DANN SEIN GESAMTES MATERIAL ZUR VERFÜGUNG. EINGEBAUTE GEHEIMDEPOTS IN DER NEBENSÄULE ÖFFNETEN SICH, ÜBERALL LIESS ER ES HERAUSQUELLEN, UM EINEM DIE AUSWAHL SO FREI WIE MÖGLICH ZU ÜBERLASSEN.

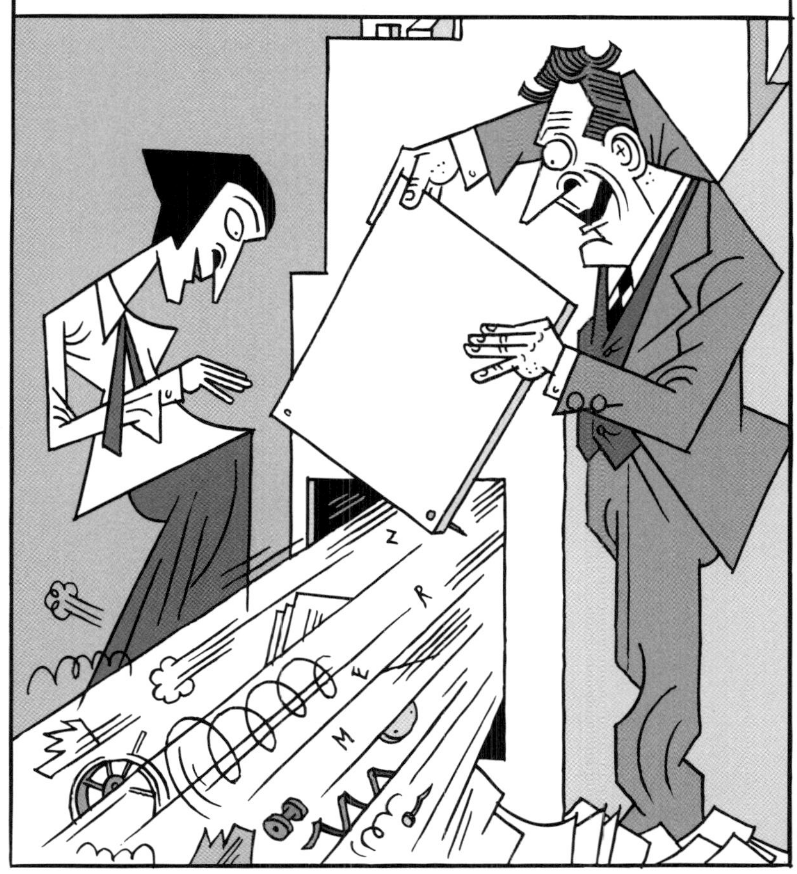

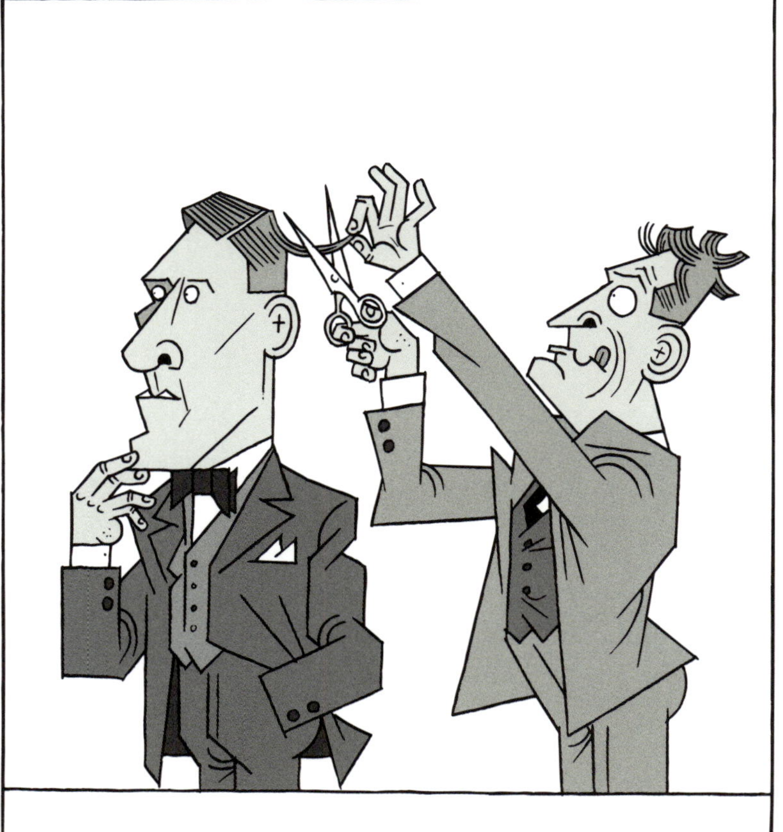
HANS RICHTER: ES GAB EINE MONDRIAN-GROTTE, EINE DOESBURG-, LISSITZKY-, MALEWITSCH-, MIES VAN DER ROHE- UND RICHTER-GROTTE. EINE GROTTE FÜR SEINEN SOHN, EINE FÜR SEINE FRAU. JEDE GROTTE ENTHIELT HÖCHSTPERSÖNLICHE GEGENSTÄNDE AUS DEM LEBEN EINES DIESER MENSCHEN.

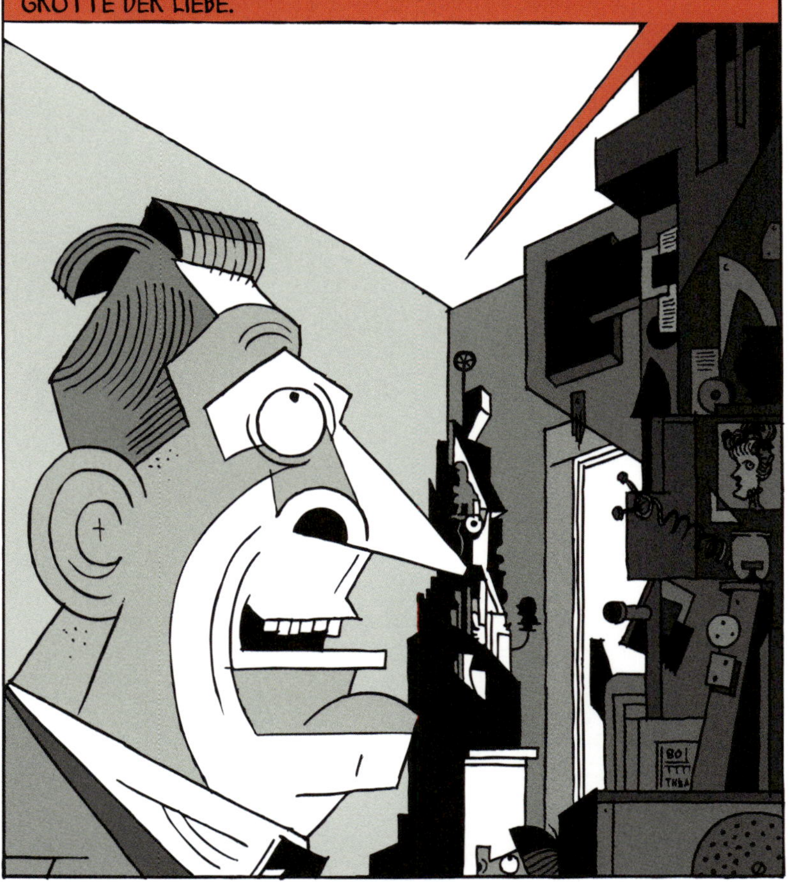
ALLE GROTTEN SIND DURCH IRGENDWELCHE HAUPTSÄCHLICHEN BESTANDTEILE CHARAKTERISIERT. DIE LUSTMORDHÖHLE MIT DEM ARG VERSTÜMMELTEN LEICHNAM EINES BEDAUERNSWERTEN JUNGEN MÄDCHENS, MIT TOMATEN GEFÄRBT. DAS BORDELL MIT EINER DAME MIT DREI BEINEN, GESTALTET VON HANNAH HÖCH UND DIE GROSSE GROTTE DER LIEBE.

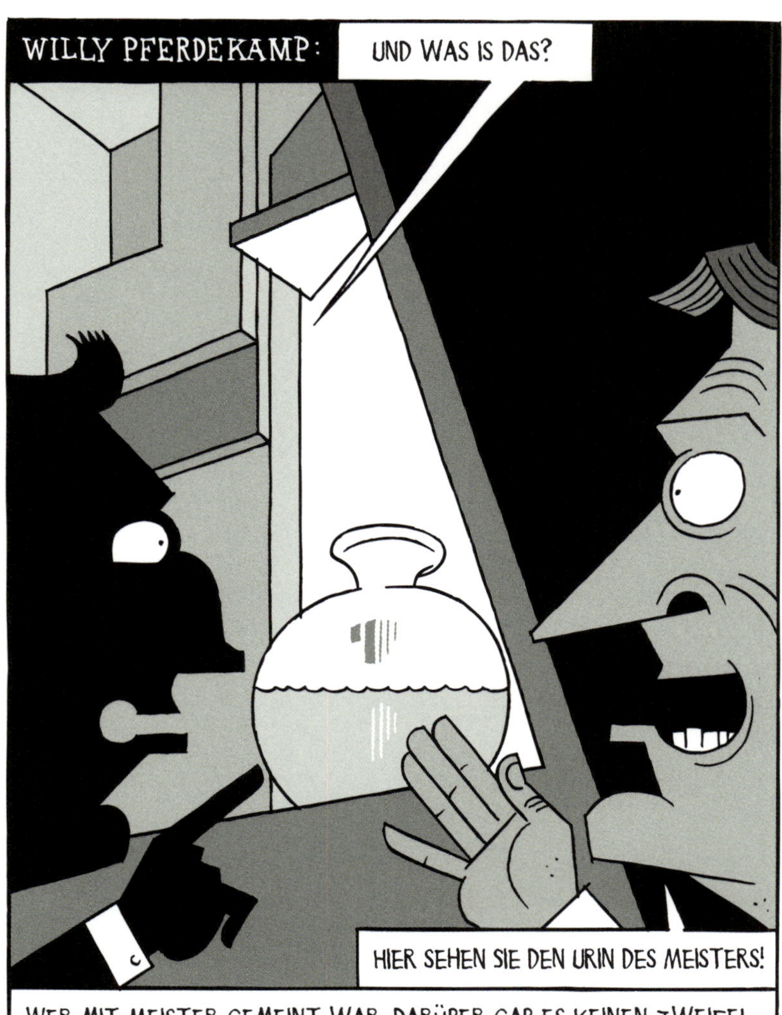
WILLY PFERDEKAMP: UND WAS IS DAS?
HIER SEHEN SIE DEN URIN DES MEISTERS!
WER MIT MEISTER GEMEINT WAR, DARÜBER GAB ES KEINEN ZWEIFEL.

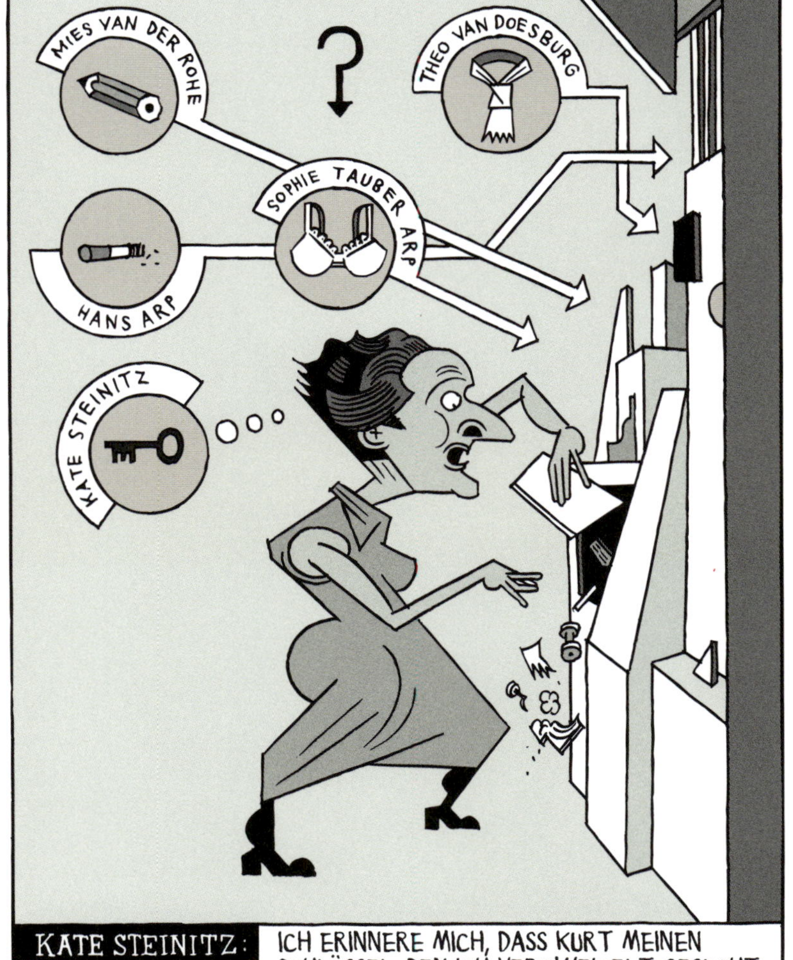
MIES VAN DER ROHE
?
THEO VAN DOESBURG
SOPHIE TAUBER ARP
HANS ARP
KATE STEINITZ
KATE STEINITZ: ICH ERINNERE MICH, DASS KURT MEINEN SCHLÜSSEL, DEN ICH VERZWEIFELT GESUCHT HATTE, EINFACH EINGEBAUT HAT.

NUN WAR ES SO, DASS DIE DETAILS IM LAUF DER ZEIT VERSCHWANDEN. DIE GROTTEN WURDEN VERSCHLOSSEN, SO DASS MAN NICHT MEHR HINEINKAM. SIE WURDEN ENTWEDER ZUGENAGELT ODER MIT RECHTECKIGEN, FARBIGEN HOLZPLANKEN VERKLEIDET, ODER SIE VERSCHWANDEN EINFACH IN DER TIEFE DER SÄULE, DIE ALLMÄHLICH ZU EINER KATHEDRALE WURDE.

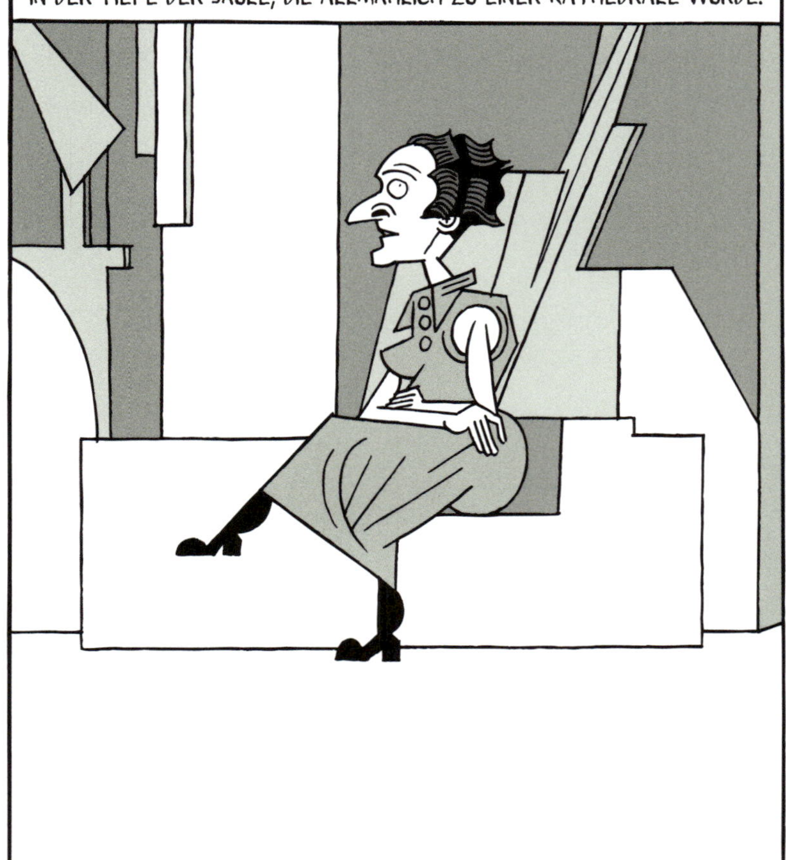

SIE WÄCHST ETWA NACH DEM PRINZIP DER GROSSSTADT, IRGENDWO SOLL WIEDER EIN HAUS GEBAUT WERDEN, UND DAS BAUAMT MUSS ZUSEHEN, DASS DAS NEUE HAUS NICHT DAS GANZE STADTBILD VERPATZT.

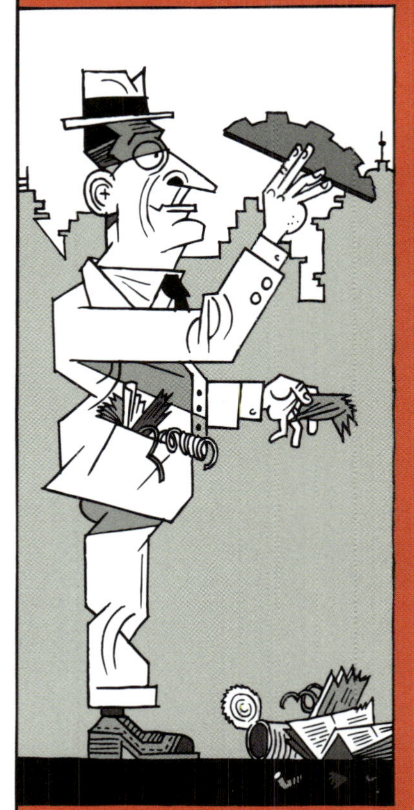

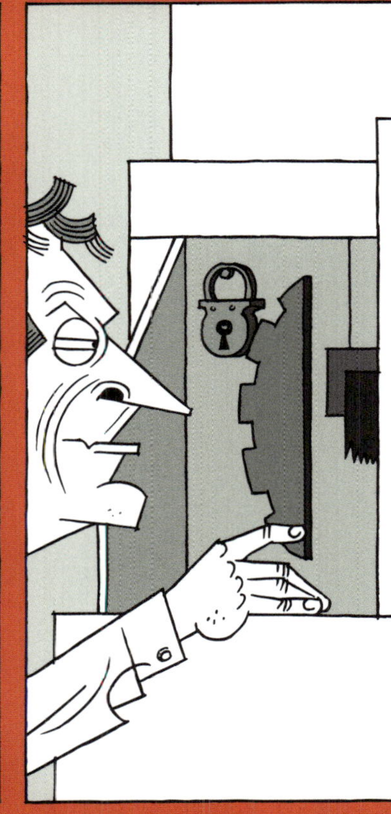

SO FINDE ICH IRGENDEINEN GEGENSTAND, WEISS, DASS ER AN DIE KDEE GEHÖRT, NEHME IHN MIT, KLEBE IHN AN ...

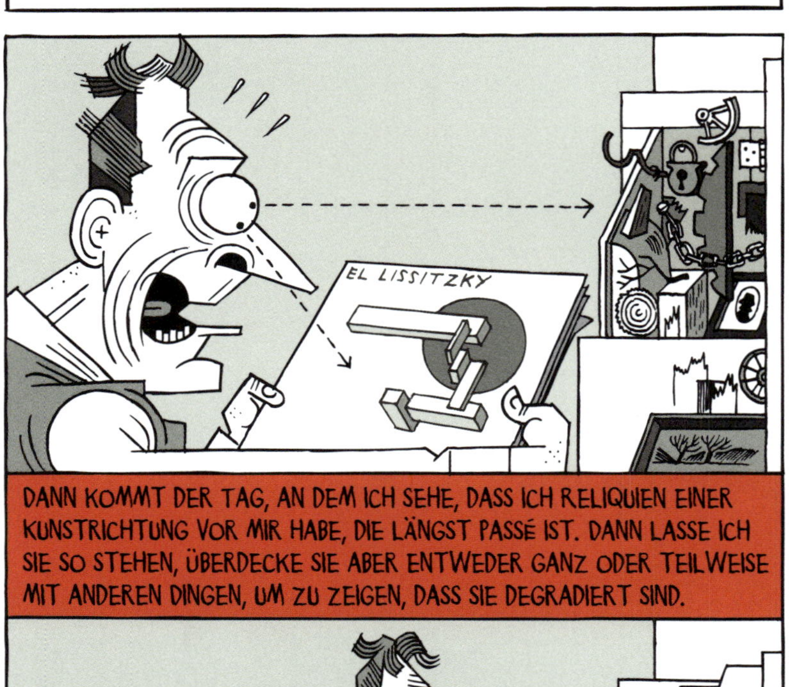

DANN KOMMT DER TAG, AN DEM ICH SEHE, DASS ICH RELIQUIEN EINER KUNSTRICHTUNG VOR MIR HABE, DIE LÄNGST PASSÉ IST. DANN LASSE ICH SIE SO STEHEN, ÜBERDECKE SIE ABER ENTWEDER GANZ ODER TEILWEISE MIT ANDEREN DINGEN, UM ZU ZEIGEN, DASS SIE DEGRADIERT SIND.

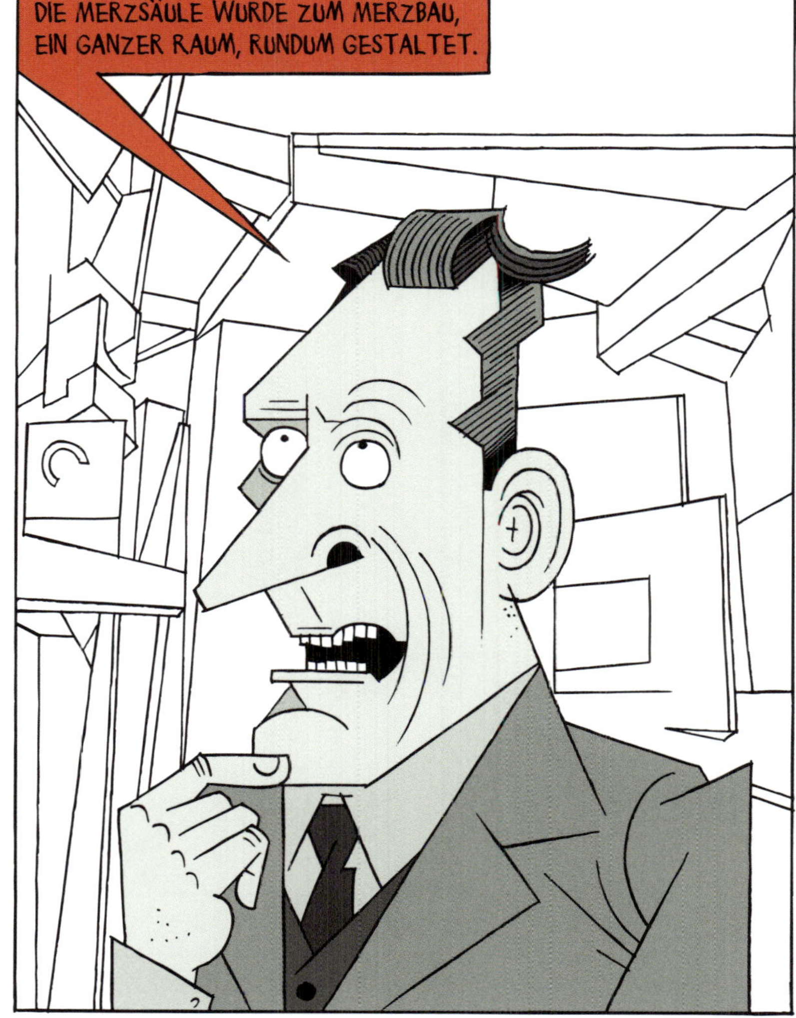

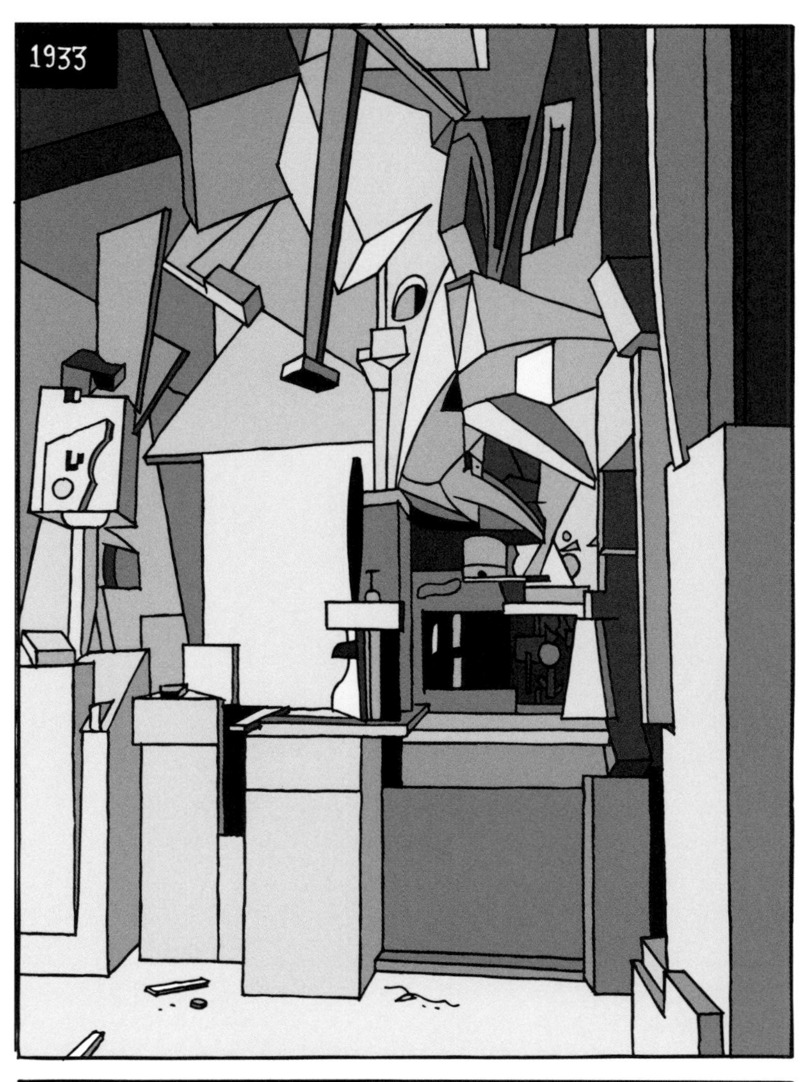
1933

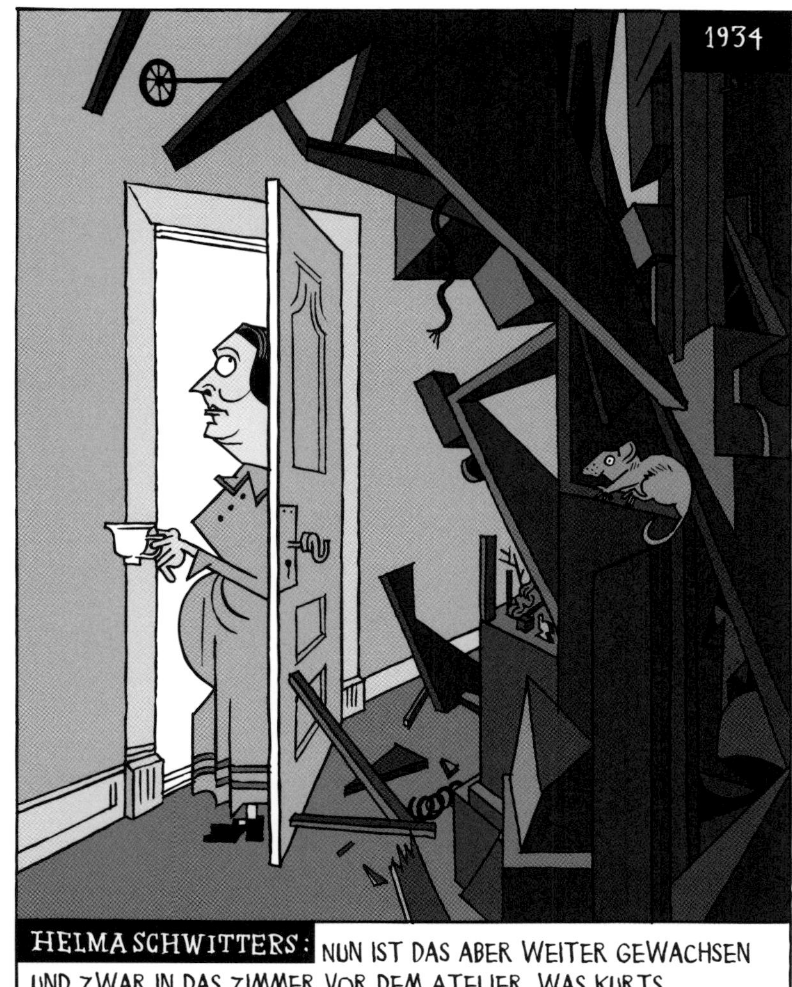
1934
HELMA SCHWITTERS: NUN IST DAS ABER WEITER GEWACHSEN UND ZWAR IN DAS ZIMMER VOR DEM ATELIER, WAS KURTS SCHLAFZIMMER WERDEN SOLL.

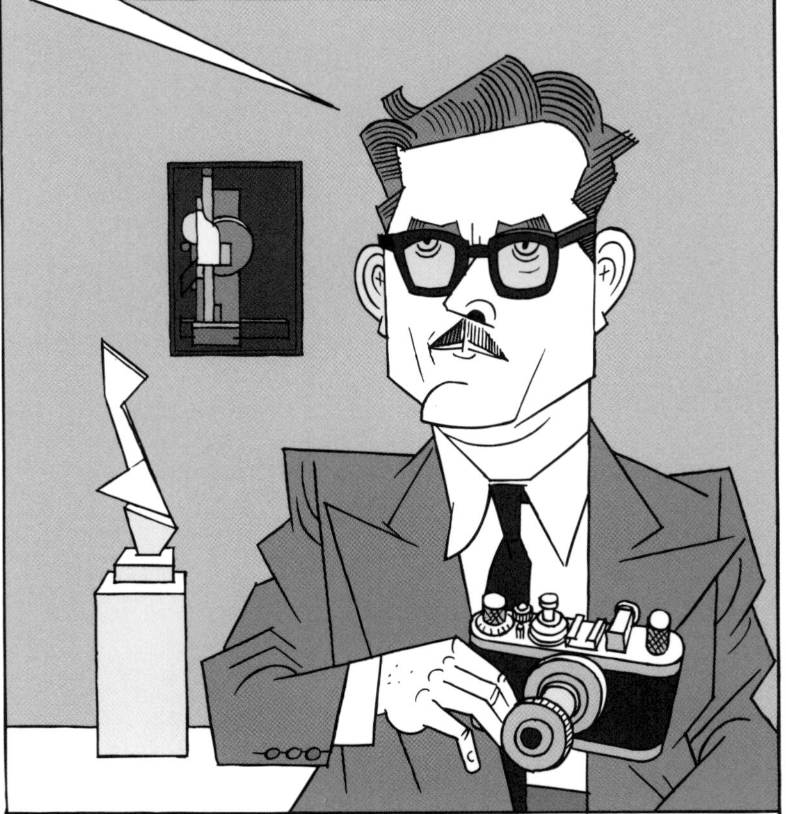
ERNST SCHWITTERS: ALS 4–5 JÄHRIGER FING ICH AN, VIEL MIT MERZ ZU SPIELEN, UND WER MIT MERZ SPIELTE, SPIELTE EBEN MIT KURT SCHWITTERS. IN DER HAUPTSACHE BESTAND MEIN SPIEL DAMALS DARIN, NÄGEL IN DEN MERZBAU EINZUSCHLAGEN, DAS UMFANGREICHSTE WERK MEINES VATERS, DAS ZU DIESER ZEIT IM ENTSTEHEN BEGRIFFEN WAR.

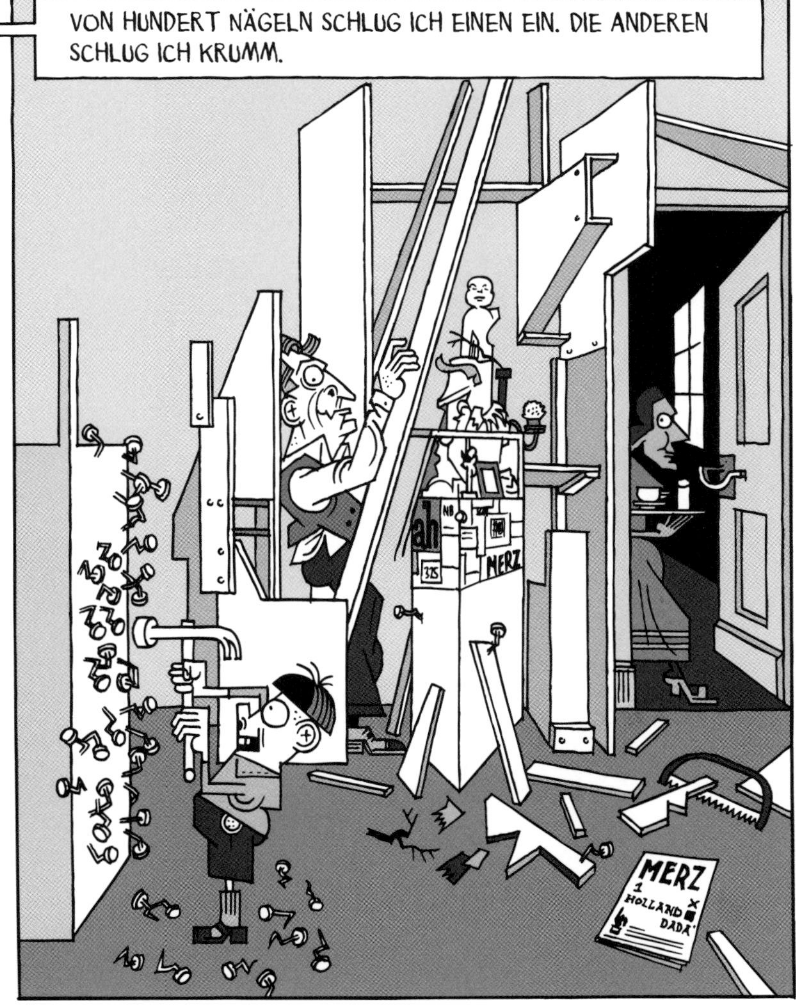
VON HUNDERT NÄGELN SCHLUG ICH EINEN EIN. DIE ANDEREN SCHLUG ICH KRUMM.
MERZ
1
HOLLAND
DADA

FESTE ARBEITSZEITEN KANNTE MEIN VATER NICHT. ER HATTE SOGAR EINE METHODE ENTWICKELT, WONACH ER MITTEN IN DER NACHT NÄGEL IN SEINEN MERZ-BAU EINSCHLAGEN KONNTE, OHNE DEN ÄRGER DER MITBEWOHNER IN UNSEREM HAUSE AUF SICH ZU ZIEHEN. DIE METHODE WAR EINFACH: MAN SETZT DEN NAGEL AN UND SCHLÄGT EINMAL UND MIT GROSSER KRAFT MIT DEM HAMMER DARAUF.

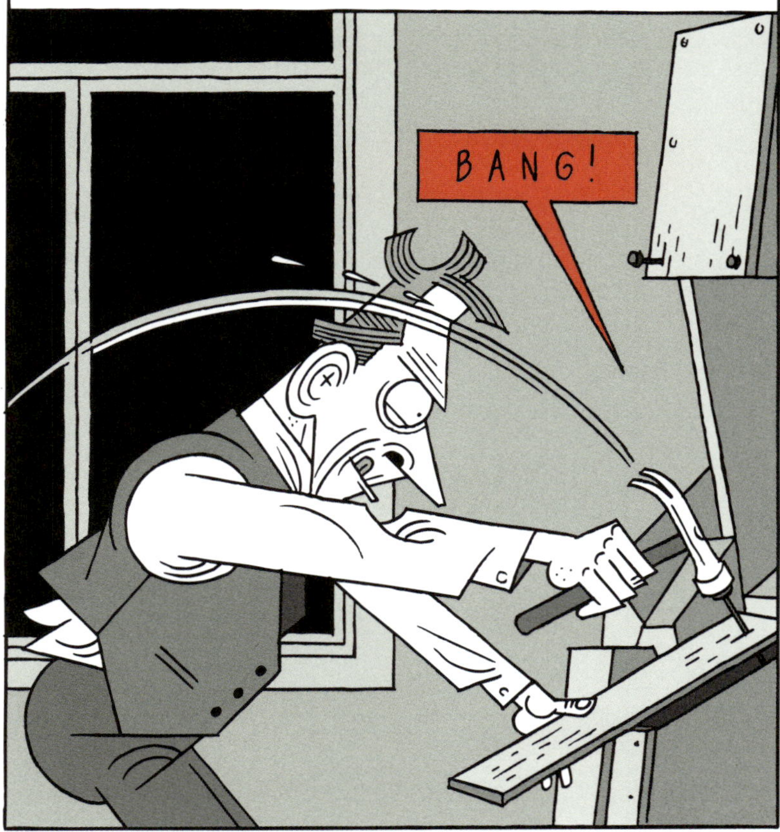

DAS GIBT EINEN EINMALIGEN, GEWALTIGEN KNALL, VON DEM NATÜRLICH ALLE AUFWACHEN.

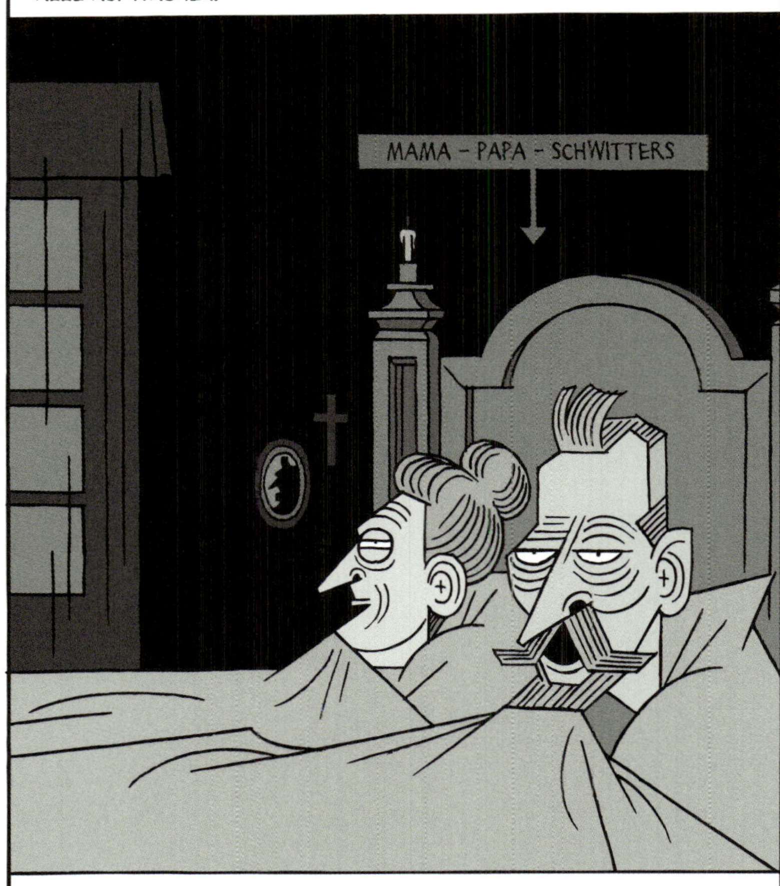

ABER DA KEINER WUSSTE, WESHALB SIE AUFGEWACHT WAREN, SCHLIEFEN SIE SCHNELL WIEDER EIN.

MAN WARTET DANN 10 MINUTEN.

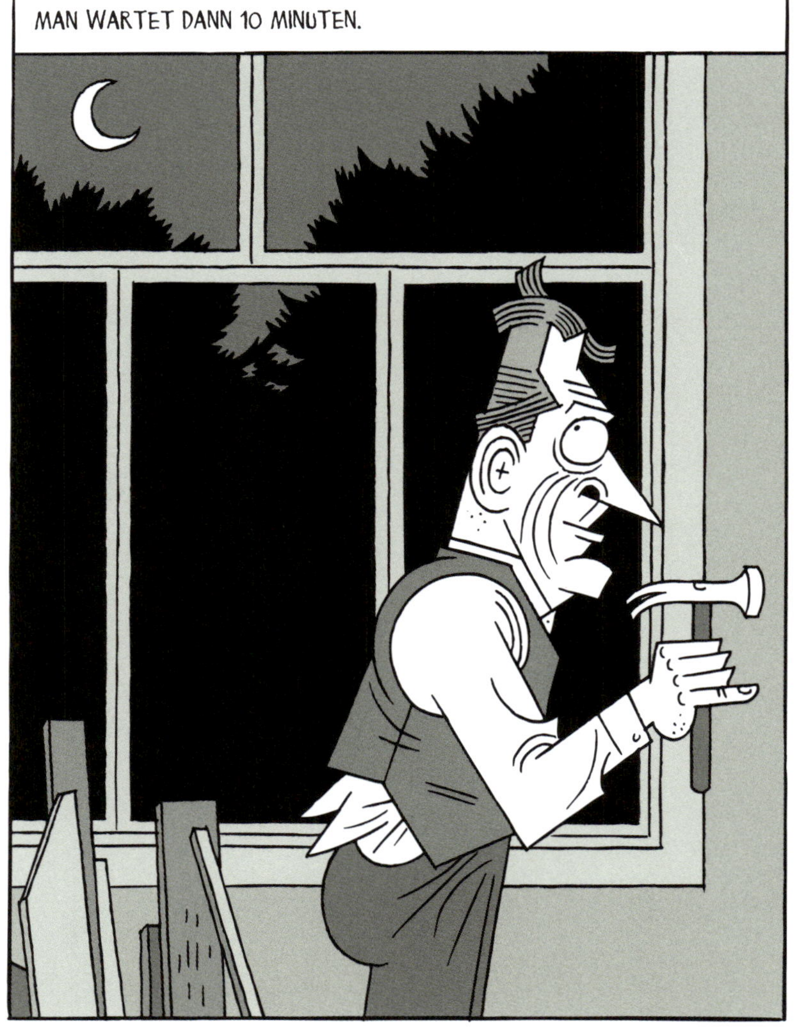

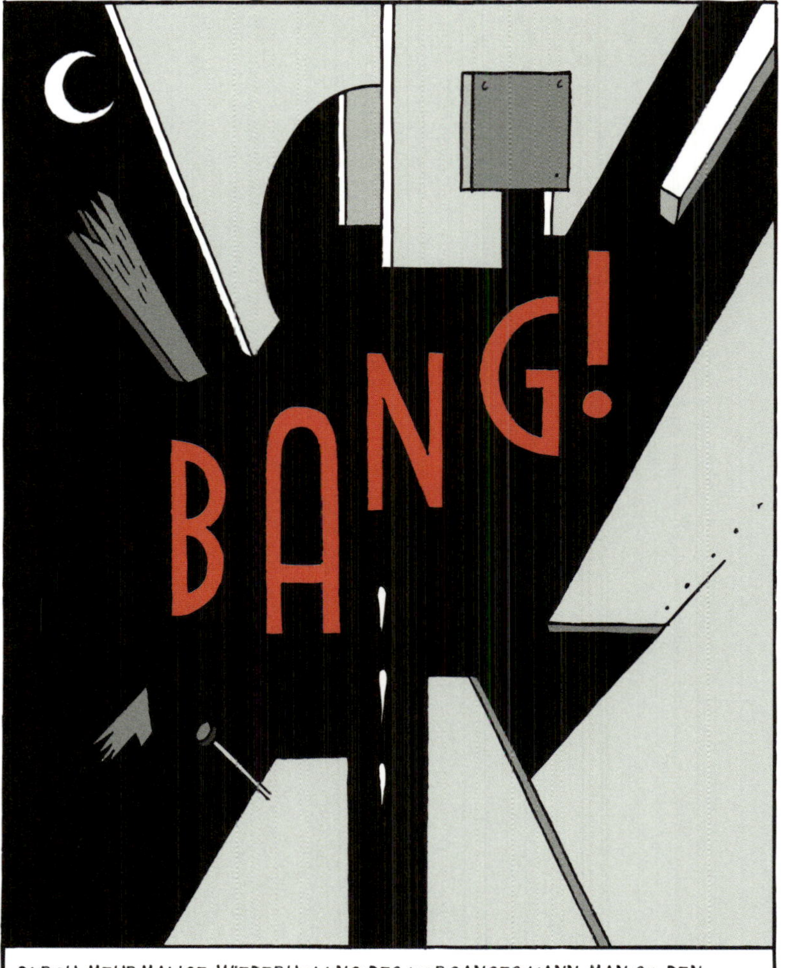

DURCH MEHRMALIGE WIEDERHOLUNG DES VORGANGES KANN MAN SO DEN NAGEL, ZWAR LANGSAM, ABER IMMERHIN MITTEN IN DER NACHT EINSCHLAGEN!

UM MISSVERSTÄNDNISSE ZU VERMEIDEN, MUSS ICH BETONEN, DASS MEINE ARBEITSWEISE NICHTS MIT INNENAUSSTATTUNG ZU TUN HAT (...); DASS ICH IN KEINSTER WEISE INNENRÄUME EINRICHTE, DAMIT MENSCHEN DARIN WOHNEN, DENN DAS KÖNNEN DIE NEUEN ARCHITEKTEN WEITAUS BESSER.

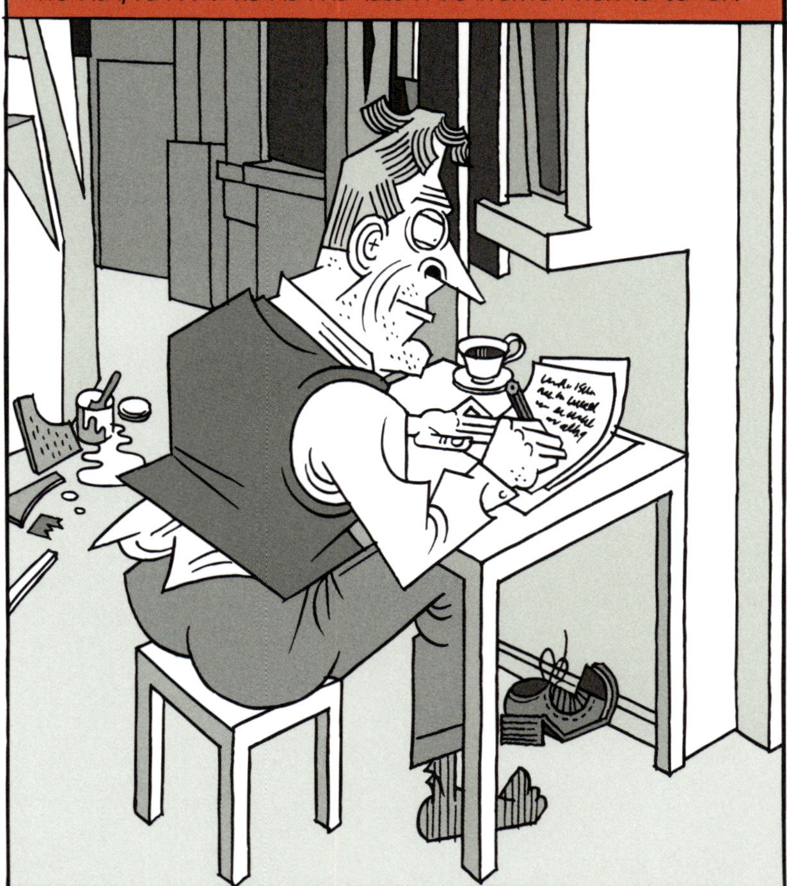

ICH BAUE EINE ABSTRAKTE (KUBISTISCHE) SKULPTUR, IN DIE MENSCHEN HINEINTRETEN KÖNNEN.

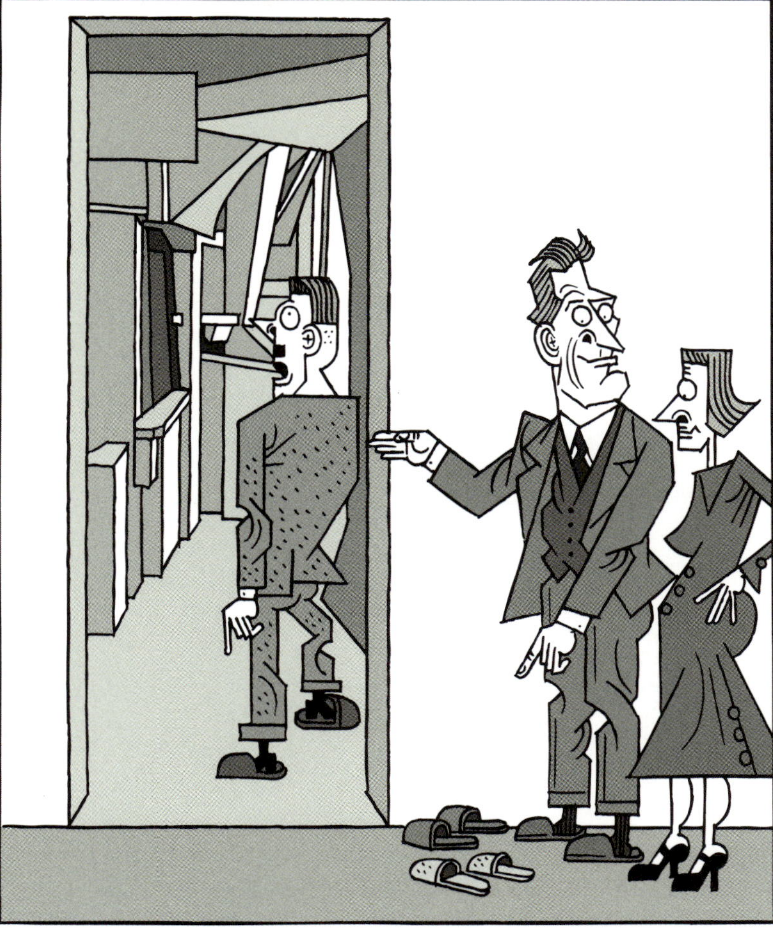

FRIEDRICH VORDEMBERGE-GILDEWART: HIER BOT SICH GELEGENHEIT, DASS SCHWITTERS DEN MERZ-BAU ZUR HÖCHSTEN VOLLENDUNG BRACHTE INDEM ER SEINE GEDICHTE, GROTESKEN UND SEINE URSONATE VORTRUG.

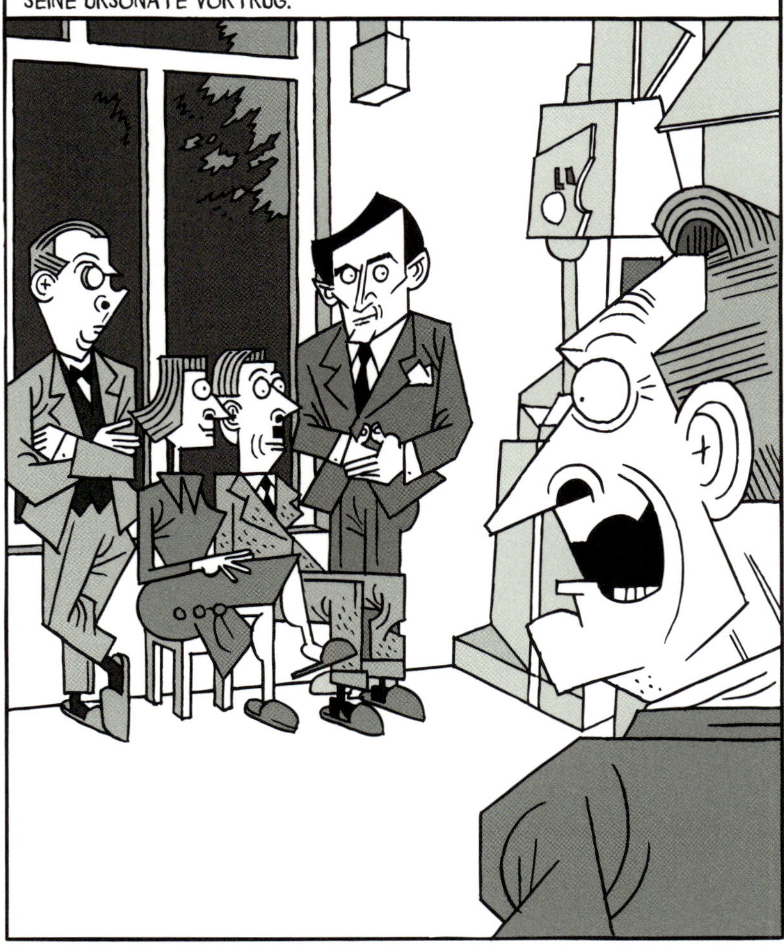

HANS RICHTER: TROTZ SEINER KOMPETENZ ALS GESCHÄFTSMANN UND PROPAGANDIST, WAR IHM DIESES EINE WERK HEILIG. DIESES, SEIN HAUPTWERK, WAR EINE UNVERKÄUFLICHE SCHÖPFUNG. ES KONNTE WEDER TRANSPORTIERT NOCH DEFINIERT WERDEN.

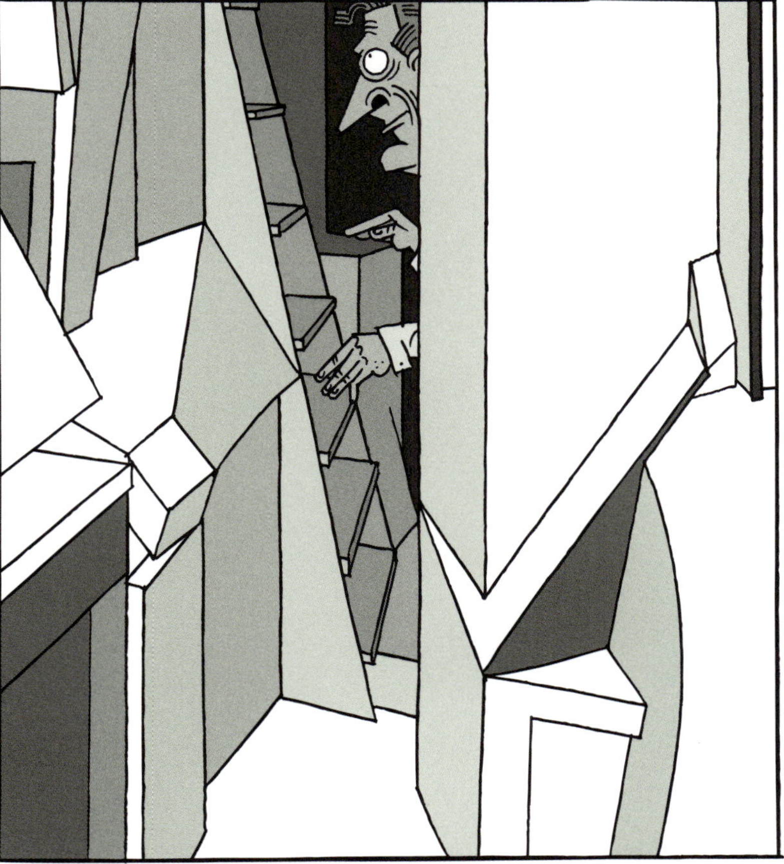

CAROLA GIEDION-WELCKER: SCHWITTERS TRÄUMTE DAVON – UND ARBEITETE BIS ZU SEINEM LEBENSENDE DARAN – SEIN »GESAMTKUNSTWERK« – DIE MERZ-SÄULE – ZU REALISIEREN.

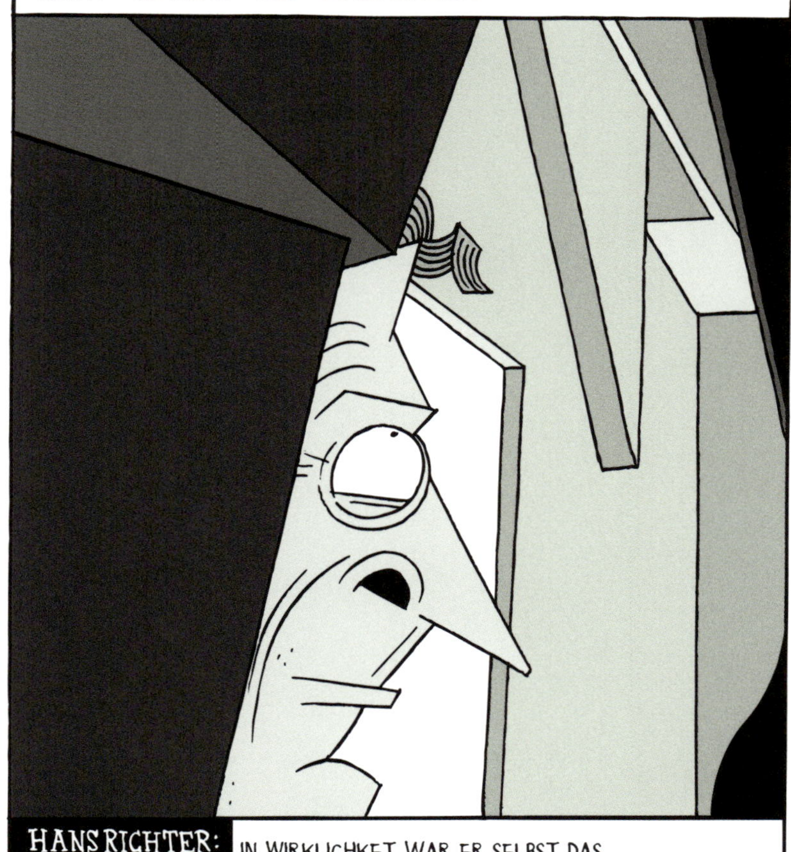

HANS RICHTER: IN WIRKLICHKET WAR ER SELBST DAS GESAMTKUNSTWERK: KURT SCHWITTERS.

ICH BIN SEHR BEI DER ARBEIT. DAS VERFLIXTE ATELIER LÄSST MICH EINFACH NICHT FREI. SONNABEND UND ALLTAG ARBEITE ICH, MIT MALER, GLASER UND TISCHLER, UND ALLEIN.

DAZU WÄCHST MEIN ATELIER DURCH DEN BALKON IN DIE ERDE. DAS HAT MICH SEHR ÜBERANSTRENGT UND ICH FREUE MICH AUF ERHOLUNG.

HIER KOMMT SCHON GRUNDWASSER.

1936

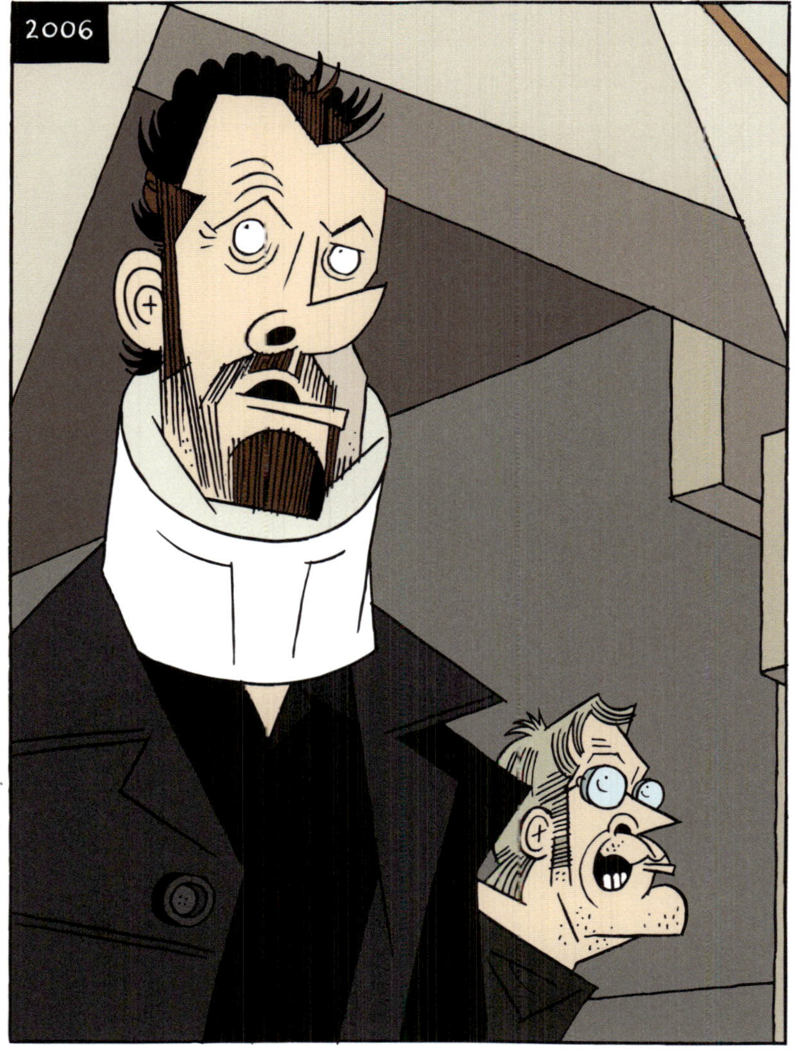

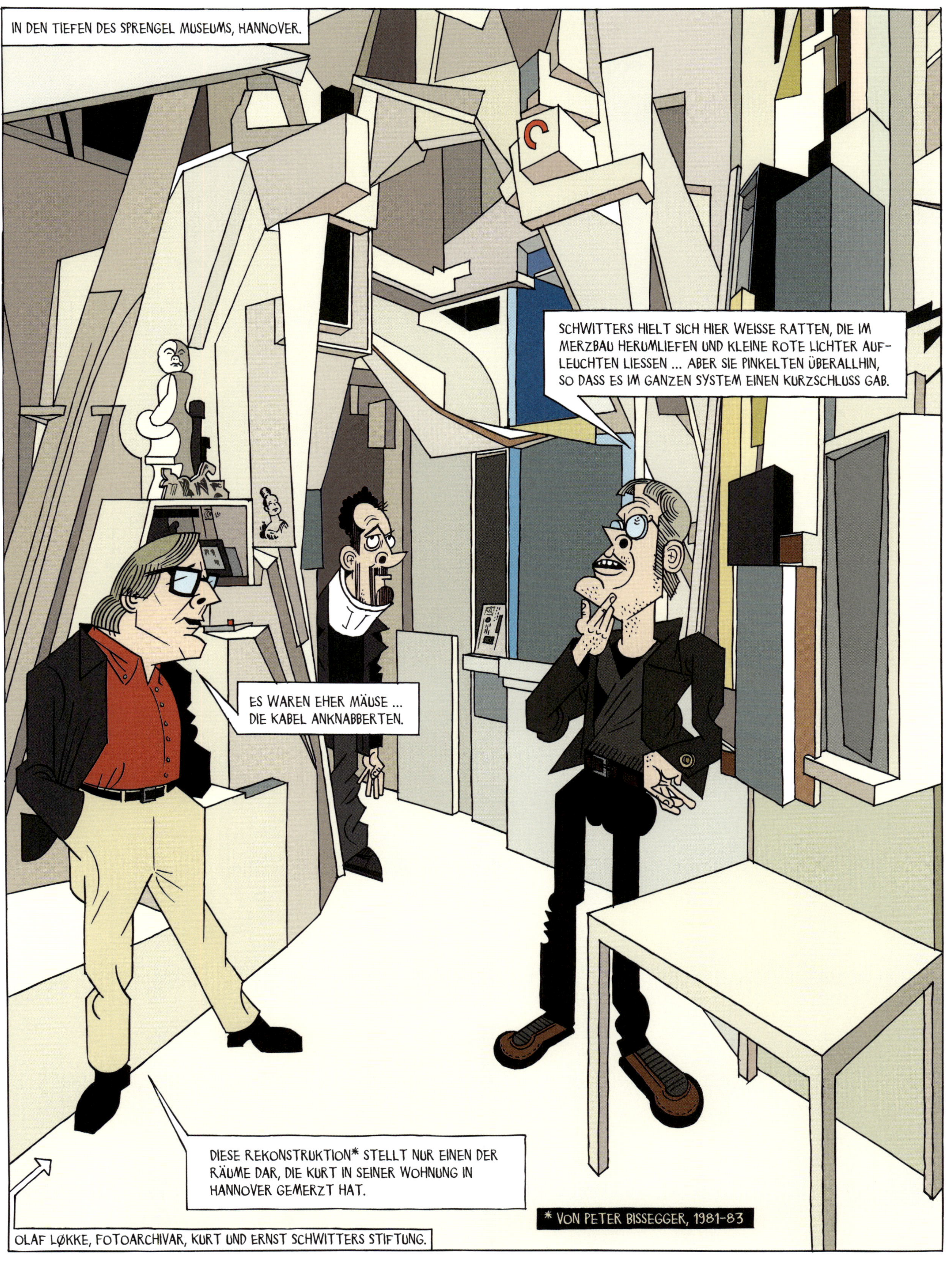
IN DEN TIEFEN DES SPRENGEL MUSEUMS, HANNOVER.
SCHWITTERS HIELT SICH HIER WEISSE RATTEN, DIE IM MERZBAU HERUMLIEFEN UND KLEINE ROTE LICHTER AUF-LEUCHTEN LIESSEN ... ABER SIE PINKELTEN ÜBERALLHIN, SO DASS ES IM GANZEN SYSTEM EINEN KURZSCHLUSS GAB.
ES WAREN EHER MÄUSE ... DIE KABEL ANKNABBERTEN.
DIESE REKONSTRUKTION* STELLT NUR EINEN DER RÄUME DAR, DIE KURT IN SEINER WOHNUNG IN HANNOVER GEMERZT HAT.
* VON PETER BISSEGGER, 1981-83
OLAF LØKKE, FOTOARCHIVAR, KURT UND ERNST SCHWITTERS STIFTUNG.

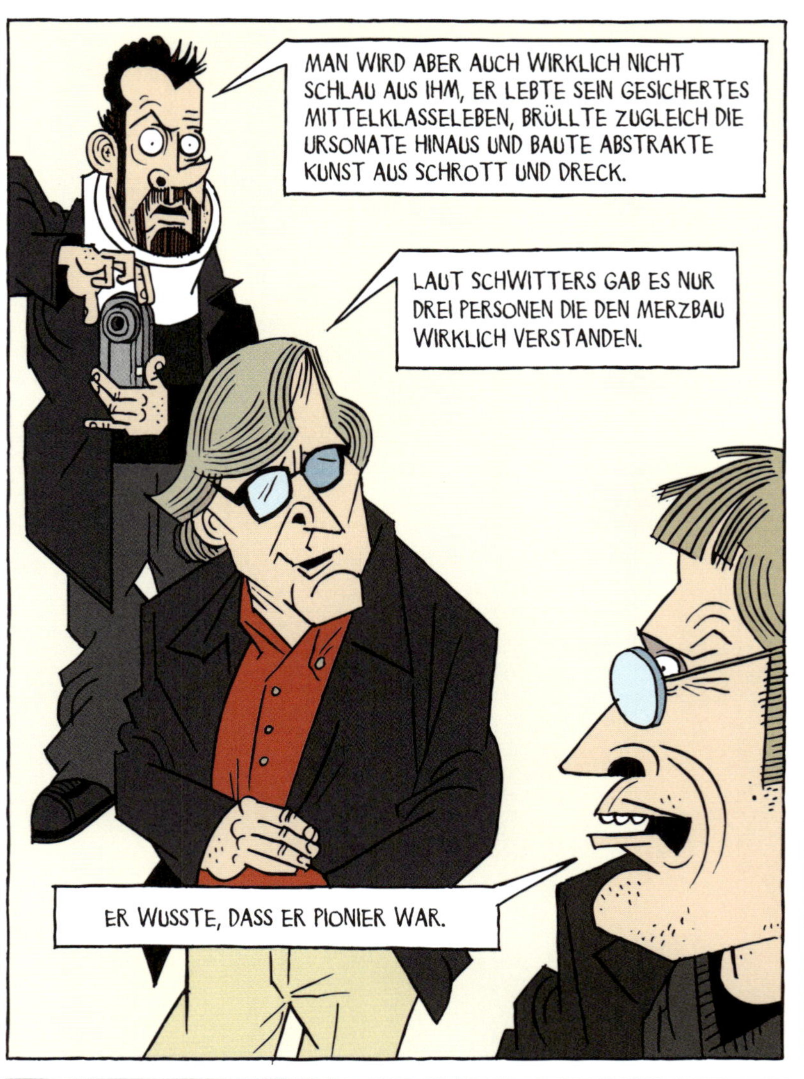

NICHT, DASS MAN NACHHER SAGT: »DER ARME MANN HAT GAR NICHT GEWUSST, WIE WICHTIG ER WAR«. NEIN, DUMM BIN ICH NICHT UND SCHÜCHTERN BIN ICH AUCH NICHT. ICH WEISS ES GANZ GENAU, DASS FÜR MICH UND ALLE ANDEREN WICHTIGEN PERSÖNLICHKEITEN DER ABSTRAKTEN BEWEGUNG DIE GROSSE ZEIT EINMAL KOMMEN WIRD, IN DER WIR EINE GANZE GENERATION BEEINFLUSSEN WERDEN, NUR FÜRCHTE ICH, DAS PERSÖNLICH NICHT MEHR MITZUERLEBEN.

KATE STEINITZ: IN HANNOVER MACHTE MAN SICH BEREITS ÜBER SEINE ARBEITEN LUSTIG. SOGAR MAMA UND PAPA SCHWITTERS SCHÜTTELTEN DEN KOPF.

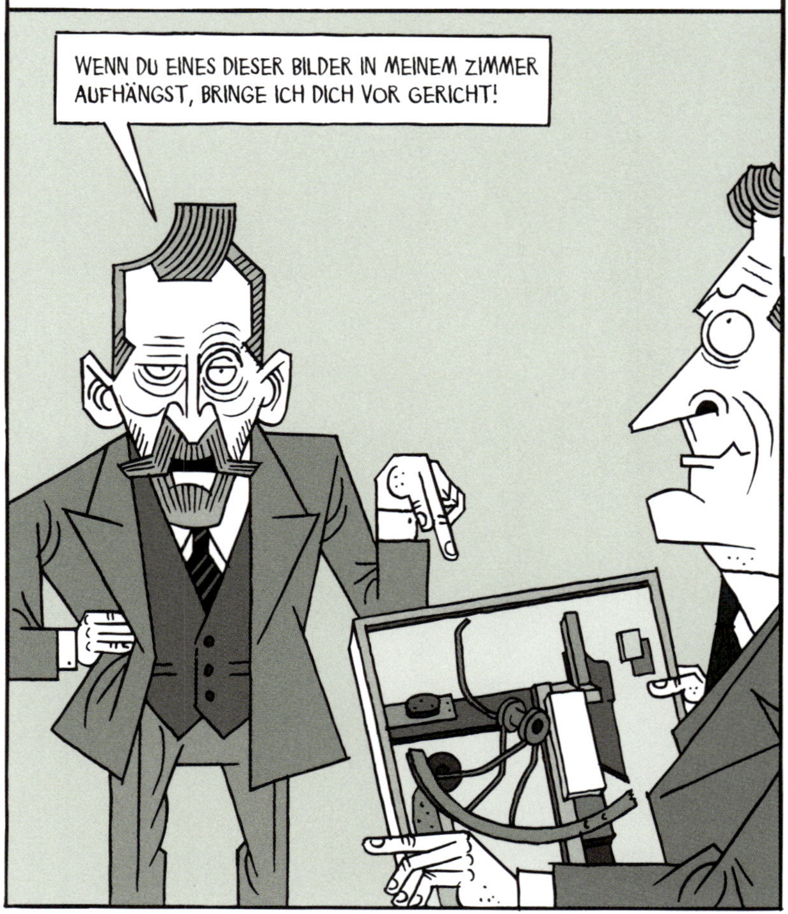

ELISABETH KEITEL: HELMA SCHWITTERS VERSTAND DIE ARBEIT IHRES EHEMANNS SEHR GUT, SIE KONNTE LAUT ÜBER DINGE LACHEN, SIE WAREN SICH IMMER EINIG – ES WAR EINE GANZ VORTREFFLICHE EHE.

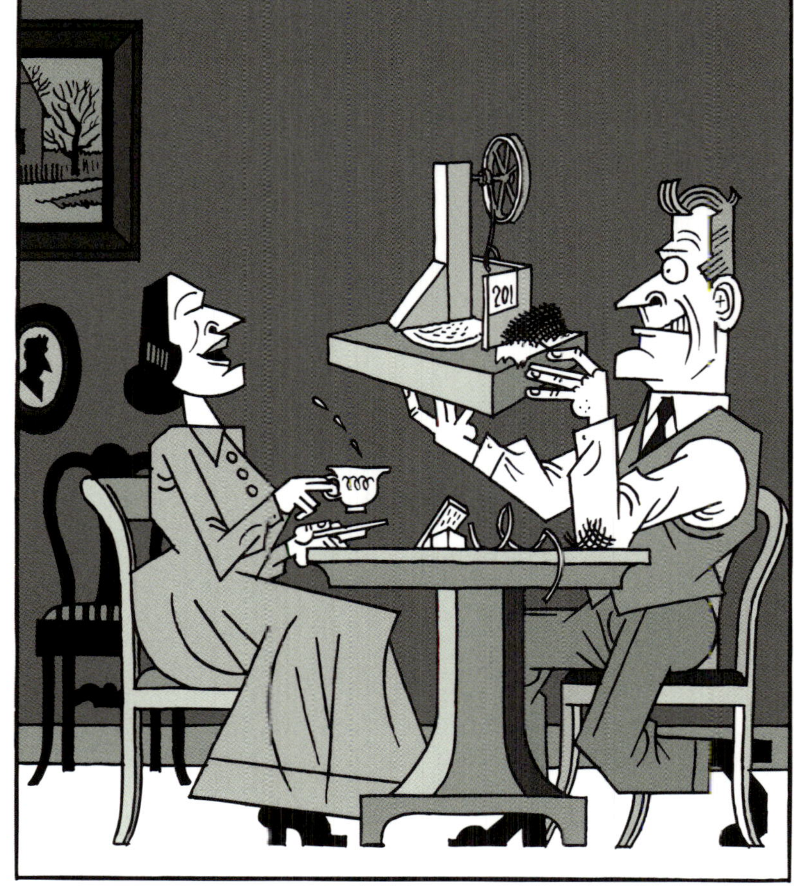

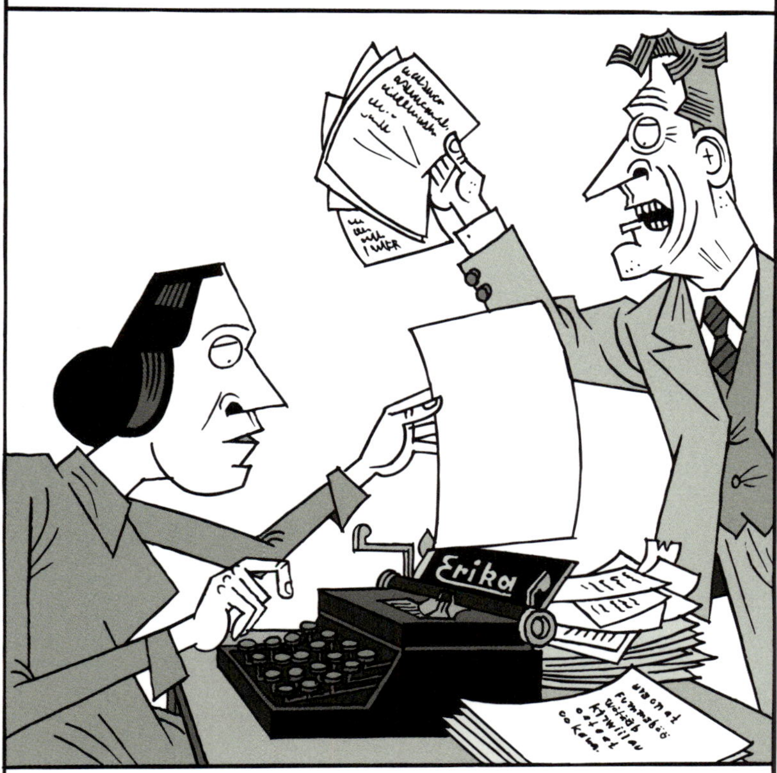
ERNST SCHWITTERS: MEIN VATER WAR EIN MENSCH SO VOLLER IDEEN, DASS DIE VIELFALT DIESER IDEEN ZEITLICH OFT GAR NICHT ZU BEWÄLTIGEN WAR. ALLES, WAS MEIN VATER SCHRIEB (...), JA, SEINEN GANZEN, JETZT FÜNFBÄNDIGEN LITERARISCHEN NACHLASS, SCHRIEB (MEINE MUTTER) GEDULDIG FÜR IHN AB UND ZWAR MIT ZWEI FINGERN AUF EINER URALTEN ERIKA.
Erika
UND GLEICHZEITIG WAR SIE NATÜRLICH HAUSFRAU UND MUTTER, DENN FÜR EIN MÄDCHEN HATTEN WIR SELTEN GELD.

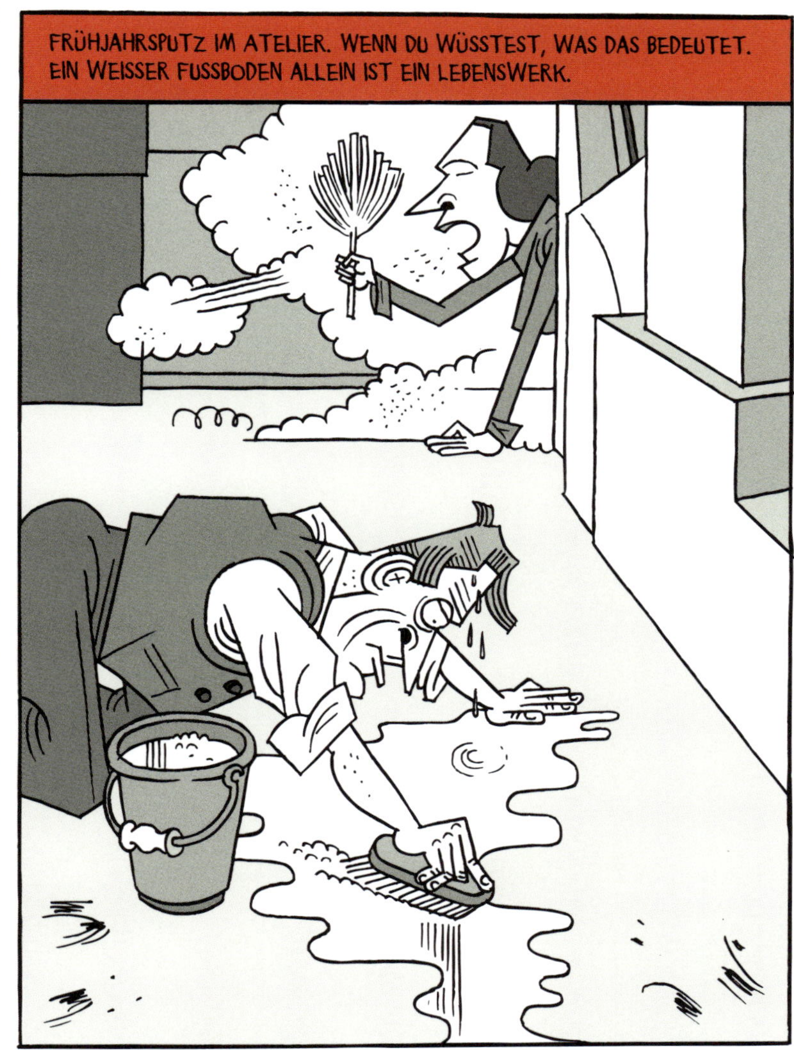
FRÜHJAHRSPUTZ IM ATELIER. WENN DU WÜSSTEST, WAS DAS BEDEUTET. EIN WEISSER FUSSBODEN ALLEIN IST EIN LEBENSWERK.

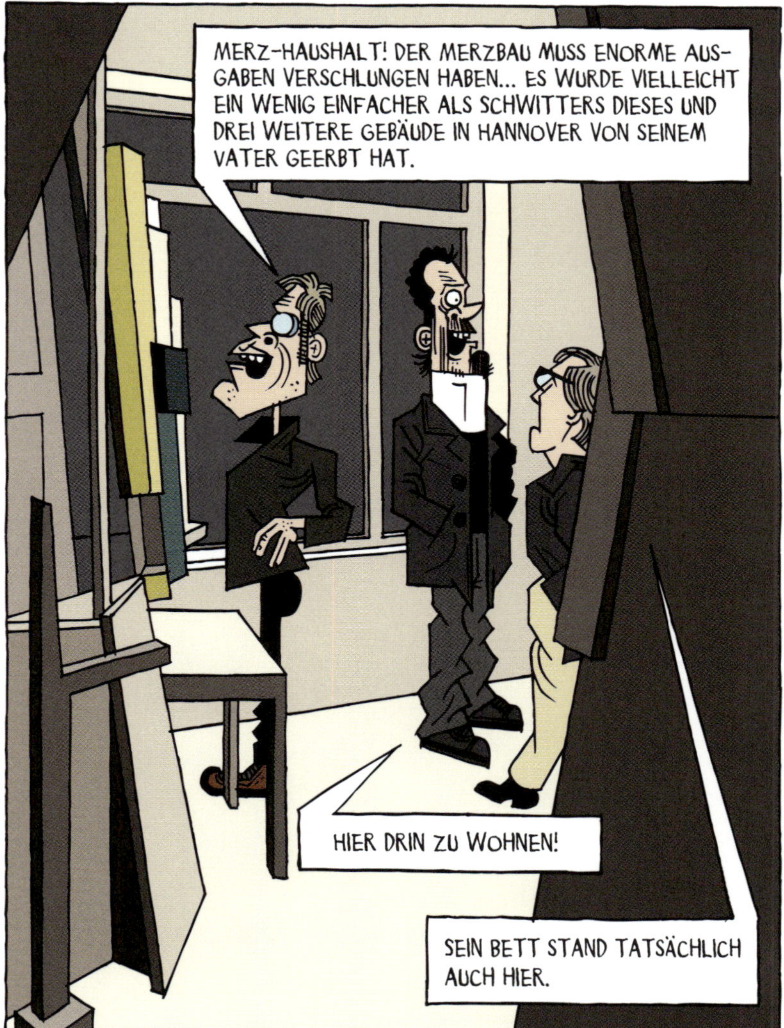
MERZ-HAUSHALT! DER MERZBAU MUSS ENORME AUSGABEN VERSCHLUNGEN HABEN... ES WURDE VIELLEICHT EIN WENIG EINFACHER ALS SCHWITTERS DIESES UND DREI WEITERE GEBÄUDE IN HANNOVER VON SEINEM VATER GEERBT HAT.
HIER DRIN ZU WOHNEN!
SEIN BETT STAND TATSÄCHLICH AUCH HIER.

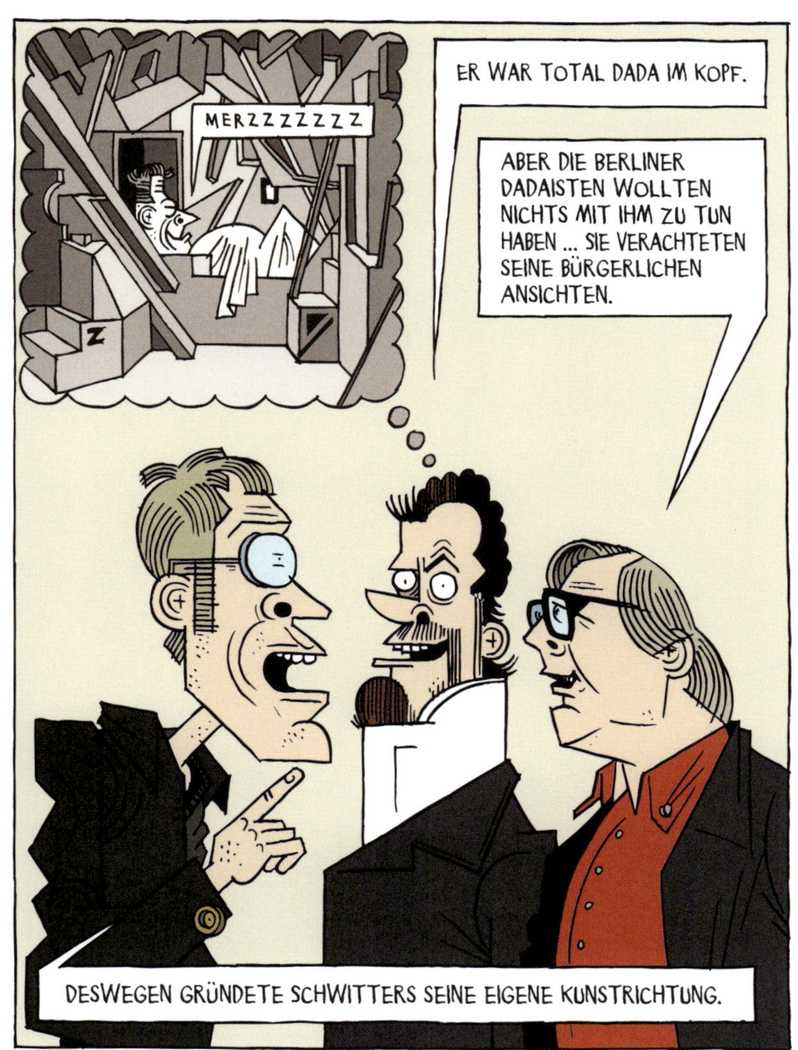
MERZZZZZZZ
Z
ER WAR TOTAL DADA IM KOPF.
ABER DIE BERLINER DADAISTEN WOLLTEN NICHTS MIT IHM ZU TUN HABEN ... SIE VERACHTETEN SEINE BÜRGERLICHEN ANSICHTEN.
DESWEGEN GRÜNDETE SCHWITTERS SEINE EIGENE KUNSTRICHTUNG.

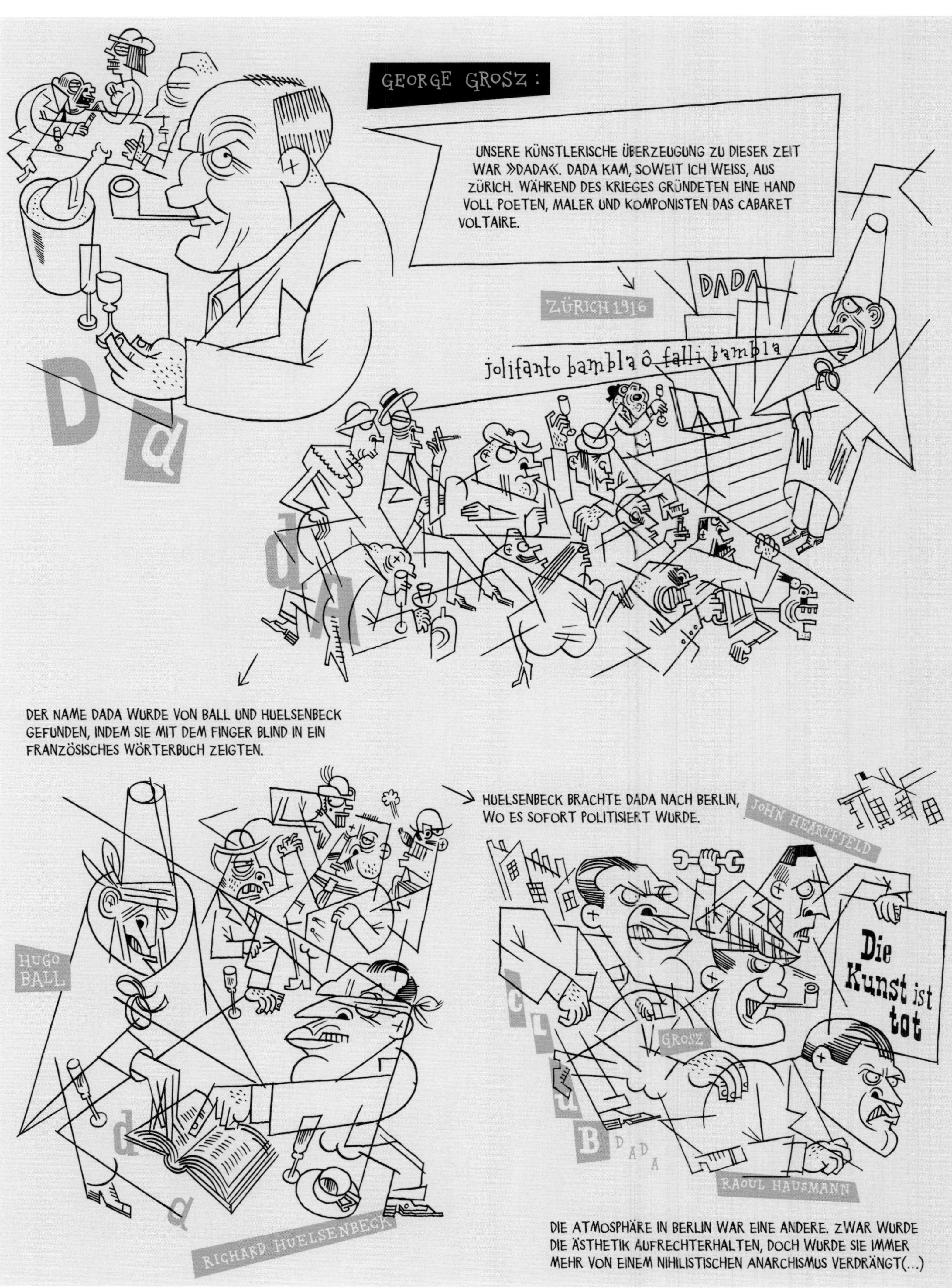
GEORGE GROSZ:
UNSERE KÜNSTLERISCHE ÜBERZEUGUNG ZU DIESER ZEIT WAR »DADA«. DADA KAM, SOWEIT ICH WEISS, AUS ZÜRICH. WÄHREND DES KRIEGES GRÜNDETEN EINE HAND VOLL POETEN, MALER UND KOMPONISTEN DAS CABARET VOLTAIRE.
ZÜRICH 1916
DADA
jolifanto bambla ô falli bambla
DER NAME DADA WURDE VON BALL UND HUELSENBECK GEFUNDEN, INDEM SIE MIT DEM FINGER BLIND IN EIN FRANZÖSISCHES WÖRTERBUCH ZEIGTEN.
HUGO BALL
RICHARD HUELSENBECK
HUELSENBECK BRACHTE DADA NACH BERLIN, WO ES SOFORT POLITISIERT WURDE.
JOHN HEARTFIELD
Die Kunst ist tot
GROSZ
RAOUL HAUSMANN
DIE ATMOSPHÄRE IN BERLIN WAR EINE ANDERE. ZWAR WURDE DIE ÄSTHETIK AUFRECHTERHALTEN, DOCH WURDE SIE IMMER MEHR VON EINEM NIHILISTISCHEN ANARCHISMUS VERDRÄNGT(...)

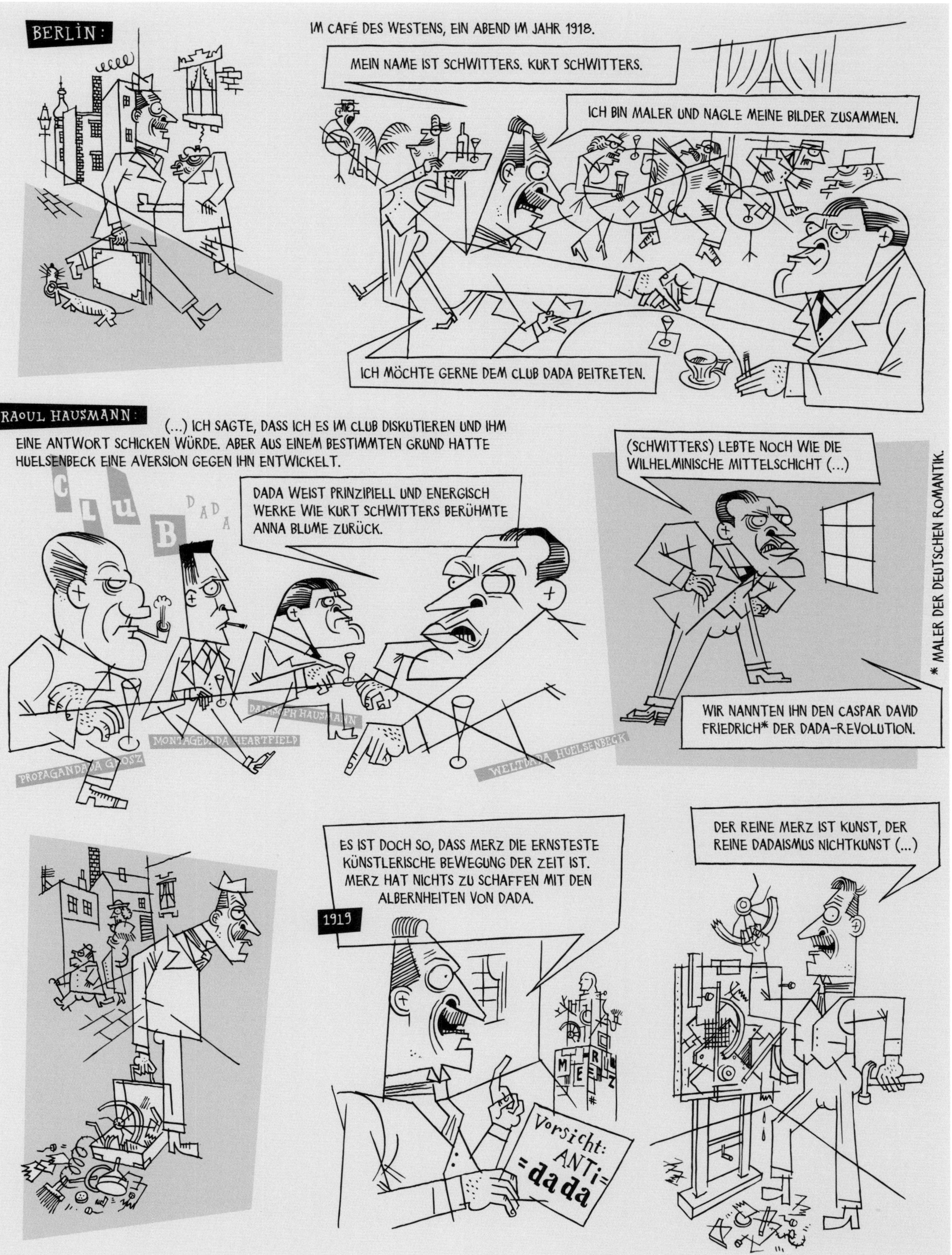
BERLIN:
IM CAFÉ DES WESTENS, EIN ABEND IM JAHR 1918.
MEIN NAME IST SCHWITTERS. KURT SCHWITTERS.
ICH BIN MALER UND NAGLE MEINE BILDER ZUSAMMEN.
ICH MÖCHTE GERNE DEM CLUB DADA BEITRETEN.
RAOUL HAUSMANN:
(...) ICH SAGTE, DASS ICH ES IM CLUB DISKUTIEREN UND IHM EINE ANTWORT SCHICKEN WÜRDE. ABER AUS EINEM BESTIMMTEN GRUND HATTE HUELSENBECK EINE AVERSION GEGEN IHN ENTWICKELT.
CLUB DADA
DADA WEIST PRINZIPIELL UND ENERGISCH WERKE WIE KURT SCHWITTERS BERÜHMTE ANNA BLUME ZURÜCK.
PROPAGANDADA GROSZ
MONTAGEDADA HEARTFIELD
DADASOPH HAUSMANN
WELTDADA HUELSENBECK
(SCHWITTERS) LEBTE NOCH WIE DIE WILHELMINISCHE MITTELSCHICHT (...)
WIR NANNTEN IHN DEN CASPAR DAVID FRIEDRICH* DER DADA-REVOLUTION.
* MALER DER DEUTSCHEN ROMANTIK.
1919
ES IST DOCH SO, DASS MERZ DIE ERNSTESTE KÜNSTLERISCHE BEWEGUNG DER ZEIT IST. MERZ HAT NICHTS ZU SCHAFFEN MIT DEN ALBERNHEITEN VON DADA.
MERZ
Vorsicht: ANTI=dada=
DER REINE MERZ IST KUNST, DER REINE DADAISMUS NICHTKUNST (...)

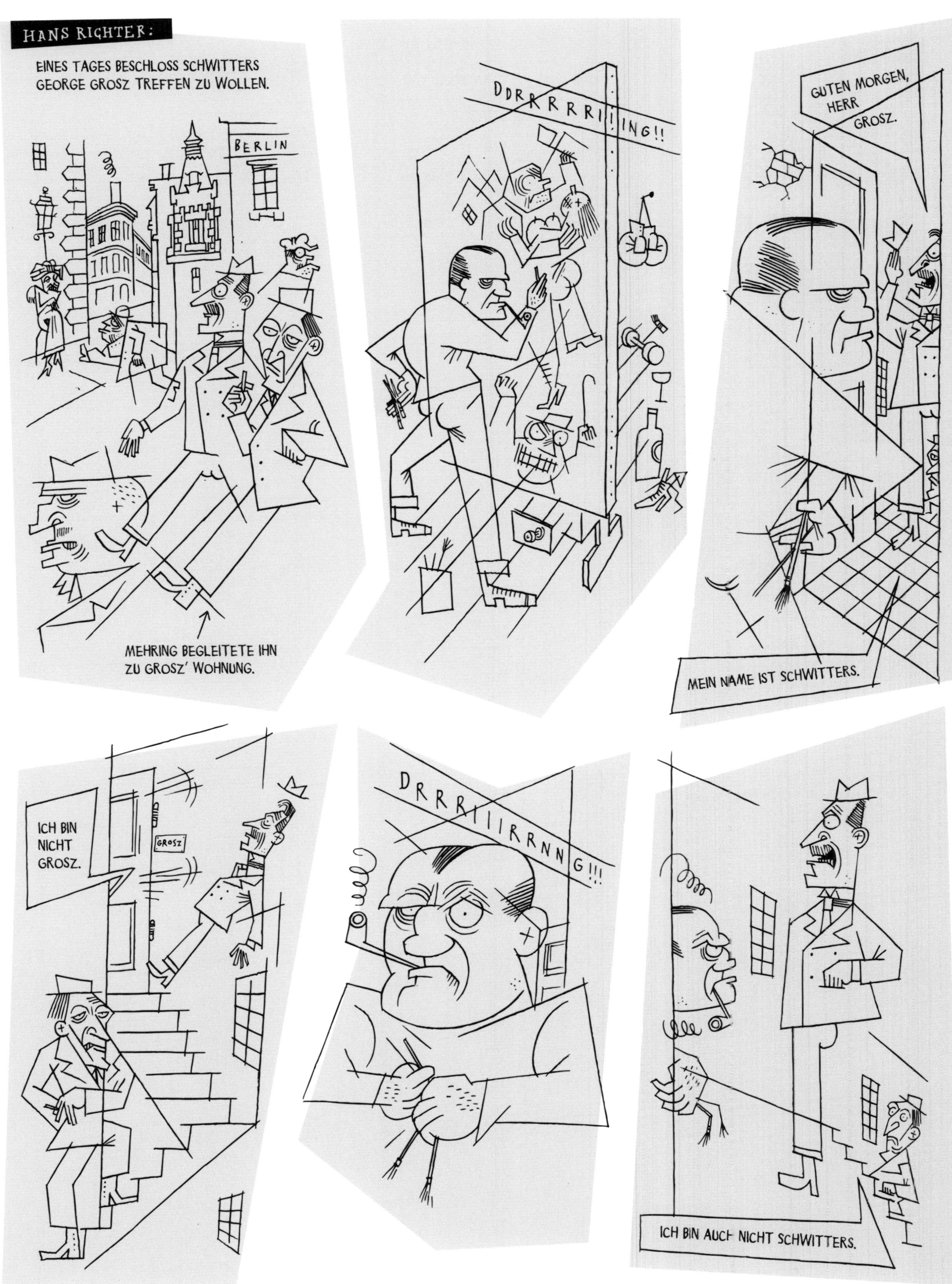
HANS RICHTER:
EINES TAGES BESCHLOSS SCHWITTERS GEORGE GROSZ TREFFEN ZU WOLLEN.
BERLIN
MEHRING BEGLEITETE IHN ZU GROSZ' WOHNUNG.
DRRRRRRRIIING!!
GUTEN MORGEN, HERR GROSZ.
MEIN NAME IST SCHWITTERS.
ICH BIN NICHT GROSZ.
GROSZ
DRRRIIIRRNNG!!!
ICH BIN AUCH NICHT SCHWITTERS.

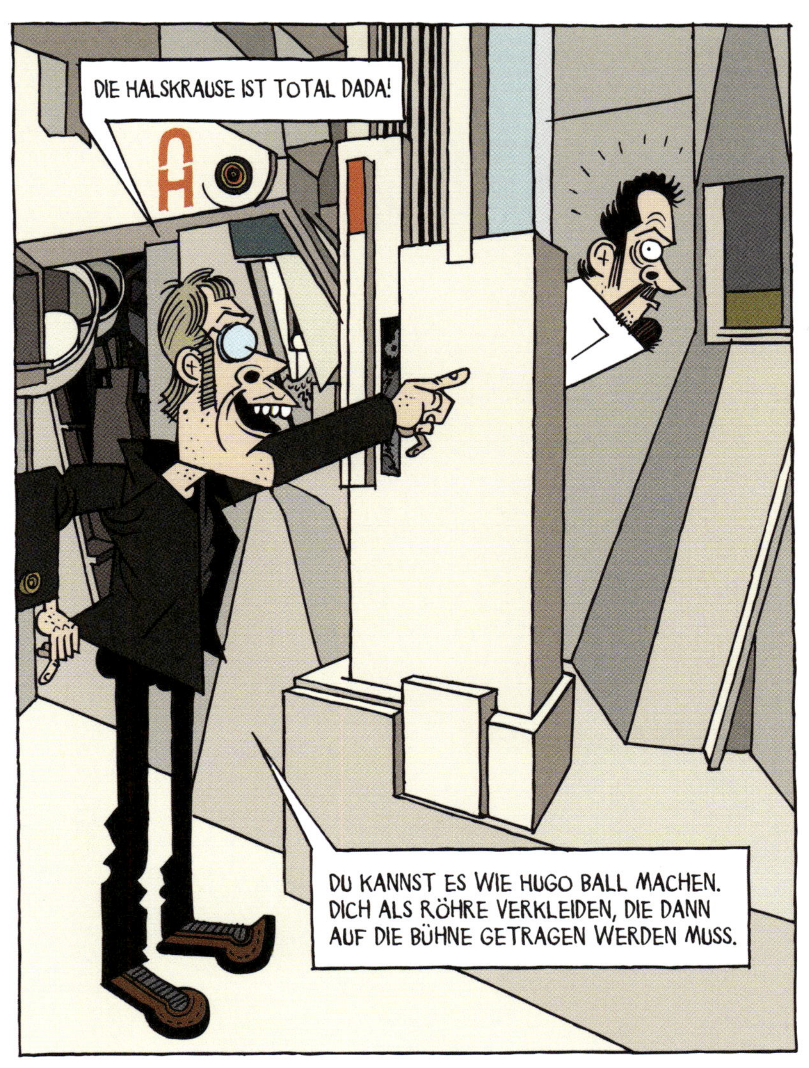
DIE HALSKRAUSE IST TOTAL DADA!
DU KANNST ES WIE HUGO BALL MACHEN. DICH ALS RÖHRE VERKLEIDEN, DIE DANN AUF DIE BÜHNE GETRAGEN WERDEN MUSS.

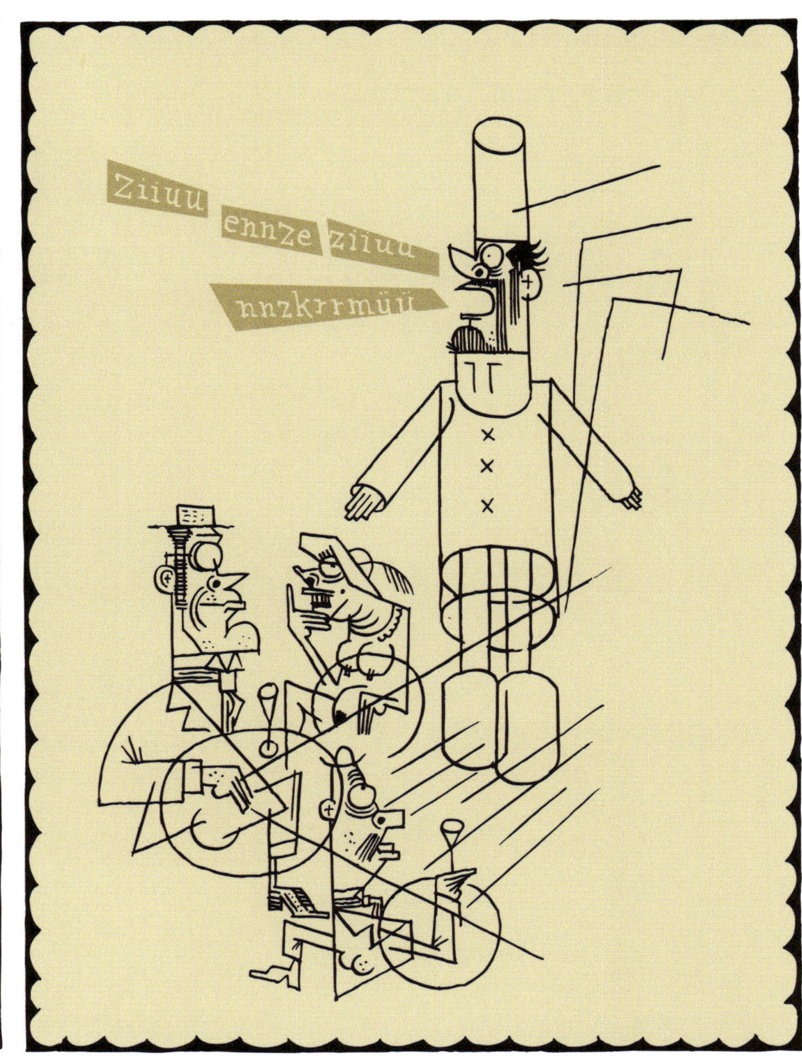
Ziiuu
ennZe ziiuu
nnzkrrmüü

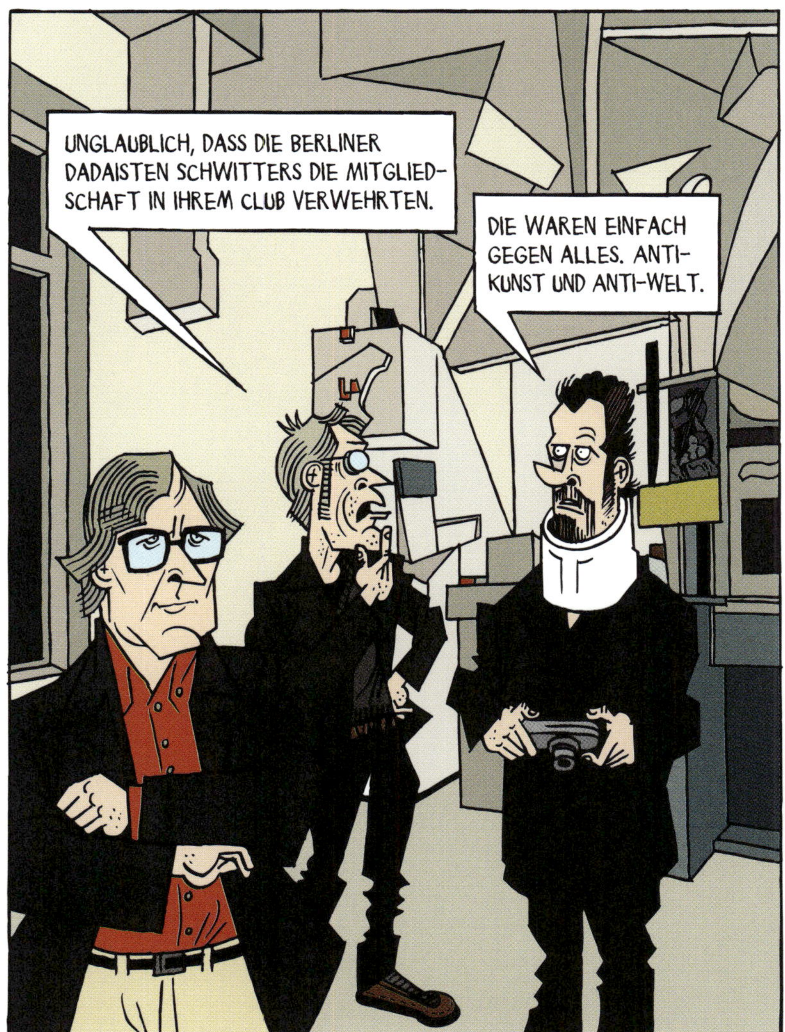
UNGLAUBLICH, DASS DIE BERLINER DADAISTEN SCHWITTERS DIE MITGLIEDSCHAFT IN IHREM CLUB VERWEHRTEN.
DIE WAREN EINFACH GEGEN ALLES. ANTIKUNST UND ANTI-WELT.

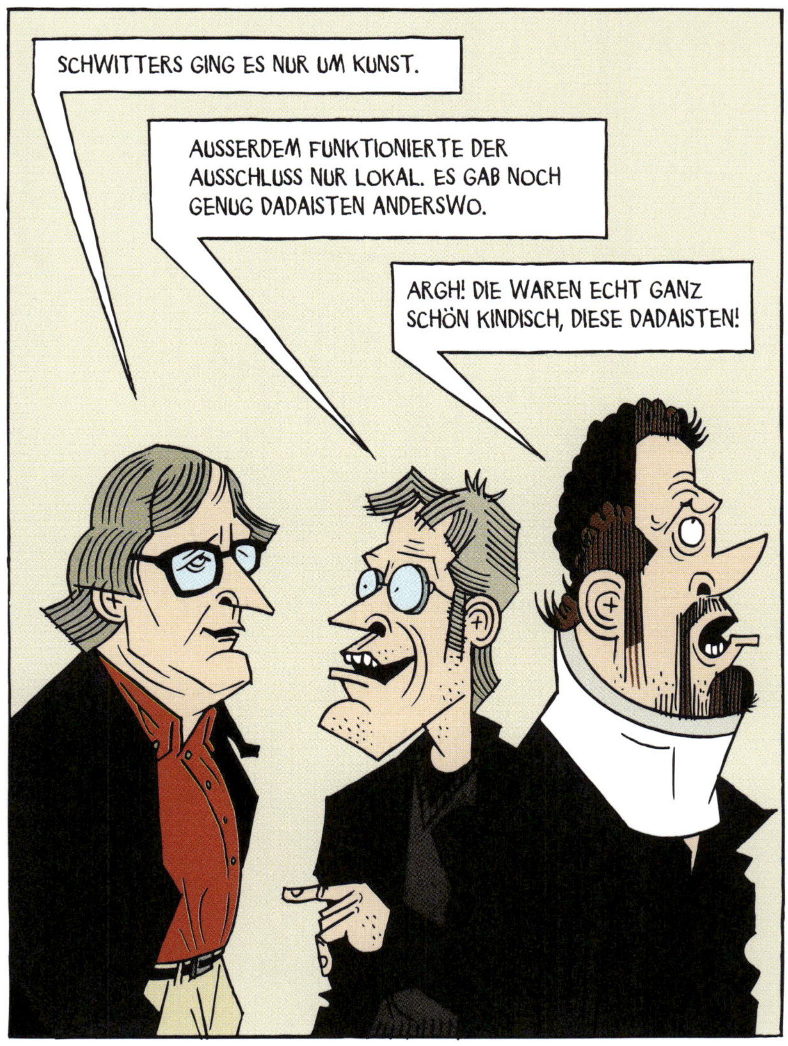
SCHWITTERS GING ES NUR UM KUNST.
AUSSERDEM FUNKTIONIERTE DER AUSSCHLUSS NUR LOKAL. ES GAB NOCH GENUG DADAISTEN ANDERSWO.
ARGH! DIE WAREN ECHT GANZ SCHÖN KINDISCH, DIESE DADAISTEN!

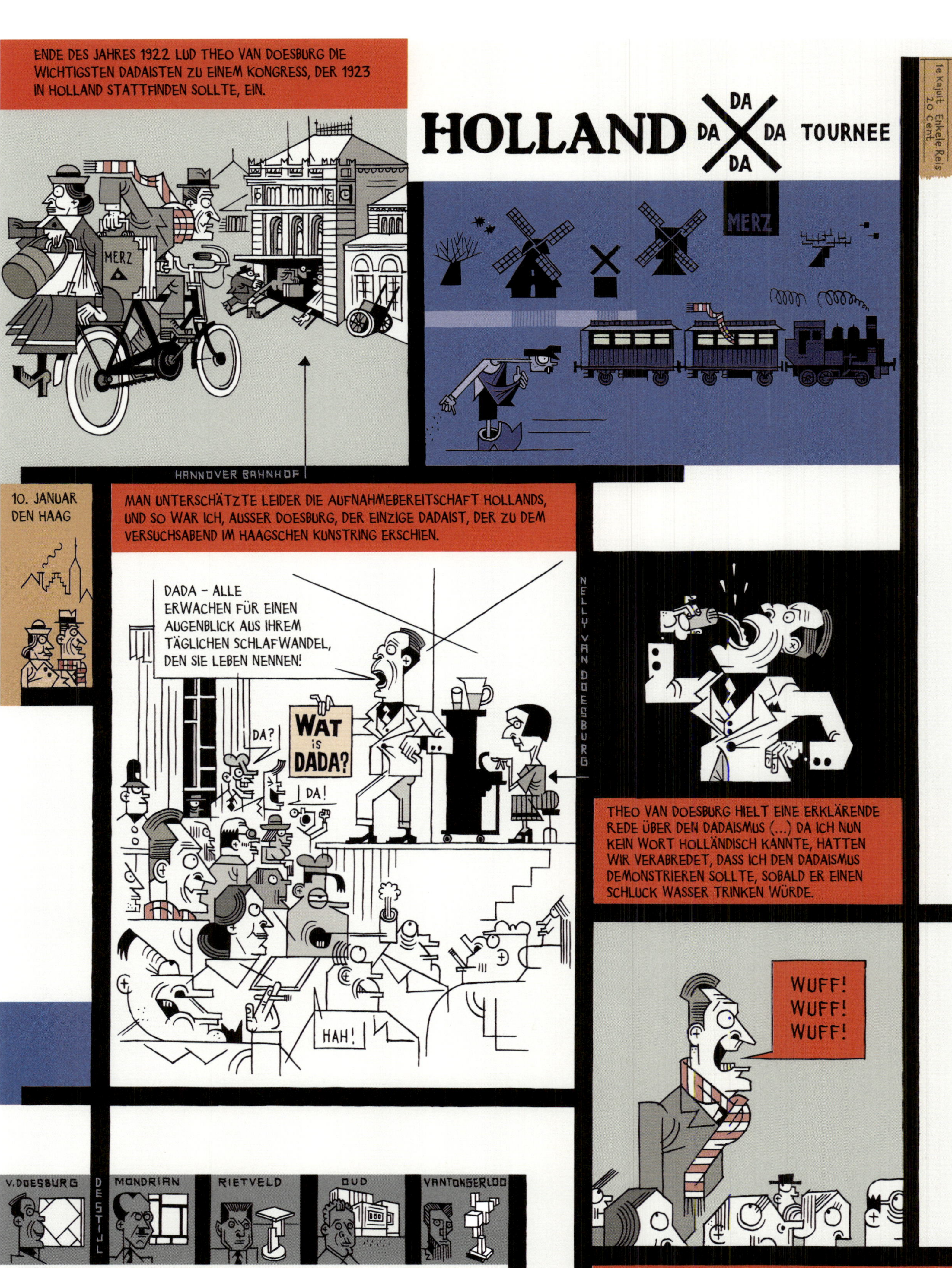

BEGRÜNDER DER DE STIJL-GRUPPE

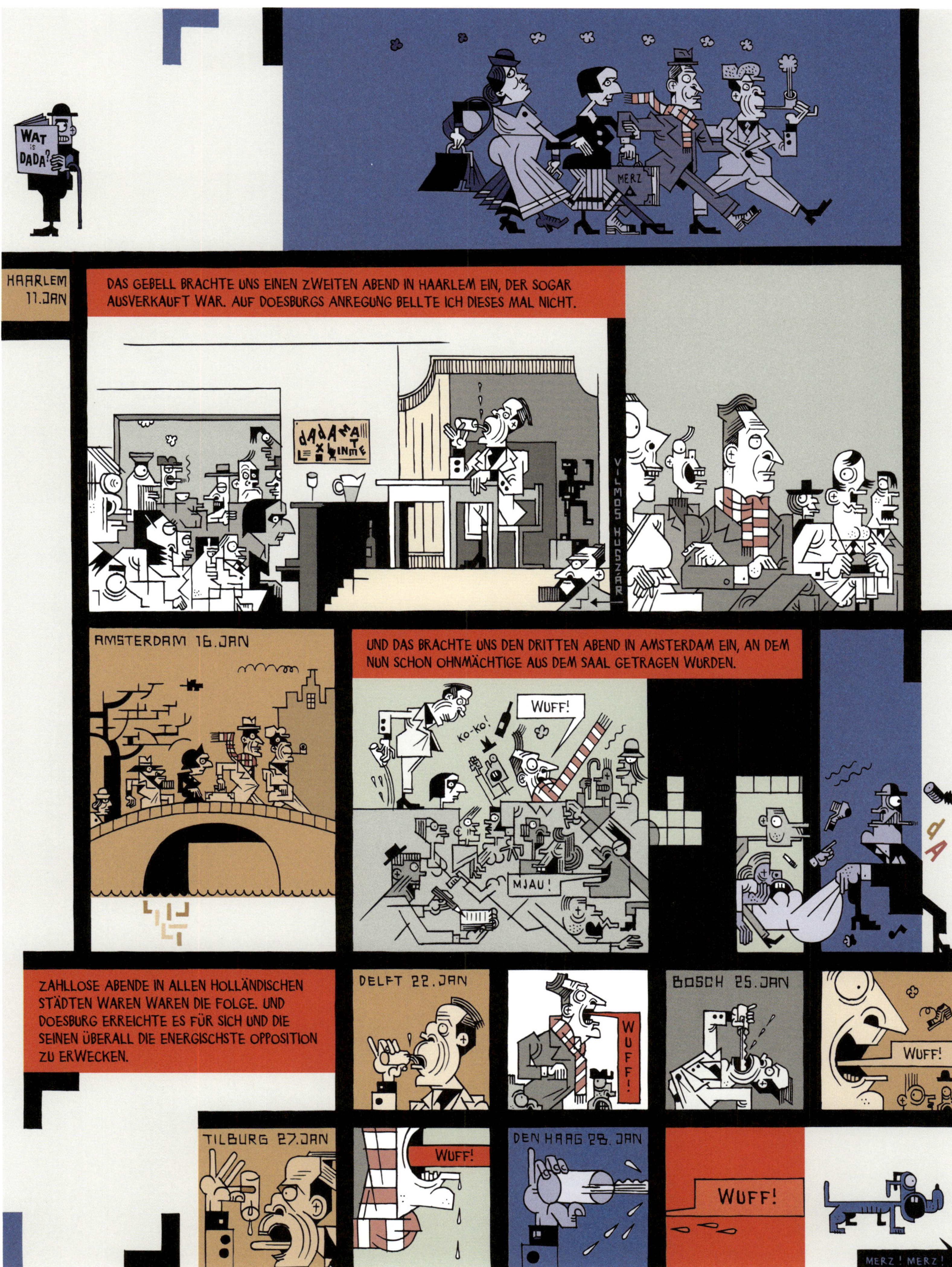
WAT is DADA?
MERZ
HAARLEM 11. JAN
DAS GEBELL BRACHTE UNS EINEN ZWEITEN ABEND IN HAARLEM EIN, DER SOGAR AUSVERKAUFT WAR. AUF DOESBURGS ANREGUNG BELLTE ICH DIESES MAL NICHT.
VILMOS HUSZÁR
AMSTERDAM 16. JAN
UND DAS BRACHTE UNS DEN DRITTEN ABEND IN AMSTERDAM EIN, AN DEM NUN SCHON OHNMÄCHTIGE AUS DEM SAAL GETRAGEN WURDEN.
WUFF!
KO-KO!
MJAU!
ZAHLLOSE ABENDE IN ALLEN HOLLÄNDISCHEN STÄDTEN WAREN WAREN DIE FOLGE. UND DOESBURG ERREICHTE ES FÜR SICH UND DIE SEINEN ÜBERALL DIE ENERGISCHSTE OPPOSITION ZU ERWECKEN.
DELFT 22. JAN
WUFF!
BOSCH 25. JAN
WUFF!
TILBURG 27. JAN
WUFF!
DEN HAAG 28. JAN
WUFF!
MERZ! MERZ!

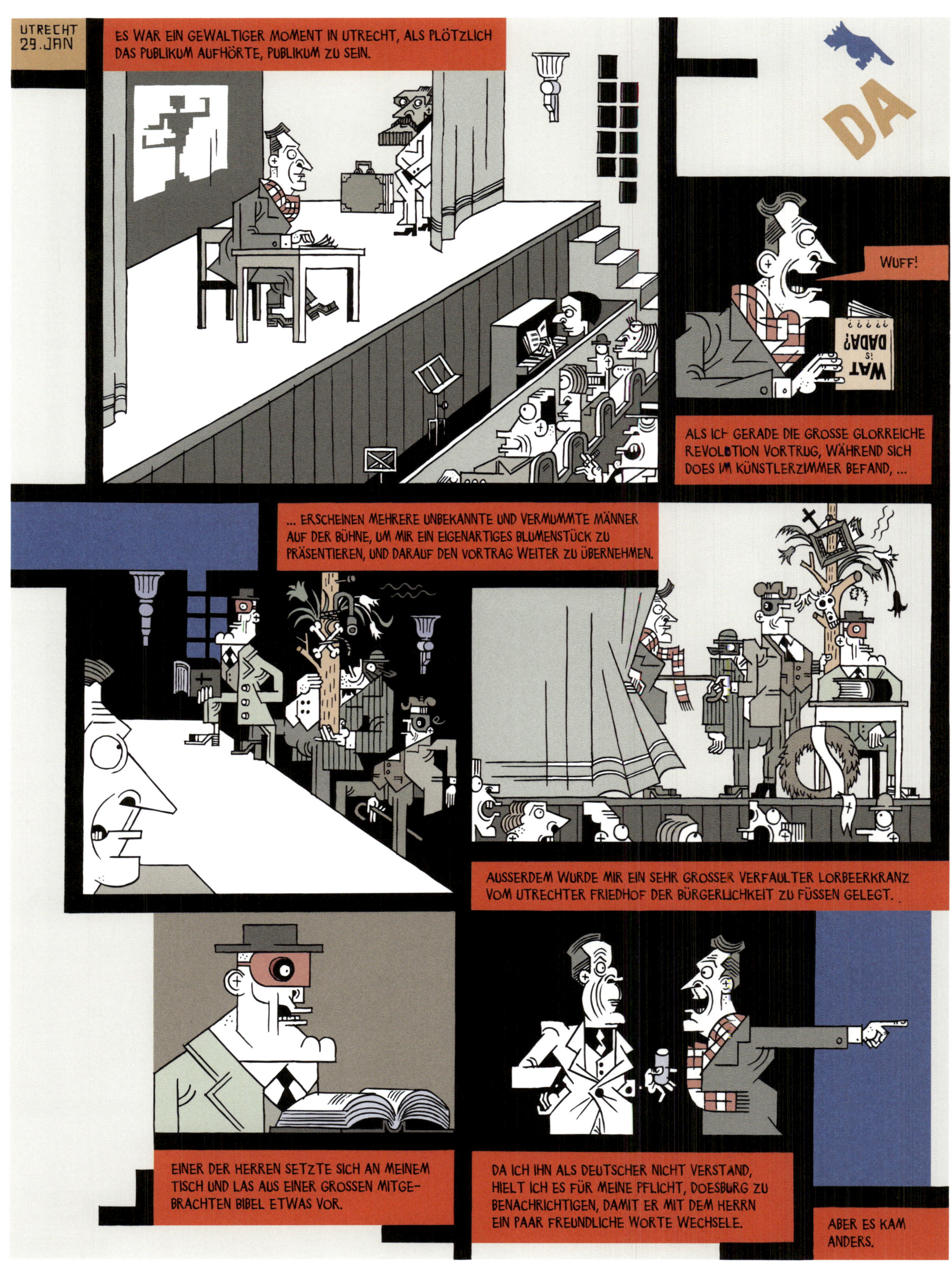
UTRECHT 29. JAN
ES WAR EIN GEWALTIGER MOMENT IN UTRECHT, ALS PLÖTZLICH DAS PUBLIKUM AUFHÖRTE, PUBLIKUM ZU SEIN.
DA
WUFF!
WAT is DADA?
ALS ICH GERADE DIE GROSSE GLORREICHE REVOLUTION VORTRUG, WÄHREND SICH DOES IM KÜNSTLERZIMMER BEFAND, ...
... ERSCHEINEN MEHRERE UNBEKANNTE UND VERMUMMTE MÄNNER AUF DER BÜHNE, UM MIR EIN EIGENARTIGES BLUMENSTÜCK ZU PRÄSENTIEREN, UND DARAUF DEN VORTRAG WEITER ZU ÜBERNEHMEN.
AUSSERDEM WURDE MIR EIN SEHR GROSSER VERFAULTER LORBEERKRANZ VOM UTRECHTER FRIEDHOF DER BÜRGERLICHKEIT ZU FÜSSEN GELEGT.
EINER DER HERREN SETZTE SICH AN MEINEM TISCH UND LAS AUS EINER GROSSEN MITGEBRACHTEN BIBEL ETWAS VOR.
DA ICH IHN ALS DEUTSCHER NICHT VERSTAND, HIELT ICH ES FÜR MEINE PFLICHT, DOESBURG ZU BENACHRICHTIGEN, DAMIT ER MIT DEM HERRN EIN PAAR FREUNDLICHE WORTE WECHSELE.
ABER ES KAM ANDERS.

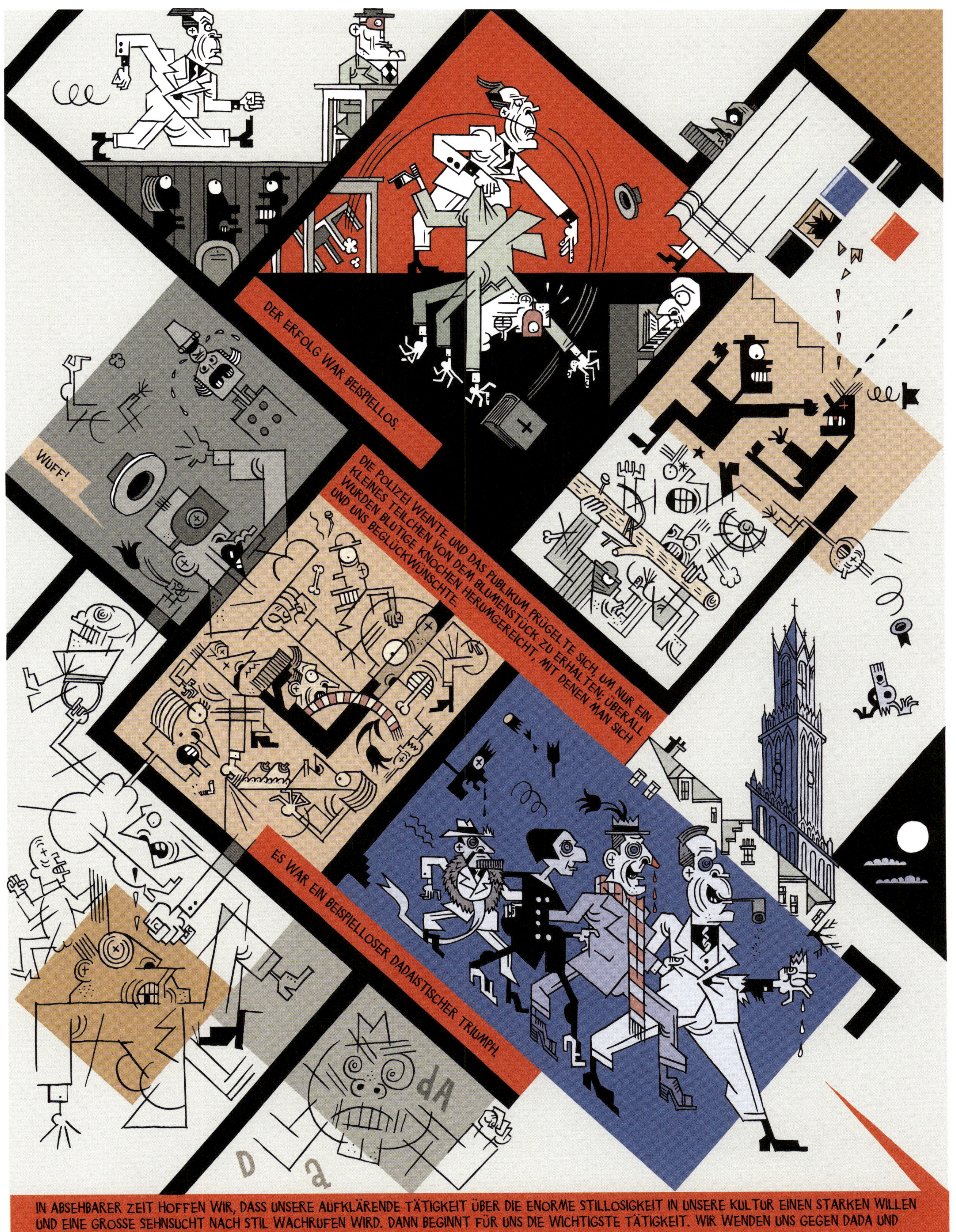

IN ABSEHBARER ZEIT HOFFEN WIR, DASS UNSERE AUFKLÄRENDE TÄTIGKEIT ÜBER DIE ENORME STILLOSIGKEIT IN UNSERE KULTUR EINEN STARKEN WILLEN UND EINE GROSSE SEHNSUCHT NACH STIL WACHRUFEN WIRD. DANN BEGINNT FÜR UNS DIE WICHTIGSTE TÄTIGKEIT. WIR WENDEN UNS GEGEN DADA UND KÄMPFEN NUR NOCH FÜR DEN STIL.

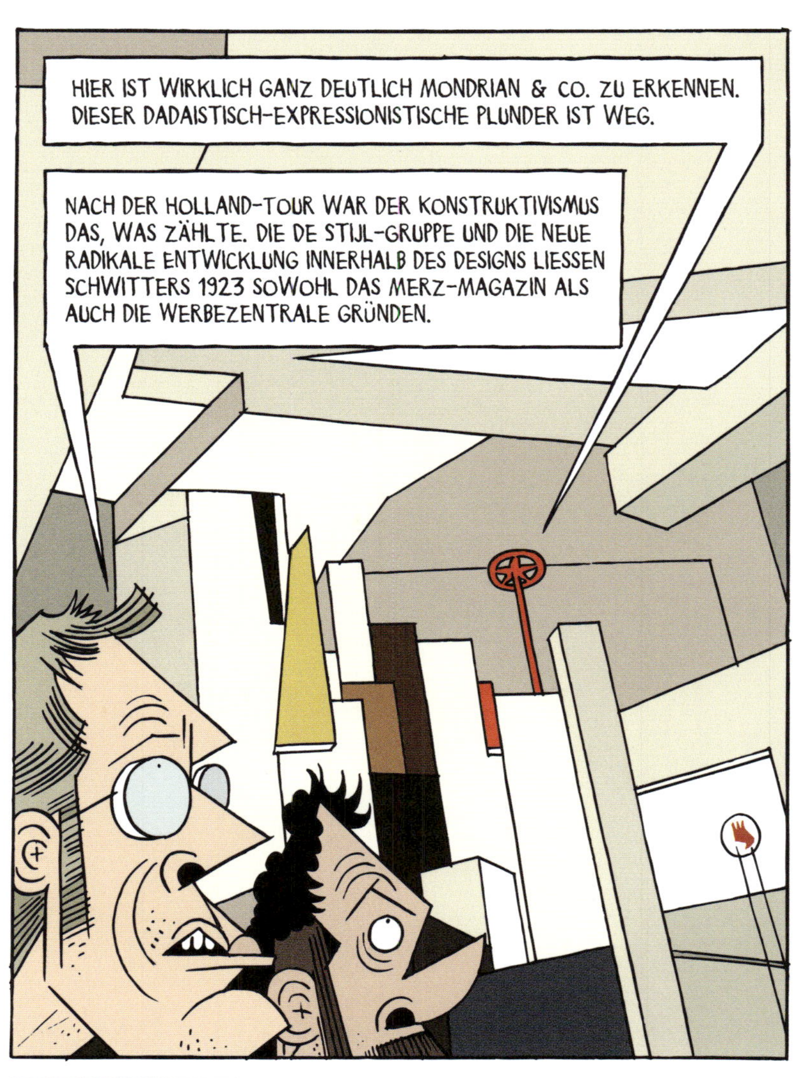
HIER IST WIRKLICH GANZ DEUTLICH MONDRIAN & CO. ZU ERKENNEN. DIESER DADAISTISCH-EXPRESSIONISTISCHE PLUNDER IST WEG.
NACH DER HOLLAND-TOUR WAR DER KONSTRUKTIVISMUS DAS, WAS ZÄHLTE. DIE DE STIJL-GRUPPE UND DIE NEUE RADIKALE ENTWICKLUNG INNERHALB DES DESIGNS LIESSEN SCHWITTERS 1923 SOWOHL DAS MERZ-MAGAZIN ALS AUCH DIE WERBEZENTRALE GRÜNDEN.

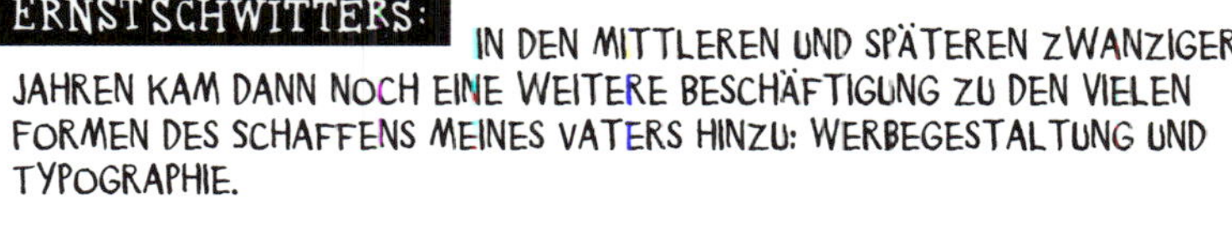
ERNST SCHWITTERS: IN DEN MITTLEREN UND SPÄTEREN ZWANZIGER JAHREN KAM DANN NOCH EINE WEITERE BESCHÄFTIGUNG ZU DEN VIELEN FORMEN DES SCHAFFENS MEINES VATERS HINZU: WERBEGESTALTUNG UND TYPOGRAPHIE.

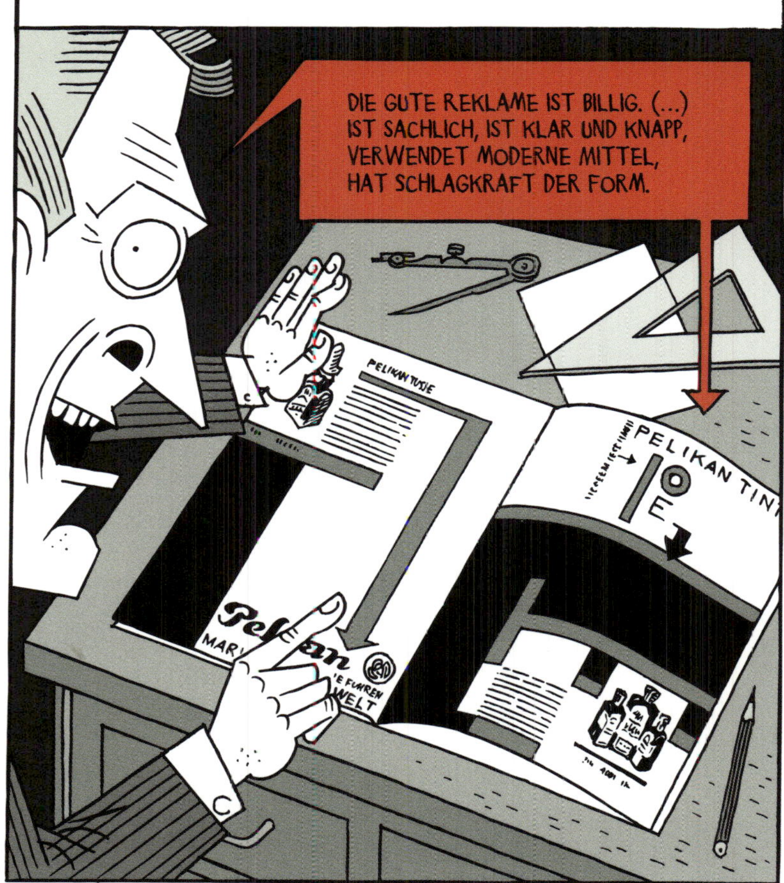
DIE GUTE REKLAME IST BILLIG. (…) IST SACHLICH, IST KLAR UND KNAPP, VERWENDET MODERNE MITTEL, HAT SCHLAGKRAFT DER FORM.
PELIKAN TUSCHE
PELIKAN TINTE

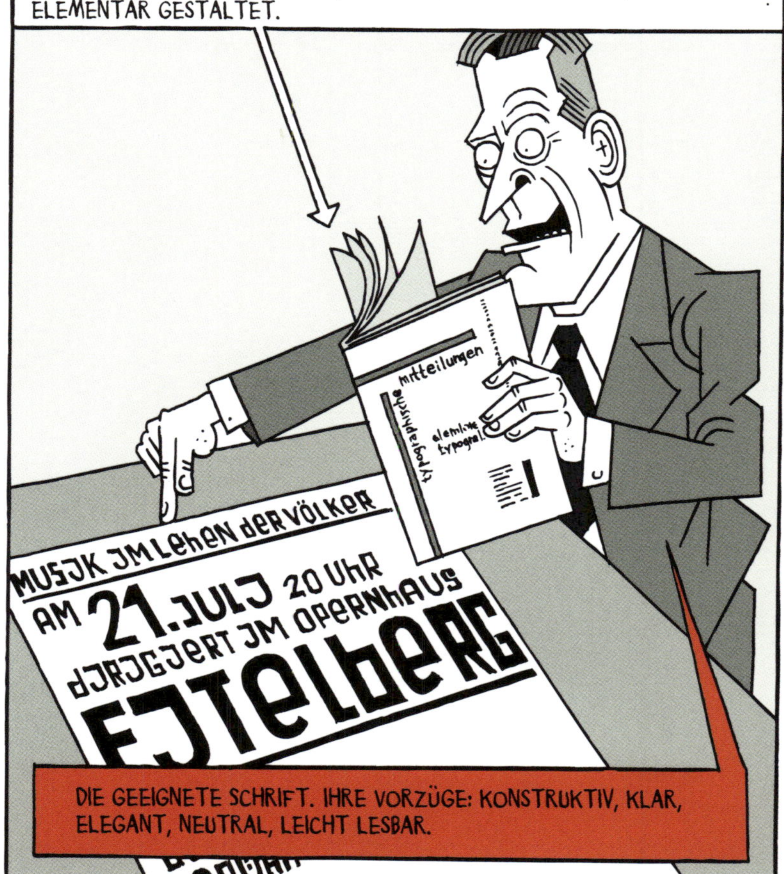
JAN TSCHICHOLD, »ELEMENTARE TYPOGRAPHIE«, 1925:
ELEMENTARE SCHRIFTFORM IST DIE GROTESKSCHRIFT (…) SCHRIFTEN, DIE BESTIMMTEN STILARTEN ANGEHÖREN ODER BESCHRÄNKT NATIONALEN CHARAKTER TRAGEN (GOTISCH, FRAKTUR, KIRCHENSLAVISCH) SIND NICHT ELEMENTAR GESTALTET.
typographische mitteilungen
MUSJK JM LEBEN DER VÖLKER
AM 21. JULJ 20 UHR
DJRJGJERT JM OPERNHAUS
FJTELBERG
DIE GEEIGNETE SCHRIFT. IHRE VORZÜGE: KONSTRUKTIV, KLAR, ELEGANT, NEUTRAL, LEICHT LESBAR.

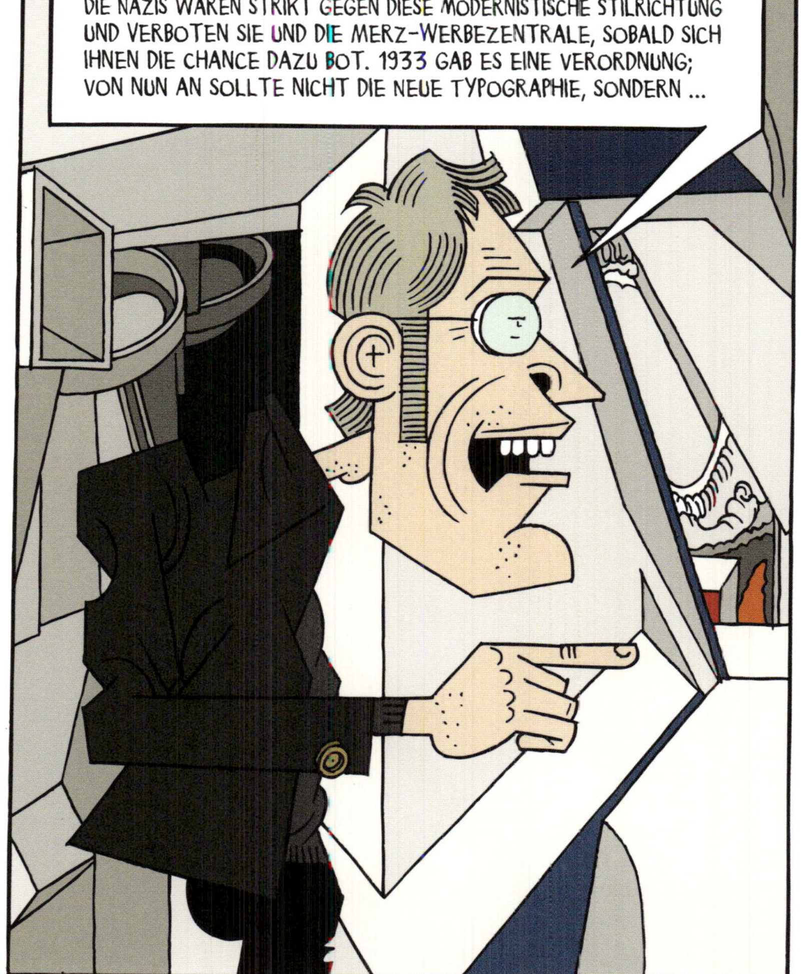
DIE NAZIS WAREN STRIKT GEGEN DIESE MODERNISTISCHE STILRICHTUNG UND VERBOTEN SIE UND DIE MERZ-WERBEZENTRALE, SOBALD SICH IHNEN DIE CHANCE DAZU BOT. 1933 GAB ES EINE VERORDNUNG; VON NUN AN SOLLTE NICHT DIE NEUE TYPOGRAPHIE, SONDERN …

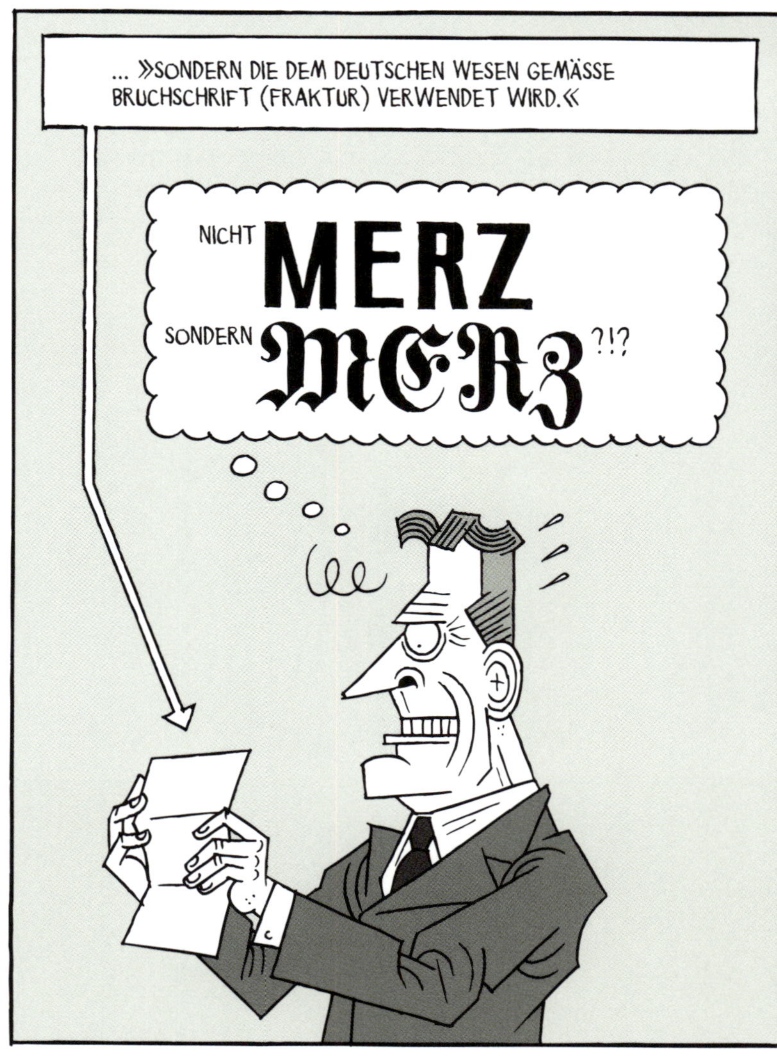

… »SONDERN DIE DEM DEUTSCHEN WESEN GEMÄSSE BRUCHSCHRIFT (FRAKTUR) VERWENDET WIRD.«
NICHT MERZ SONDERN MERZ ?!?

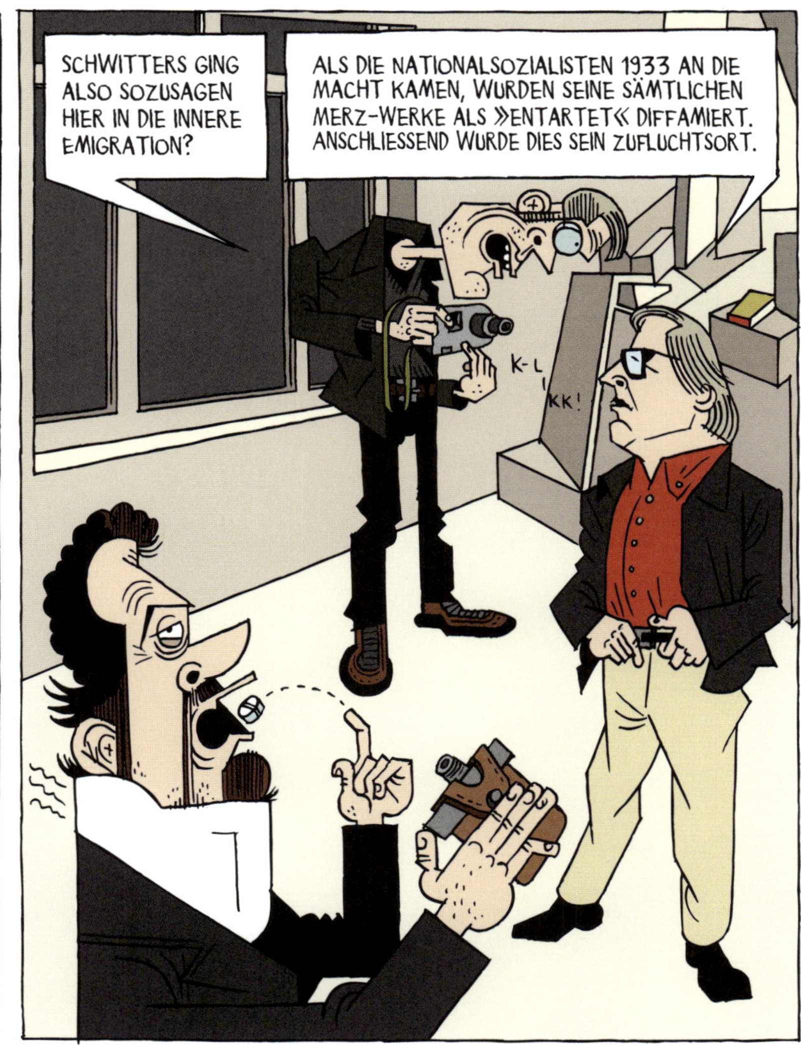

SCHWITTERS GING ALSO SOZUSAGEN HIER IN DIE INNERE EMIGRATION?
ALS DIE NATIONALSOZIALISTEN 1933 AN DIE MACHT KAMEN, WURDEN SEINE SÄMTLICHEN MERZ-WERKE ALS »ENTARTET« DIFFAMIERT. ANSCHLIESSEND WURDE DIES SEIN ZUFLUCHTSORT.
K-L
KK!

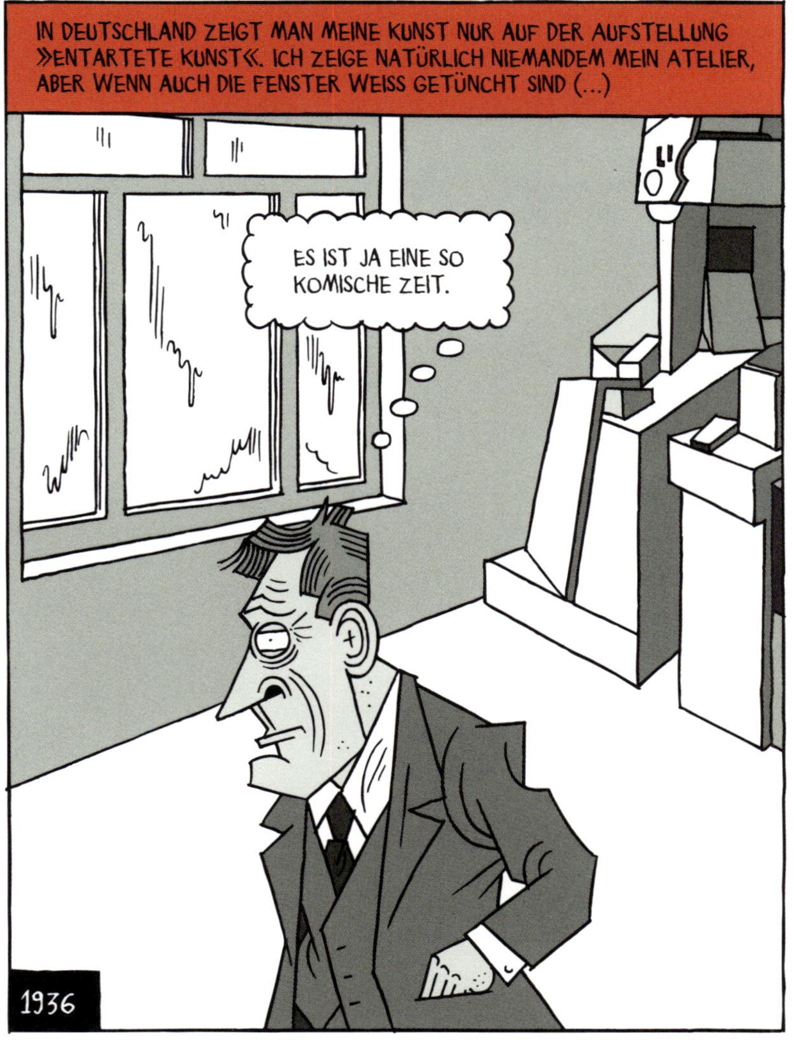

IN DEUTSCHLAND ZEIGT MAN MEINE KUNST NUR AUF DER AUFSTELLUNG »ENTARTETE KUNST«. ICH ZEIGE NATÜRLICH NIEMANDEM MEIN ATELIER, ABER WENN AUCH DIE FENSTER WEISS GETÜNCHT SIND (…)
ES IST JA EINE SO KOMISCHE ZEIT.
1936

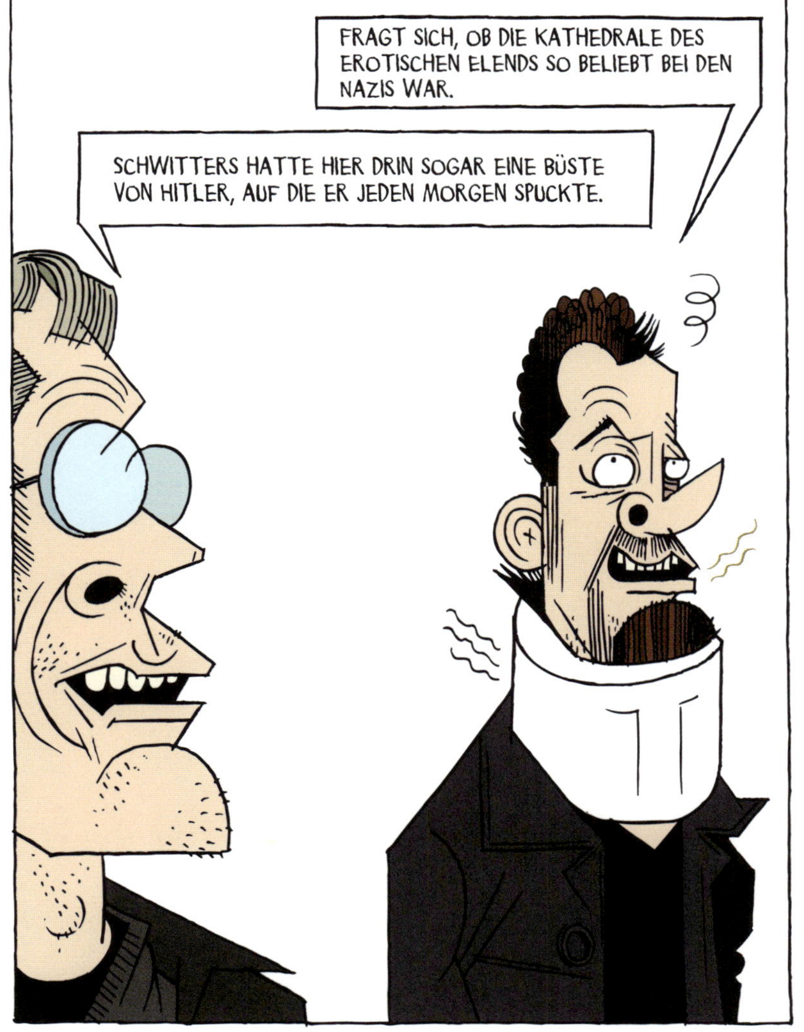

FRAGT SICH, OB DIE KATHEDRALE DES EROTISCHEN ELENDS SO BELIEBT BEI DEN NAZIS WAR.
SCHWITTERS HATTE HIER DRIN SOGAR EINE BÜSTE VON HITLER, AUF DIE ER JEDEN MORGEN SPUCKTE.

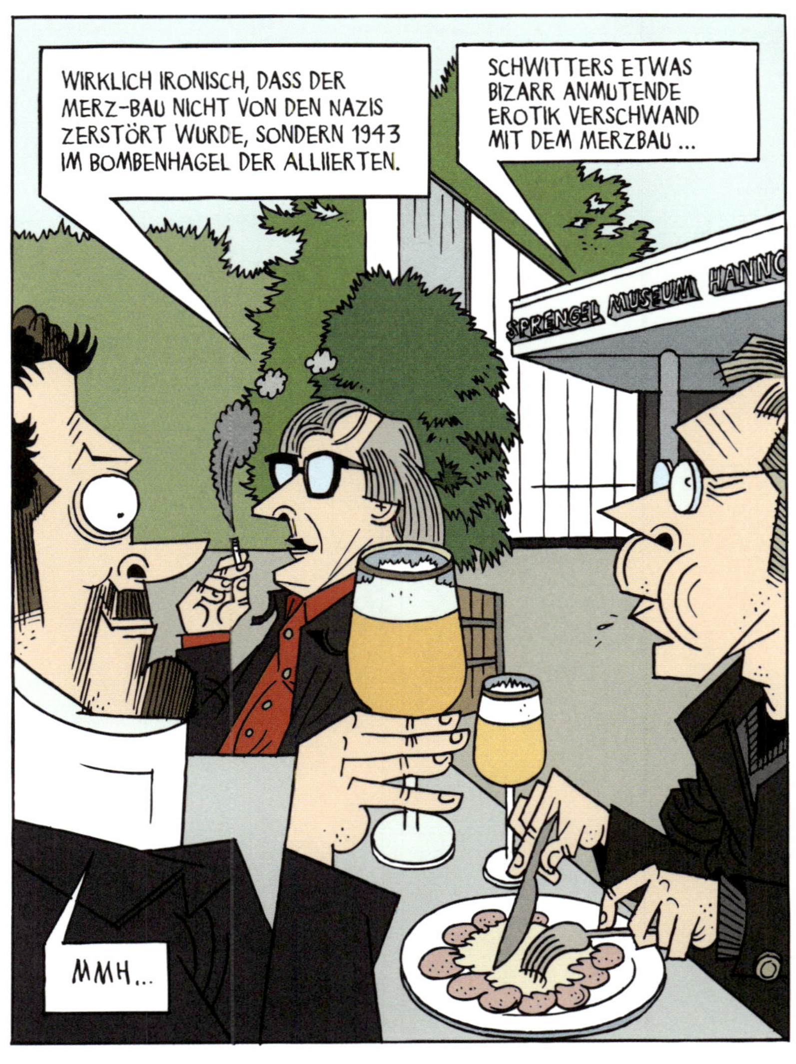

KATE STEINITZ: WENN DIE SÄLLE NICHT VOLLSTÄNDIG VON EINER BOMBE ZERSTÖRT, ALSO NUR BEGRABEN WORDEN WÄRE, HÄTTE MAN SIE VIELLEICHT NACH EIN PAAR JAHRZEHNTEN WIEDER AUSGEGRABEN. DANN HÄTTE MAN IN DEN TIEFEN DER SÄULE WIE IN EINER ZEITKAPSEL, DAS VERBORGENE LEBEN VON SCHWITTERS SEELE, SEINEN KAMPF MIT ALL DEN SCHWIERIGKEITEN DES LEBENS UND DER KUNST, GEFUNDEN.

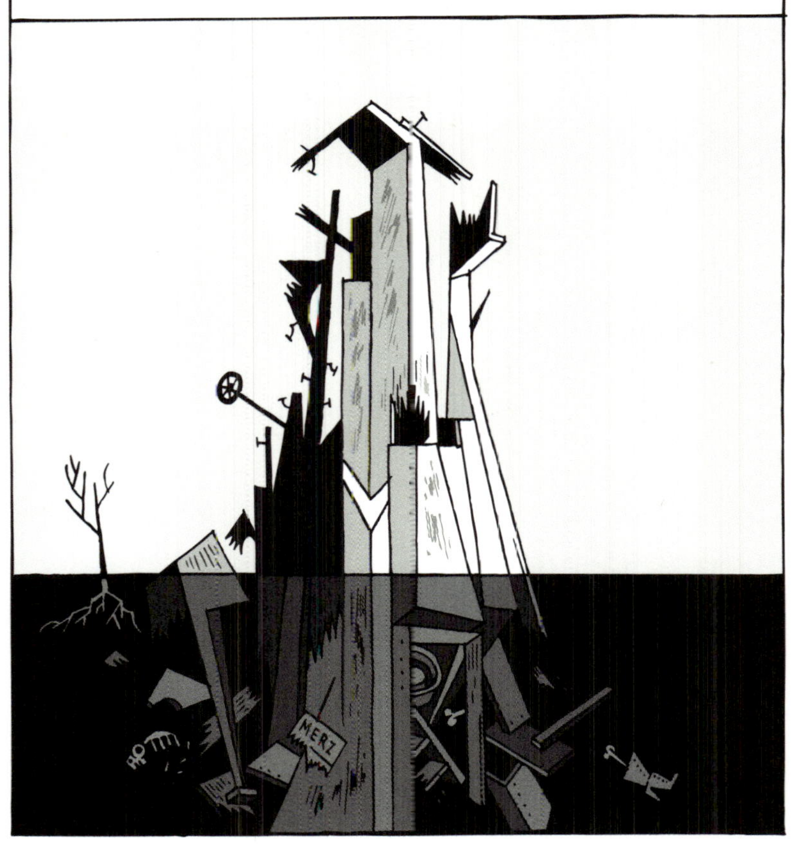

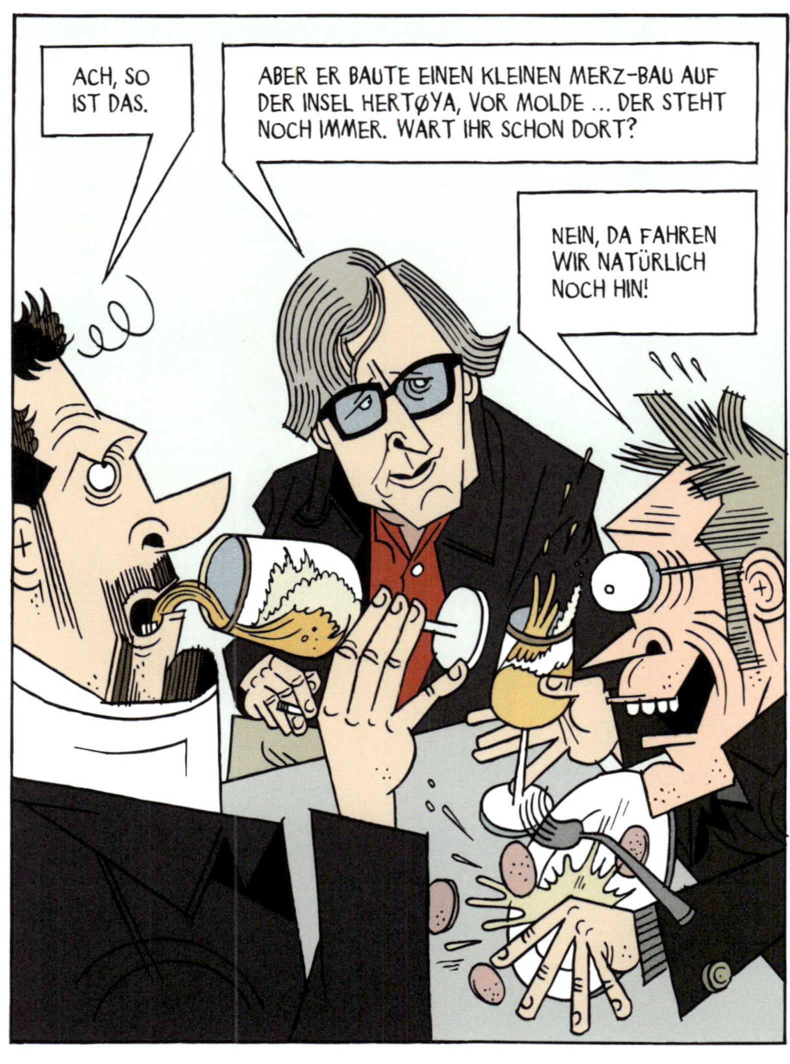

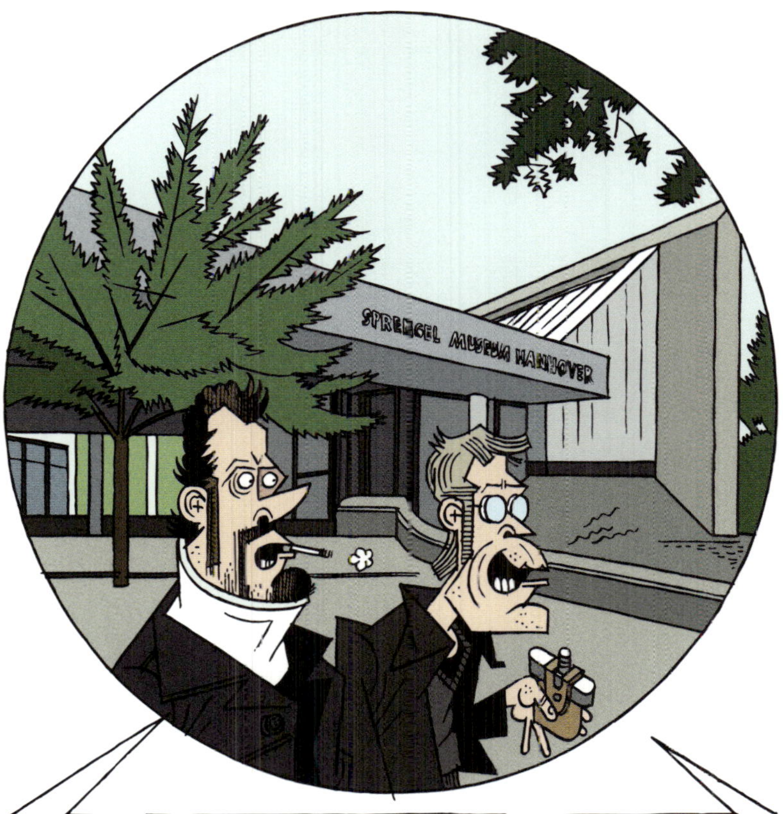

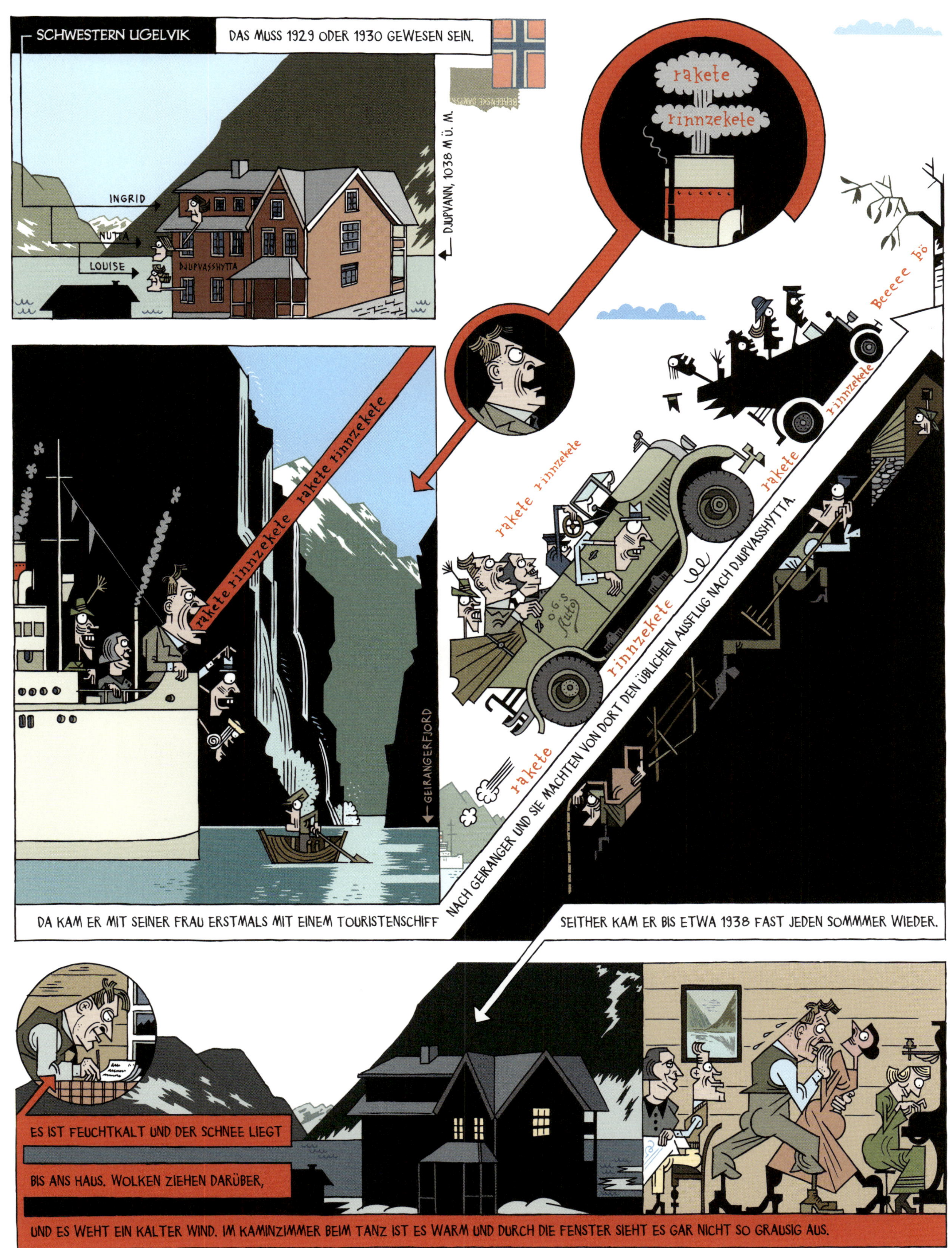

SCHWESTERN UGELVIK
DAS MUSS 1929 ODER 1930 GEWESEN SEIN.
INGRID
NUTTA
LOUISE
DJUPVASSHYTTA
DJUPVANN, 1038 M Ü. M.
rakete
rinnzekele
rakete rinnzekele rakete rinnzekele
GEIRANGERFJORD
DA KAM ER MIT SEINER FRAU ERSTMALS MIT EINEM TOURISTENSCHIFF
NACH GEIRANGER UND SIE MACHTEN VON DORT DEN ÜBLICHEN AUSFLUG NACH DJUPVASSHYTTA.
rakete rinnzekele
rakete
rinnzekele
rakete
rinnzekele
Beeeee Pö
SEITHER KAM ER BIS ETWA 1938 FAST JEDEN SOMMMER WIEDER.
ES IST FEUCHTKALT UND DER SCHNEE LIEGT
BIS ANS HAUS. WOLKEN ZIEHEN DARÜBER,
UND ES WEHT EIN KALTER WIND. IM KAMINZIMMER BEIM TANZ IST ES WARM UND DURCH DIE FENSTER SIEHT ES GAR NICHT SO GRAUSIG AUS.

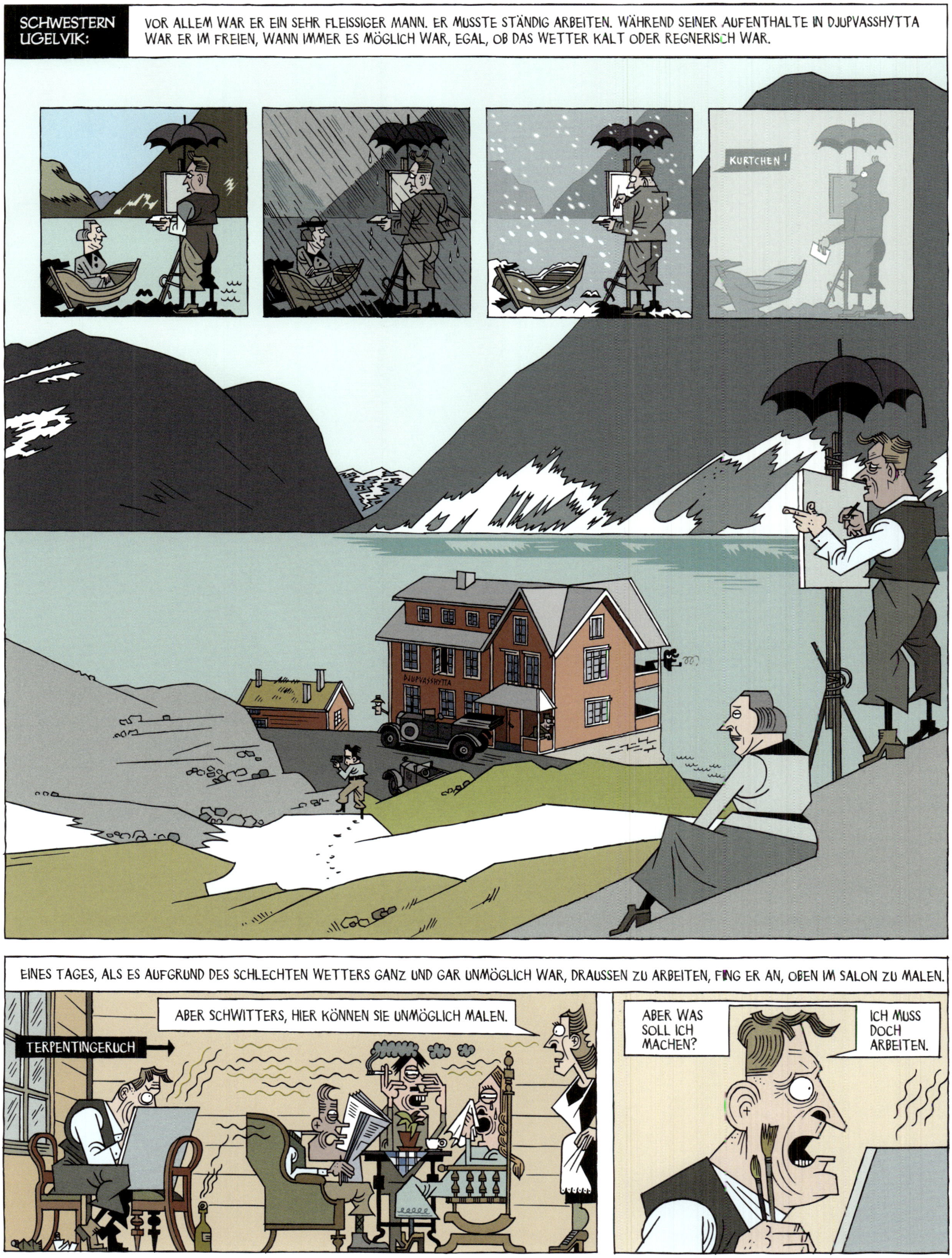

SCHWESTERN UGELVIK: VOR ALLEM WAR ER EIN SEHR FLEISSIGER MANN. ER MUSSTE STÄNDIG ARBEITEN. WÄHREND SEINER AUFENTHALTE IN DJUPVASSHYTTA WAR ER IM FREIEN, WANN IMMER ES MÖGLICH WAR, EGAL, OB DAS WETTER KALT ODER REGNERISCH WAR.

KURTCHEN!

EINES TAGES, ALS ES AUFGRUND DES SCHLECHTEN WETTERS GANZ UND GAR UNMÖGLICH WAR, DRAUSSEN ZU ARBEITEN, FING ER AN, OBEN IM SALON ZU MALEN.

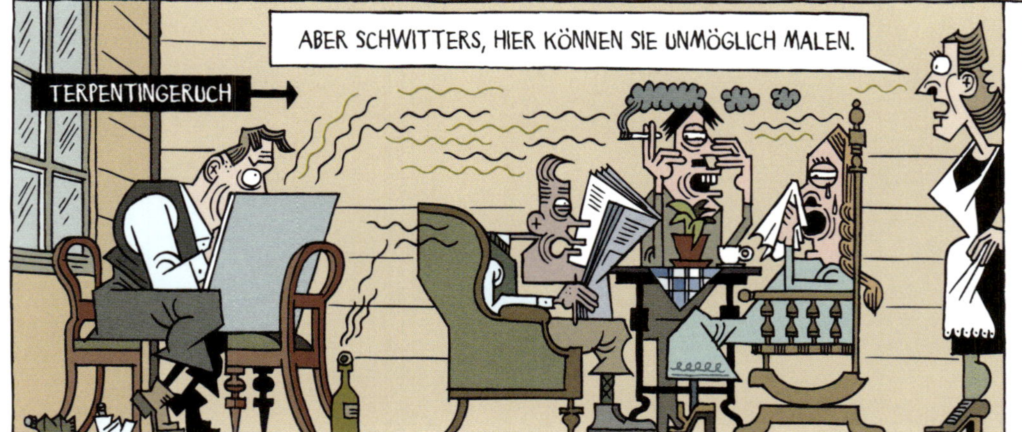

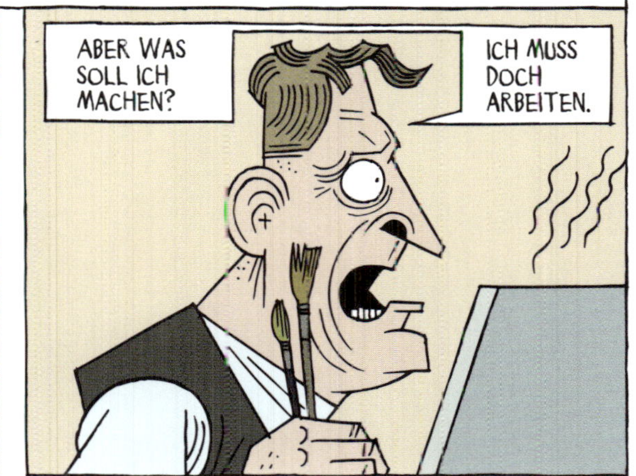

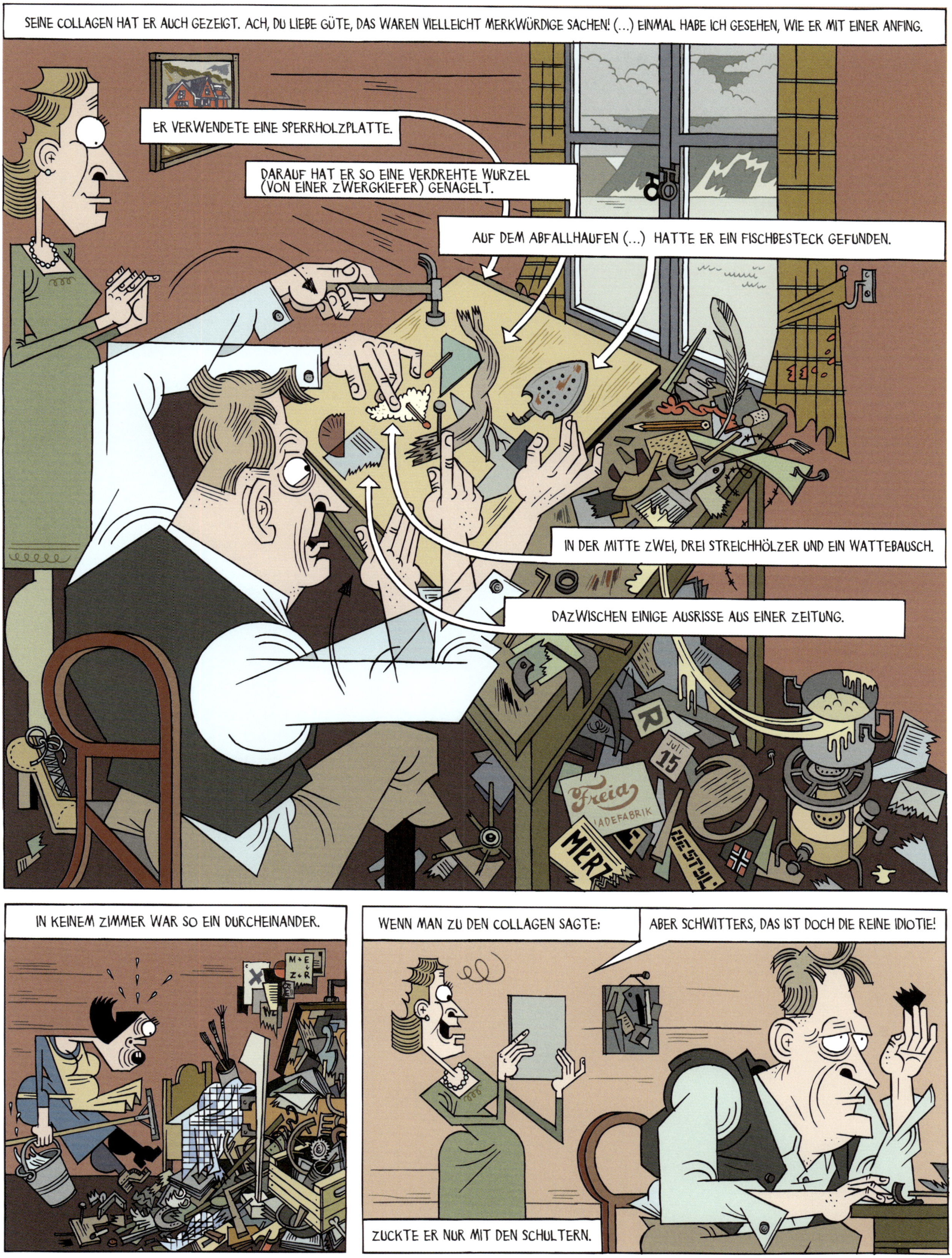

SEINE COLLAGEN HAT ER AUCH GEZEIGT. ACH, DU LIEBE GÜTE, DAS WAREN VIELLEICHT MERKWÜRDIGE SACHEN! (...) EINMAL HABE ICH GESEHEN, WIE ER MIT EINER ANFING.

ER VERWENDETE EINE SPERRHOLZPLATTE.

DARAUF HAT ER SO EINE VERDREHTE WURZEL (VON EINER ZWERGKIEFER) GENAGELT.

AUF DEM ABFALLHAUFEN (...) HATTE ER EIN FISCHBESTECK GEFUNDEN.

IN DER MITTE ZWEI, DREI STREICHHÖLZER UND EIN WATTEBAUSCH.

DAZWISCHEN EINIGE AUSRISSE AUS EINER ZEITUNG.

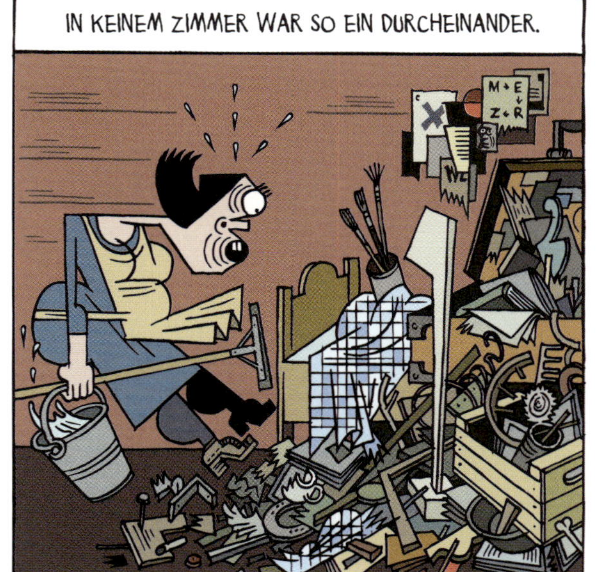

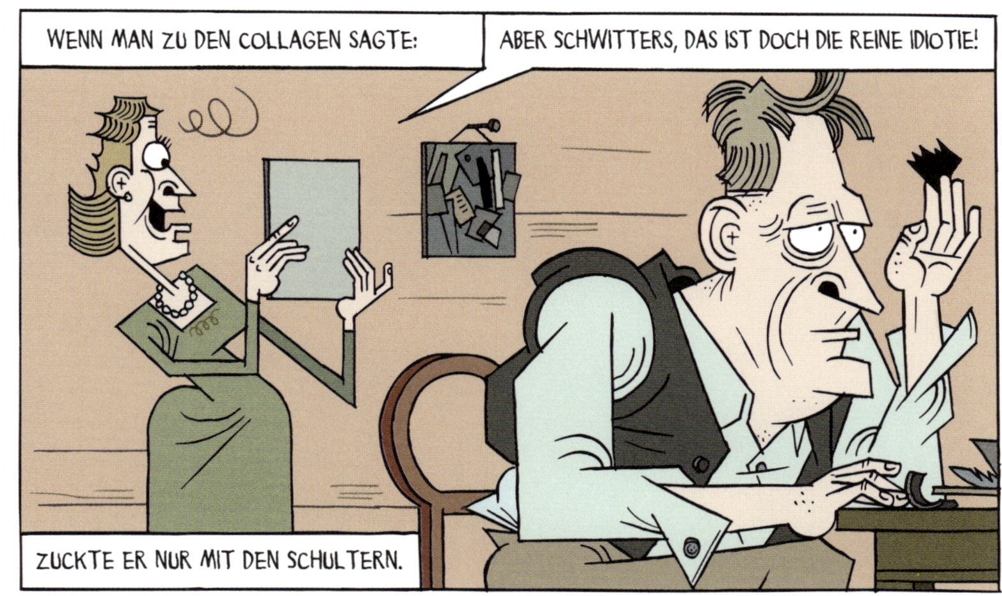

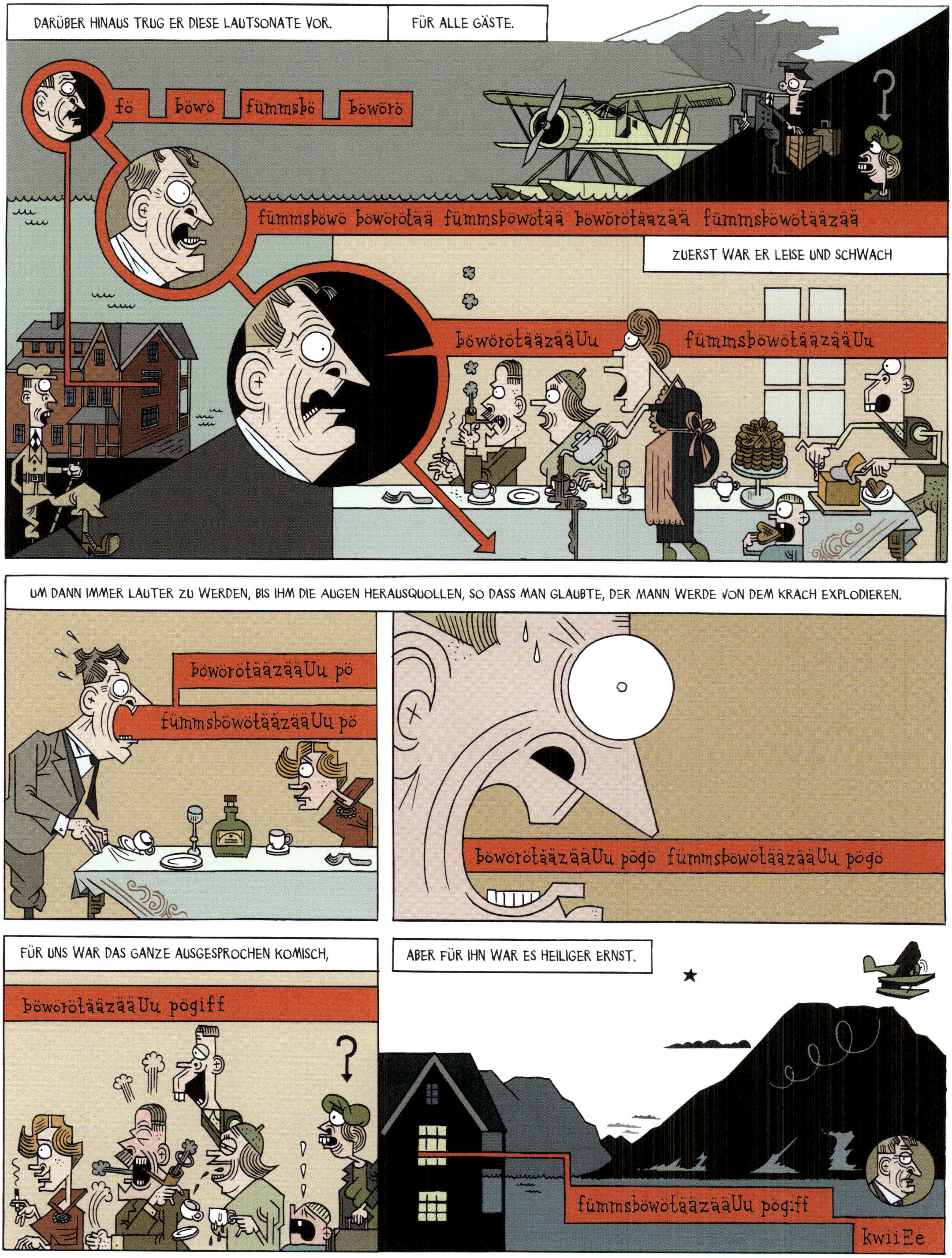

DARÜBER HINAUS TRUG ER DIESE LAUTSONATE VOR.

FÜR ALLE GÄSTE.

fö bówö fümmsbö böwörö

fümmsbówö böwörötää fümmsbówötää böwörötääzää fümmsbówötääzää

ZUERST WAR ER LEISE UND SCHWACH

böwörötääzääUu fümmsbówötääzääUu

UM DANN IMMER LAUTER ZU WERDEN, BIS IHM DIE AUGEN HERAUSQUOLLEN, SO DASS MAN GLAUBTE, DER MANN WERDE VON DEM KRACH EXPLODIEREN.

böwörötääzääUu pö

fümmsbówötääzääUu pö

böwörötääzääUu pögö fümmsbówötääzääUu pögö

FÜR UNS WAR DAS GANZE AUSGESPROCHEN KOMISCH,

böwörötääzääUu pögiff

ABER FÜR IHN WAR ES HEILIGER ERNST.

fümmsbówötääzääUu pögiff

kwiiEe.

AM LIEBSTEN HAT ER COLLAGEN GEMACHT. »ABER ICH MUSS DOCH LEBEN«, SAGTE ER UND MALTE DESHALB, WAS SICH VERKAUFEN LIESS.

DENN ICH HALTE ES FÜR UNBEDINGT WICHTIG, DASS ZUM SCHLUSS DAS GANZE LEBEN MIT ALLEM WOLLEN GANZ DASTEHT, DASS NICHTS VERLOREN GEHT, SELBST WENN ES EINMAL FALSCH ODER TRÄGE WAR.

ICH BIN NOCH IMPRESSIONIST, WÄHREND ICH MERZ BIN.

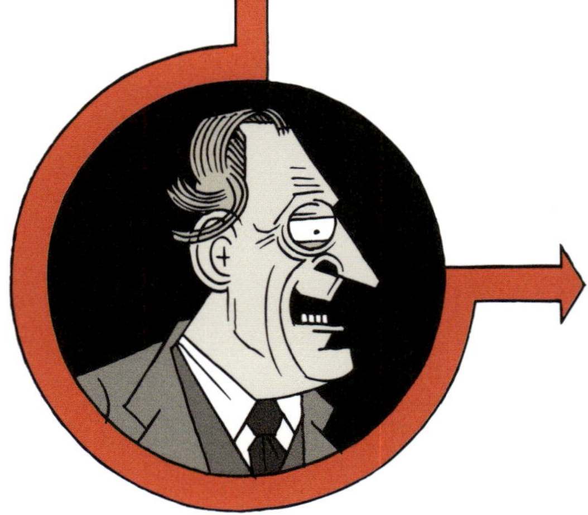

MICH INTERESSIERT EIGENTLICH NUR DAS LICHT. OB ICH NACH DER NATUR ODER ABSTRAKT MALE, ODER BAUE, FÜR MICH IST DAS LICHT WESENTLICH, UND DAS IST DAS VERBINDENDE MEINER ARBEITEN.

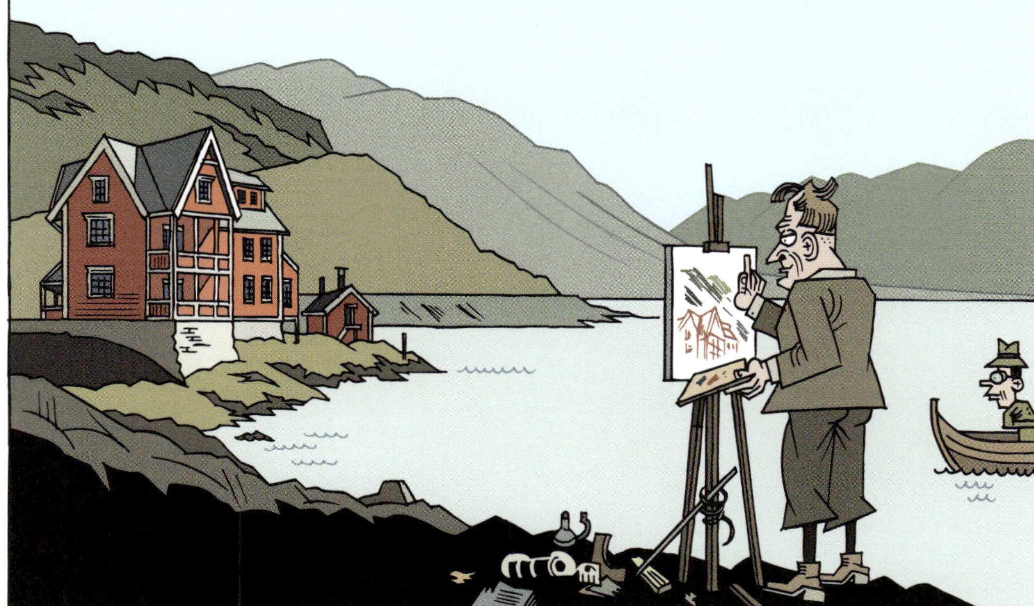

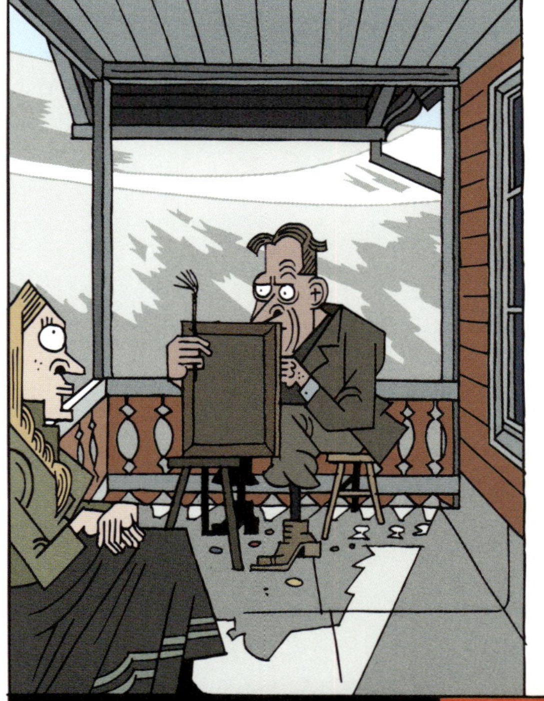

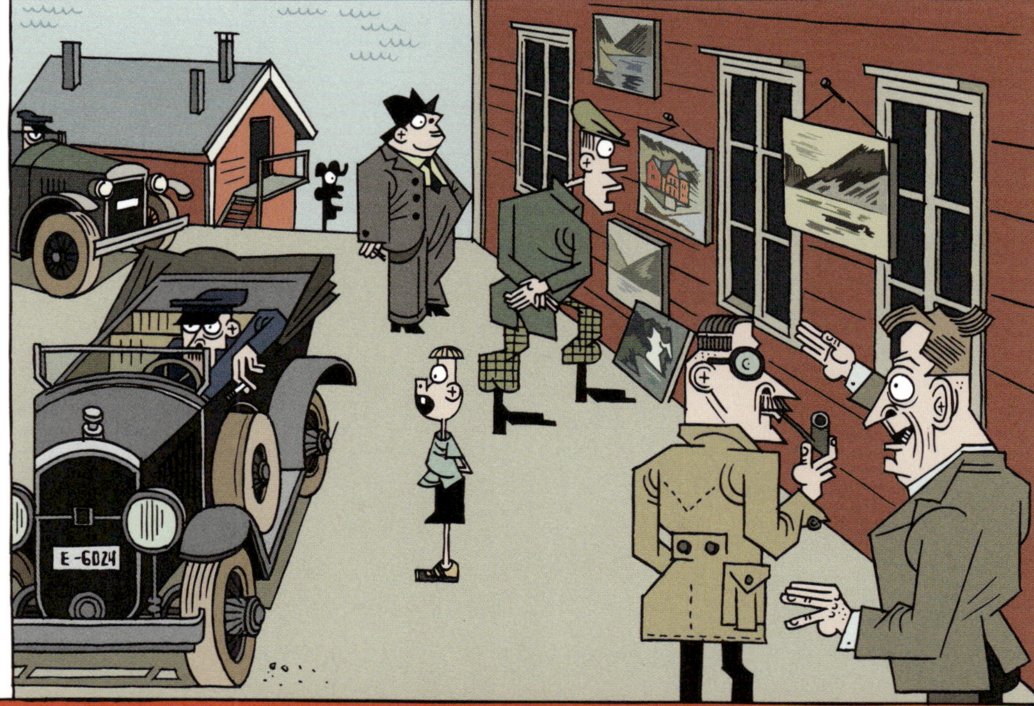

Kurt Schwitters: ICH VERKAUFE HIER ALL MEINE BESTEN BILDER, ICH BIN NICHT GERADE FROH DARÜBER. NATÜRLICH MUSS ICH LEBEN KÖNNEN, ABER ICH MÖCHTE GERN GUTE BILDER MITNEHMEN.

1935

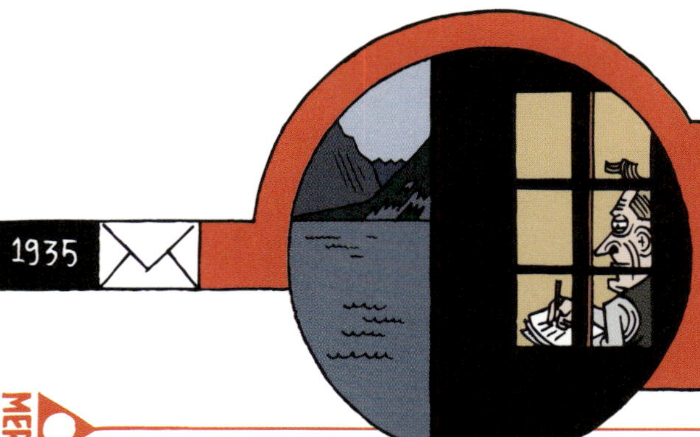

BIS ZUM 21.7. BLEIBE ICH HIER IN DJ.

DANN HOLE ICH ERNST VON OTTA, WO ER AM 26. ANKOMMT, UND

WANDERE MIT IHM IN JOTUNHEIMEN. ANFANG AUGUST FAHREN WIR WIEDER NACH HJERTØYA.

MERZ

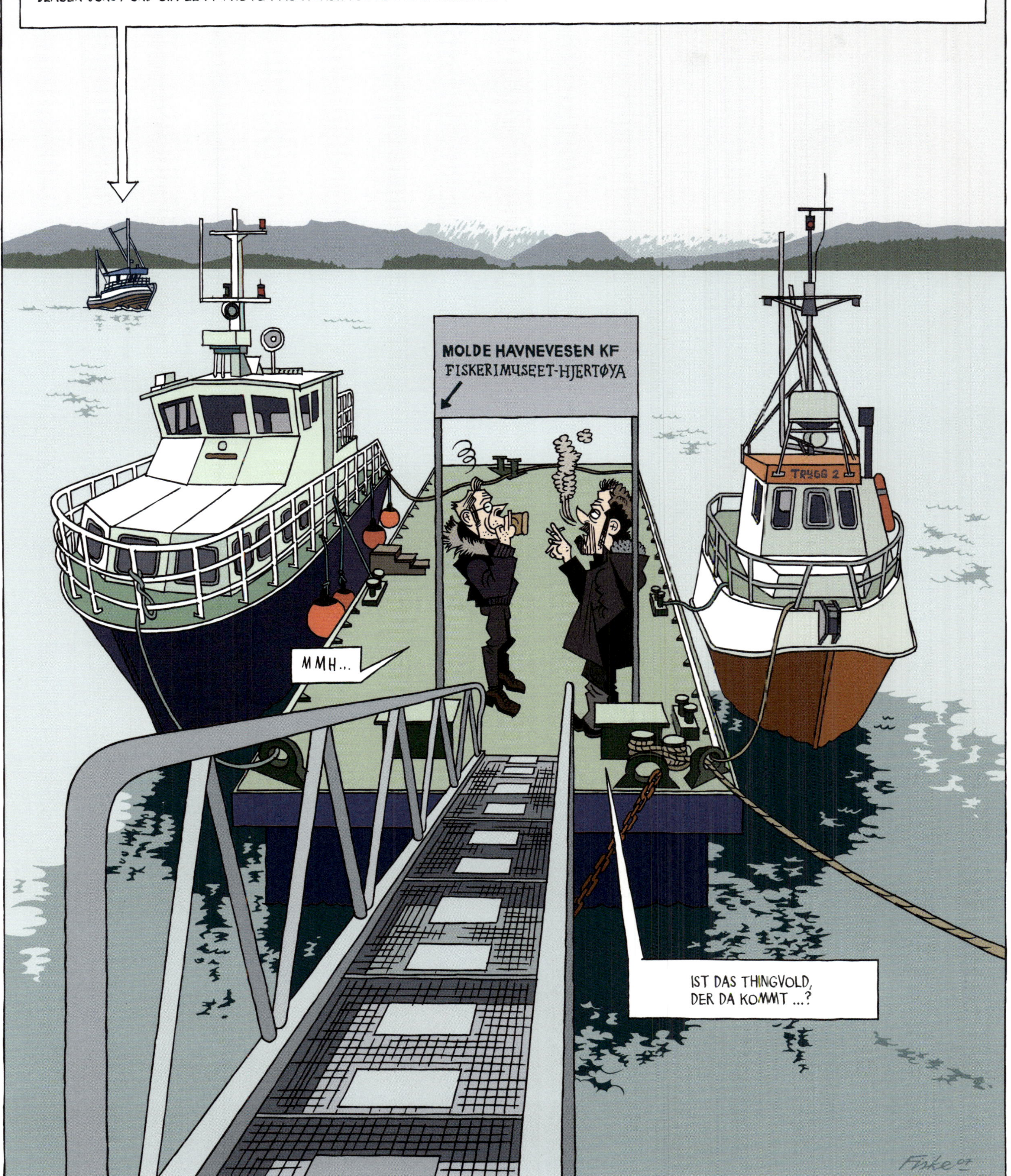

NOVEMBER 2007. MOLDE.
TERJE THINGVOLD: KURT SCHWITTERS KAM ALLEM ANSCHEIN NACH BEREITS 1929 ZUM ERSTEN MAL NACH MOLDE. DER TOURISTENORT MOLDE WAR NÄMLICH FESTE ANLAUFSTELLE ALLER GROSSEN KREUZFAHRTSCHIFFE. SCHWITTERS ERBLICKTE DIE KLEINE IDYLLISCHE HOLZSTADT ZUM ERSTEN MAL VERMUTLICH VOM ACHTERDECK DES LUXUSDAMPFERS AN EINEM KLAREN SOMMERABEND, UMGEBEN VON FJORD UND GEBIRGE IM BLAUEN DUNST UND GIPFELN IM ROTEN LICHTSPIEL DES SONNENUNTERGANGS.
MOLDE HAVNEVESEN KF
FISKERIMUSEET-HJERTØYA
TRYGG 2
MMH...
IST DAS THINGVOLD, DER DA KOMMT ...?
Fiske 07

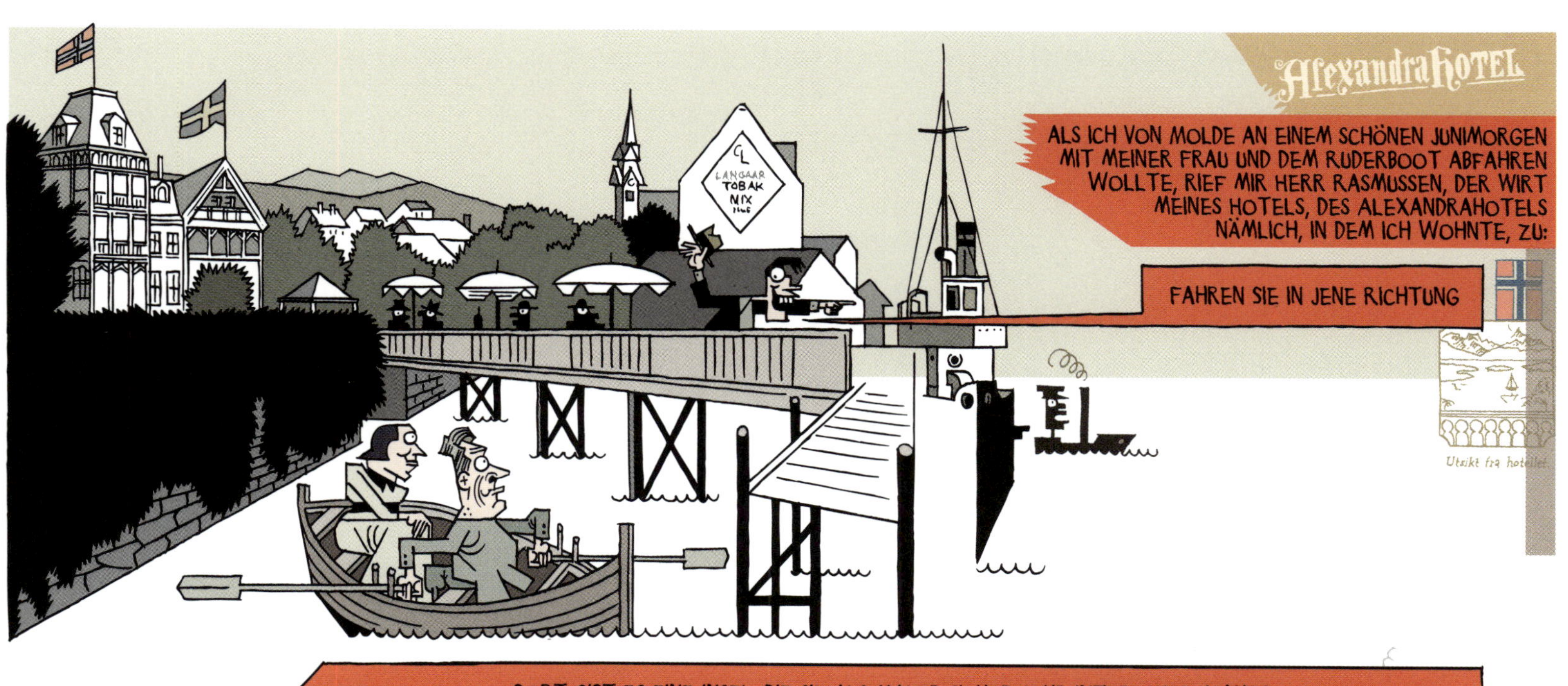
Alexandra HOTEL
ALS ICH VON MOLDE AN EINEM SCHÖNEN JUNIMORGEN MIT MEINER FRAU UND DEM RUDERBOOT ABFAHREN WOLLTE, RIEF MIR HERR RASMUSSEN, DER WIRT MEINES HOTELS, DES ALEXANDRAHOTELS NÄMLICH, IN DEM ICH WOHNTE, ZU:
FAHREN SIE IN JENE RICHTUNG
Utsikt fra hotellet

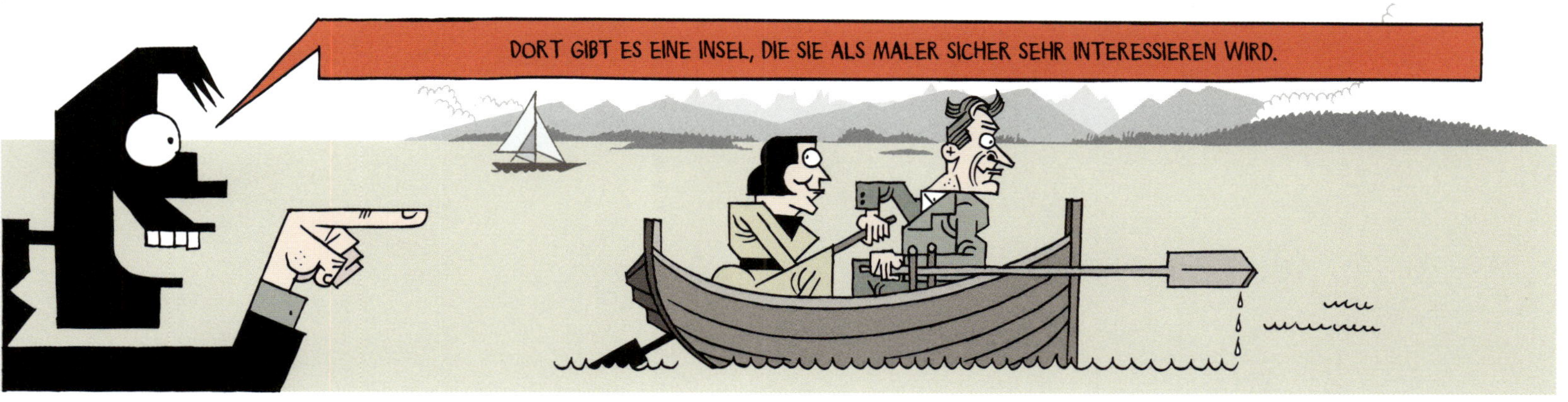
DORT GIBT ES EINE INSEL, DIE SIE ALS MALER SICHER SEHR INTERESSIEREN WIRD.

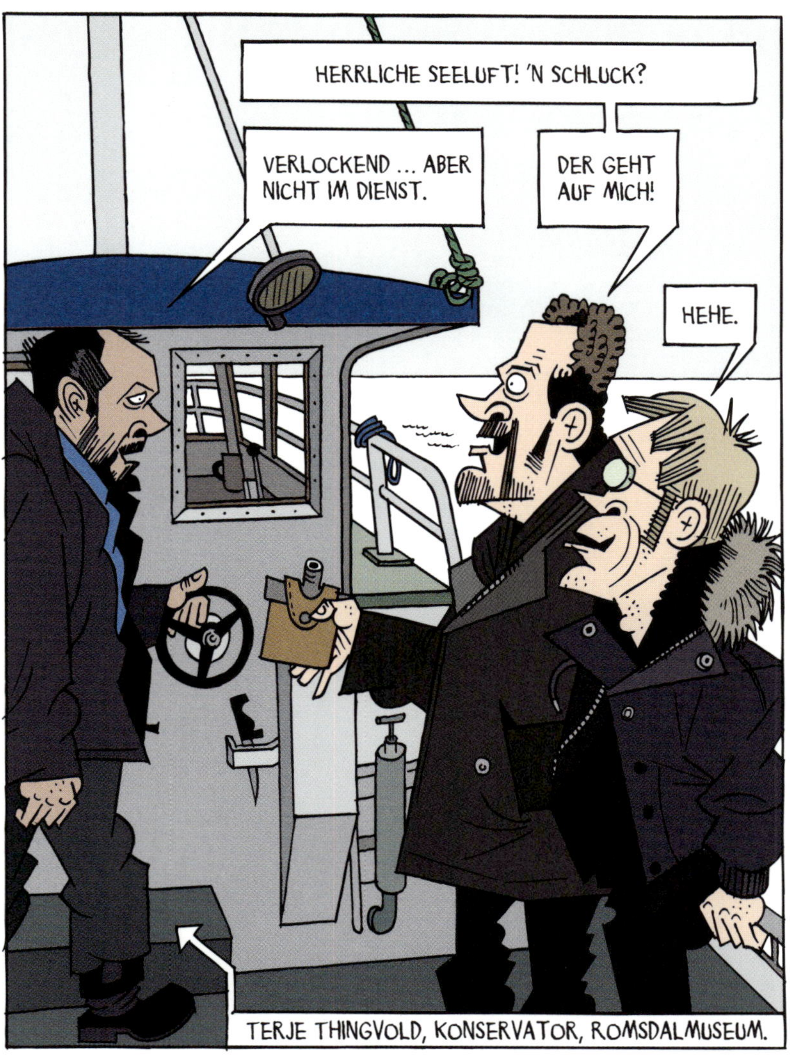
HERRLICHE SEELUFT! 'N SCHLUCK?
VERLOCKEND ... ABER NICHT IM DIENST.
DER GEHT AUF MICH!
HEHE.
TERJE THINGVOLD, KONSERVATOR, ROMSDALMUSEUM.

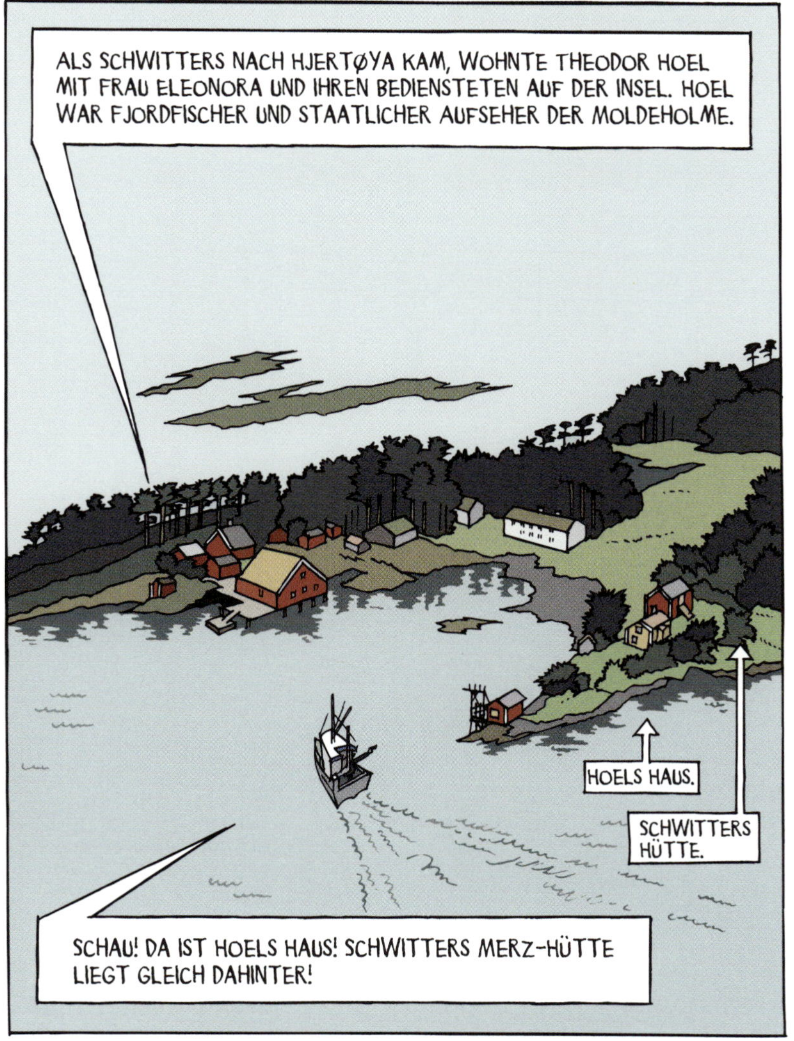
ALS SCHWITTERS NACH HJERTØYA KAM, WOHNTE THEODOR HOEL MIT FRAU ELEONORA UND IHREN BEDIENSTETEN AUF DER INSEL. HOEL WAR FJORDFISCHER UND STAATLICHER AUFSEHER DER MOLDEHOLME.
HOELS HAUS.
SCHWITTERS HÜTTE.
SCHAU! DA IST HOELS HAUS! SCHWITTERS MERZ-HÜTTE LIEGT GLEICH DAHINTER!

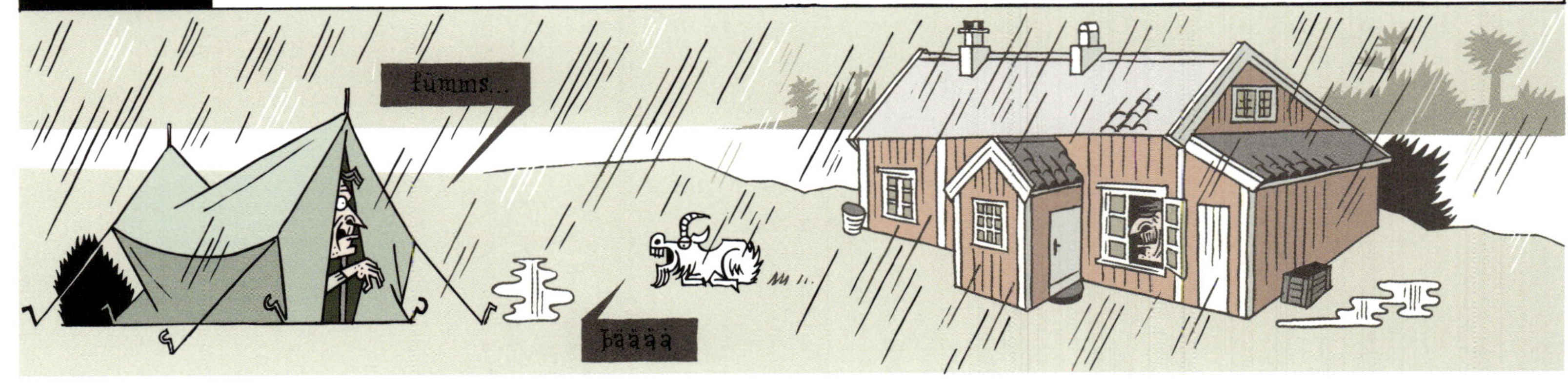
THINGVOLD: NACH EINEM REGENREICHEN SOMMER IM ZELT WAR EINE BEZIEHUNG ZU DEN INSELBEWOHNERN HERGESTELLT.
fümms...
bääää

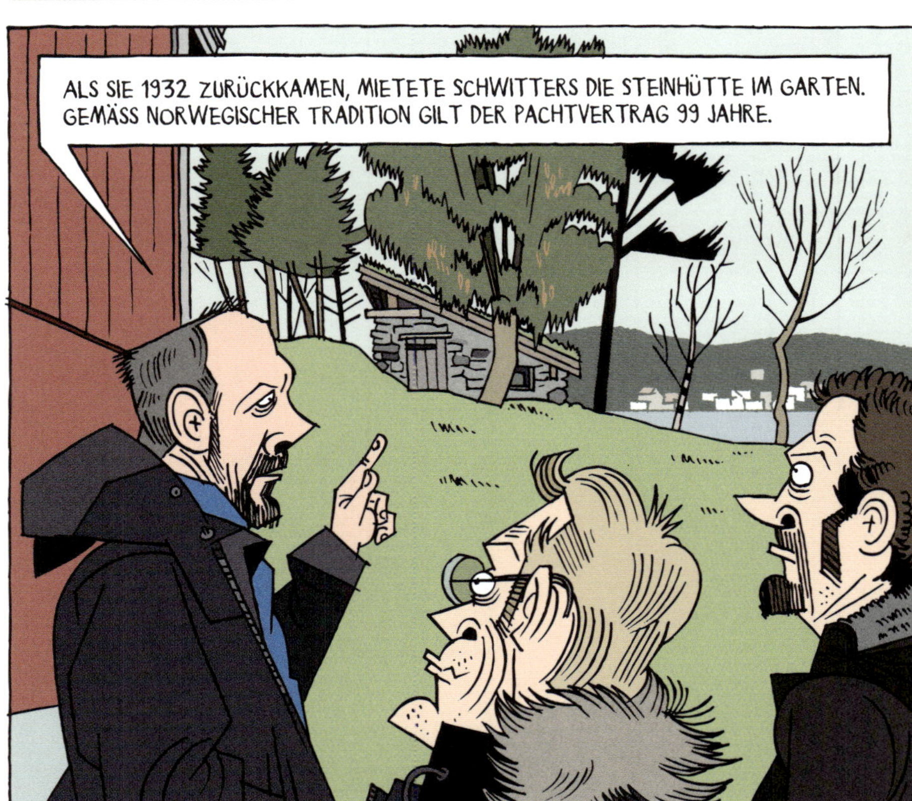
ALS SIE 1932 ZURÜCKKAMEN, MIETETE SCHWITTERS DIE STEINHÜTTE IM GARTEN. GEMÄSS NORWEGISCHER TRADITION GILT DER PACHTVERTRAG 99 JAHRE.

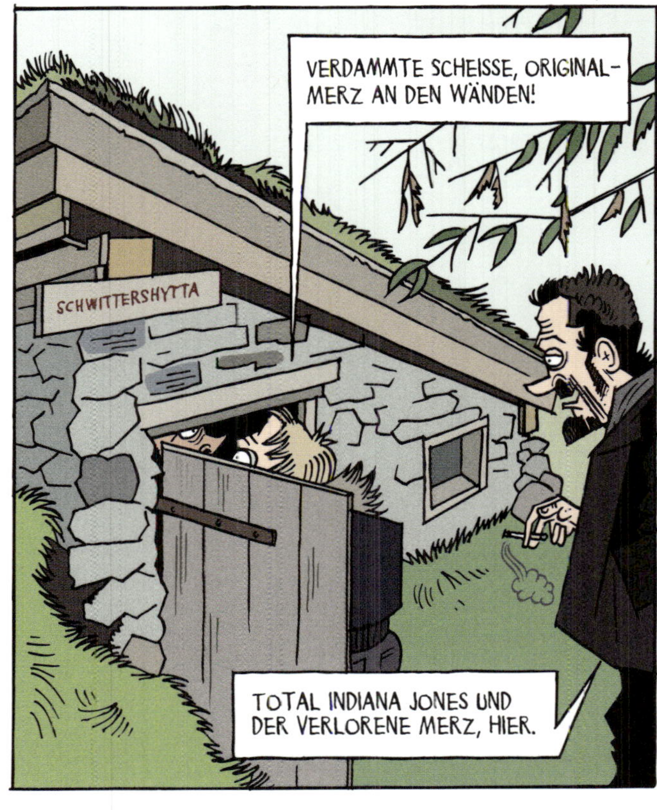
VERDAMMTE SCHEISSE, ORIGINAL-MERZ AN DEN WÄNDEN!
SCHWITTERSHYTTA
TOTAL INDIANA JONES UND DER VERLORENE MERZ, HIER.

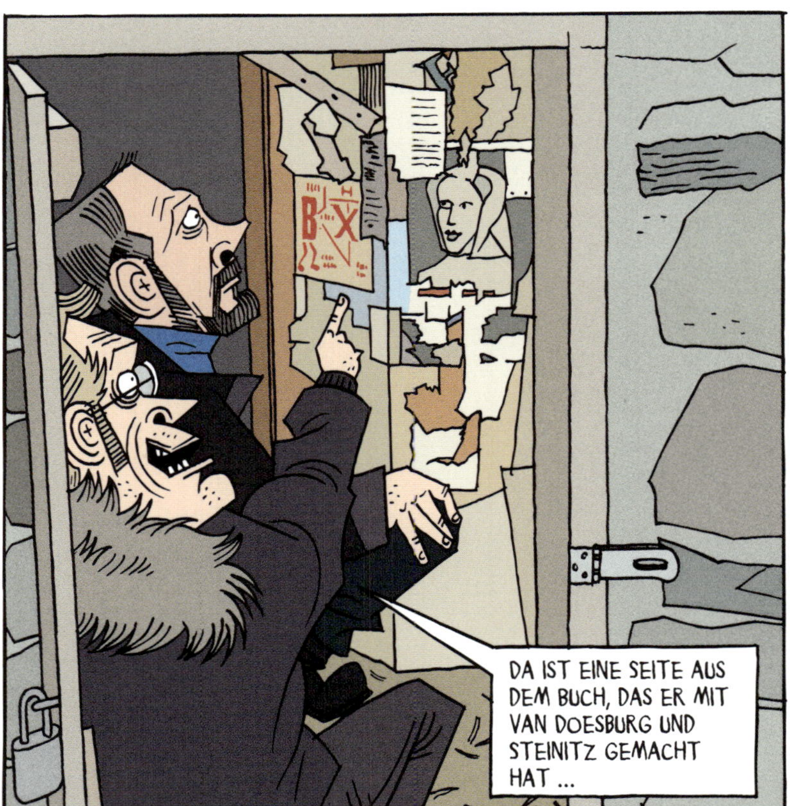
DA IST EINE SEITE AUS DEM BUCH, DAS ER MIT VAN DOESBURG UND STEINITZ GEMACHT HAT ...

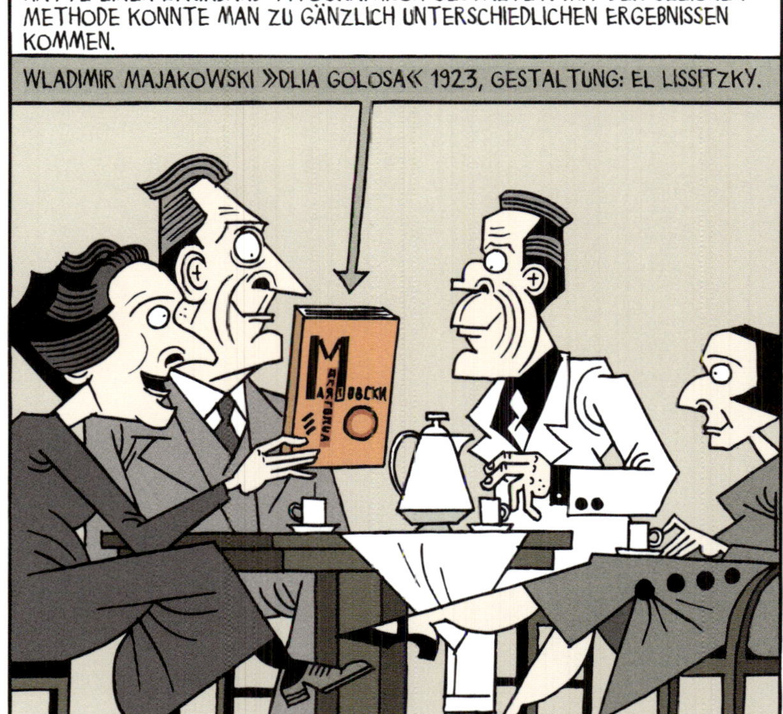
HANNOVER 1925. KATE STEINITZ: WIR SPRACHEN ÜBER TYPOGRAPHIE UND ARCHITEKTUR, DIE MAGAZINE VON DE STIJL UND MERZ (...). LISSITZKY HATTE EINEN LYRIKBAND TYPOGRAPHISCH GESTALTET. MIT DER GLEICHEN METHODE KONNTE MAN ZU GÄNZLICH UNTERSCHIEDLICHEN ERGEBNISSEN KOMMEN.
WLADIMIR MAJAKOWSKI »DLIA GOLOSA« 1923, GESTALTUNG: EL LISSITZKY.

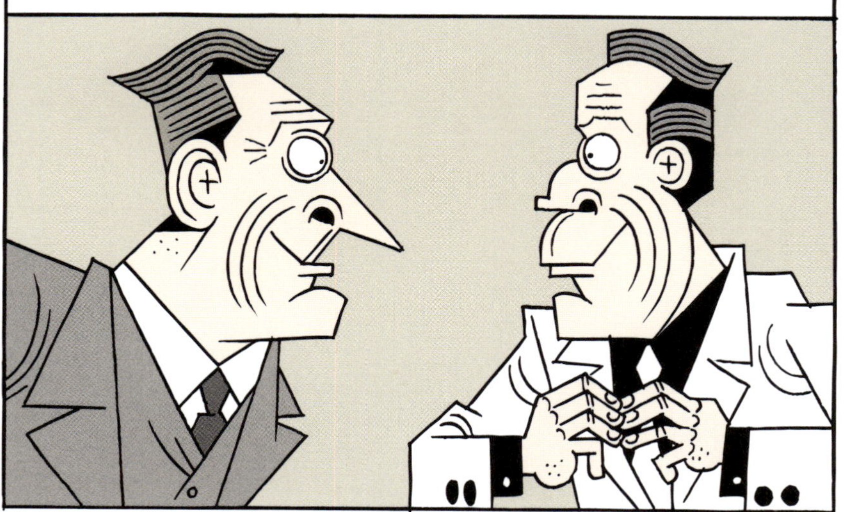
ES JUCKTE THEO VAN DOESBURG IN DEN FINGERN ETWAS TYPOGRAPHISCHES ZU MACHEN (...) WELCHER TEXT EIGNETE SICH BESSER DAFÜR ALS KURTS RHYTHMISCHES GEDICHT »DIE SCHEUCHE«?

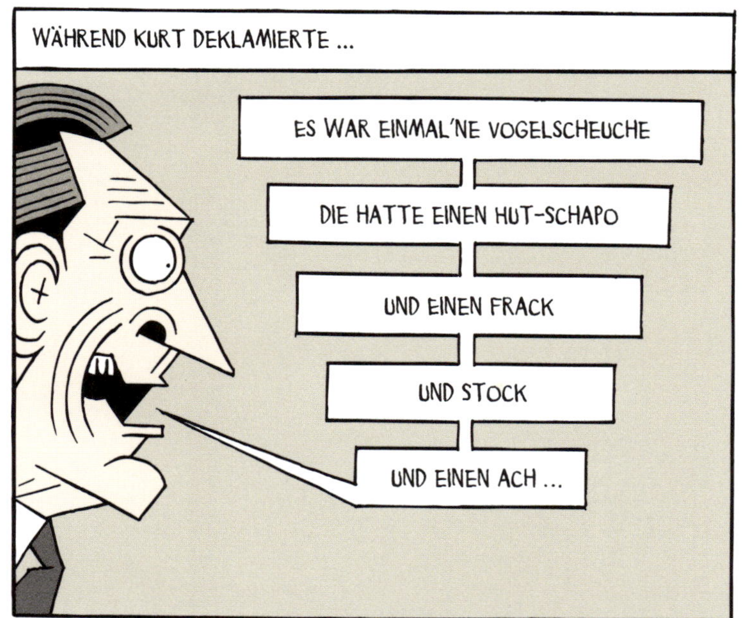
WÄHREND KURT DEKLAMIERTE ...
ES WAR EINMAL'NE VOGELSCHEUCHE
DIE HATTE EINEN HUT-SCHAPO
UND EINEN FRACK
UND STOCK
UND EINEN ACH ...

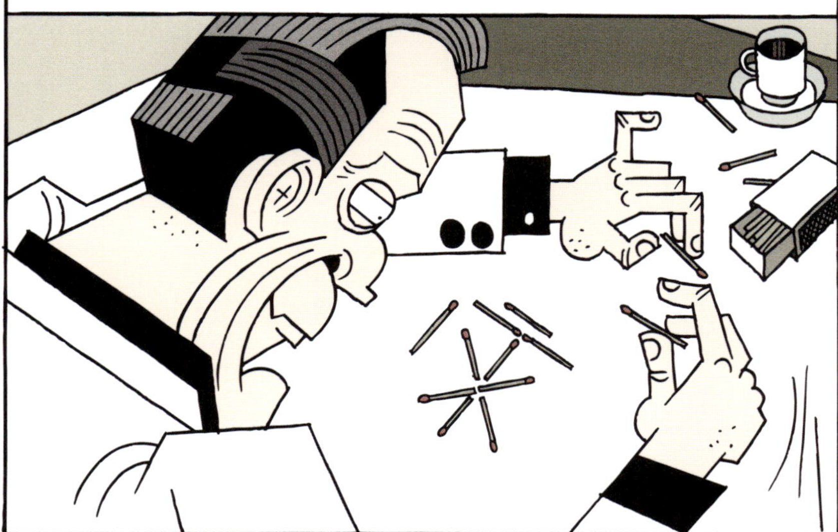
LEGTE THEO VAN DOESBURG EINIGE ZÜNDHÖLZER AUF DEN TISCH UND ARRANGIERTE SIE IN DER FORM EINER VOGELSCHEUCHE ...

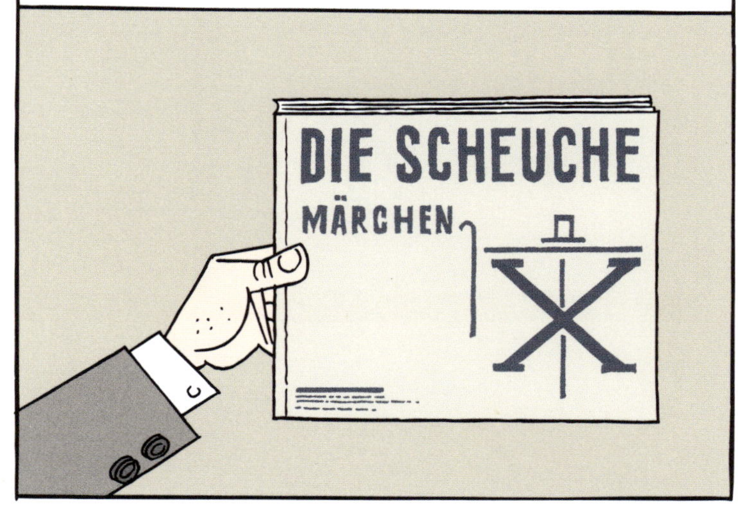
WIR ARBEITETEN AN DER TYPOGRAPHISCHEN GESTALTUNG DER »SCHEUCHE« AM 23. UND 24. JANUAR, NICHT GANZ FRIEDLICH, ABER SEHR INSPIRIERT VON UNSEREN GESPRÄCHEN AM STEINITZSCHEN COUCHTISCH.
DIE SCHEUCHE
MÄRCHEN

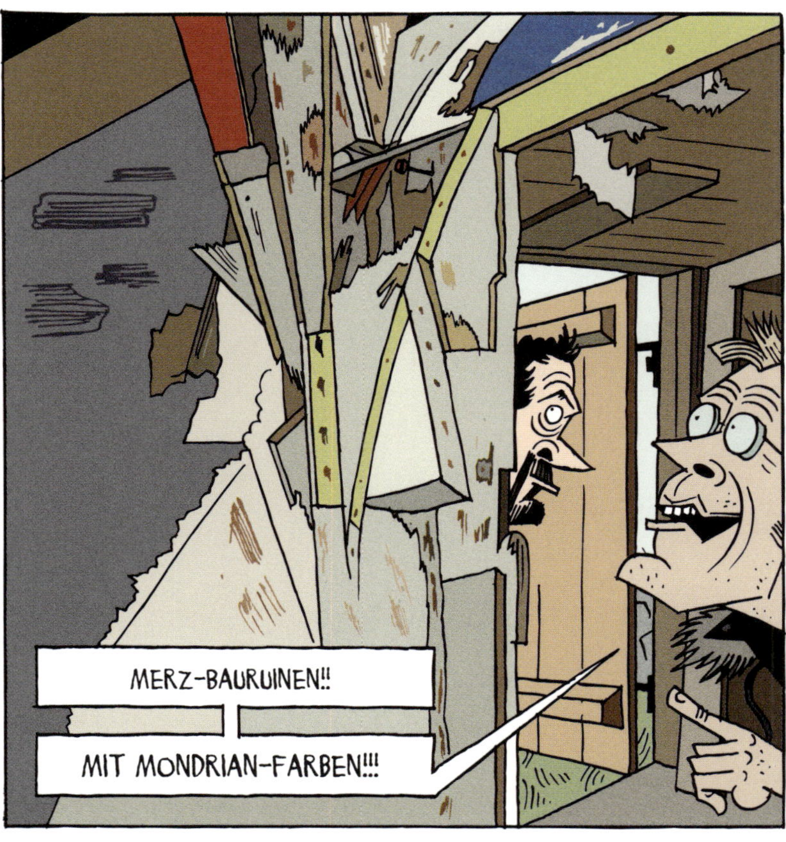
MERZ-BAURUINEN!!
MIT MONDRIAN-FARBEN!!!

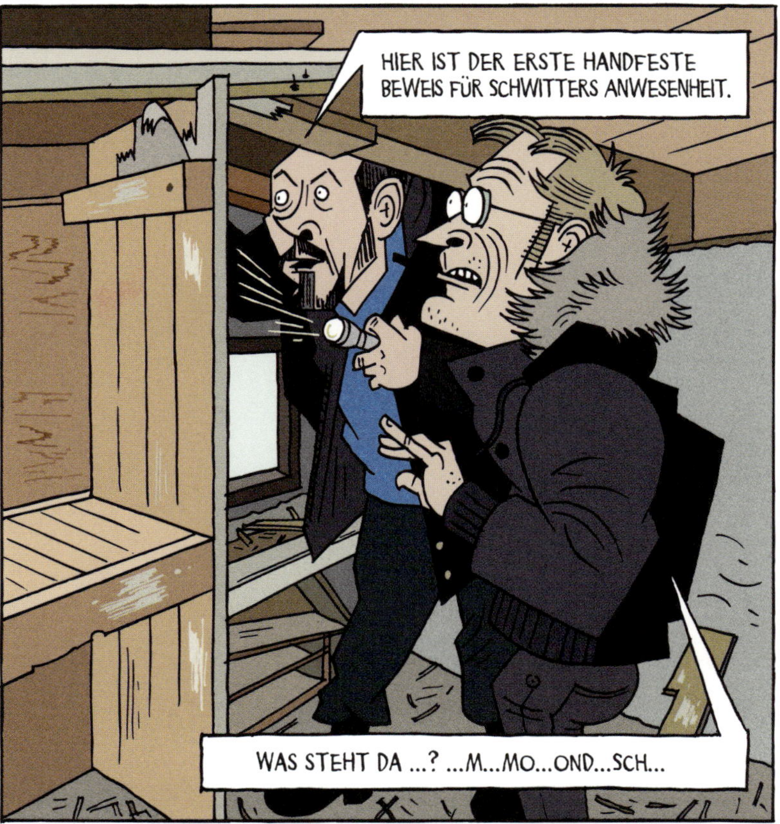
HIER IST DER ERSTE HANDFESTE BEWEIS FÜR SCHWITTERS ANWESENHEIT.
WAS STEHT DA ...? ...M...MO...OND...SCH...

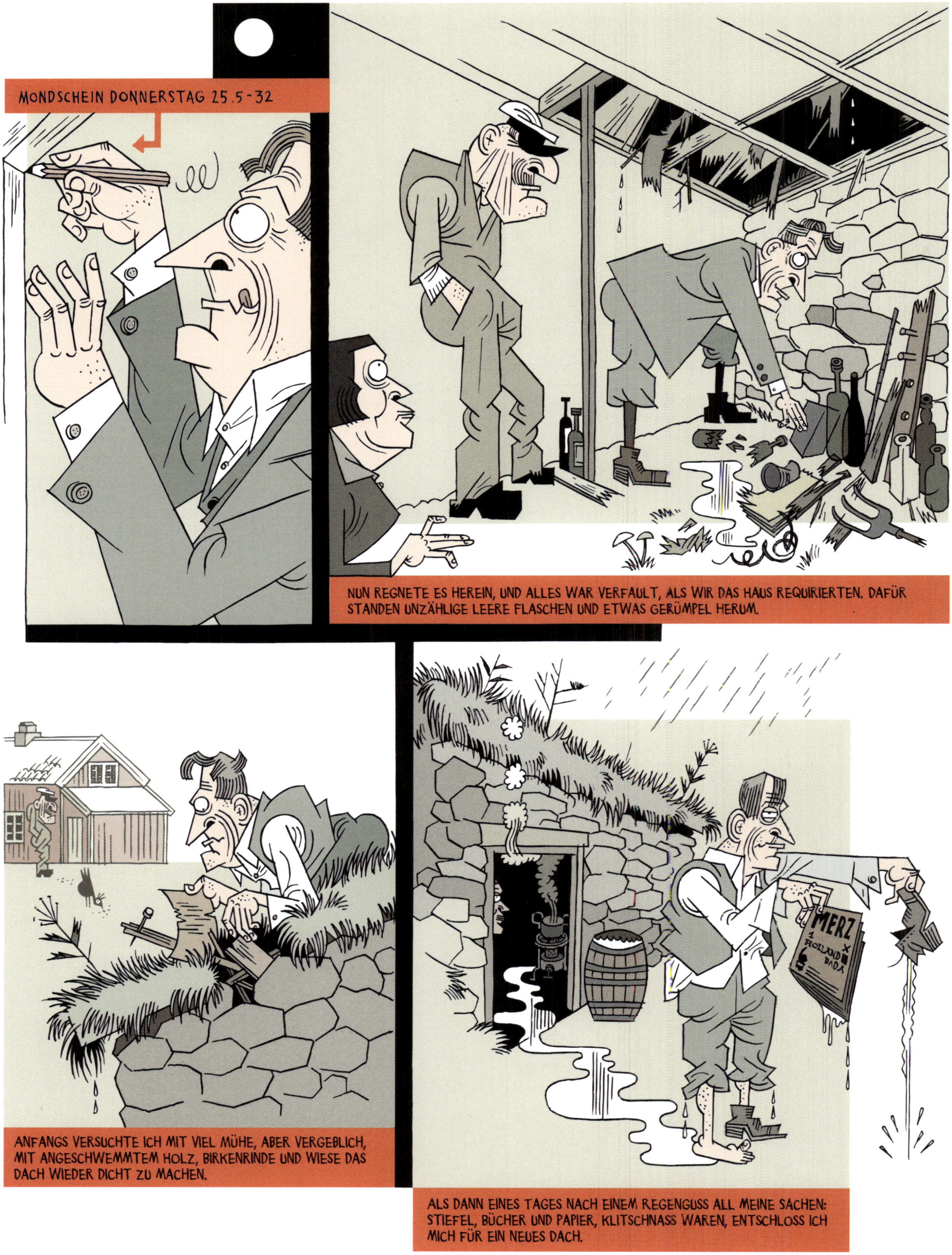

MONDSCHEIN DONNERSTAG 25.5-32

NUN REGNETE ES HEREIN, UND ALLES WAR VERFAULT, ALS WIR DAS HAUS REQUIRIERTEN. DAFÜR STANDEN UNZÄHLIGE LEERE FLASCHEN UND ETWAS GERÜMPEL HERUM.

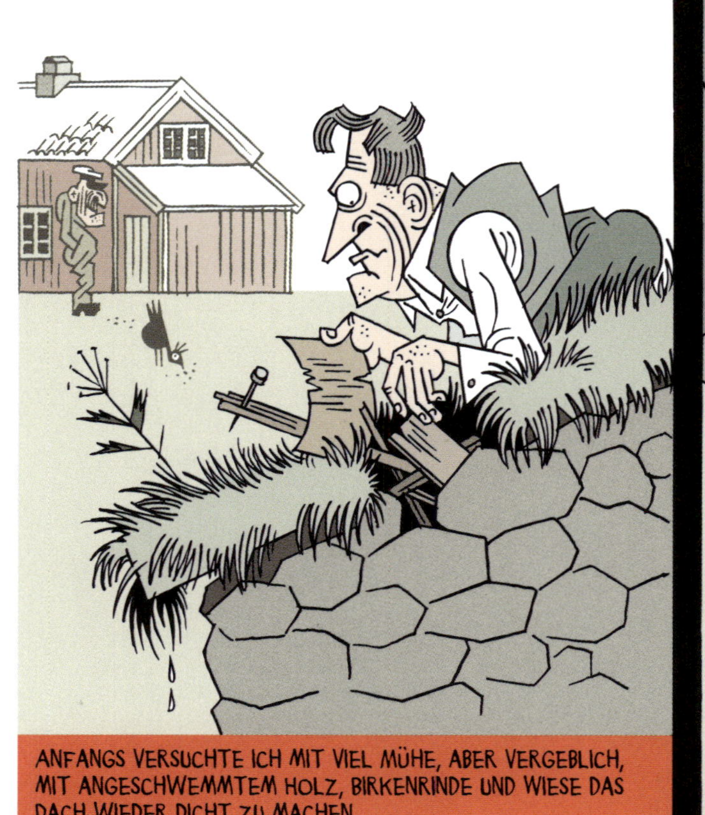

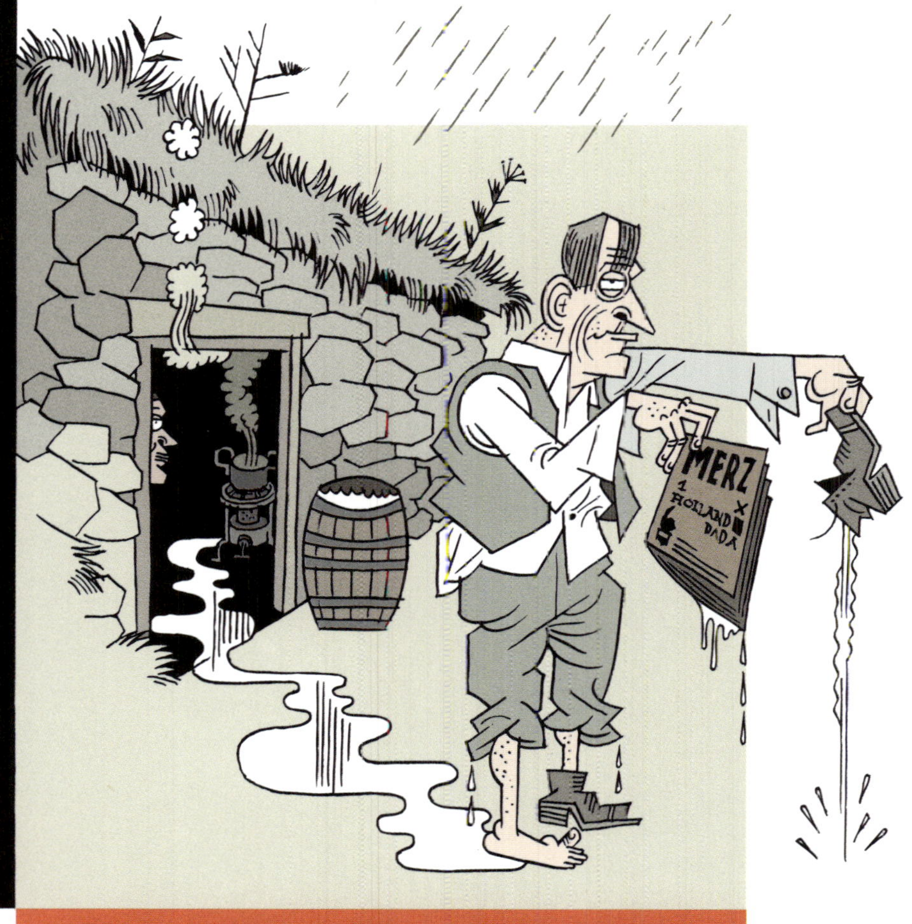

ICH ERTAUSCHTE MIR ALSO IN MOLDE EIN HOLZDACH MIT DACHPAPPE, EINEN FUSSBODEN, EINE SEHR KLEINEN OFEN UND ETWA HUNDERT ALTE MARGARINEKISTEN.

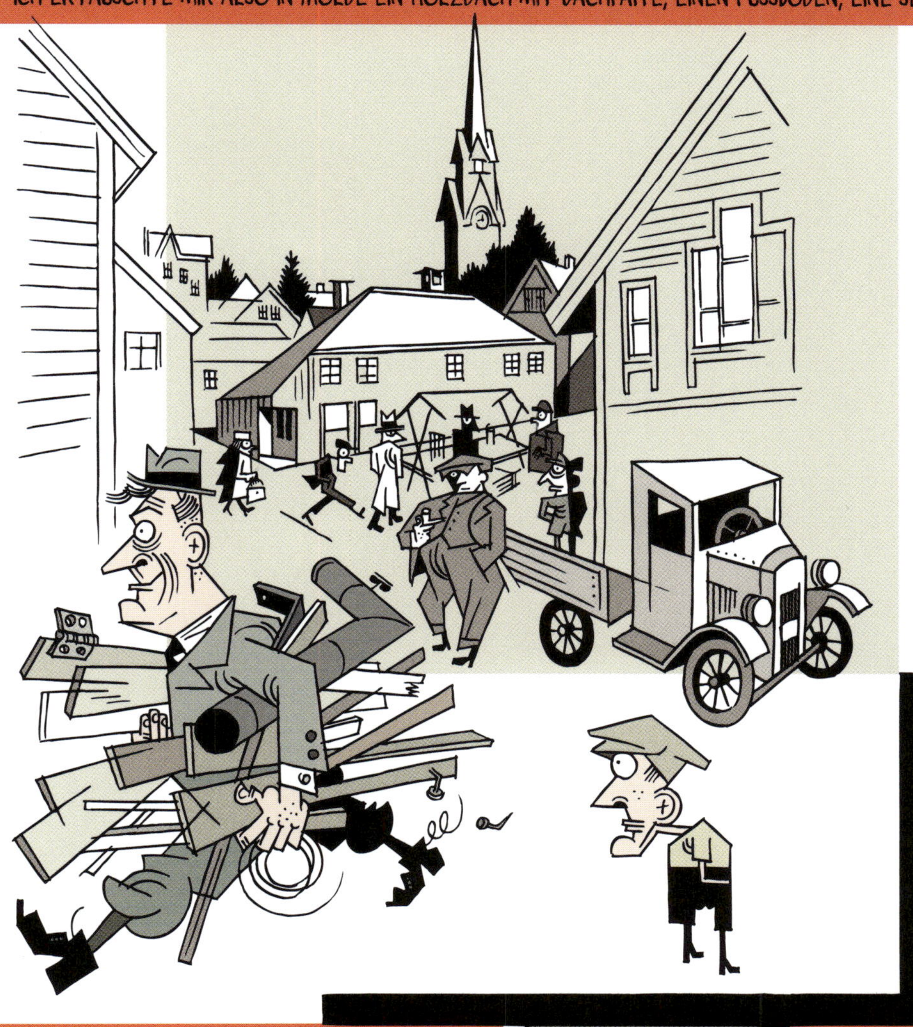

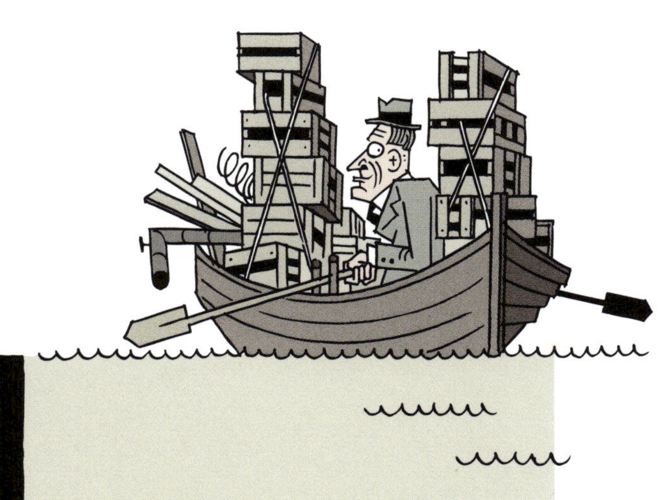

DAMIT BAUTE ICH UNSER GLÜCKLICHES HAUS.

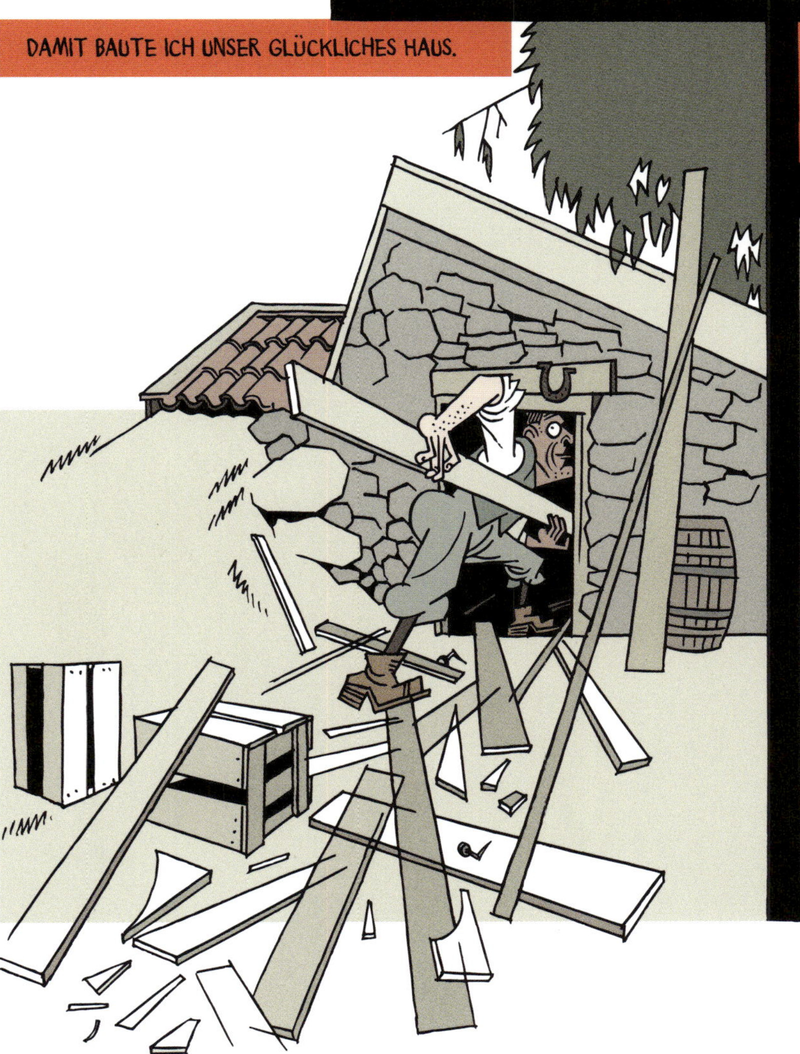

UNSER HÄUSCHEN BESTEHT EINFACH AUS ZWEI BETTKISTEN MIT ANGEHÄNGTER SPEISEKAMMERKÜCHE AUS MARGARINEKISTEN, SITZ- UND ESSENSGELEGENHEIT, SCHRÄNKEN UND FÄCHERN, UND ALLES IST MIT GIPS VERBUNDEN.

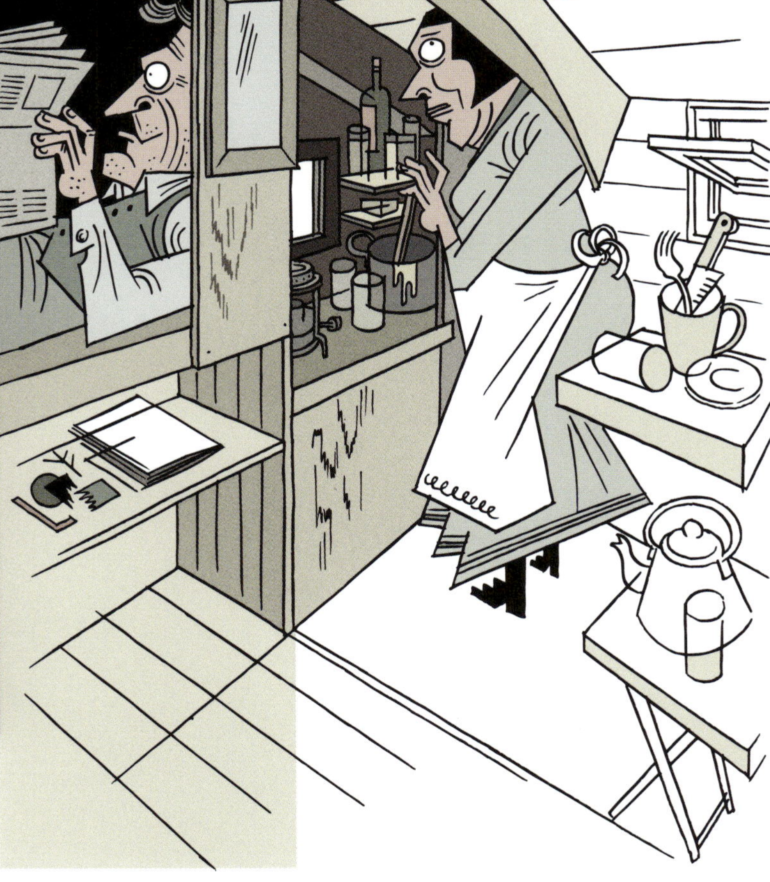

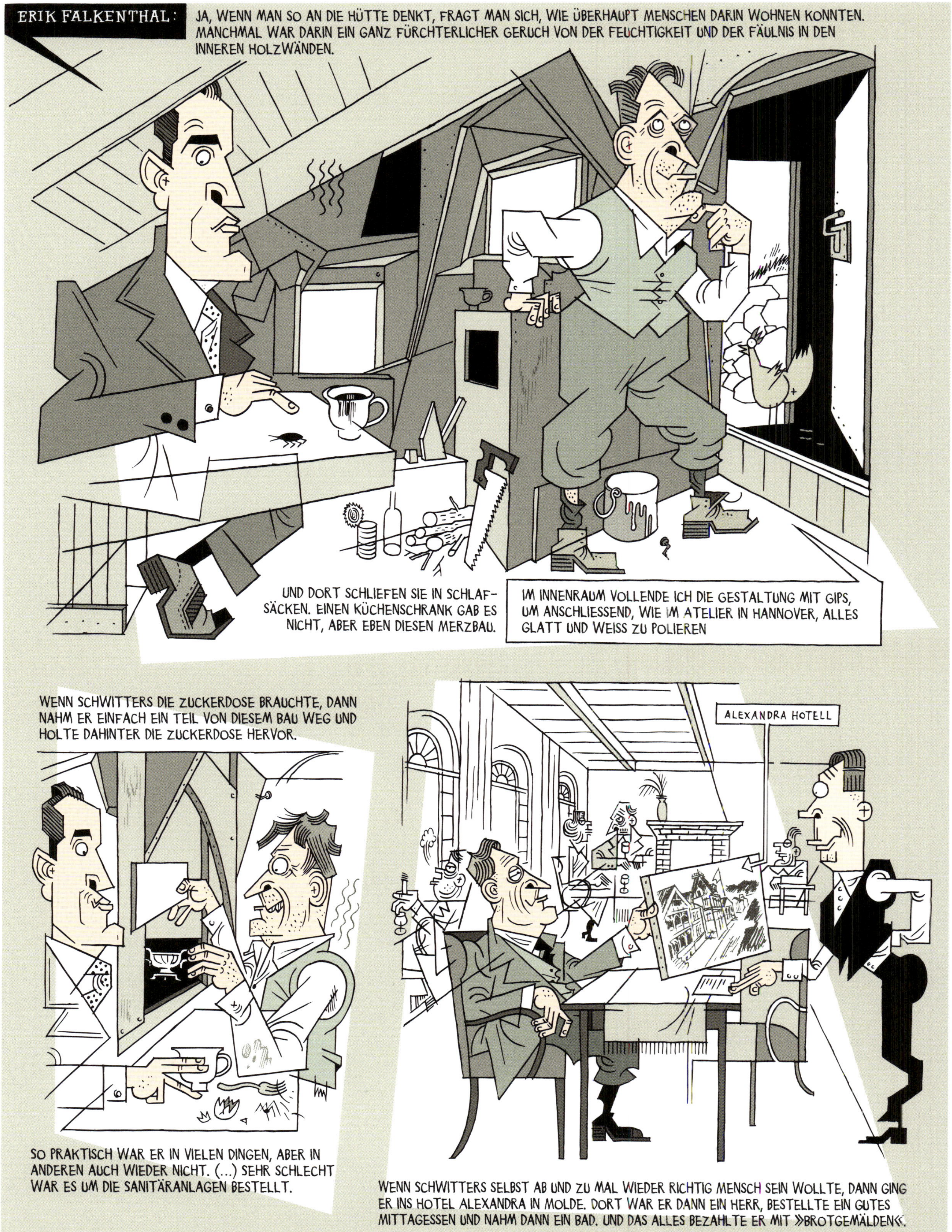

ERIK FALKENTHAL: JA, WENN MAN SO AN DIE HÜTTE DENKT, FRAGT MAN SICH, WIE ÜBERHAUPT MENSCHEN DARIN WOHNEN KONNTEN. MANCHMAL WAR DARIN EIN GANZ FÜRCHTERLICHER GERUCH VON DER FEUCHTIGKEIT UND DER FÄULNIS IN DEN INNEREN HOLZWÄNDEN.

UND DORT SCHLIEFEN SIE IN SCHLAFSÄCKEN. EINEN KÜCHENSCHRANK GAB ES NICHT, ABER EBEN DIESEN MERZBAU.

IM INNENRAUM VOLLENDE ICH DIE GESTALTUNG MIT GIPS, UM ANSCHLIESSEND, WIE IM ATELIER IN HANNOVER, ALLES GLATT UND WEISS ZU POLIEREN

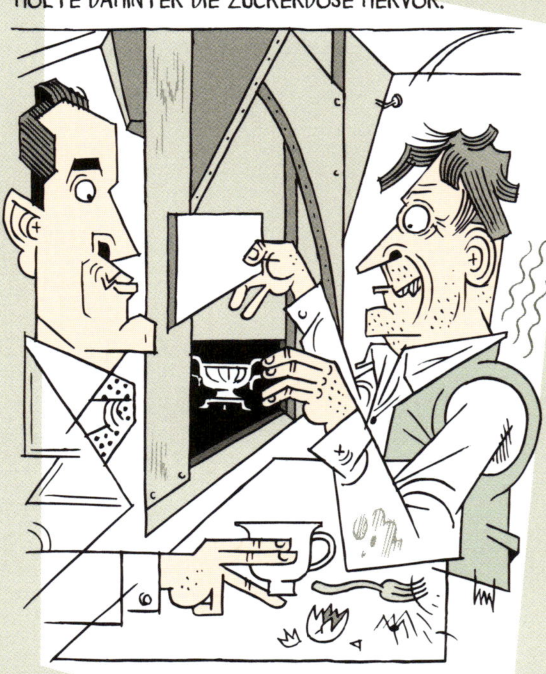

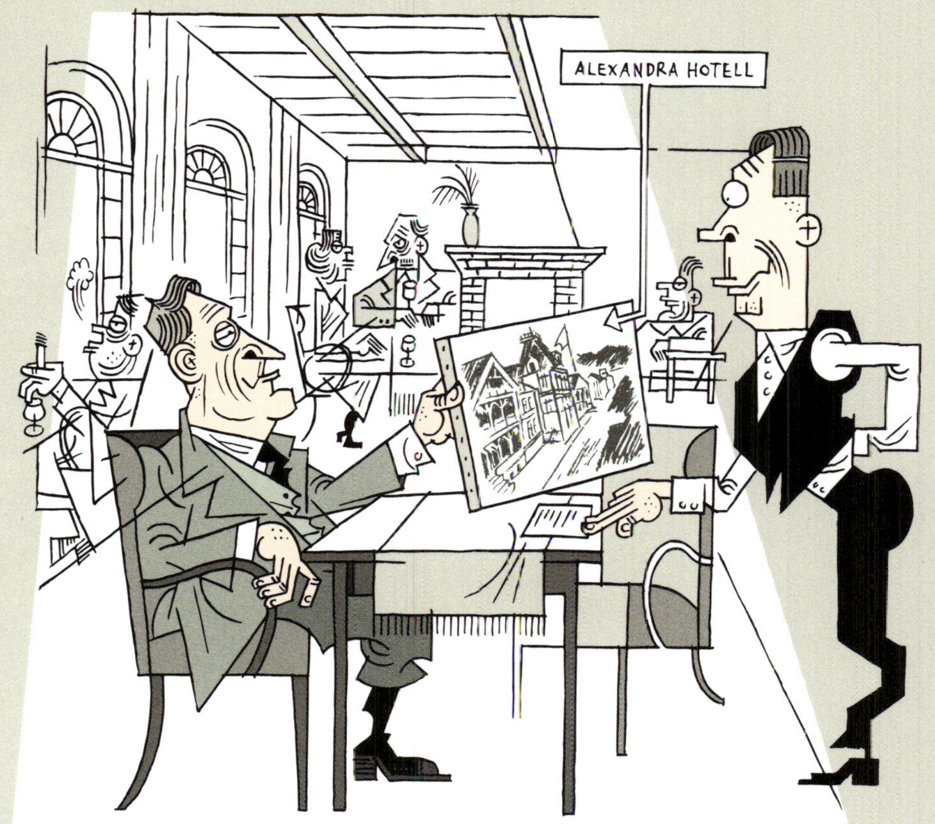

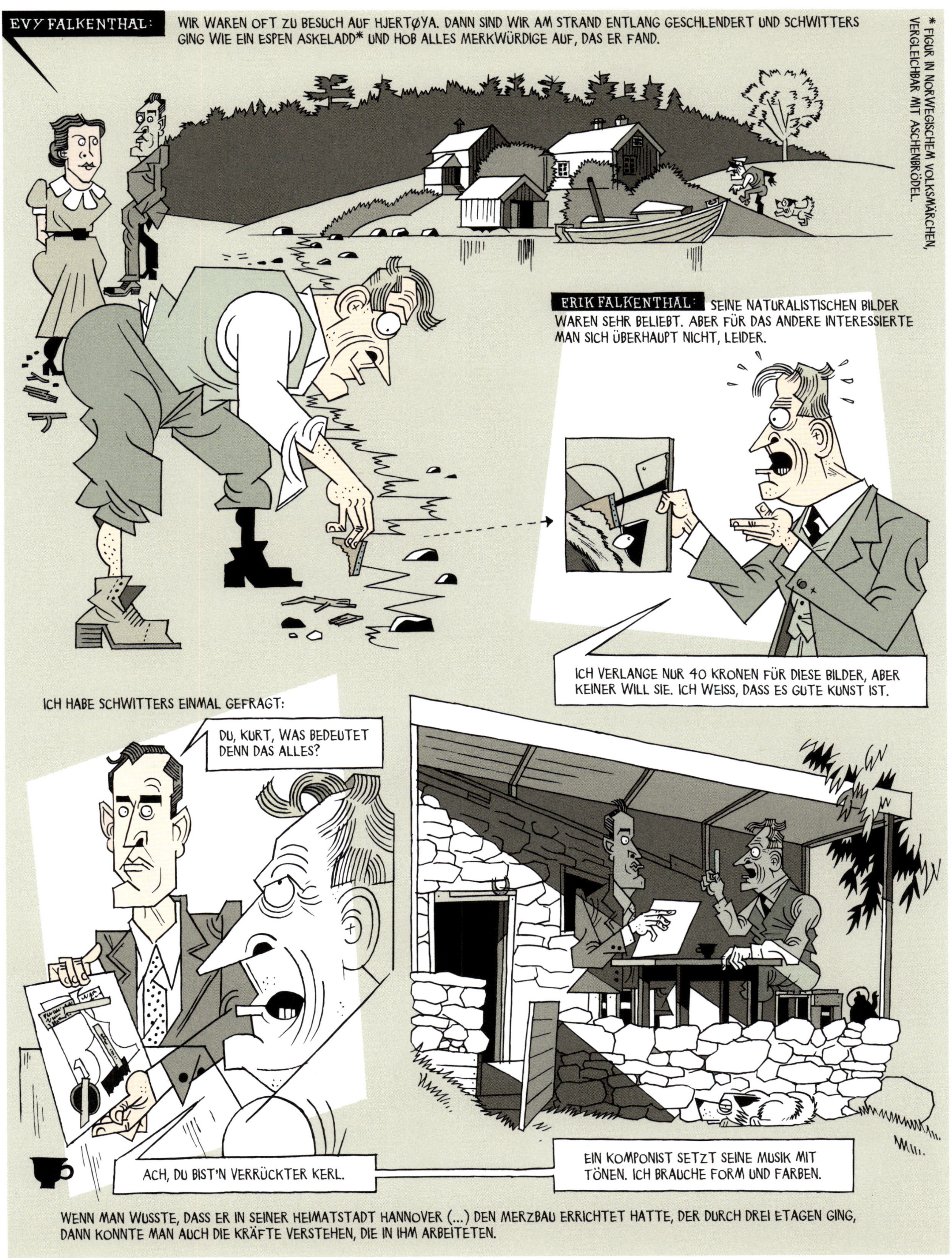
EVY FALKENTHAL:
WIR WAREN OFT ZU BESUCH AUF HJERTØYA. DANN SIND WIR AM STRAND ENTLANG GESCHLENDERT UND SCHWITTERS GING WIE EIN ESPEN ASKELADD* UND HOB ALLES MERKWÜRDIGE AUF, DAS ER FAND.
* FIGUR IN NORWEGISCHEM VOLKSMÄRCHEN, VERGLEICHBAR MIT ASCHENBRÖDEL.
ERIK FALKENTHAL: SEINE NATURALISTISCHEN BILDER WAREN SEHR BELIEBT. ABER FÜR DAS ANDERE INTERESSIERTE MAN SICH ÜBERHAUPT NICHT, LEIDER.
ICH VERLANGE NUR 40 KRONEN FÜR DIESE BILDER, ABER KEINER WILL SIE. ICH WEISS, DASS ES GUTE KUNST IST.
ICH HABE SCHWITTERS EINMAL GEFRAGT:
DU, KURT, WAS BEDEUTET DENN DAS ALLES?
ACH, DU BIST'N VERRÜCKTER KERL.
EIN KOMPONIST SETZT SEINE MUSIK MIT TÖNEN. ICH BRAUCHE FORM UND FARBEN.
WENN MAN WUSSTE, DASS ER IN SEINER HEIMATSTADT HANNOVER (...) DEN MERZBAU ERRICHTET HATTE, DER DURCH DREI ETAGEN GING, DANN KONNTE MAN AUCH DIE KRÄFTE VERSTEHEN, DIE IN IHM ARBEITETEN.

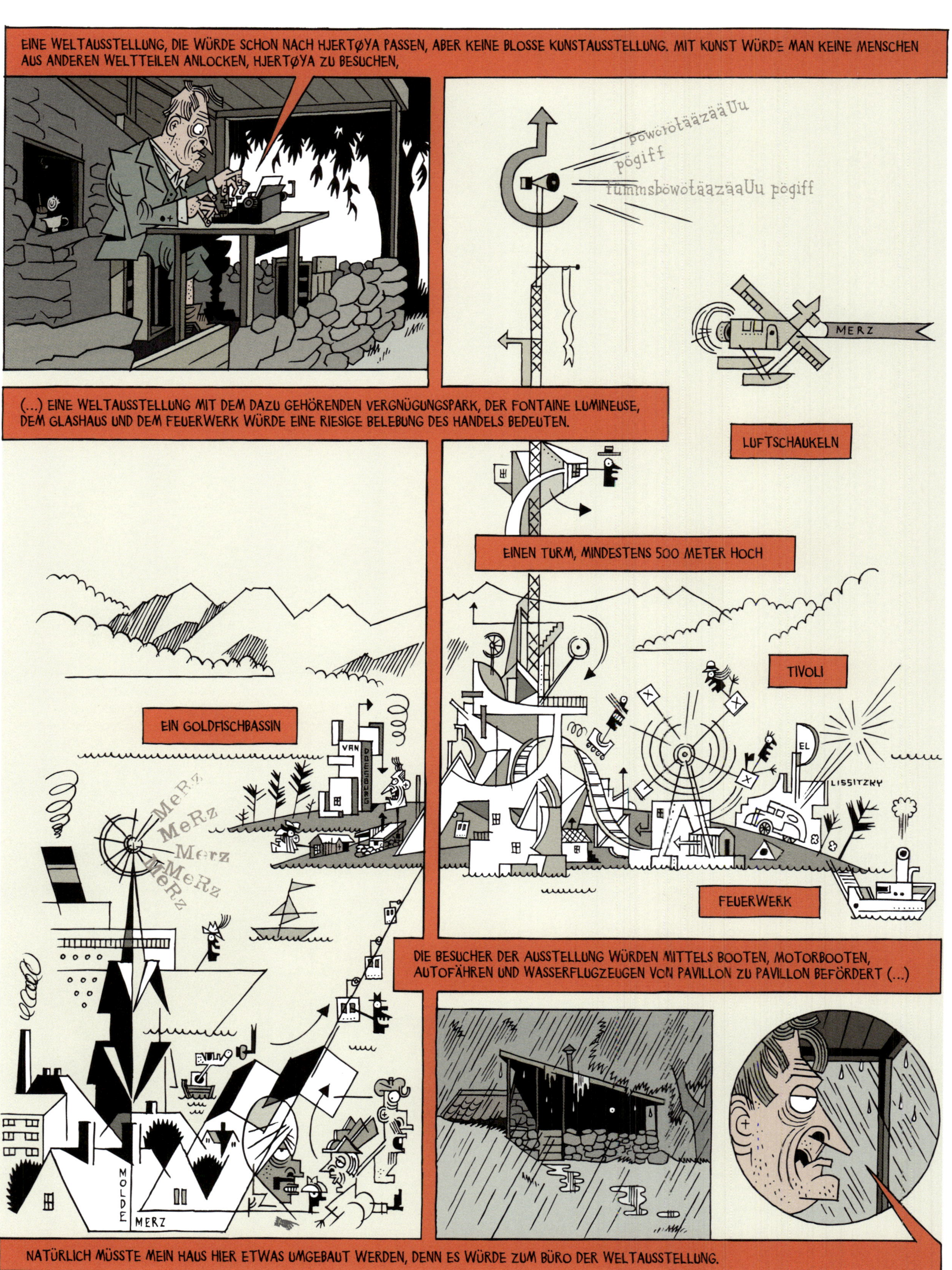
EINE WELTAUSSTELLUNG, DIE WÜRDE SCHON NACH HJERTØYA PASSEN, ABER KEINE BLOSSE KUNSTAUSSTELLUNG. MIT KUNST WÜRDE MAN KEINE MENSCHEN AUS ANDEREN WELTTEILEN ANLOCKEN, HJERTØYA ZU BESUCHEN,
powcrotäazäaUu
pögiff
fümmsböwötääzääUu pögiff
MERZ
(...) EINE WELTAUSSTELLUNG MIT DEM DAZU GEHÖRENDEN VERGNÜGUNGSPARK, DER FONTAINE LUMINEUSE, DEM GLASHAUS UND DEM FEUERWERK WÜRDE EINE RIESIGE BELEBUNG DES HANDELS BEDEUTEN.
LUFTSCHAUKELN
EINEN TURM, MINDESTENS 500 METER HOCH
TIVOLI
EIN GOLDFISCHBASSIN
VAN
EL
LISSITZKY
MeRz
MeRz
Merz
MeRz
MeRz
FEUERWERK
DIE BESUCHER DER AUSSTELLUNG WÜRDEN MITTELS BOOTEN, MOTORBOOTEN, AUTOFÄHREN UND WASSERFLUGZEUGEN VON PAVILLON ZU PAVILLON BEFÖRDERT (...)
MOLDE
MERZ
NATÜRLICH MÜSSTE MEIN HAUS HIER ETWAS UMGEBAUT WERDEN, DENN ES WÜRDE ZUM BÜRO DER WELTAUSSTELLUNG.

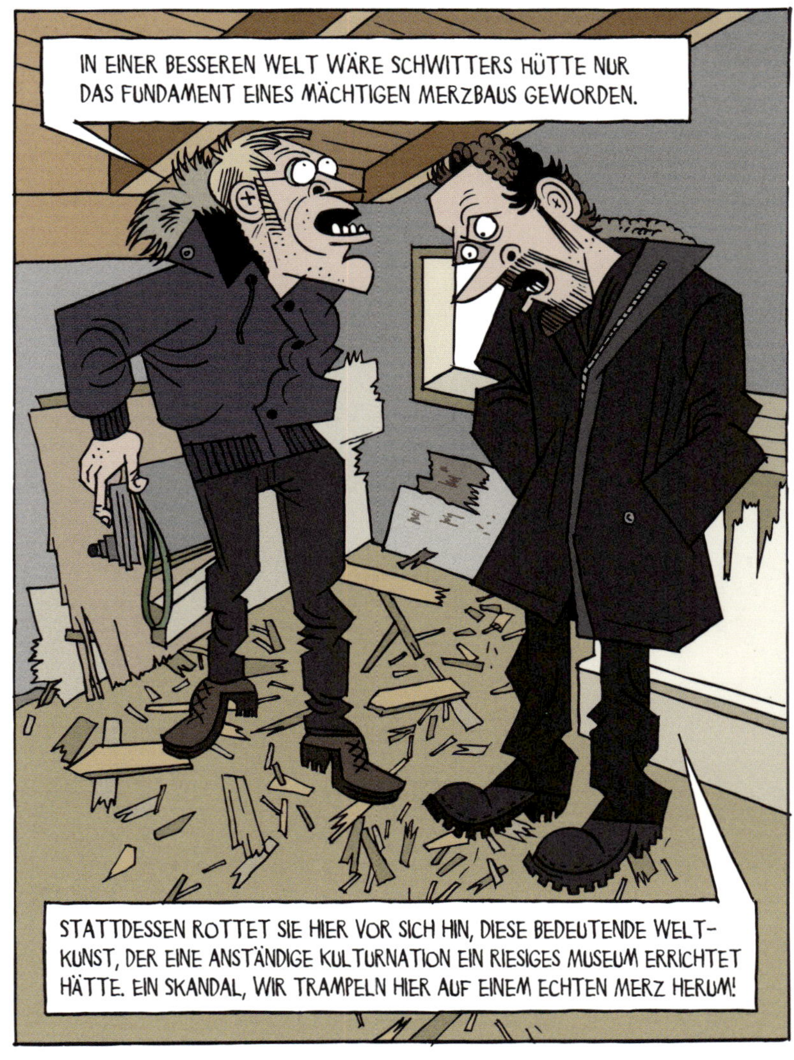

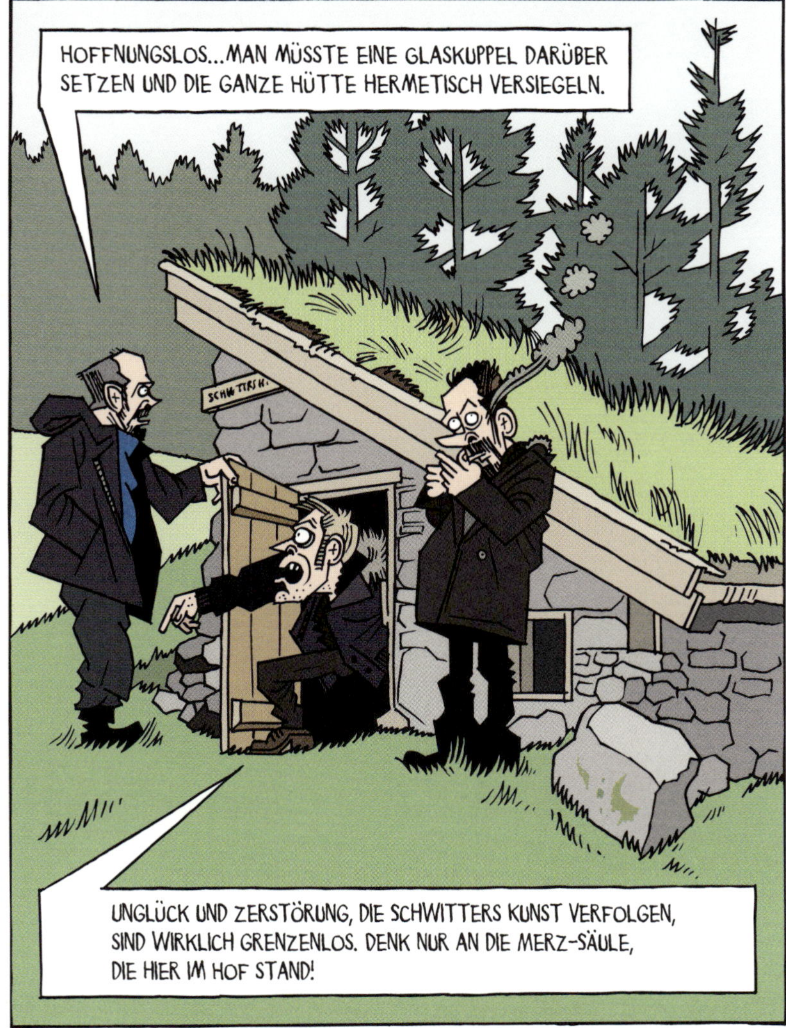

THINGVOLD: GLEICH NACH DEM KRIEG WURDE THEODOR HOEL VOM NEUEN BESITZER HJERTØYAS, DER KOMMUNE MOLDE, GEKÜNDIGT UND MUSSTE ZUM MOLDEHOLMEN, WEITER ÖSTLICH ZIEHEN. ER NAHM DIE SKULPTUR MIT DORTHIN UND SETZTE SIE AUF EINE SCHÄRE, WO SIE SCHNELL VON WIND UND WETTER ZERSTÖRT WURDE.

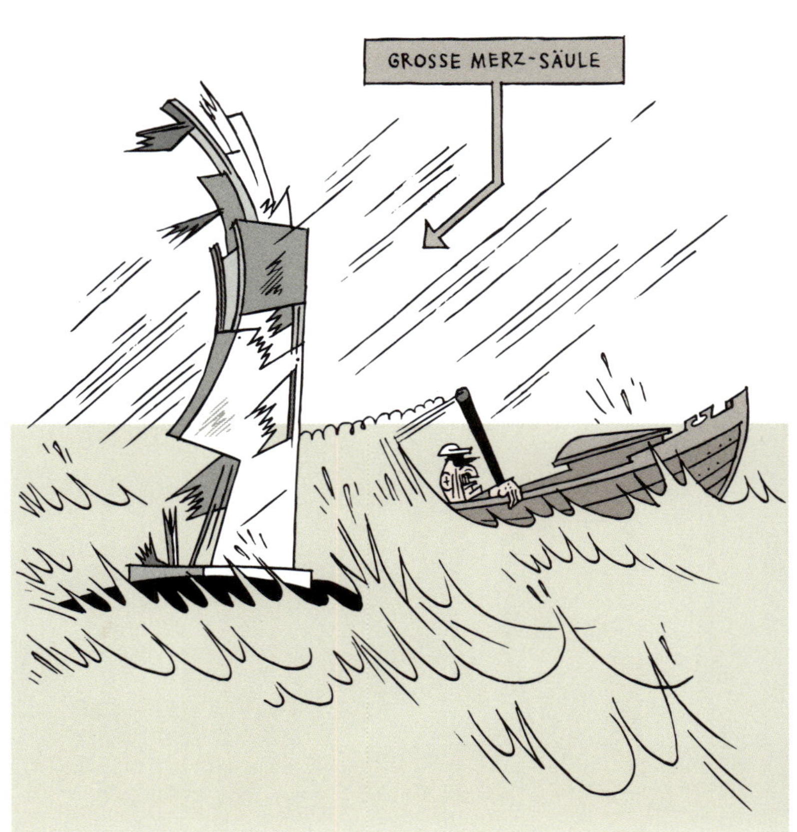

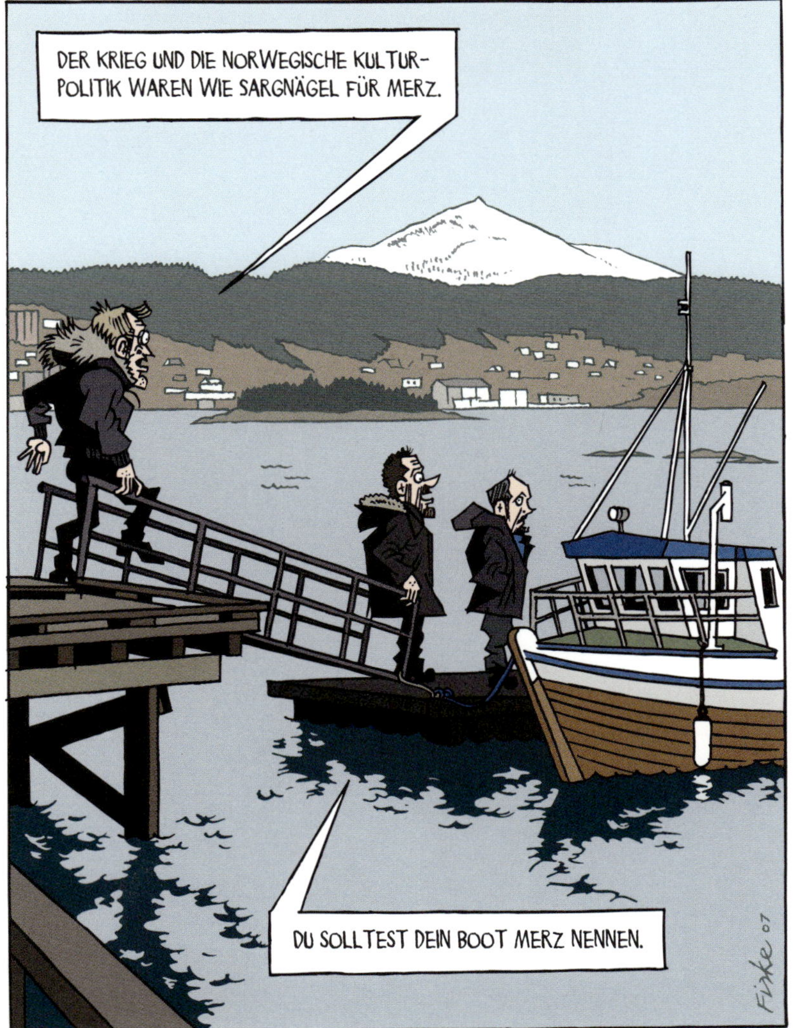

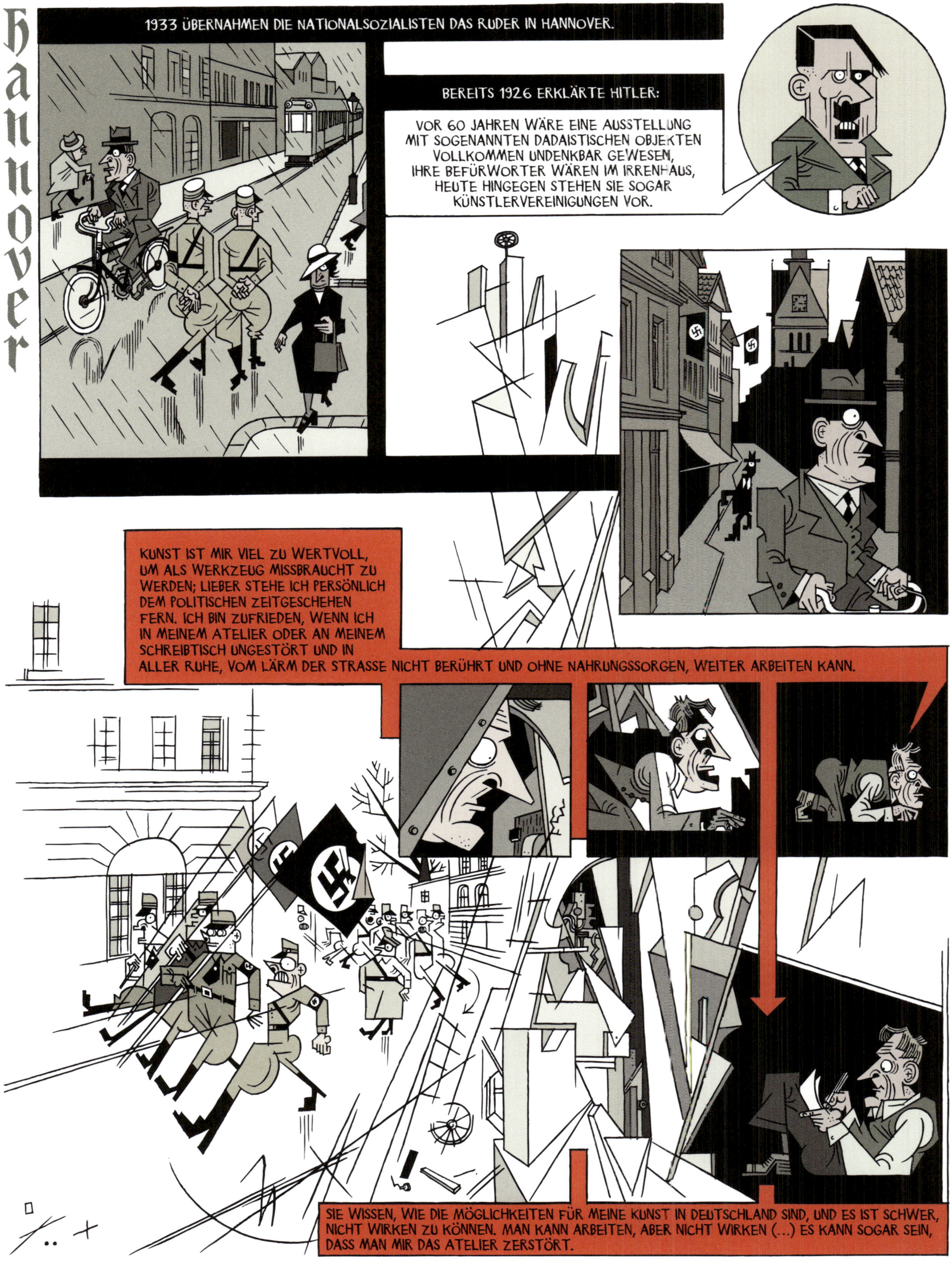

Hannover

1933 ÜBERNAHMEN DIE NATIONALSOZIALISTEN DAS RUDER IN HANNOVER.

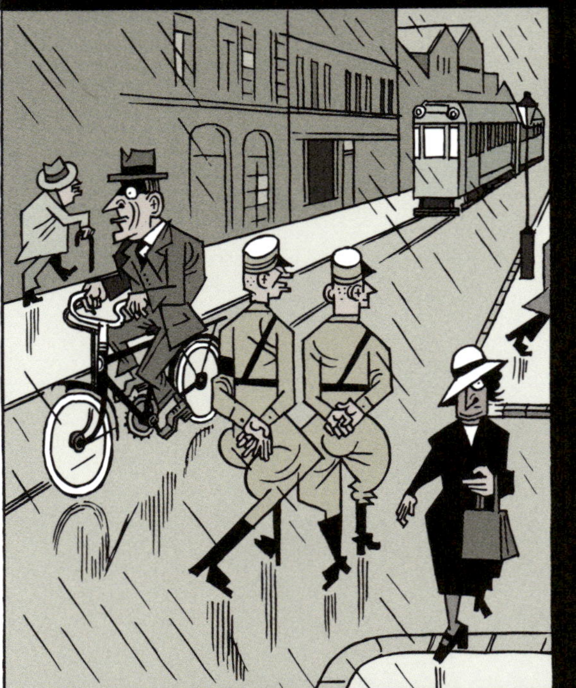

BEREITS 1926 ERKLÄRTE HITLER:

VOR 60 JAHREN WÄRE EINE AUSSTELLUNG MIT SOGENANNTEN DADAISTISCHEN OBJEKTEN VOLLKOMMEN UNDENKBAR GEWESEN, IHRE BEFÜRWORTER WÄREN IM IRRENHAUS, HEUTE HINGEGEN STEHEN SIE SOGAR KÜNSTLERVEREINIGUNGEN VOR.

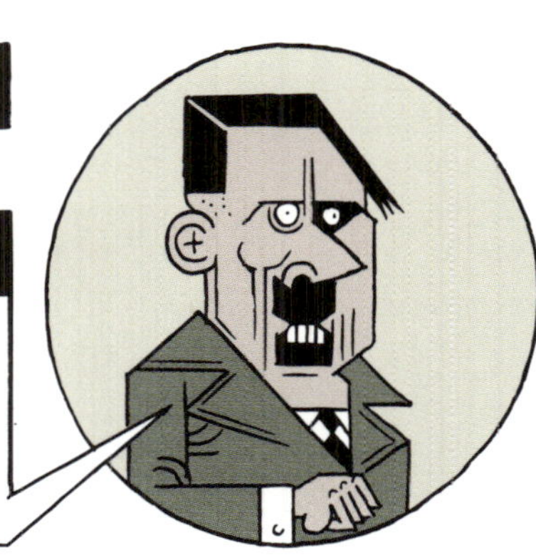

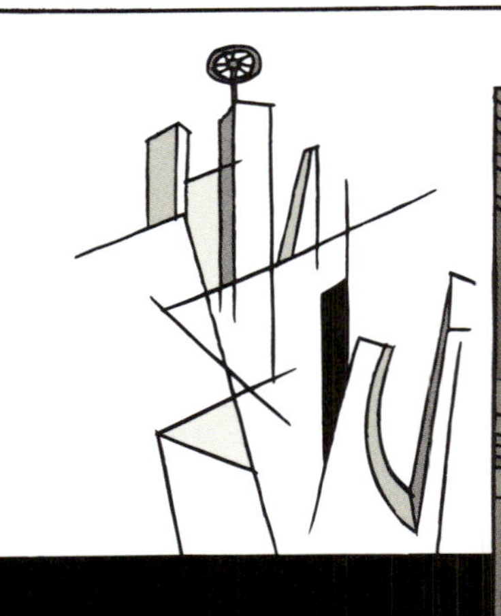

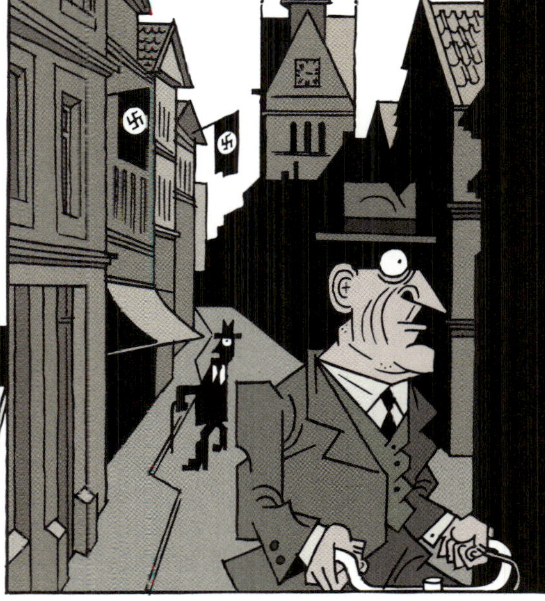

KUNST IST MIR VIEL ZU WERTVOLL, UM ALS WERKZEUG MISSBRAUCHT ZU WERDEN; LIEBER STEHE ICH PERSÖNLICH DEM POLITISCHEN ZEITGESCHEHEN FERN. ICH BIN ZUFRIEDEN, WENN ICH IN MEINEM ATELIER ODER AN MEINEM SCHREIBTISCH UNGESTÖRT UND IN ALLER RUHE, VOM LÄRM DER STRASSE NICHT BERÜHRT UND OHNE NAHRUNGSSORGEN, WEITER ARBEITEN KANN.

SIE WISSEN, WIE DIE MÖGLICHKEITEN FÜR MEINE KUNST IN DEUTSCHLAND SIND, UND ES IST SCHWER, NICHT WIRKEN ZU KÖNNEN. MAN KANN ARBEITEN, ABER NICHT WIRKEN (...) ES KANN SOGAR SEIN, DASS MAN MIR DAS ATELIER ZERSTÖRT.

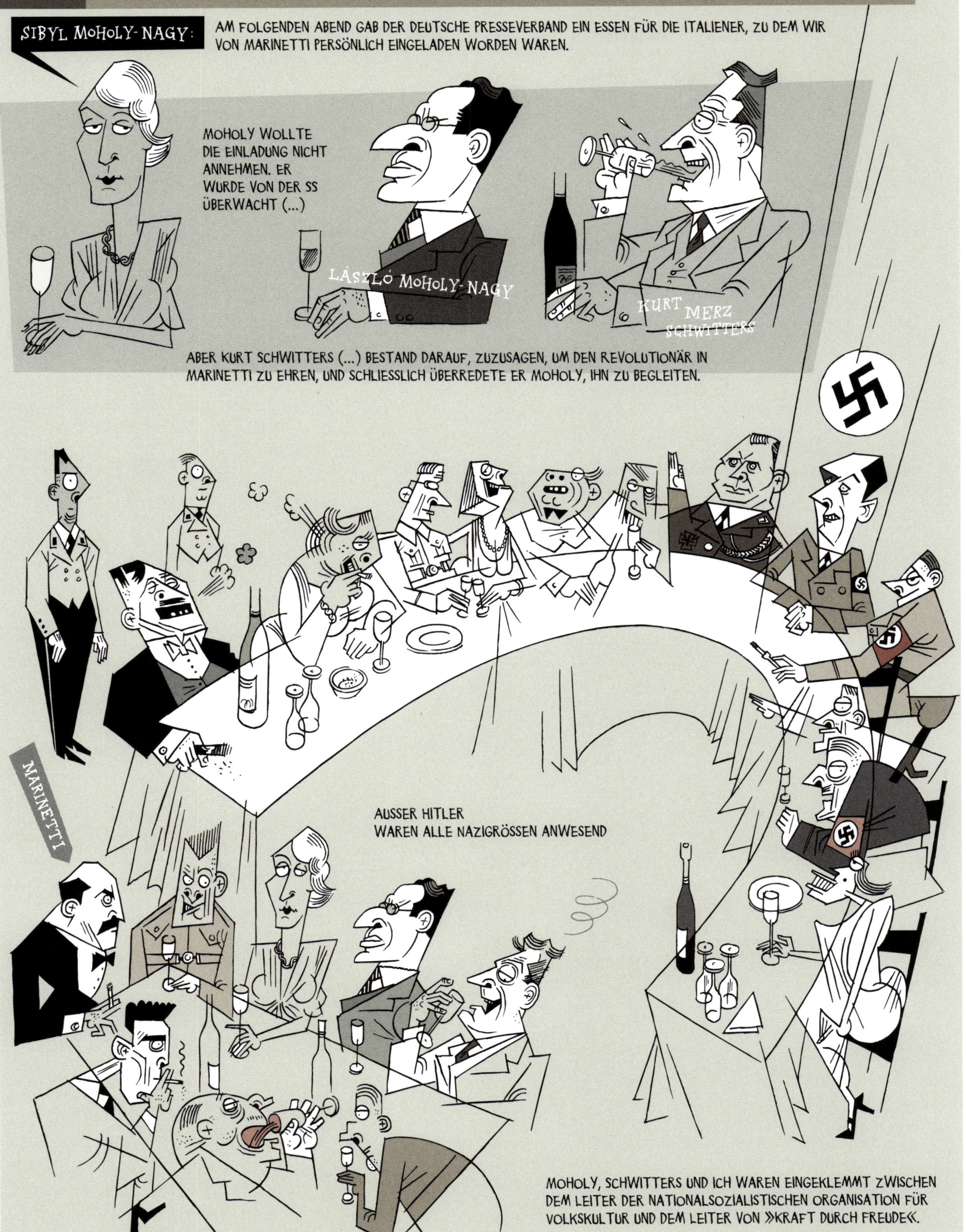
BERLIN
SCHWITTERS AUF EINEM EMPFANG UNTER FUTURISTEN UND NATIONALSOZIALISTEN ENDE MÄRZ 1934.
SIBYL MOHOLY-NAGY:
AM FOLGENDEN ABEND GAB DER DEUTSCHE PRESSEVERBAND EIN ESSEN FÜR DIE ITALIENER, ZU DEM WIR VON MARINETTI PERSÖNLICH EINGELADEN WORDEN WAREN.
MOHOLY WOLLTE DIE EINLADUNG NICHT ANNEHMEN. ER WURDE VON DER SS ÜBERWACHT (...)
LÁSZLÓ MOHOLY-NAGY
KURT MERZ SCHWITTERS
ABER KURT SCHWITTERS (...) BESTAND DARAUF, ZUZUSAGEN, UM DEN REVOLUTIONÄR IN MARINETTI ZU EHREN, UND SCHLIESSLICH ÜBERREDETE ER MOHOLY, IHN ZU BEGLEITEN.
MARINETTI
AUSSER HITLER WAREN ALLE NAZIGRÖSSEN ANWESEND
MOHOLY, SCHWITTERS UND ICH WAREN EINGEKLEMMT ZWISCHEN DEM LEITER DER NATIONALSOZIALISTISCHEN ORGANISATION FÜR VOLKSKULTUR UND DEM LEITER VON »KRAFT DURCH FREUDE«.

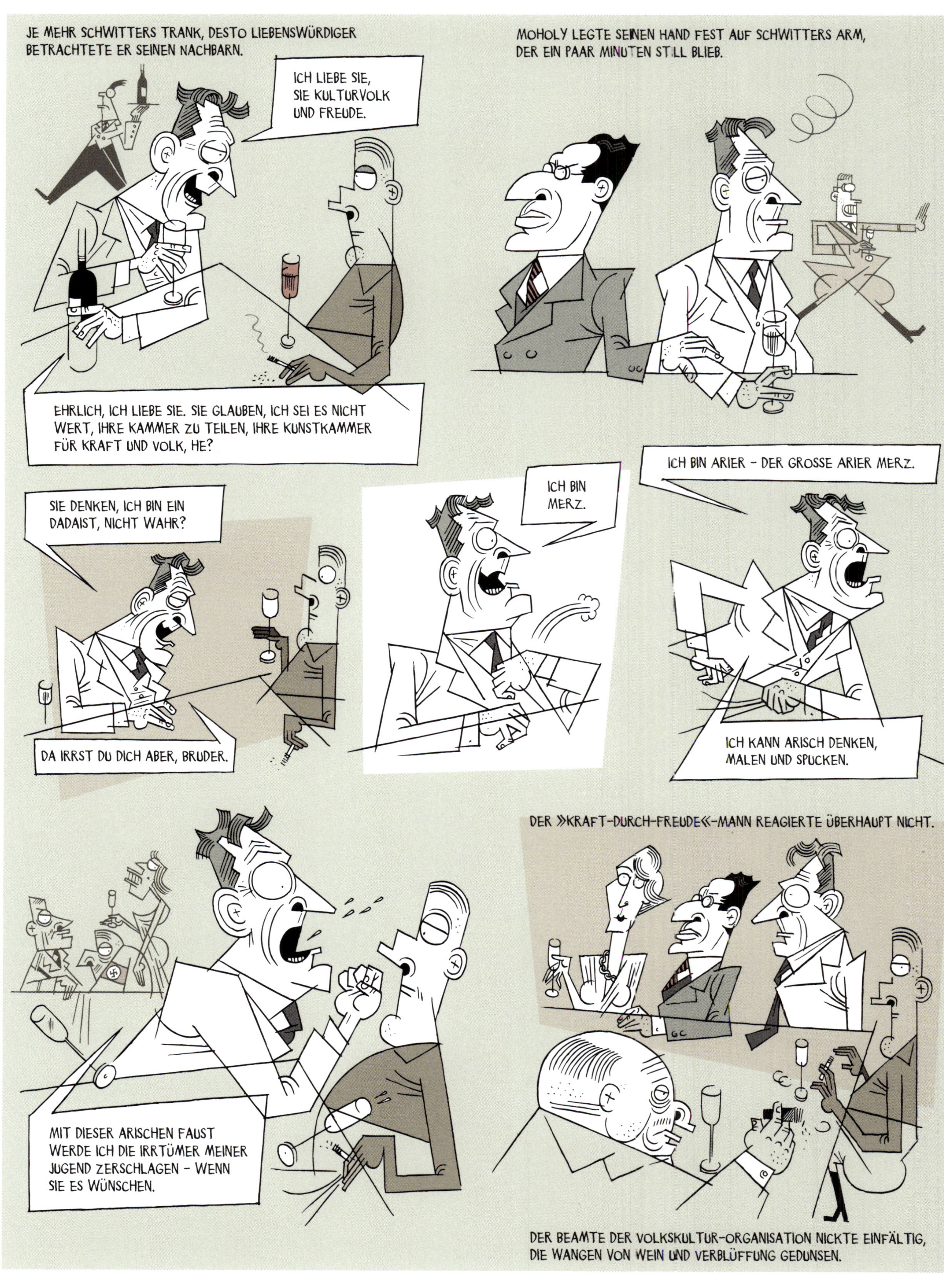
JE MEHR SCHWITTERS TRANK, DESTO LIEBENSWÜRDIGER BETRACHTETE ER SEINEN NACHBARN.
ICH LIEBE SIE, SIE KULTURVOLK UND FREUDE.
EHRLICH, ICH LIEBE SIE. SIE GLAUBEN, ICH SEI ES NICHT WERT, IHRE KAMMER ZU TEILEN, IHRE KUNSTKAMMER FÜR KRAFT UND VOLK, HE?
MOHOLY LEGTE SEINEN HAND FEST AUF SCHWITTERS ARM, DER EIN PAAR MINUTEN STILL BLIEB.
SIE DENKEN, ICH BIN EIN DADAIST, NICHT WAHR?
DA IRRST DU DICH ABER, BRUDER.
ICH BIN MERZ.
ICH BIN ARIER – DER GROSSE ARIER MERZ.
ICH KANN ARISCH DENKEN, MALEN UND SPUCKEN.
MIT DIESER ARISCHEN FAUST WERDE ICH DIE IRRTÜMER MEINER JUGEND ZERSCHLAGEN – WENN SIE ES WÜNSCHEN.
DER »KRAFT-DURCH-FREUDE«-MANN REAGIERTE ÜBERHAUPT NICHT.
DER BEAMTE DER VOLKSKULTUR-ORGANISATION NICKTE EINFÄLTIG, DIE WANGEN VON WEIN UND VERBLÜFFUNG GEDUNSEN.

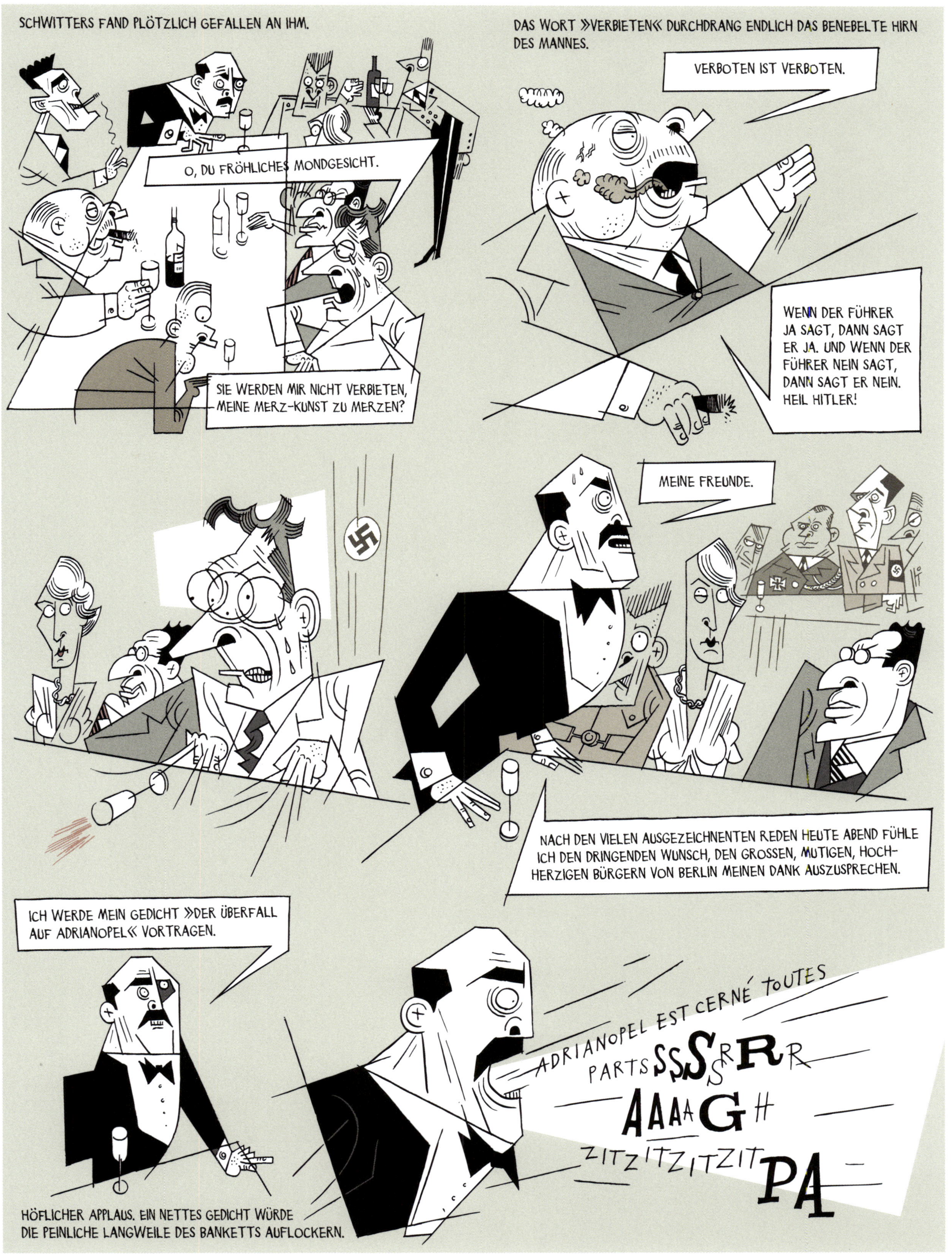
SCHWITTERS FAND PLÖTZLICH GEFALLEN AN IHM.
O, DU FRÖHLICHES MONDGESICHT.
SIE WERDEN MIR NICHT VERBIETEN, MEINE MERZ-KUNST ZU MERZEN?
DAS WORT »VERBIETEN« DURCHDRANG ENDLICH DAS BENEBELTE HIRN DES MANNES.
VERBOTEN IST VERBOTEN.
WENN DER FÜHRER JA SAGT, DANN SAGT ER JA. UND WENN DER FÜHRER NEIN SAGT, DANN SAGT ER NEIN. HEIL HITLER!
MEINE FREUNDE.
NACH DEN VIELEN AUSGEZEICHNENTEN REDEN HEUTE ABEND FÜHLE ICH DEN DRINGENDEN WUNSCH, DEN GROSSEN, MUTIGEN, HOCHHERZIGEN BÜRGERN VON BERLIN MEINEN DANK AUSZUSPRECHEN.
ICH WERDE MEIN GEDICHT »DER ÜBERFALL AUF ADRIANOPEL« VORTRAGEN.
HÖFLICHER APPLAUS. EIN NETTES GEDICHT WÜRDE DIE PEINLICHE LANGWEILE DES BANKETTS AUFLOCKERN.
ADRIANOPEL EST CERNÉ TOUTES
PARTS SSSSRRR
AAAAGH
ZITZITZITZIT PA

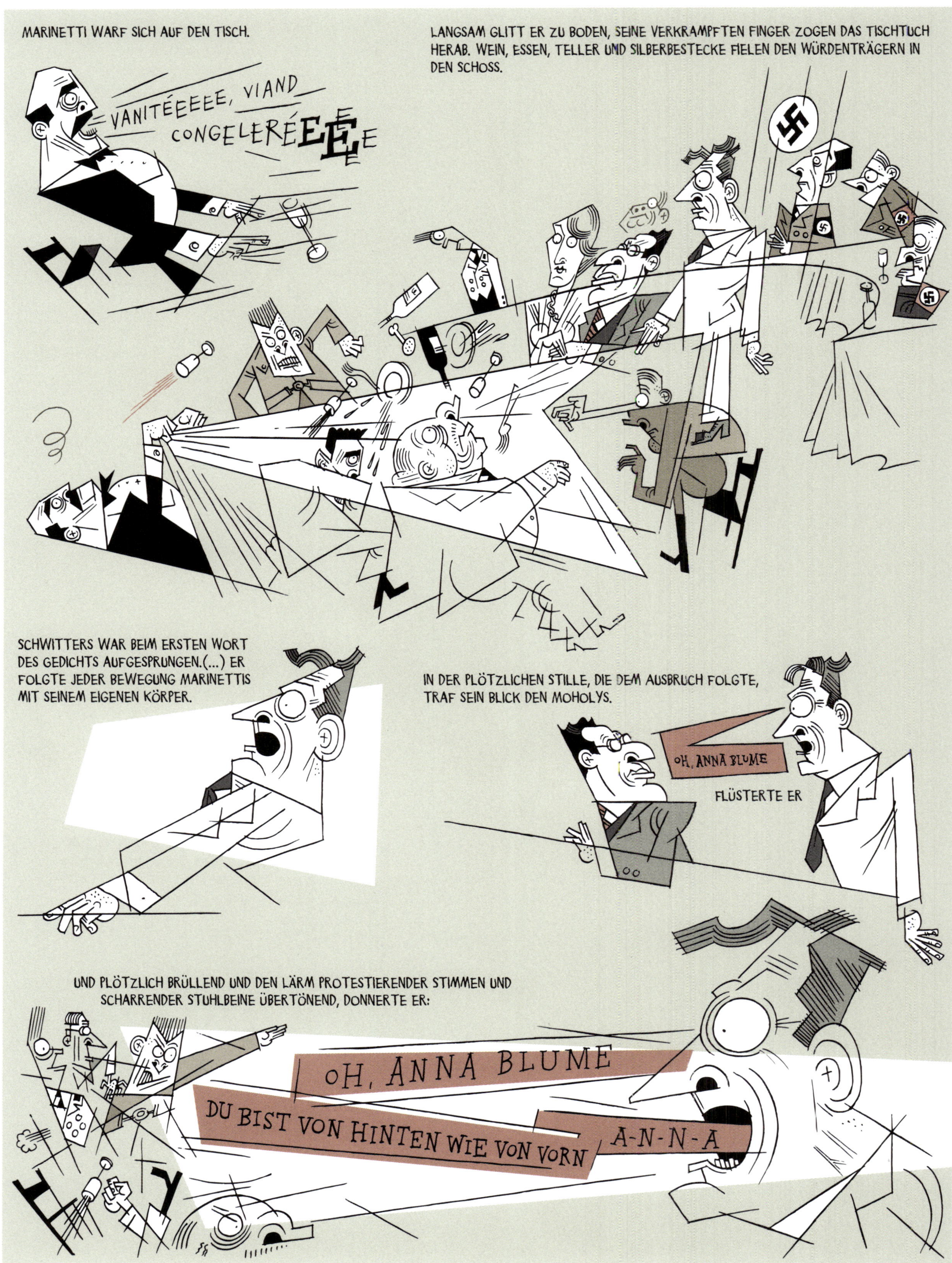
MARINETTI WARF SICH AUF DEN TISCH.
VANITÉEEEE, VIAND CONGELERÉEEEE
LANGSAM GLITT ER ZU BODEN, SEINE VERKRAMPFTEN FINGER ZOGEN DAS TISCHTUCH HERAB. WEIN, ESSEN, TELLER UND SILBERBESTECKE FIELEN DEN WÜRDENTRÄGERN IN DEN SCHOSS.
SCHWITTERS WAR BEIM ERSTEN WORT DES GEDICHTS AUFGESPRUNGEN.(...) ER FOLGTE JEDER BEWEGUNG MARINETTIS MIT SEINEM EIGENEN KÖRPER.
IN DER PLÖTZLICHEN STILLE, DIE DEM AUSBRUCH FOLGTE, TRAF SEIN BLICK DEN MOHOLYS.
OH, ANNA BLUME
FLÜSTERTE ER
UND PLÖTZLICH BRÜLLEND UND DEN LÄRM PROTESTIERENDER STIMMEN UND SCHARRENDER STUHLBEINE ÜBERTÖNEND, DONNERTE ER:
OH, ANNA BLUME
DU BIST VON HINTEN WIE VON VORN
A-N-N-A

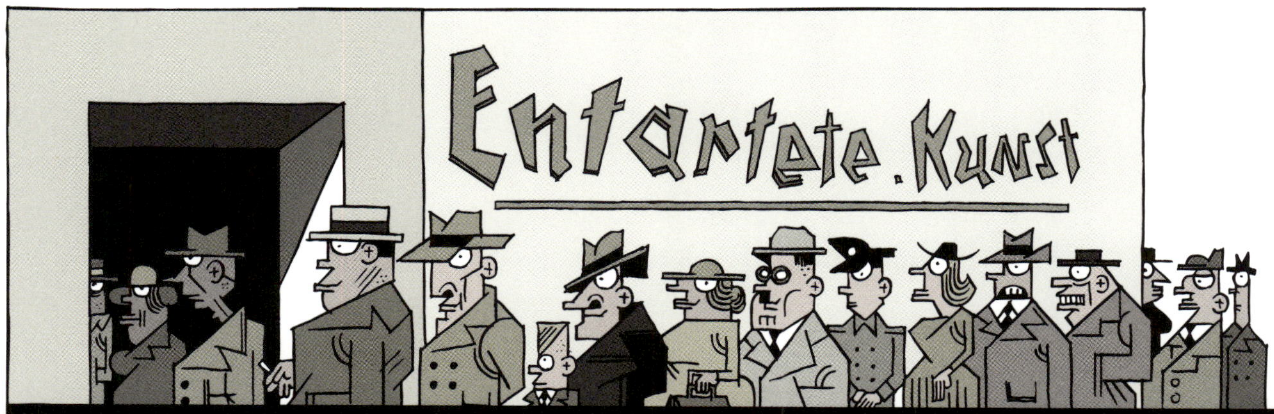

ZWISCHEN 1933–37 WURDEN SCHWITTERS »MERZBILDER« IN DER »ENTARTETE KUNST«-WANDERAUSSTELLUNG DER NAZIS GEZEIGT.

HITLER:

KUBISMUS, DADAISMUS, FUTURISMUS, IMPRESSIONISMUS USW. HABEN MIT UNSEREM DEUTSCHEN VOLKE NICHTS ZU TUN.

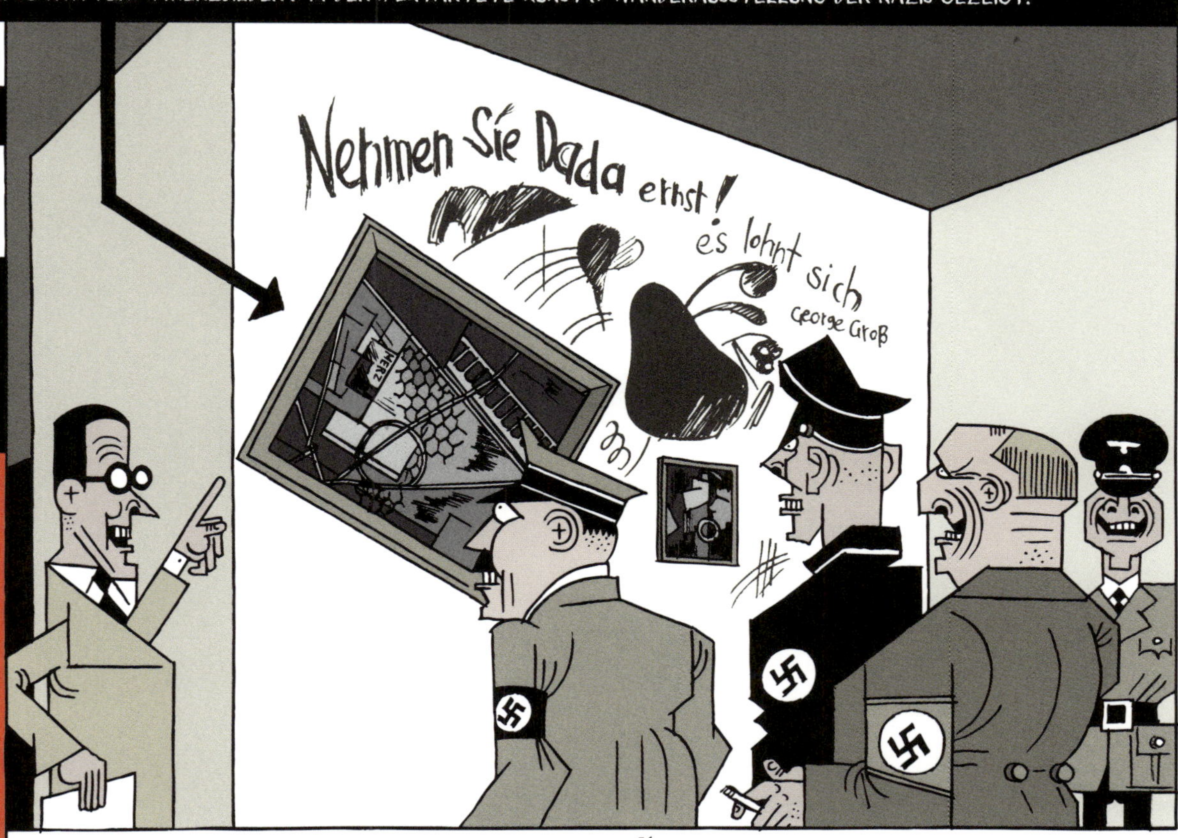

DEZEMBER 1936

BEVOR ERNST AUS HANNOVER ABREISTE, WIDMETE ER ZWEI TAGE MEINEM ATELIER, UM ALLES ZU FOTOGRAFIEREN.

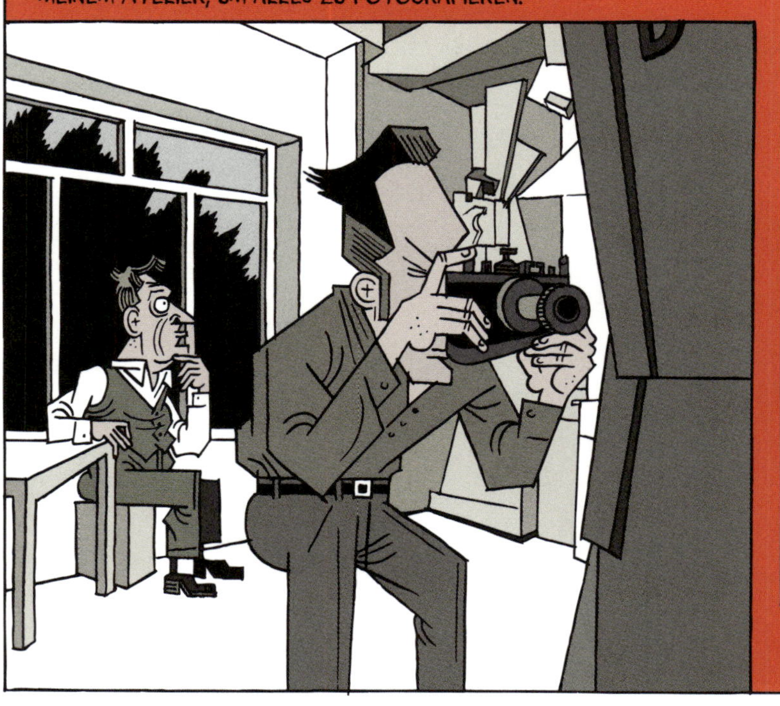

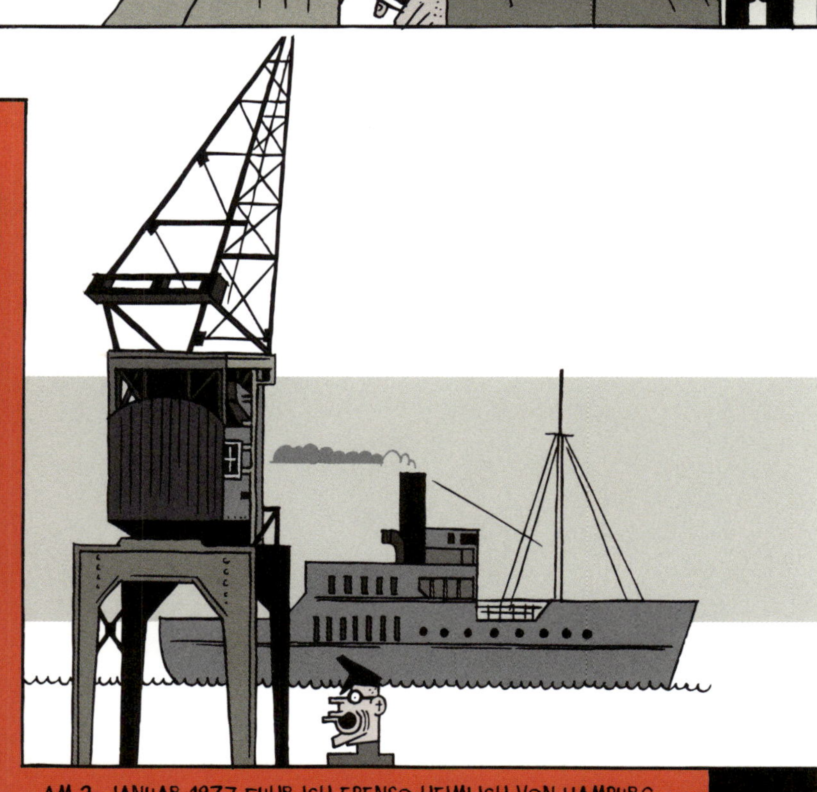

AM 2. JANUAR 1937 FUHR ICH EBENSO HEIMLICH VON HAMBURG AB WIE ERNST.

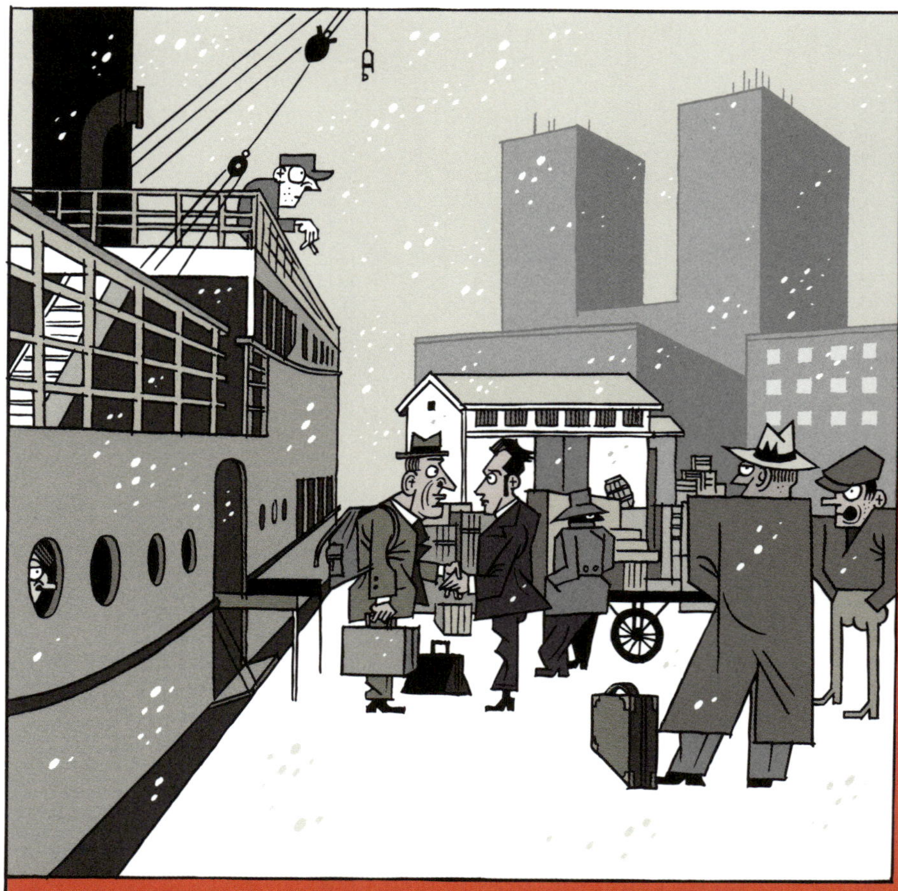
IN OSLO STAND ERNST AM KAI. ER WAR TRAURIG, HATTE KEINE WOHNUNG.

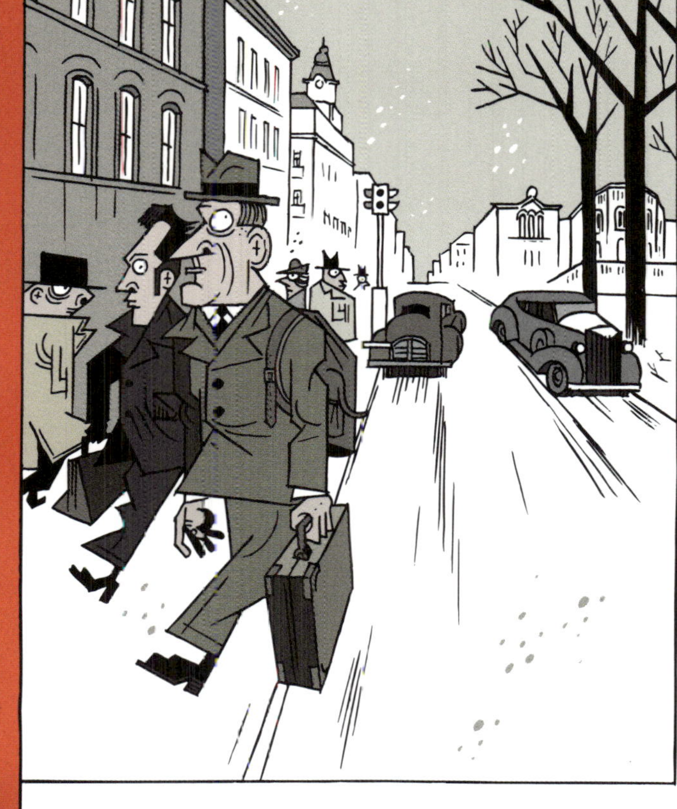

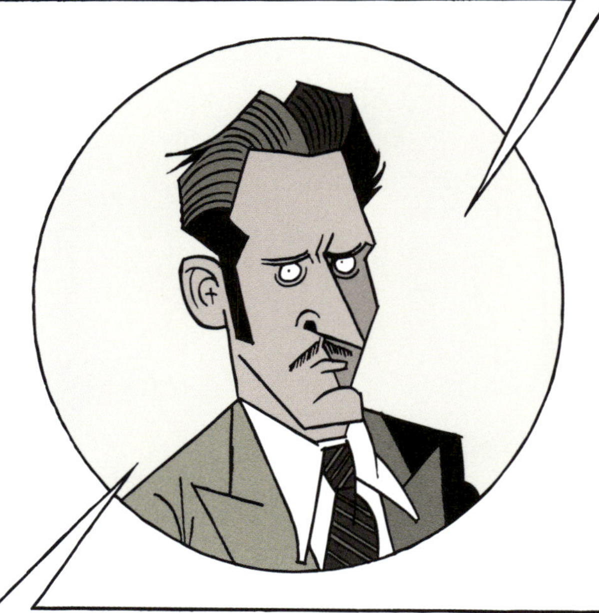
ERNST SCHWITTERS:
WIR LIESSEN UNS IN LYSAKER, IM FAGERHØYVEIEN 22, NIEDER. MISSTRAUEN UND SCHWIERIGKEITEN BEGEGNETEN UNS ÜBERALL UND KEINER WOLLTE UNS HELFEN. ARBEITSERLAUBNIS BEKAMEN WIR AUCH KEINE, ABER WIR KAMEN KLAR.
MEIN VATER VERKAUFTE SEINE GEMÄLDE AN TOURISTEN.

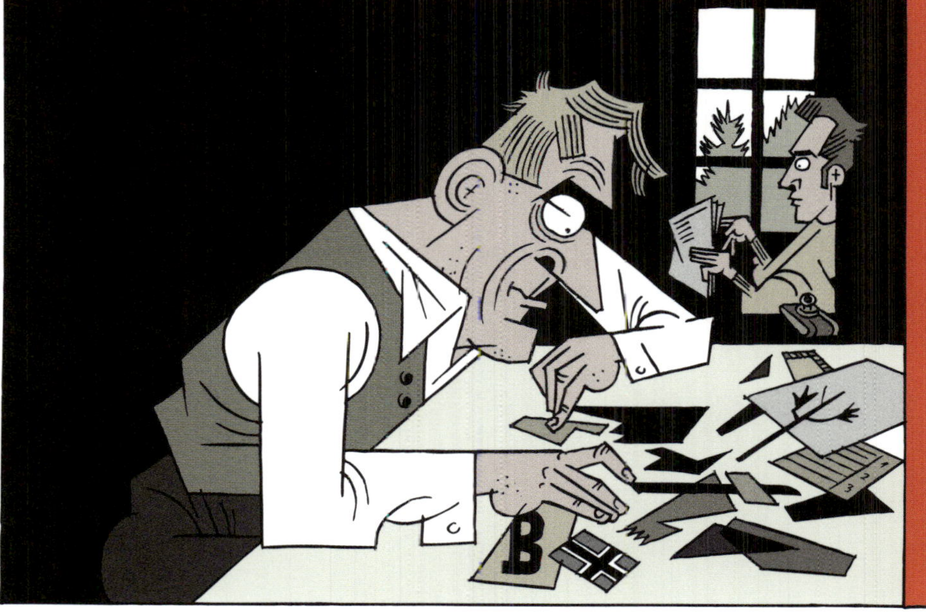
JULI 1937.
ES SCHEINT MIR NICHT MÖGLICH NACH HAUSE ZU GEHEN. SEIT JANUAR HAT DIE GESTAPO DREIMAL ANGERUFEN UND NACH MIR GEFRAGT (...) NUN MUSS ICH SCHEINBAR FÜR MEINE KUNST EINSTEHEN (...) DABEI HABE ICH DOCH VÖLLIG UNPOLITISCHE KOMPOSITIONEN AUS FUNDSTÜCKEN GESCHAFFEN, UND ICH KANN HEUTE NOCH NICHT GLAUBEN, DASS SO ETWAS ÜBERHAUPT SUBVERSIVE AUSWIRKUNGEN HABEN KANN.

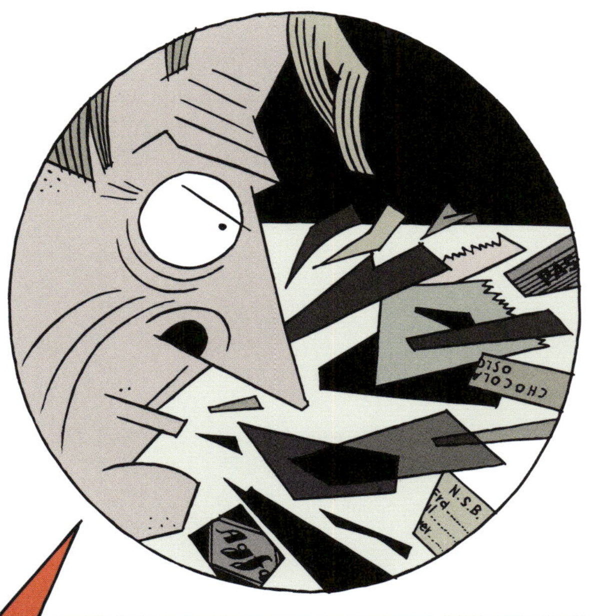

WAS MICH AM MEISTEN MIT TRAUER ERFÜLLT, IST NICHT IN MEINEM MERZRAUM LEBEN ZU KÖNNEN UND DASS DIESER DER ZERSTÖRUNG PREISGEGEBEN IST.
ALLES IN ALLEM IST DAS LEBEN SO GRAUENHAFT, DASS MAN LIEBER NIE GEBOREN WÄRE. MIT DIESER PRÄMISSE LEBT SICHS GANZ LEIDLICH GUT.

ICH HOFFE, BLEIBEN ZU KÖNNEN IN NORWEGEN. AUFENHALTSERLAUBNIS ERHALTE ICH SOZUSAGEN AUTOMATISCH, ABER NUR MIT GÜLTIGEM PASS. DER ABER LÄUFT IM MAI AB.

ICH BAUE HIER EIN NEUES ATELIER ALS SICHTBARES ZEICHEN, DASS EIN NEUES LEBEN FÜR MICH BEGINNT. ES MUSS BEGINNEN, ICH BIN ERST 50 JAHRE, DA KANN MAN JA NOCH EINMAL ANFANGEN.

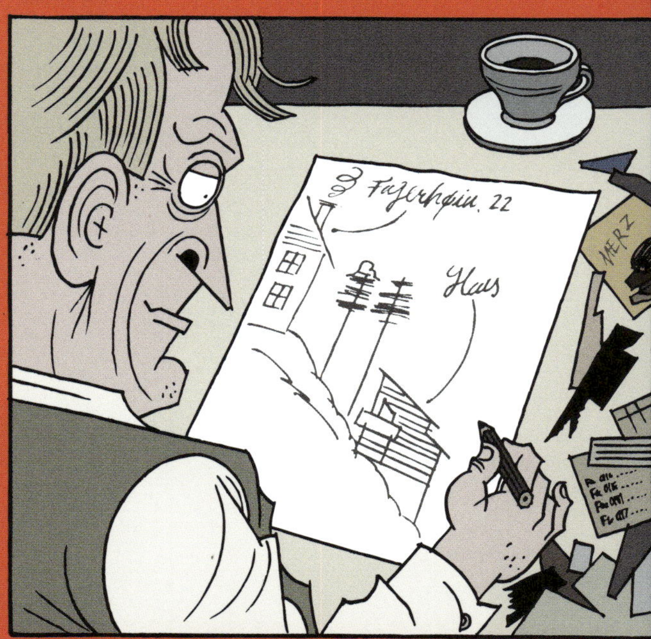

WO IM NOVEMBER NUR STEINE ZWISCHEN DEN FÖHREN LAGEN, HABE ICH NUN EIN KLEINES HAUS MIT MEINEN EIGENEN ZWEI HÄNDEN GEBAUT.

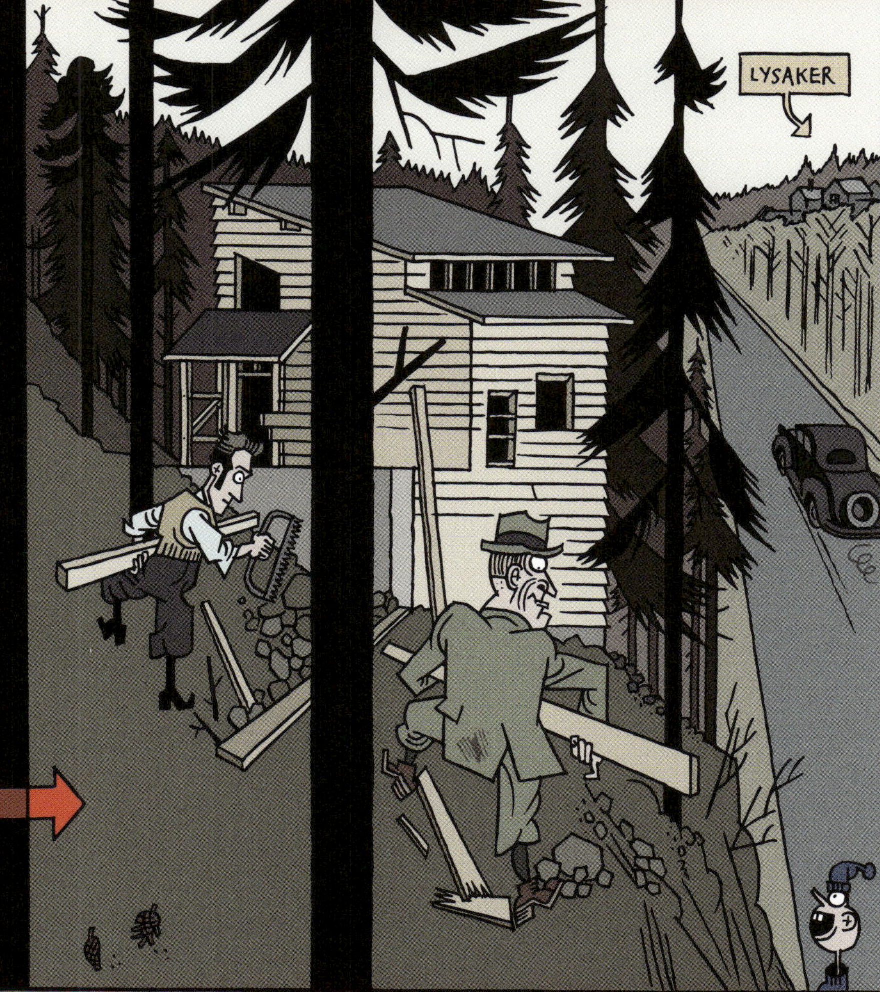

ALS ICH DAS ATELIER ZU BAUEN BEGANN, HATTE ICH KEINE BAUERLAUBNIS DER NORWEGISCHEN BEHÖRDEN BEKOMMEN. SO BAUTE ICH ES HEIMLICH UND VERSTECKTE ES ZWISCHEN DEN FÖHREN UND TANNEN AM ABHANG. ABER ICH MUSSTE AN EINER STELLE BAUEN, DIE VON DEM GEBÄUDE DER LYSAKER-POLIZEI AUS EINSEHBAR WAR. ICH WAR DAHER ÄNGSTLICH, WENN AUF DEM DRAMMENSVEG UNTEN JEMAND STEHENBLIEB ODER GAR EIN KIND FRAGTE, WAS DAS WERDEN SOLLTE.

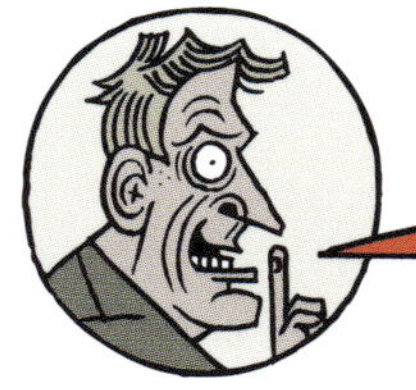

ES HEISST
»HAUS AM BAKKEN«*

* DAS HAUS AM ABHANG.

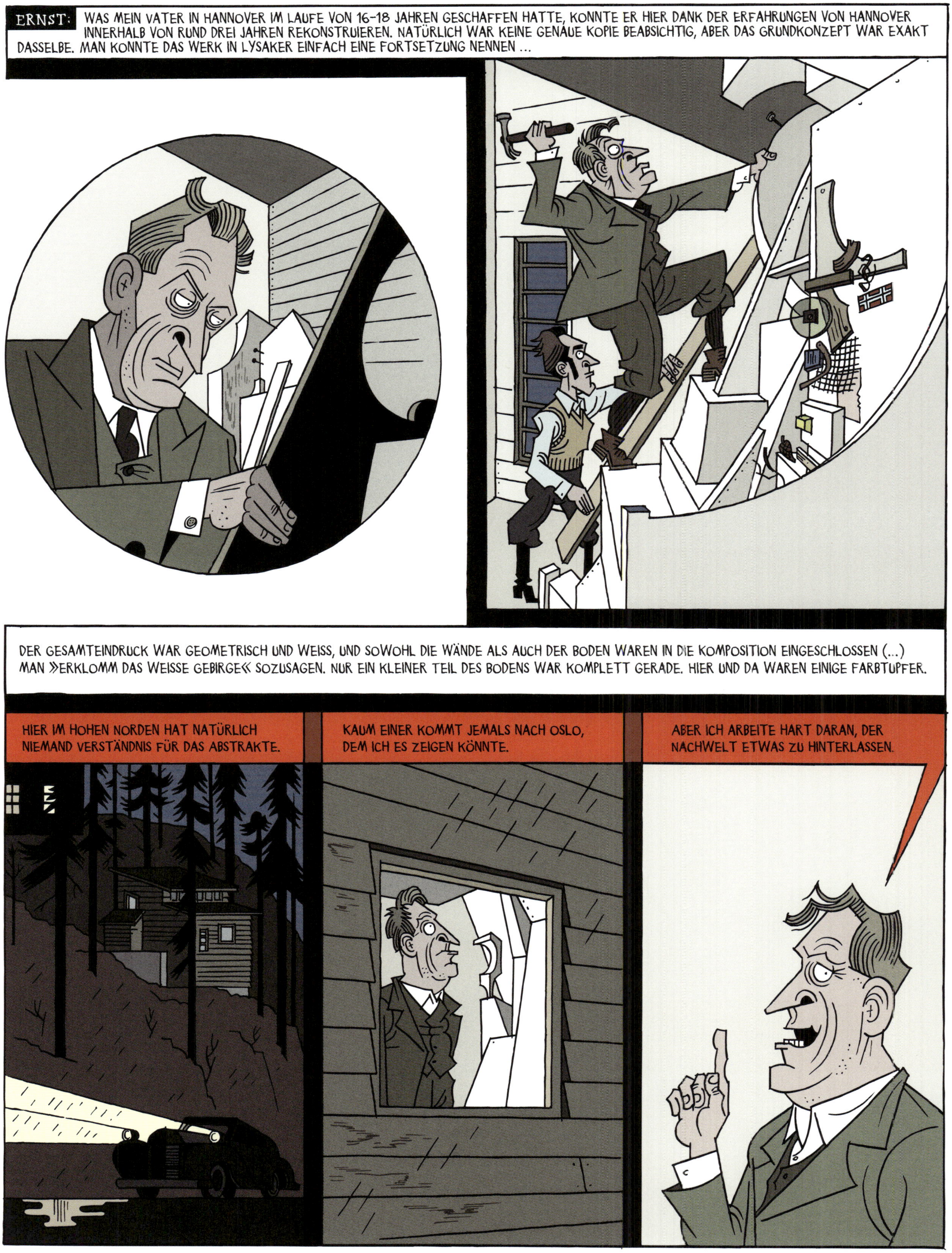

ERNST: WAS MEIN VATER IN HANNOVER IM LAUFE VON 16–18 JAHREN GESCHAFFEN HATTE, KONNTE ER HIER DANK DER ERFAHRUNGEN VON HANNOVER INNERHALB VON RUND DREI JAHREN REKONSTRUIEREN. NATÜRLICH WAR KEINE GENAUE KOPIE BEABSICHTIG, ABER DAS GRUNDKONZEPT WAR EXAKT DASSELBE. MAN KONNTE DAS WERK IN LYSAKER EINFACH EINE FORTSETZUNG NENNEN …

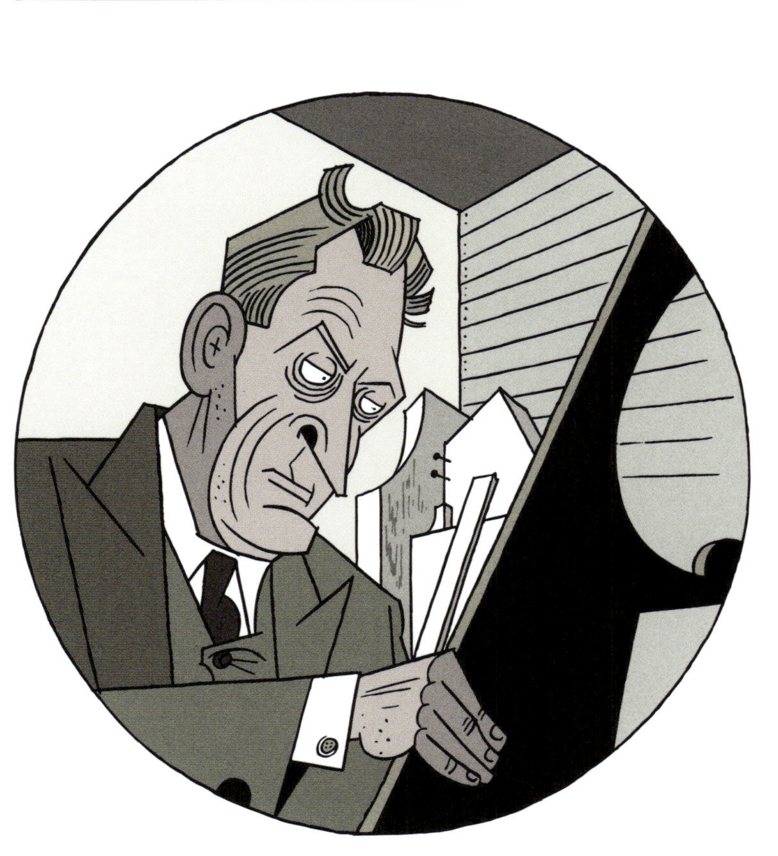

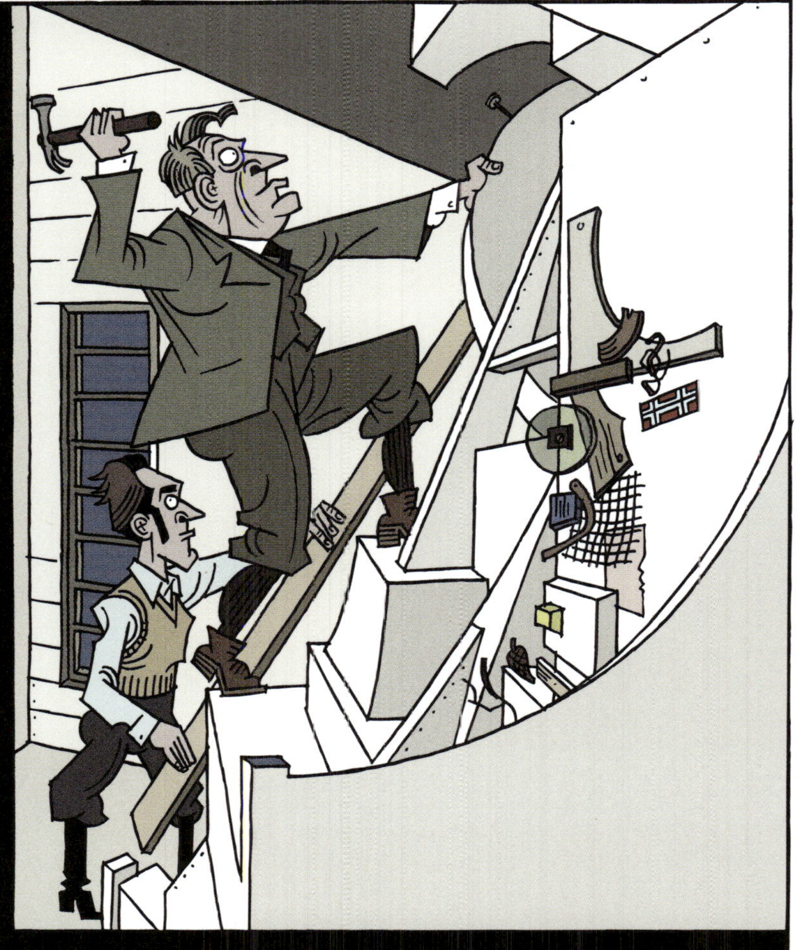

DER GESAMTEINDRUCK WAR GEOMETRISCH UND WEISS, UND SOWOHL DIE WÄNDE ALS AUCH DER BODEN WAREN IN DIE KOMPOSITION EINGESCHLOSSEN (…) MAN »ERKLOMM DAS WEISSE GEBIRGE« SOZUSAGEN. NUR EIN KLEINER TEIL DES BODENS WAR KOMPLETT GERADE. HIER UND DA WAREN EINIGE FARBTUPFER.

HIER IM HOHEN NORDEN HAT NATÜRLICH NIEMAND VERSTÄNDNIS FÜR DAS ABSTRAKTE.

KAUM EINER KOMMT JEMALS NACH OSLO, DEM ICH ES ZEIGEN KÖNNTE.

ABER ICH ARBEITE HART DARAN, DER NACHWELT ETWAS ZU HINTERLASSEN.

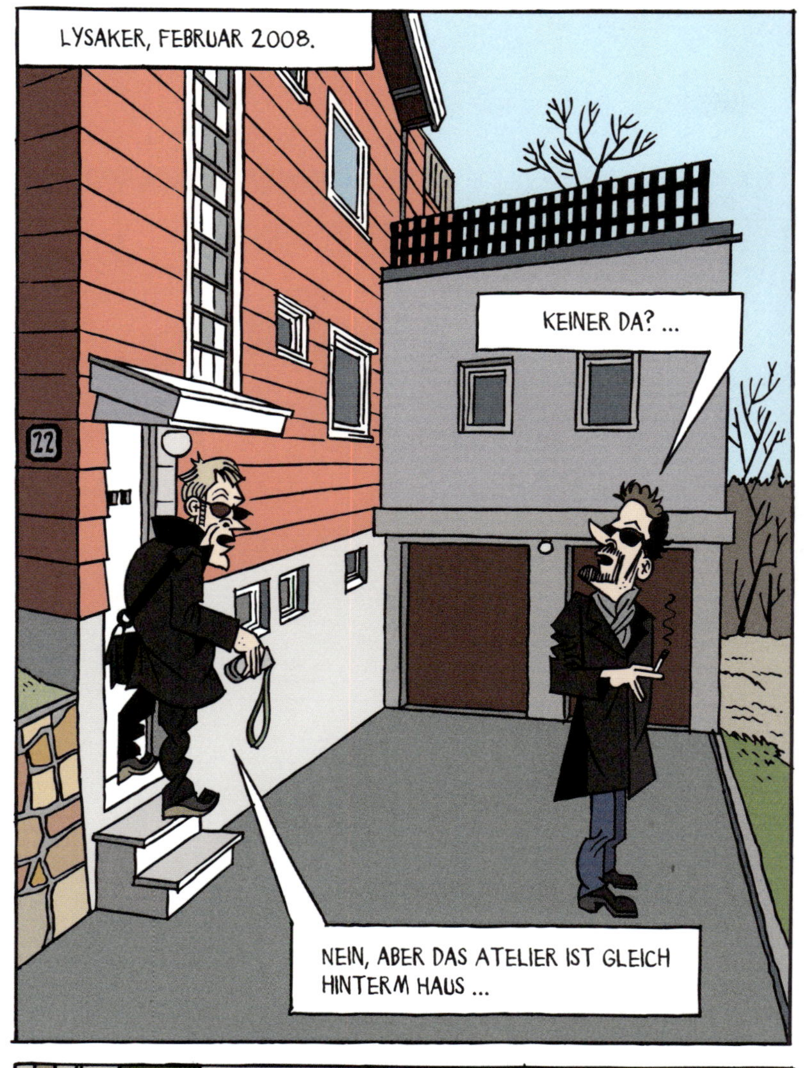
LYSAKER, FEBRUAR 2008.
KEINER DA? ...
NEIN, ABER DAS ATELIER IST GLEICH HINTERM HAUS ...

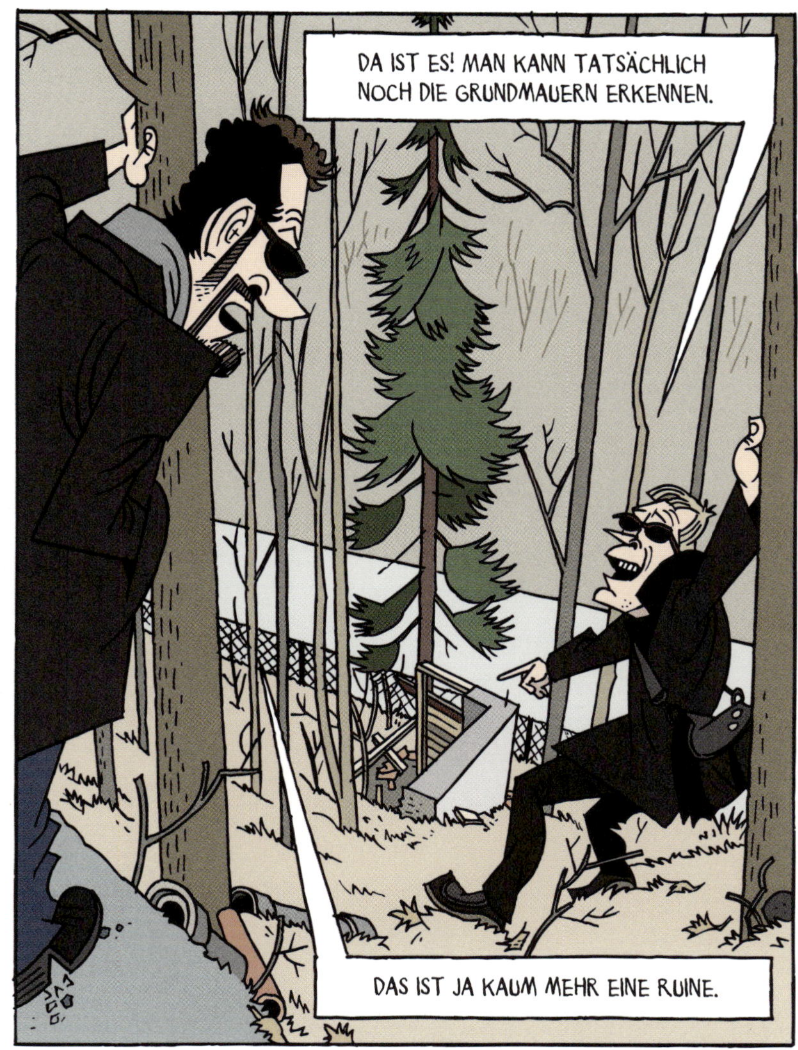
DA IST ES! MAN KANN TATSÄCHLICH NOCH DIE GRUNDMAUERN ERKENNEN.
DAS IST JA KAUM MEHR EINE RUINE.

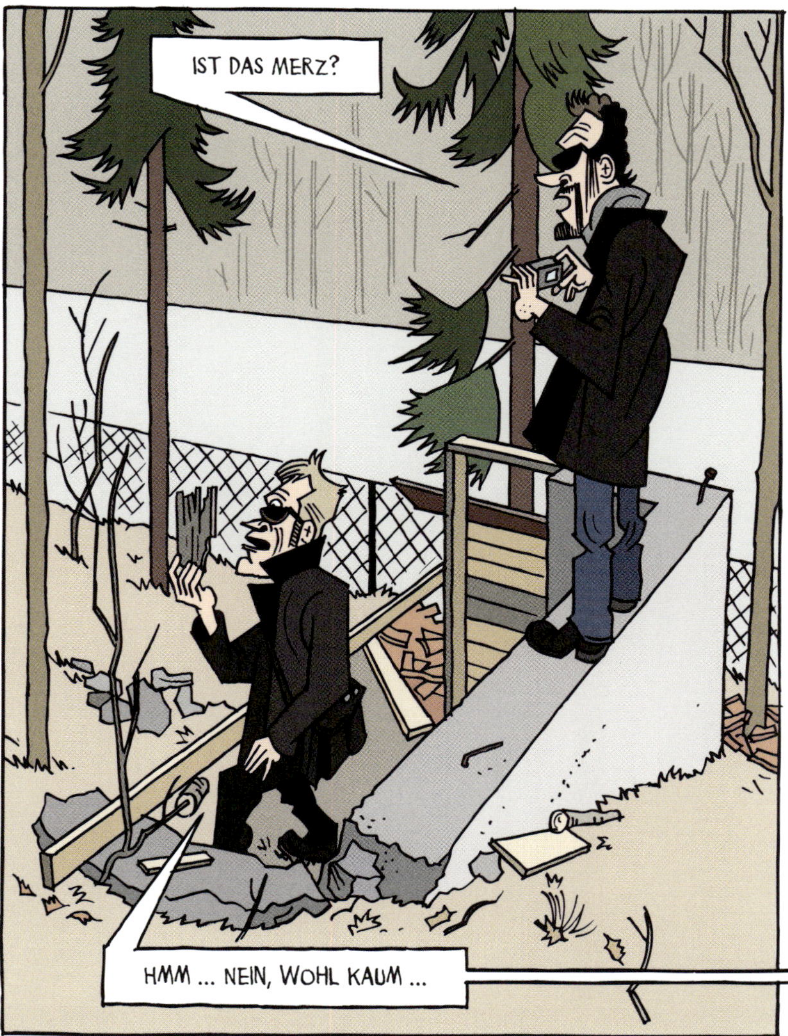
IST DAS MERZ?
HMM ... NEIN, WOHL KAUM ...

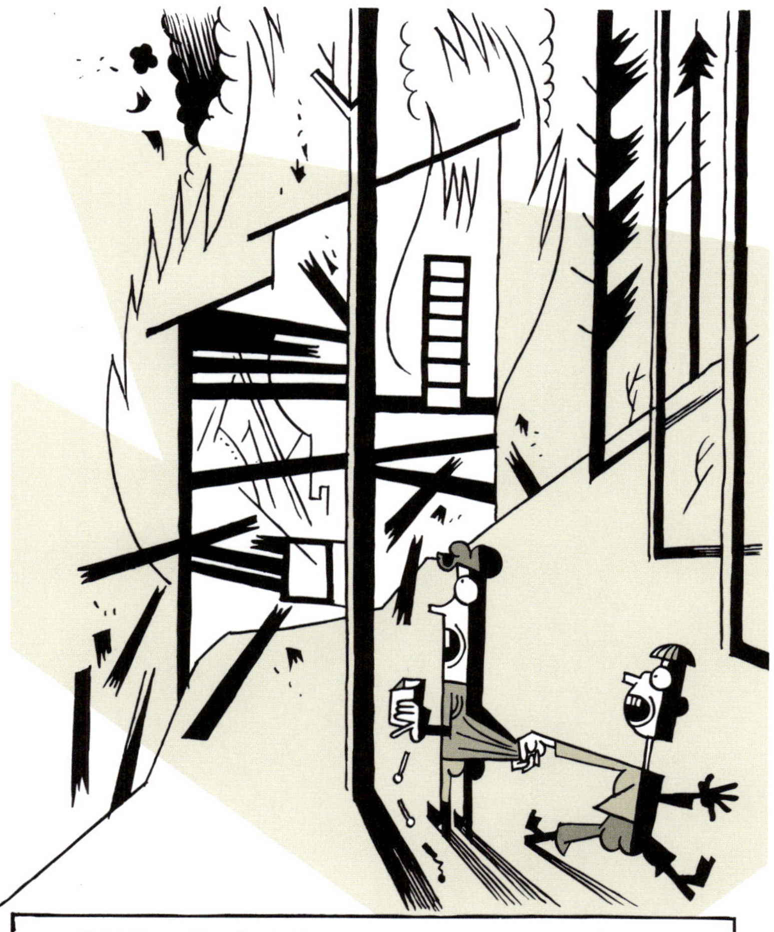
EIN PAAR ROTZGÖREN HABEN DAS GANZE DING IRGENDWANN IN DEN 50ERN IN BRAND GESTECKT.

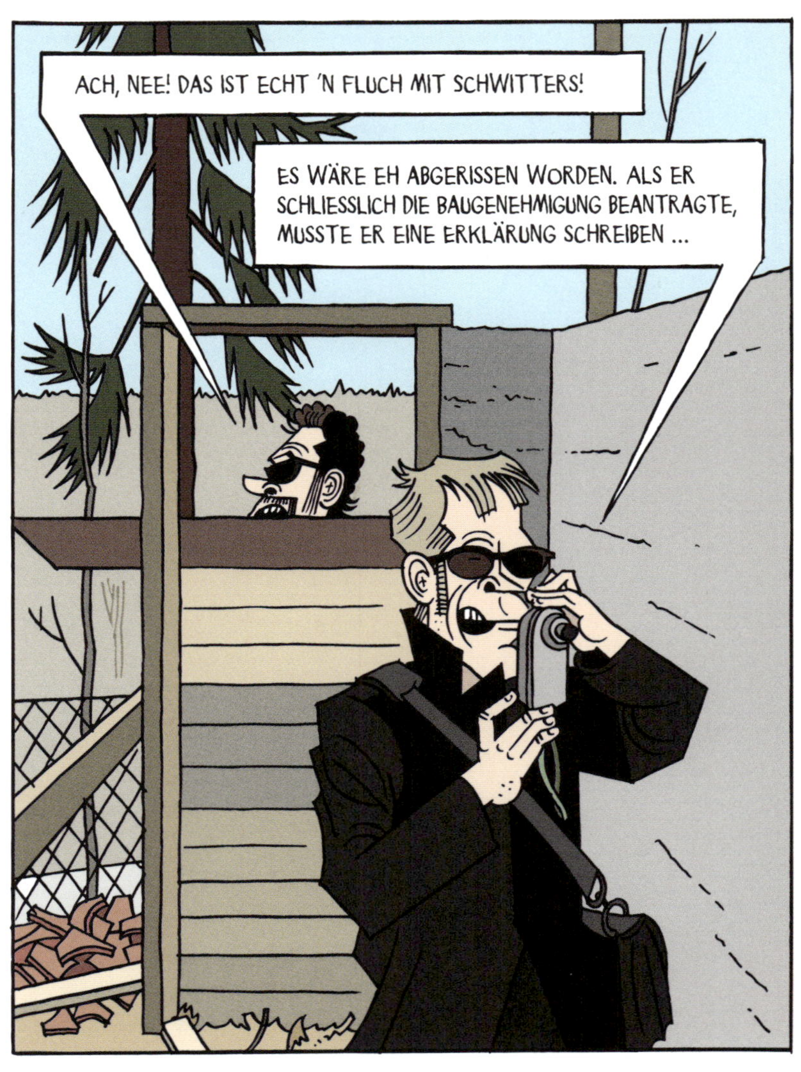
ACH, NEE! DAS IST ECHT 'N FLUCH MIT SCHWITTERS!
ES WÄRE EH ABGERISSEN WORDEN. ALS ER SCHLIESSLICH DIE BAUGENEHMIGUNG BEANTRAGTE, MUSSTE ER EINE ERKLÄRUNG SCHREIBEN ...

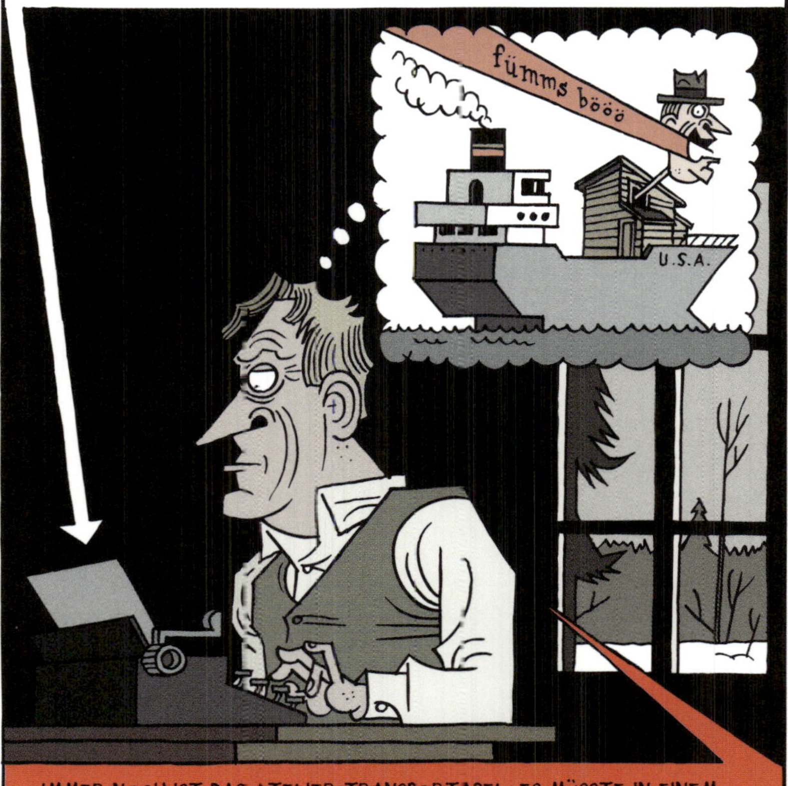
ICH - DER UNTERZEICHNER - ERKLÄRE MICH HIERMIT EINVERSTANDEN, DAS ATELIERGEBÄUDE ABZUREISSEN (...) OHNE ZUSATZKOSTEN FÜR DIE KOMMUNE BÆRUM BEI EINHALTUNG DER FRIST.
LYSAKER 12.2.1939. KURT SCHWITTERS
fümms bööö
U.S.A.
IMMER NOCH IST DAS ATELIER TRANSPORTABEL, ES MÜSSTE IN EINEM STÜCKE MITTELS GROSSER KRÄNE AUF LASTWAGEN UND IN LYSAKER AUF EIN SCHIFF GELADEN WERDEN.

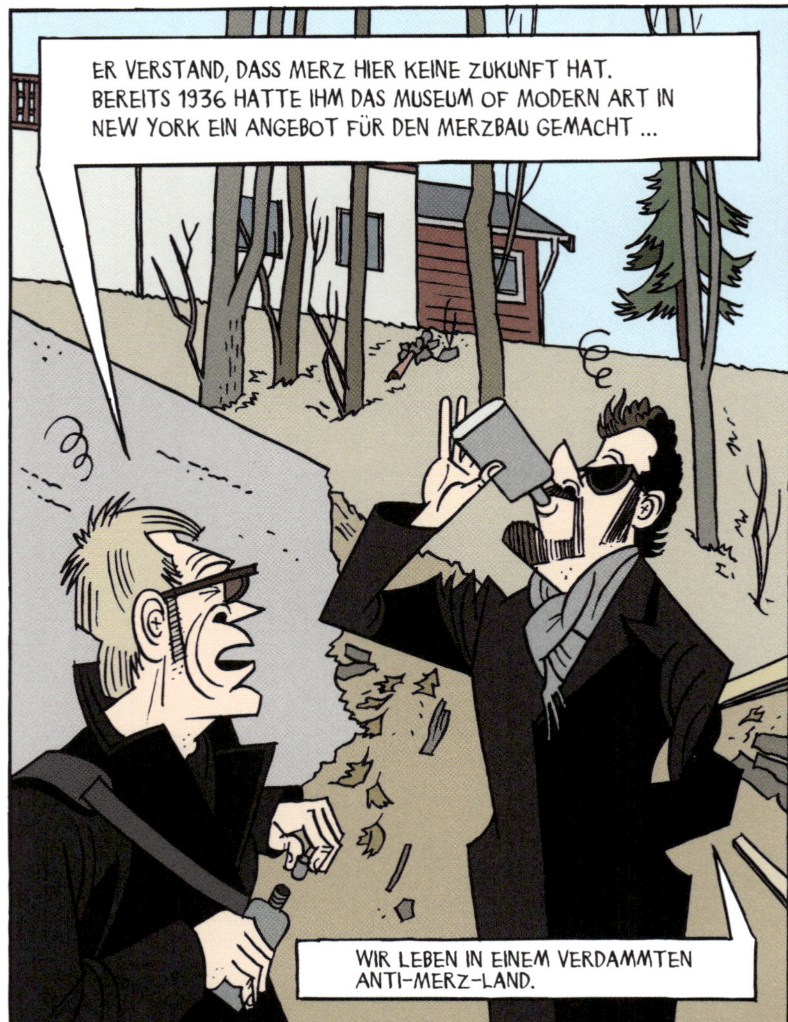
ER VERSTAND, DASS MERZ HIER KEINE ZUKUNFT HAT. BEREITS 1936 HATTE IHM DAS MUSEUM OF MODERN ART IN NEW YORK EIN ANGEBOT FÜR DEN MERZBAU GEMACHT ...
WIR LEBEN IN EINEM VERDAMMTEN ANTI-MERZ-LAND.

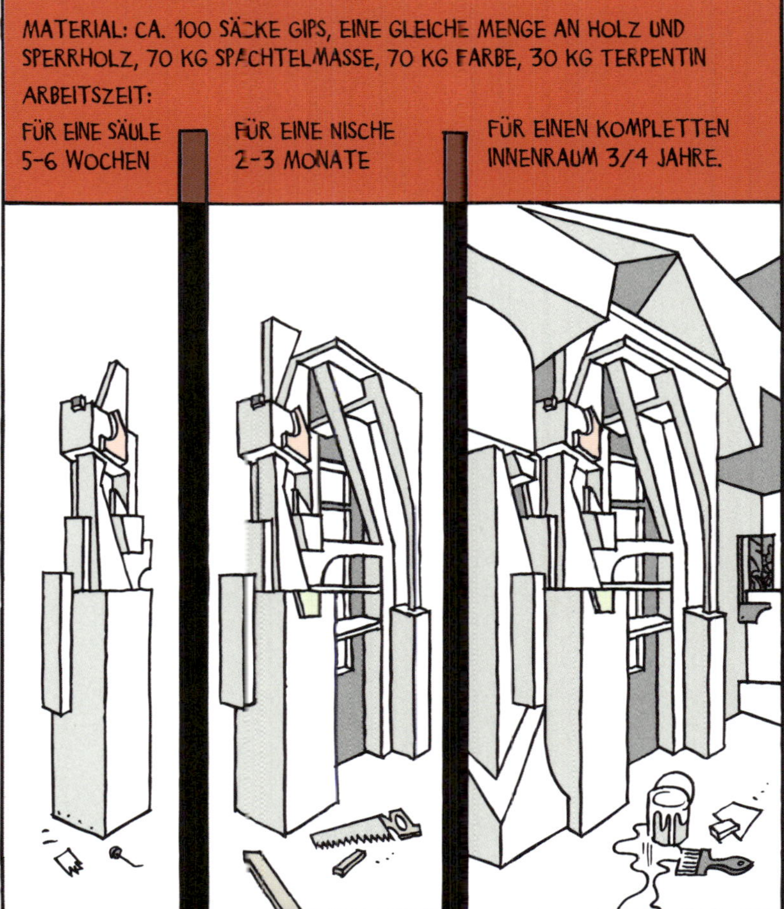
ANGEBOT FÜR EINEN MERZBAU:
MATERIAL: CA. 100 SÄCKE GIPS, EINE GLEICHE MENGE AN HOLZ UND SPERRHOLZ, 70 KG SPACHTELMASSE, 70 KG FARBE, 30 KG TERPENTIN
ARBEITSZEIT:
FÜR EINE SÄULE 5-6 WOCHEN
FÜR EINE NISCHE 2-3 MONATE
FÜR EINEN KOMPLETTEN INNENRAUM 3/4 JAHRE.

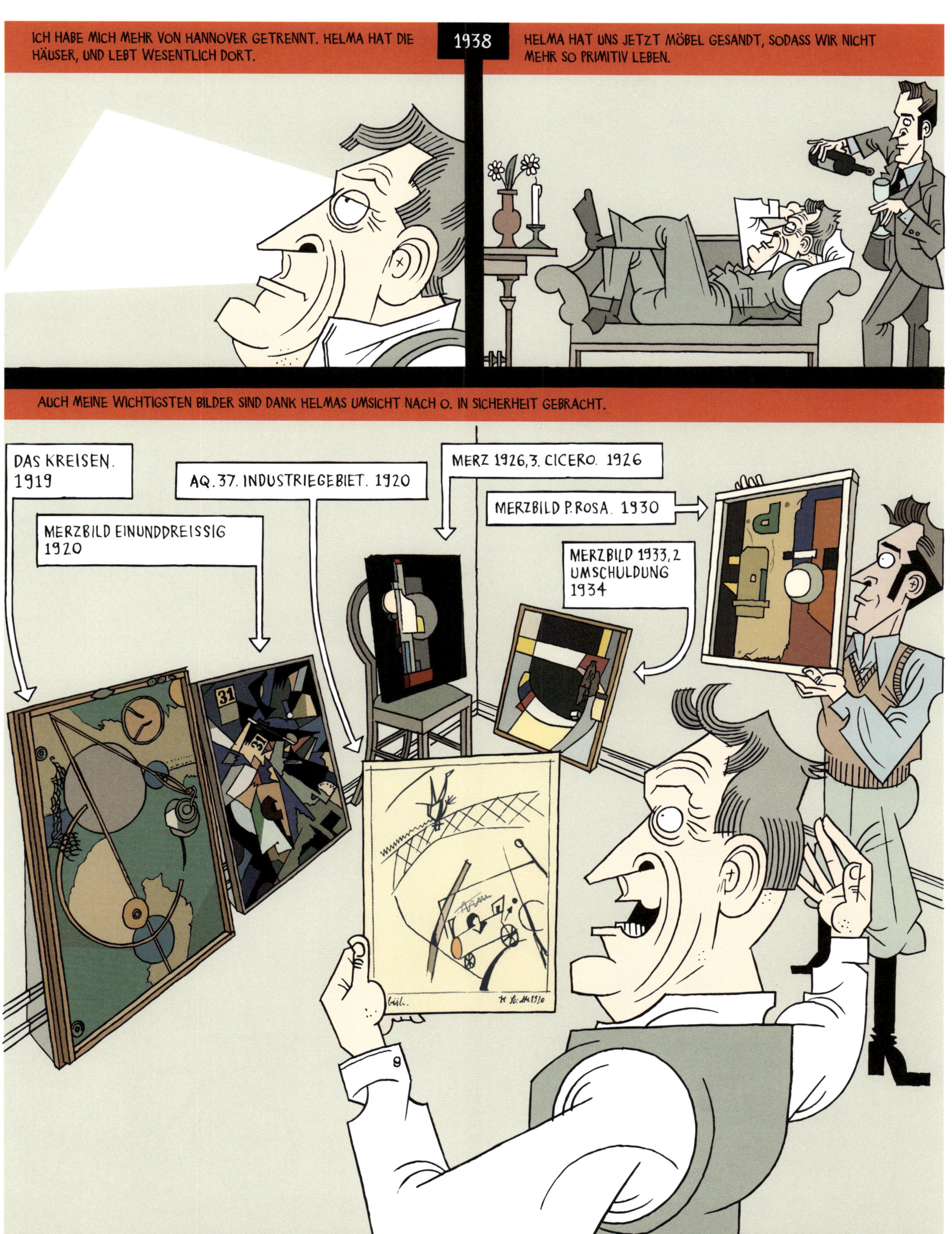
ICH HABE MICH MEHR VON HANNOVER GETRENNT. HELMA HAT DIE HÄUSER, UND LEBT WESENTLICH DORT.
1938
HELMA HAT UNS JETZT MÖBEL GESANDT, SODASS WIR NICHT MEHR SO PRIMITIV LEBEN.
AUCH MEINE WICHTIGSTEN BILDER SIND DANK HELMAS UMSICHT NACH O. IN SICHERHEIT GEBRACHT.
DAS KREISEN. 1919
AQ. 37. INDUSTRIEGEBIET. 1920
MERZ 1926,3. CICERO. 1926
MERZBILD P.ROSA. 1930
MERZBILD EINUNDDREISSIG 1920
MERZBILD 1933,2 UMSCHULDUNG 1934
31

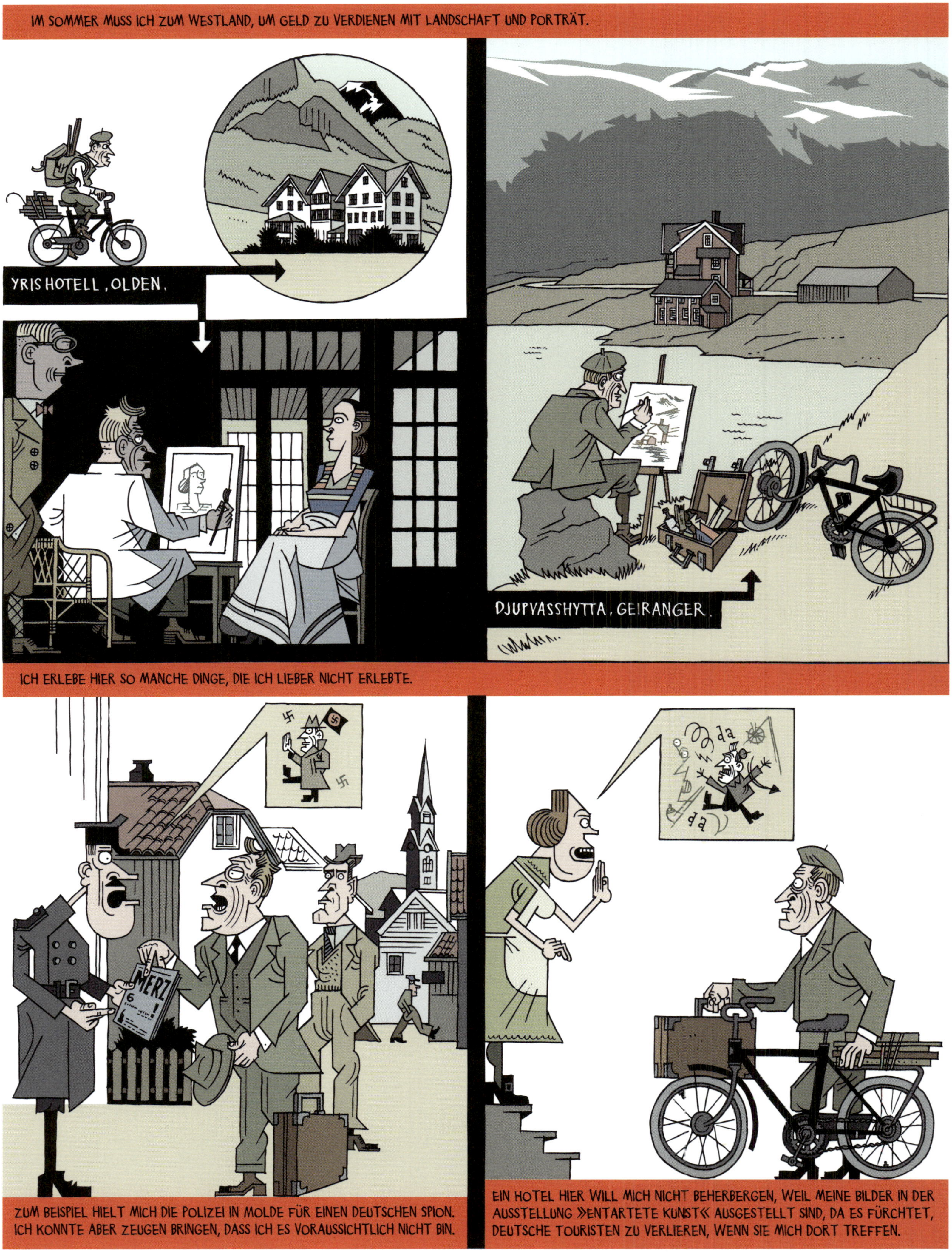

IM SOMMER MUSS ICH ZUM WESTLAND, UM GELD ZU VERDIENEN MIT LANDSCHAFT UND PORTRÄT.

YRIS HOTELL, OLDEN.

DJUPVASSHYTTA, GEIRANGER.

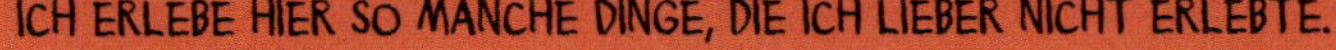

ICH ERLEBE HIER SO MANCHE DINGE, DIE ICH LIEBER NICHT ERLEBTE.

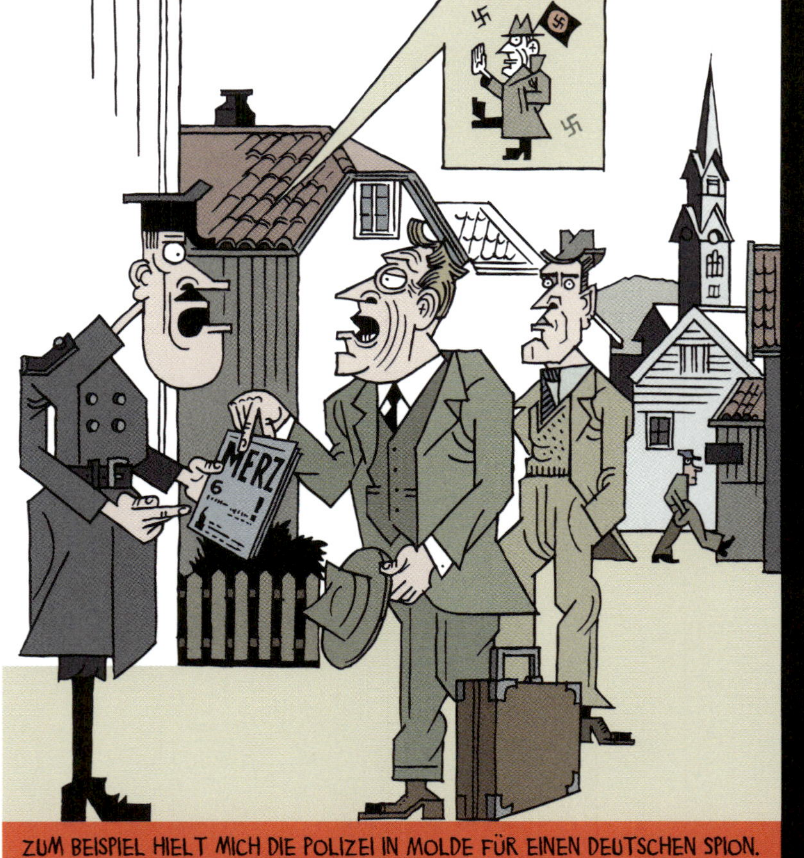

ZUM BEISPIEL HIELT MICH DIE POLIZEI IN MOLDE FÜR EINEN DEUTSCHEN SPION. ICH KONNTE ABER ZEUGEN BRINGEN, DASS ICH ES VORAUSSICHTLICH NICHT BIN.

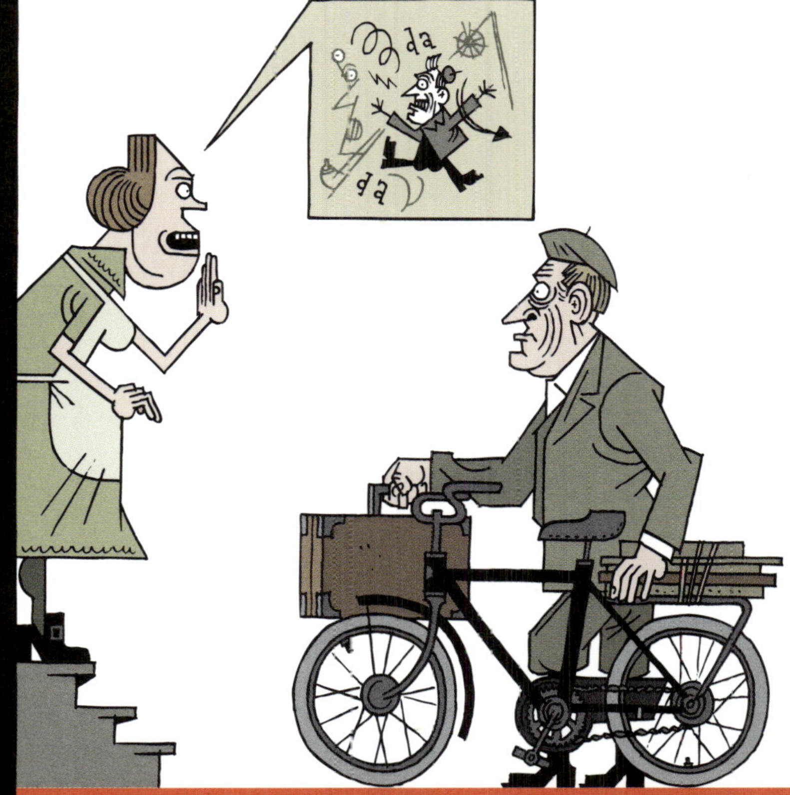

EIN HOTEL HIER WILL MICH NICHT BEHERBERGEN, WEIL MEINE BILDER IN DER AUSSTELLUNG »ENTARTETE KUNST« AUSGESTELLT SIND, DA ES FÜRCHTET, DEUTSCHE TOURISTEN ZU VERLIEREN, WENN SIE MICH DORT TREFFEN.

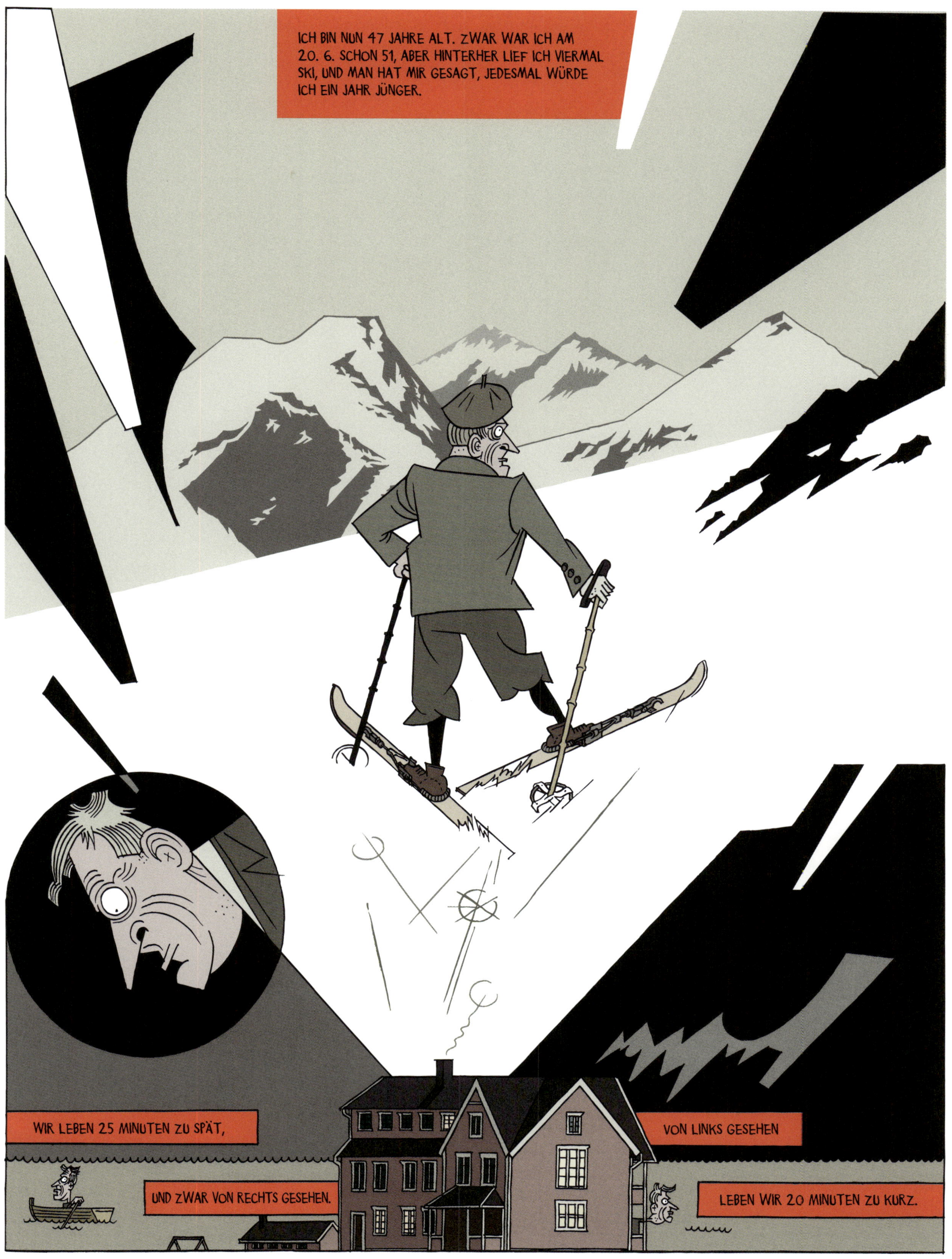
ICH BIN NUN 47 JAHRE ALT. ZWAR WAR ICH AM 20. 6. SCHON 51, ABER HINTERHER LIEF ICH VIERMAL SKI, UND MAN HAT MIR GESAGT, JEDESMAL WÜRDE ICH EIN JAHR JÜNGER.
WIR LEBEN 25 MINUTEN ZU SPÄT,
UND ZWAR VON RECHTS GESEHEN.
VON LINKS GESEHEN
LEBEN WIR 20 MINUTEN ZU KURZ.

HJERTØYA, MOLDE, 1939.

SEIT 14 TAGEN WOHNE UND MALE ICH TROTZ SCHNEE UND KÄLTE IN MEINER KLEINEN HÜTTE.

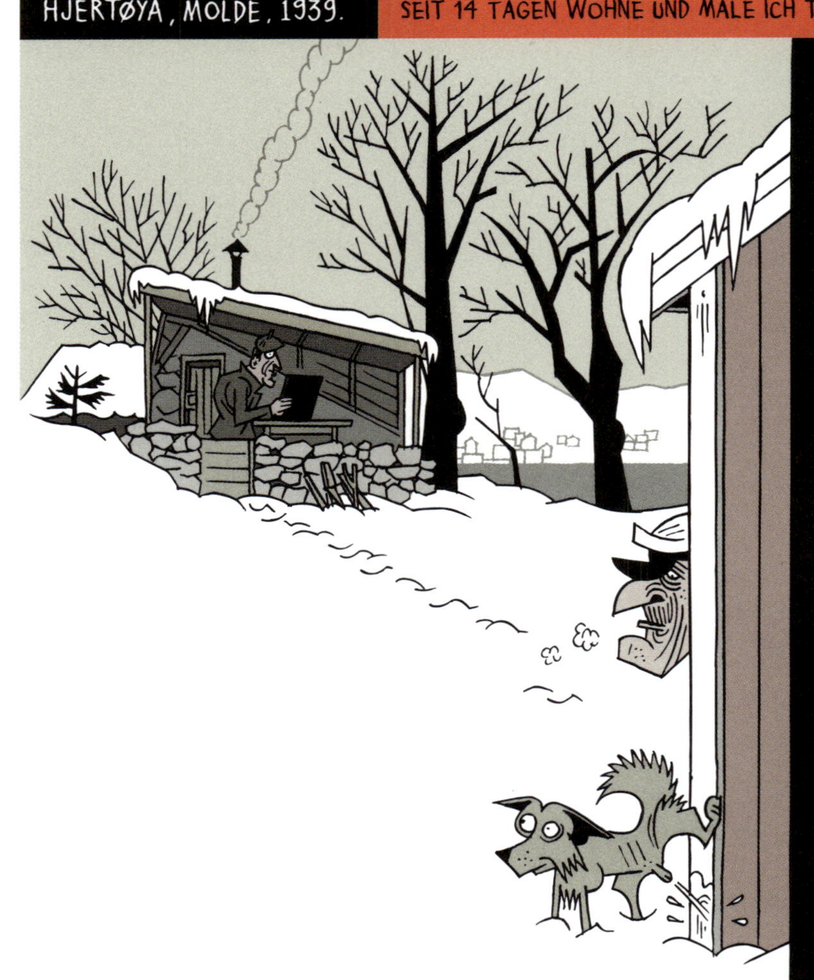

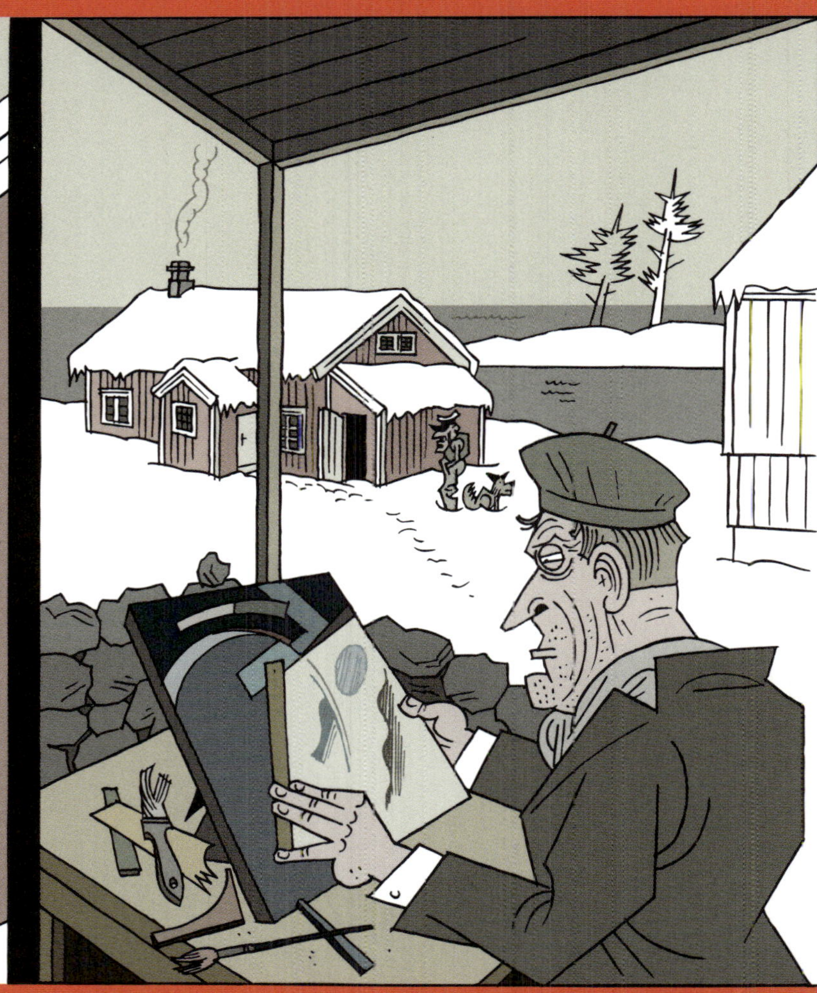

ES IST BEI DEN BIS UNTEN BESCHNEITEN BERGEN, DER KLAREN LUFT UND DEM SONNENSCHEIN GANZ UNBESCHREIBLICH SCHÖN. ICH MALE DAHER MIT GROSSER BEGEISTERUNG UND DIE BILDER WERDEN GUT.

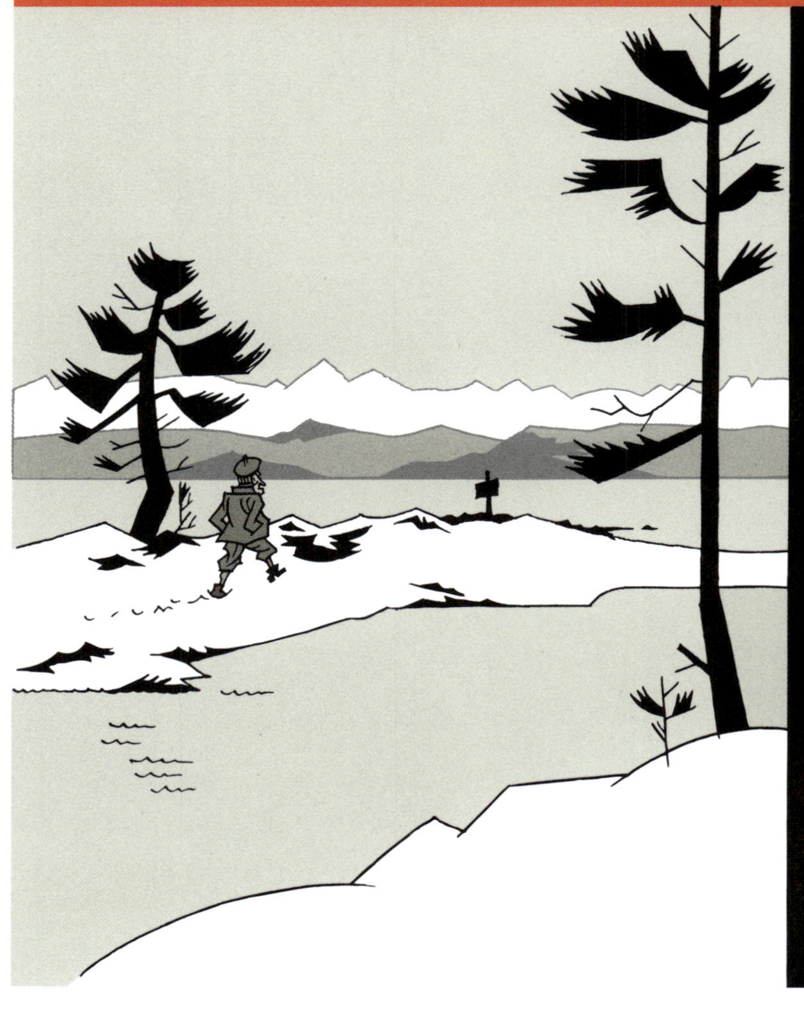

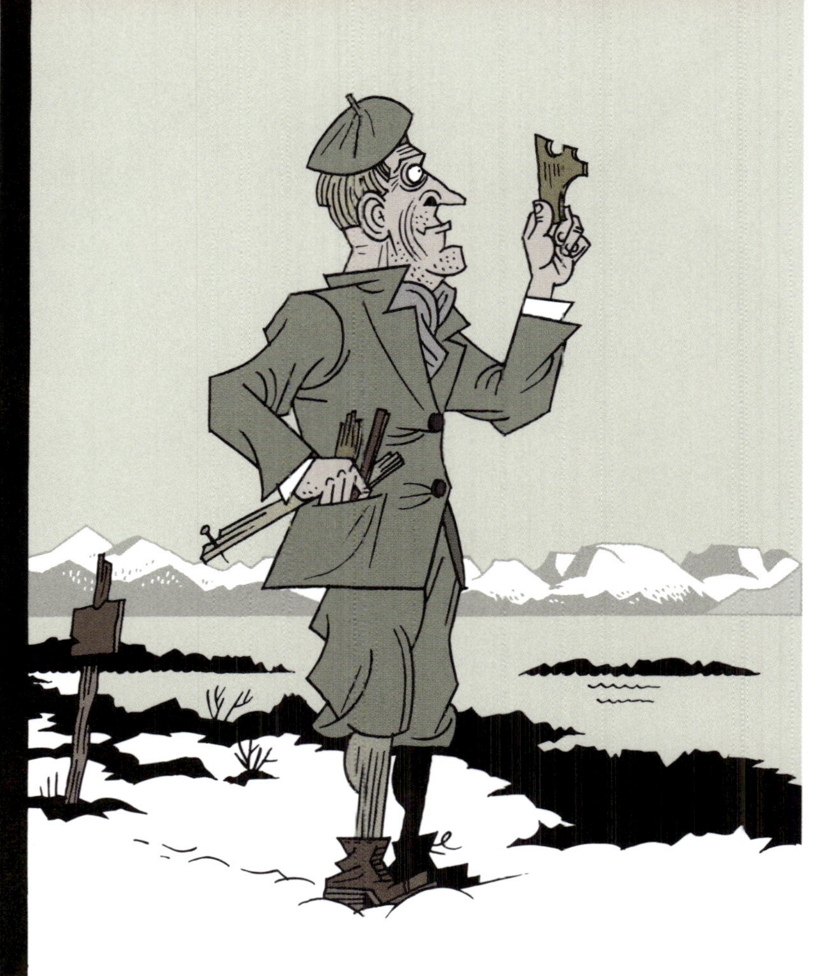

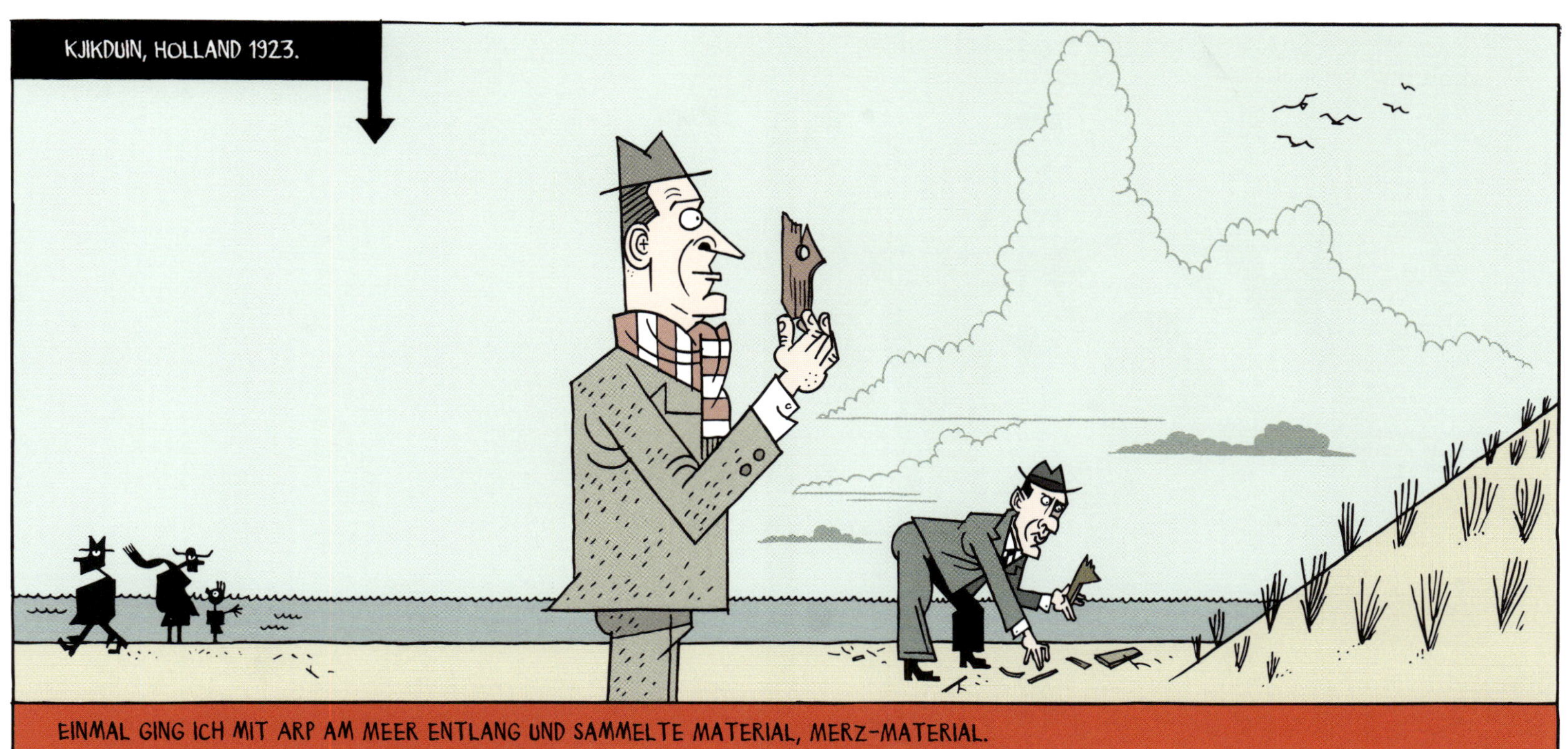

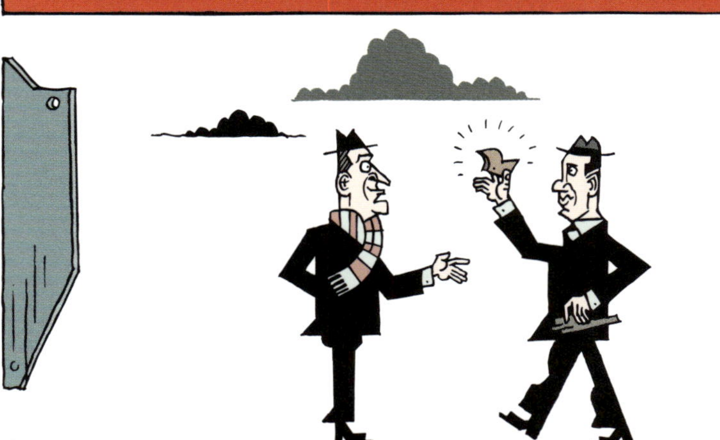

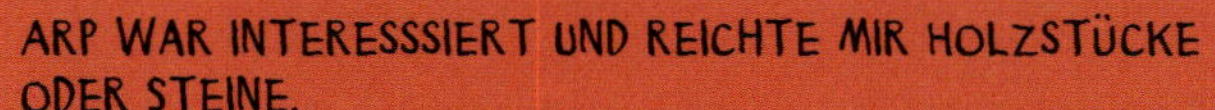

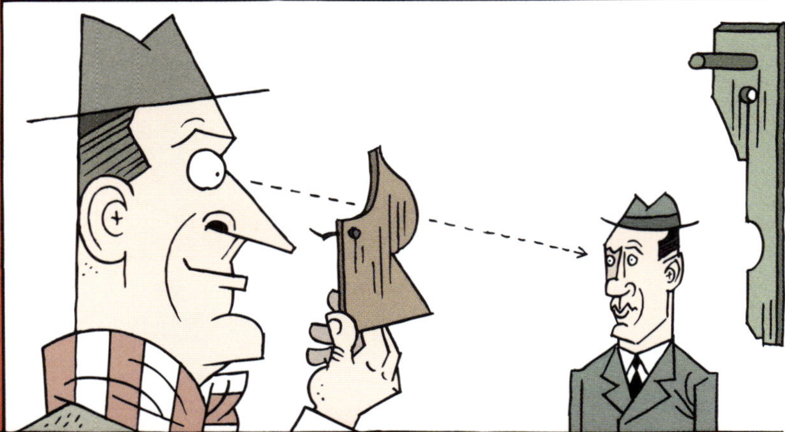

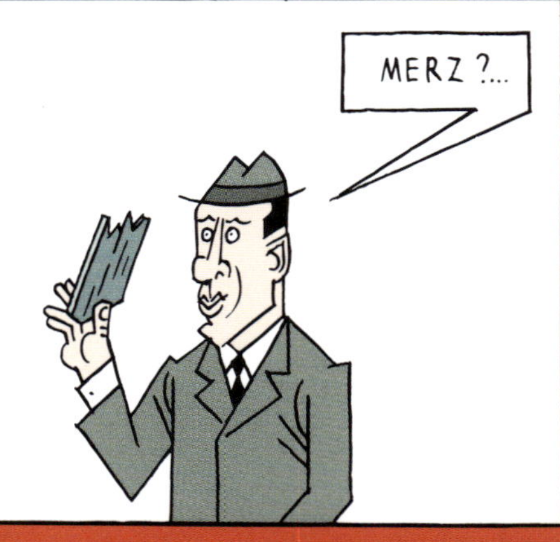

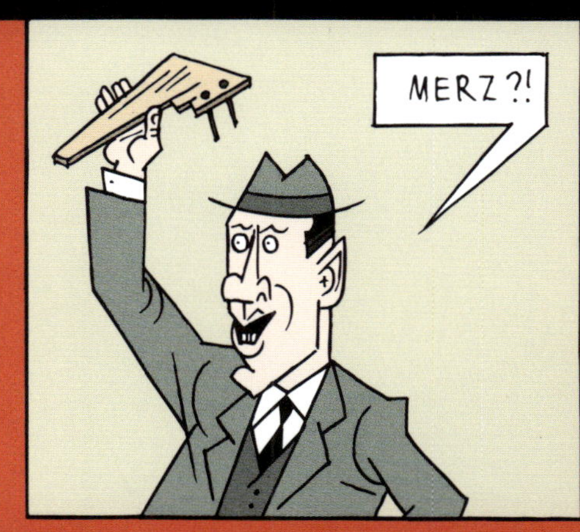

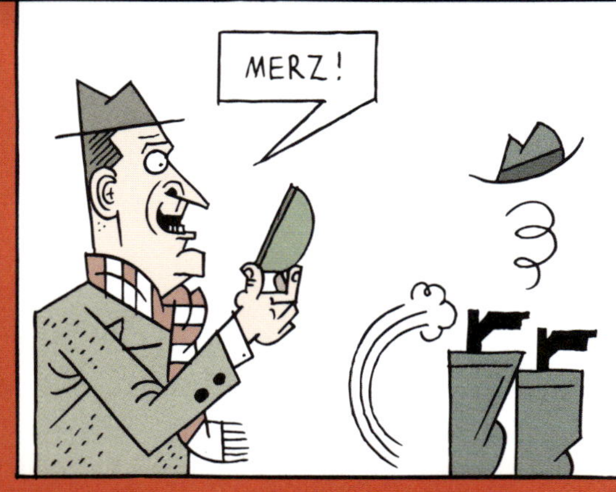

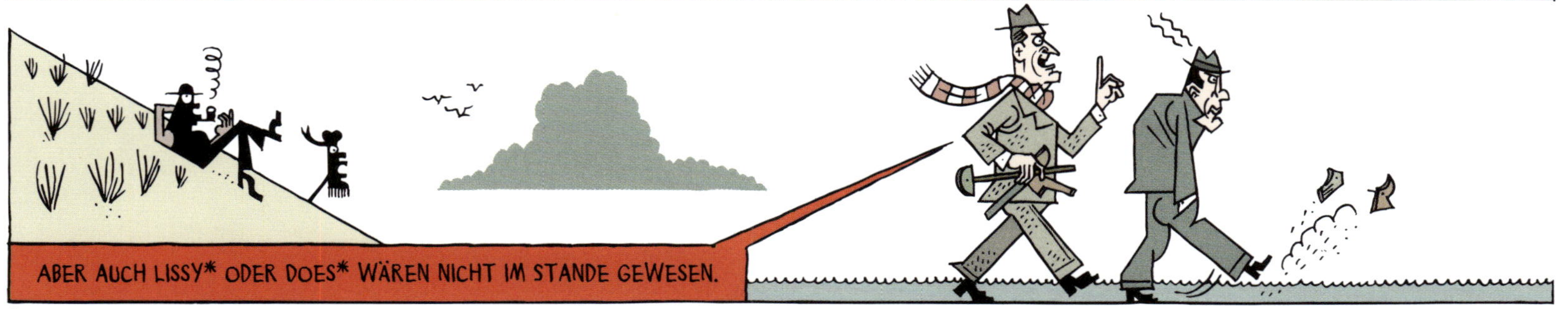

* EL LISSITZKY, THEO VAN DOESBURG.

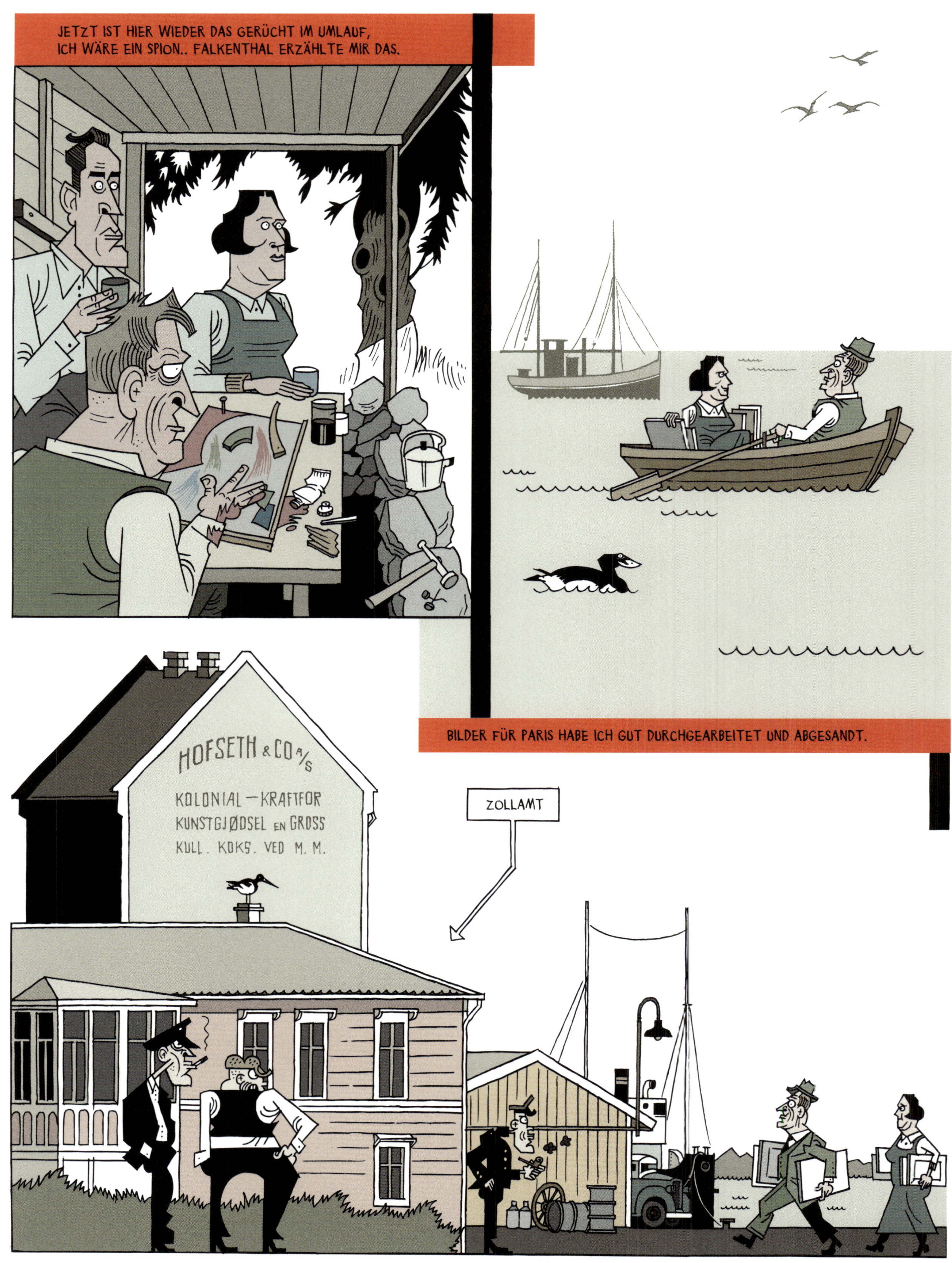
JETZT IST HIER WIEDER DAS GERÜCHT IM UMLAUF, ICH WÄRE EIN SPION.. FALKENTHAL ERZÄHLTE MIR DAS.
BILDER FÜR PARIS HABE ICH GUT DURCHGEARBEITET UND ABGESANDT.
HOFSETH & CO A/S
KOLONIAL — KRAFTFOR
KUNSTGJØDSEL EN GROSS
KULL. KOKS. VED M. M.
ZOLLAMT

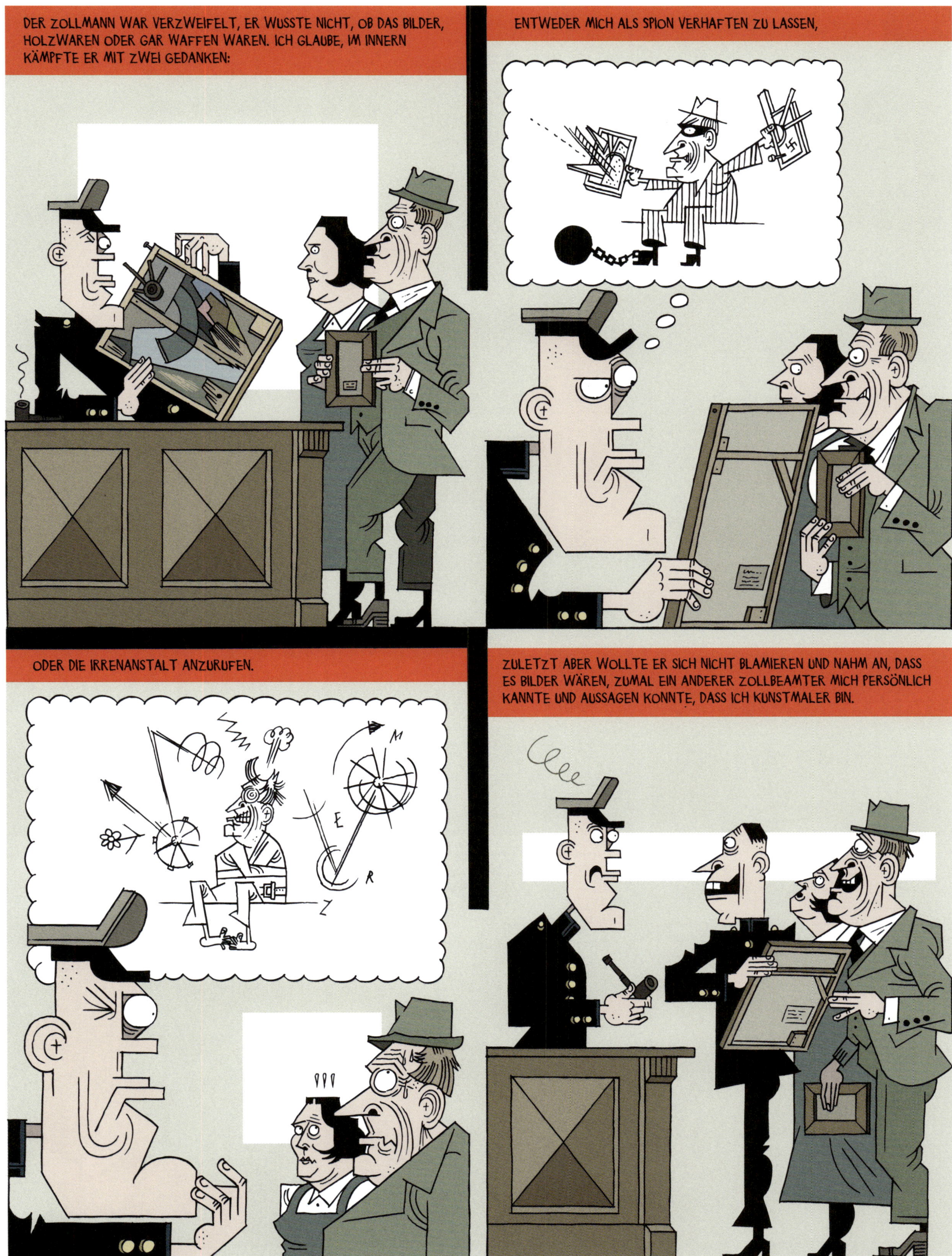
DER ZOLLMANN WAR VERZWEIFELT, ER WUSSTE NICHT, OB DAS BILDER, HOLZWAREN ODER GAR WAFFEN WAREN. ICH GLAUBE, IM INNERN KÄMPFTE ER MIT ZWEI GEDANKEN:
ENTWEDER MICH ALS SPION VERHAFTEN ZU LASSEN,
ODER DIE IRRENANSTALT ANZURUFEN.
ZULETZT ABER WOLLTE ER SICH NICHT BLAMIEREN UND NAHM AN, DASS ES BILDER WÄREN, ZUMAL EIN ANDERER ZOLLBEAMTER MICH PERSÖNLICH KANNTE UND AUSSAGEN KONNTE, DASS ICH KUNSTMALER BIN.

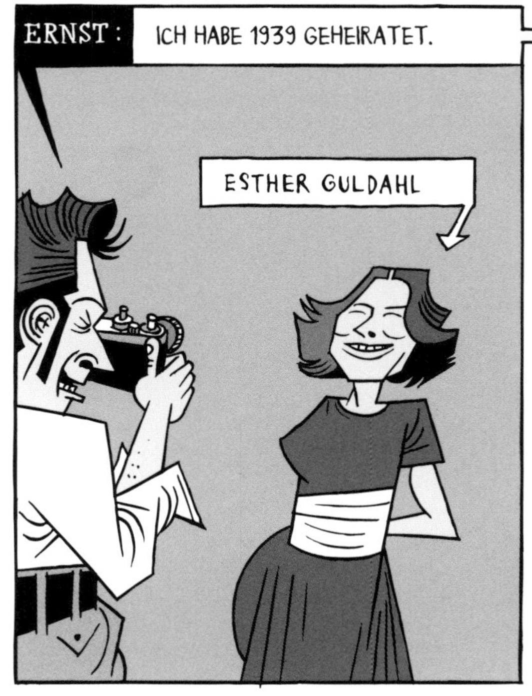

UNGEFÄHR ZUR GLEICHEN ZEIT BEKAMEN MEIN VATER UND ICH DIE AUSWEISUNG AUS NORWEGEN ZUGESTELLT. VERMUTLICH WEGEN DES KRIEGSAUSBRUCHS UND FORTWÄHRENDER ZWEIFEL SEITENS DER BEHÖRDEN, OB WIR POLITISCHE GEGNER DES NAZIMUS UND TATSÄCHLICH FLÜCHTLINGE WAREN.

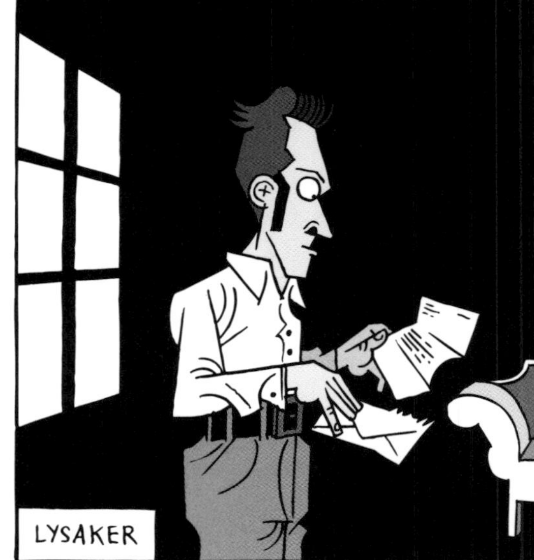

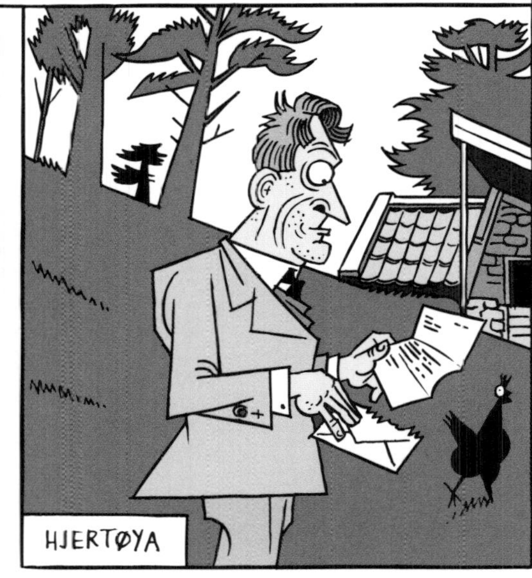

MOLDE, 4. SEPTEMBER 1939.
AN DIE ZENTRALPASSSTELLE OSLO. DER UNTERZEICHNER BITTET HIERMIT UM DIE VERLÄNGERUNG DER AUFENTHALTSGENEHMIGUNG IN NORWEGEN.

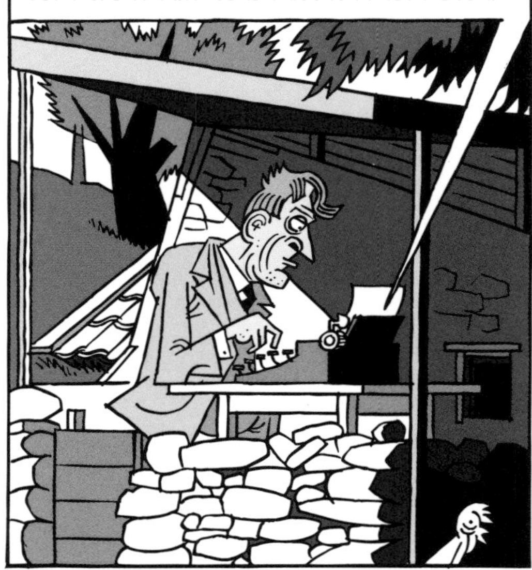

OSLO 16. SEPTEMBER 1939. RAPPORT
HEUTE WURDE IN DER POLIZEIBEHÖRDE VERNOMMEN DER KUNSTMALER KURT EDUARD KARL JULIUS SCHWITTERS:

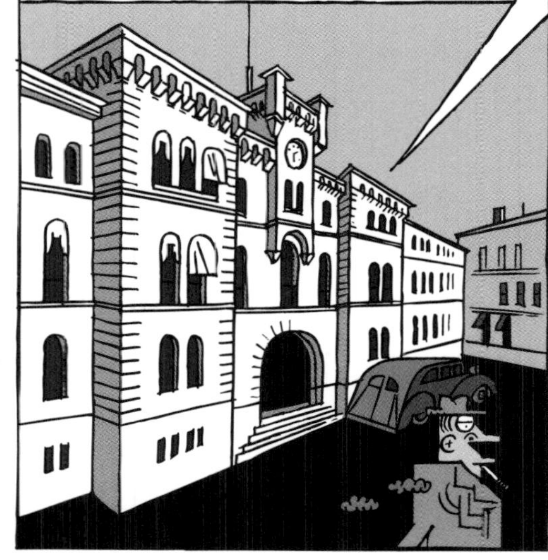

MEINE AUFENTHALTSERLAUBNIS LÄUFT AM 6.10. DIESEN JAHRES AB UND ICH BEANTRAGE DAHER, DIESE ZU VERLÄNGERN.

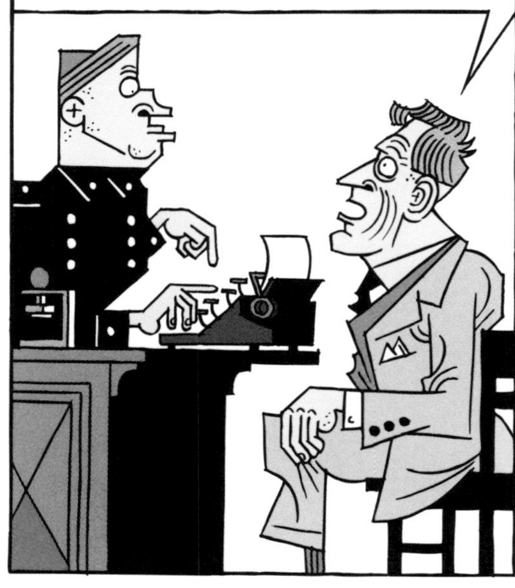

DER GRUND DAFÜR IST EINFACH DER, DASS ICH JETZT NICHT IN EIN ANDERES LAND EINREISEN KANN. NACH DEUTSCHLAND KANN ICH NICHT ZURÜCKKEHREN, WEIL ICH VON DER GESTAPO GESUCHT WERDE.

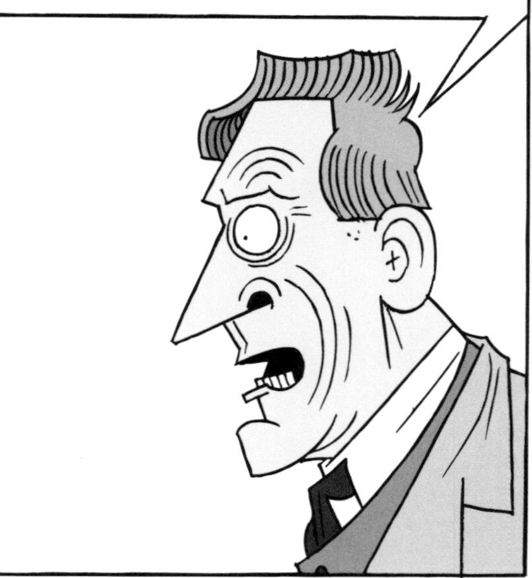

23. SEPTEMBER 1939.
DIE ZENTRALPASSSTELLE MEINT UNTER DIESEN UMSTÄNDEN ZUSTIMMEN ZU KÖNNEN, DASS KURT UND ERNST SCHWITTERS EINE WEITERE VERLÄNGERUNG IHRER AUFENTHALTSERLAUBNIS UM EINIGE ZEIT GENEHMIGT WIRD.

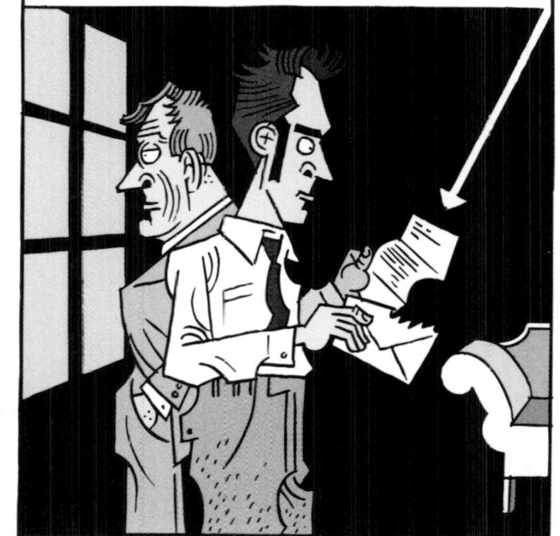

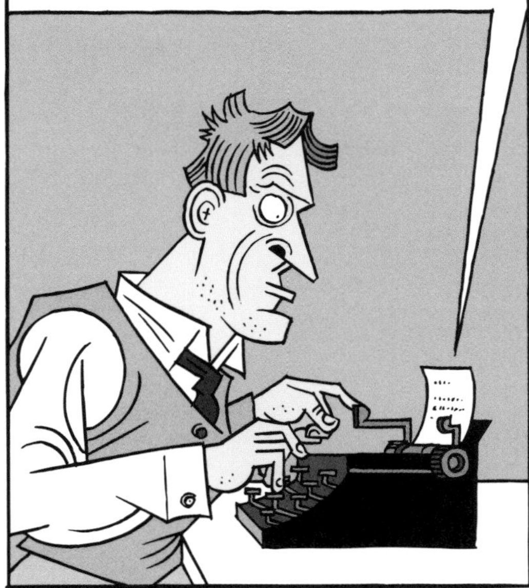
AN DIE ZENTRALPASSSTELLE 30.11.1939
AM 6.12. ENDET MEINE AUFENTHALTSERLAUBNIS. ICH BITTE HIERMIT UM NEUE ...

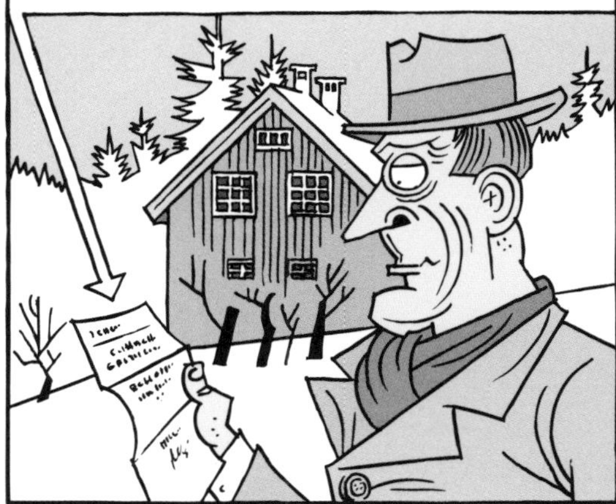
21. DEZEMBER 1939. DIE ZENTRALPASSSTELLE MEINT UNTER DIESEN UMSTÄNDEN ZUSTIMMEN ZU KÖNNEN, DASS DIE AUFENTHALTSERLAUBNIS DER BETREFFENDEN VORLÄUFIG BIS 1/2-40 UNTER DER VORAUSSETZUNG VERLÄNGERT WIRD, DASS SIE SICH IN DER ZWISCHENZEIT EIN EINWANDERUNGSVISUM Z.B. FÜR DIE DOMINIKANISCHE REPUBLIK BESORGEN.

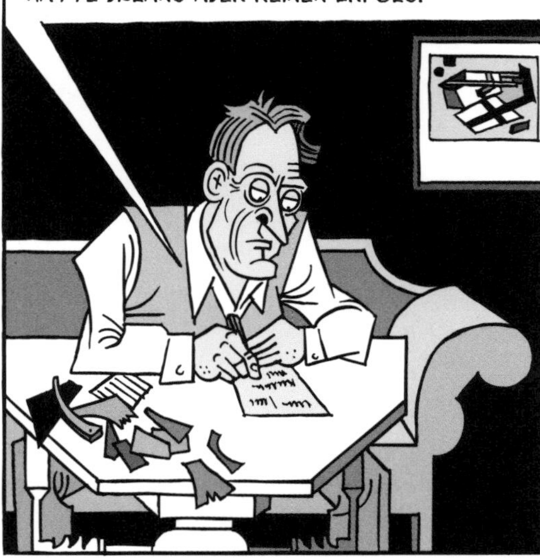
AN DIE ZENTRALPASSSTELLE 28.1.1940.
ICH ERBITTE EINE WEITERE AUFENTHALTSERLAUBNIS IN NORWEGEN. ICH HABE VERSUCHT, FÜR EIN ANDERES LAND EIN VISUM ZU BEKOMMEN, HATTE BISLANG ABER KEINEN ERFOLG.

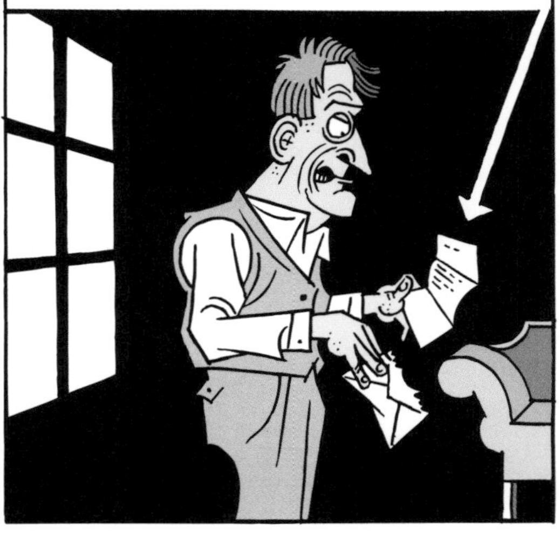
5. FEBRUAR 1940.
UNTER DER VORAUSSETZUNG, DASS DIE BETREFFENDEN SICH WEITERHIN BEMÜHEN, IN EIN ANDERES LAND ZU KOMMEN, HAT DIE ZENTRALPASSSTELLE KEINE BESONDEREN EINWÄNDE, DASS IHRE AUFENTHALTSERLAUBNIS NEUERLICH UM EINIGE ZEIT VERLÄNGERT WIRD.

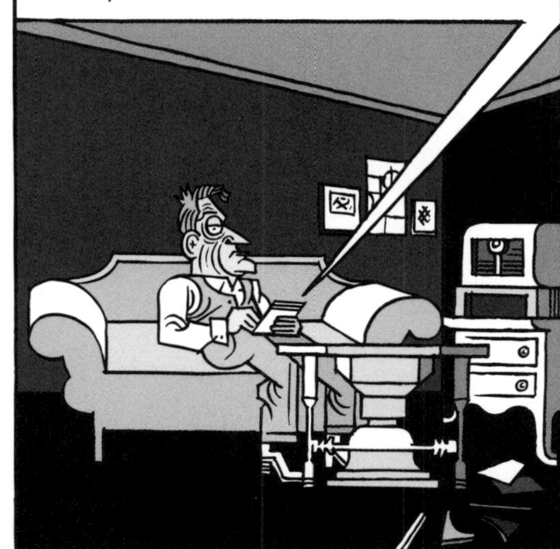
LYSAKER 26.2.1940
LIEBE KÄTHE! (STEINITZ)
DAS EINZIGE LAND ABER, DAS MIR OHNE GRÖSSERE SCHWIERIGKEITEN EIN VISUM VIELLEICHT GEBEN WÜRDE, IST HAITI.

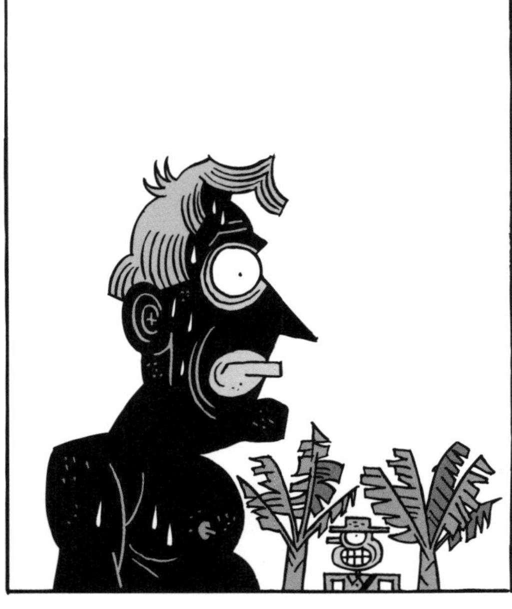
DORT WERDE ICH SCHWARZ ANGEMALT ...

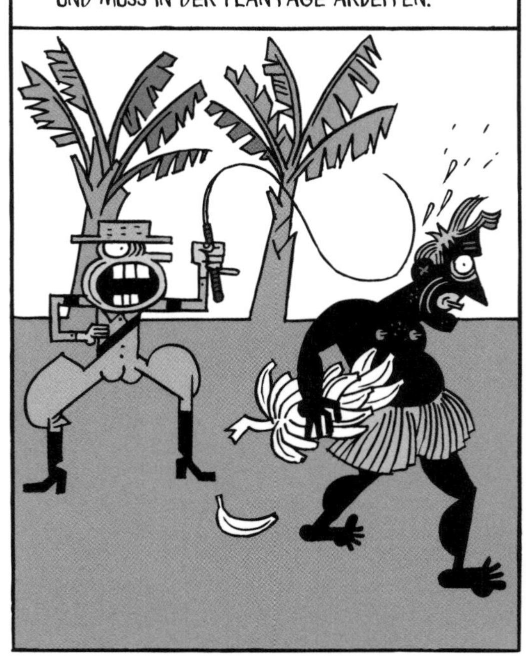
UND MUSS IN DER PLANTAGE ARBEITEN.

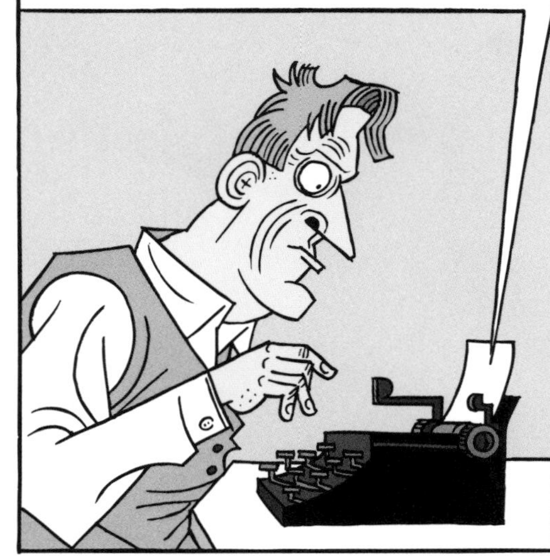
AN DIE ZENTRALPASSSTELLE 3.4.1940
DA MEINE LETZTE AUFENHALTSERLAUBNIS AM 1.4. ABLÄUFT, ERBITTE ICH UM EINE ERNEUERUNG DER ERLAUBNIS.
HOCHACHTUNGSVOLL KURT SCHWITTERS.

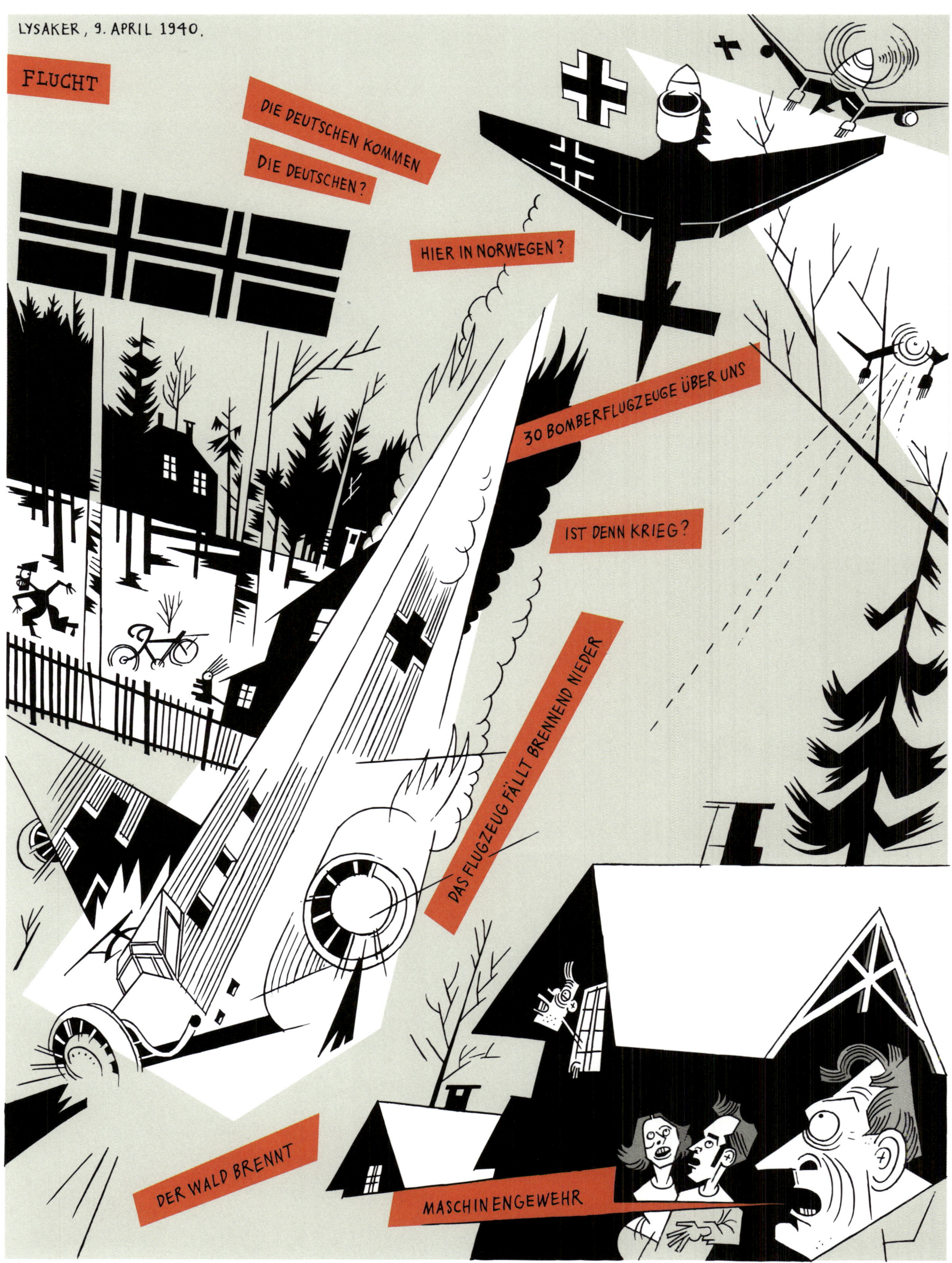
LYSAKER, 9. APRIL 1940.
FLUCHT
DIE DEUTSCHEN KOMMEN
DIE DEUTSCHEN?
HIER IN NORWEGEN?
30 BOMBERFLUGZEUGE ÜBER UNS
IST DENN KRIEG?
DAS FLUGZEUG FÄLLT BRENNEND NIEDER
DER WALD BRENNT
MASCHINENGEWEHR

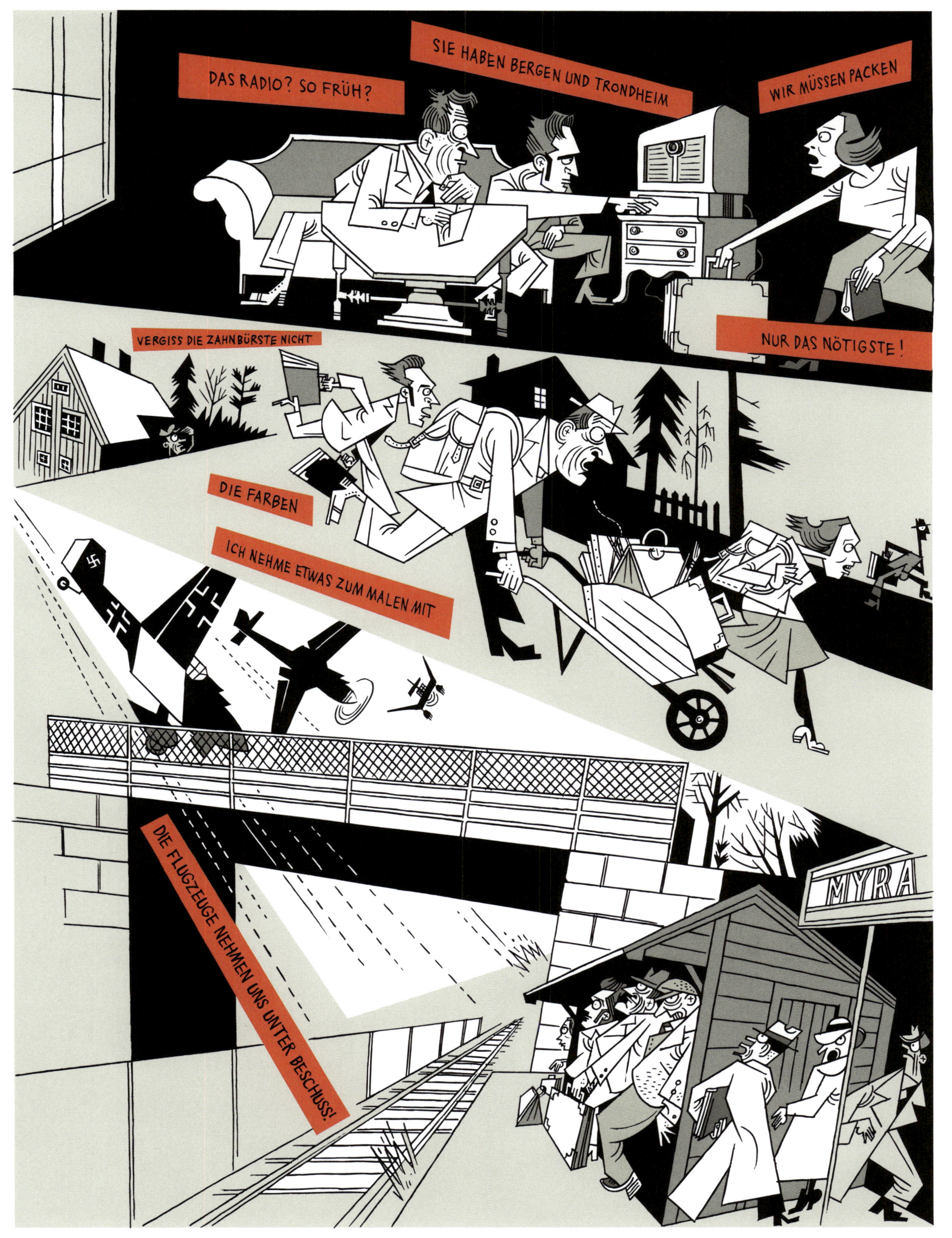
DAS RADIO? SO FRÜH?
SIE HABEN BERGEN UND TRONDHEIM
WIR MÜSSEN PACKEN
VERGISS DIE ZAHNBÜRSTE NICHT
NUR DAS NÖTIGSTE!
DIE FARBEN
ICH NEHME ETWAS ZUM MALEN MIT
DIE FLUGZEUGE NEHMEN UNS UNTER BESCHUSS!
MYRA

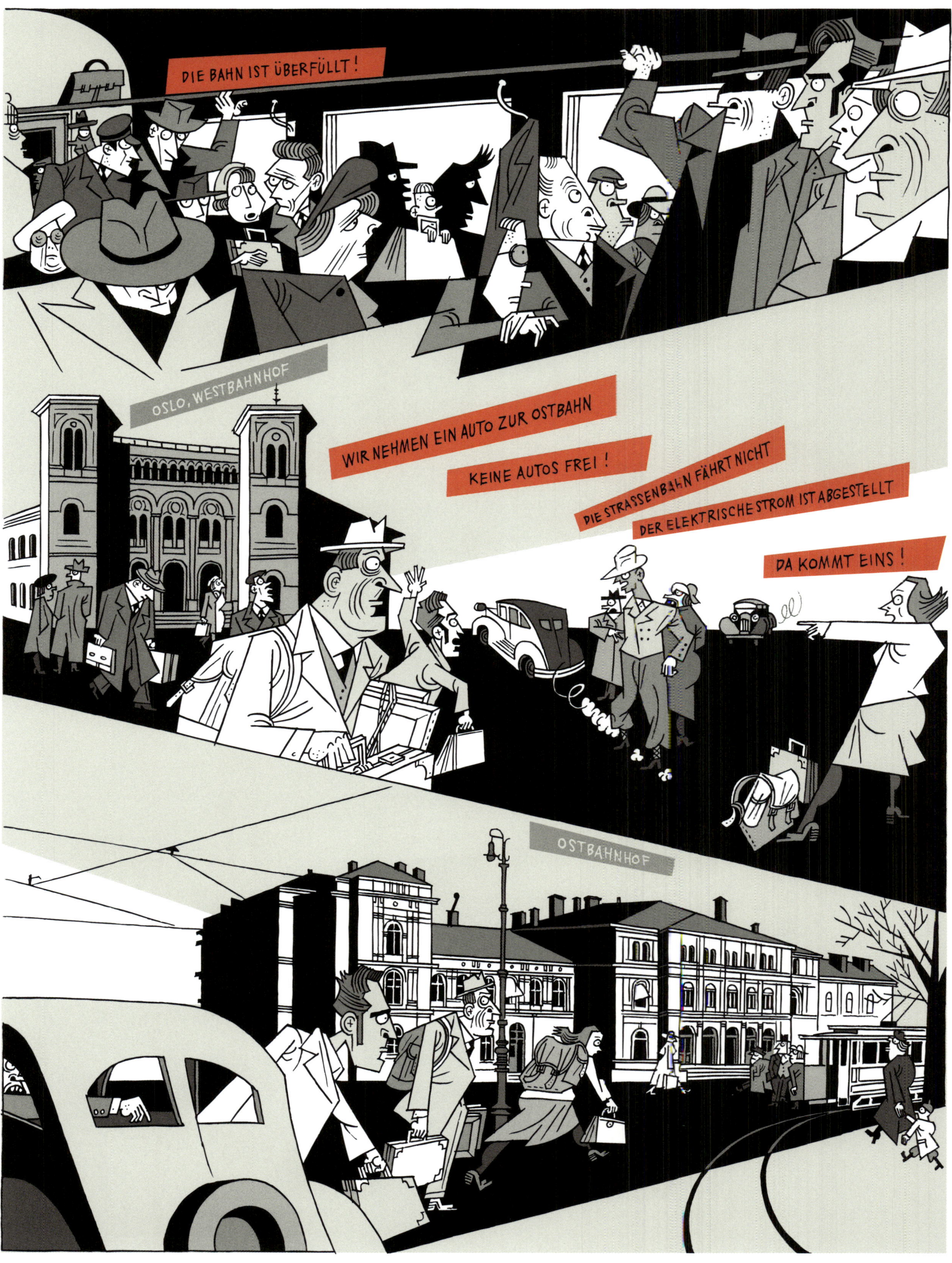
DIE BAHN IST ÜBERFÜLLT!
OSLO, WESTBAHNHOF
WIR NEHMEN EIN AUTO ZUR OSTBAHN
KEINE AUTOS FREI!
DIE STRASSENBAHN FÄHRT NICHT
DER ELEKTRISCHE STROM IST ABGESTELLT
DA KOMMT EINS!
OSTBAHNHOF

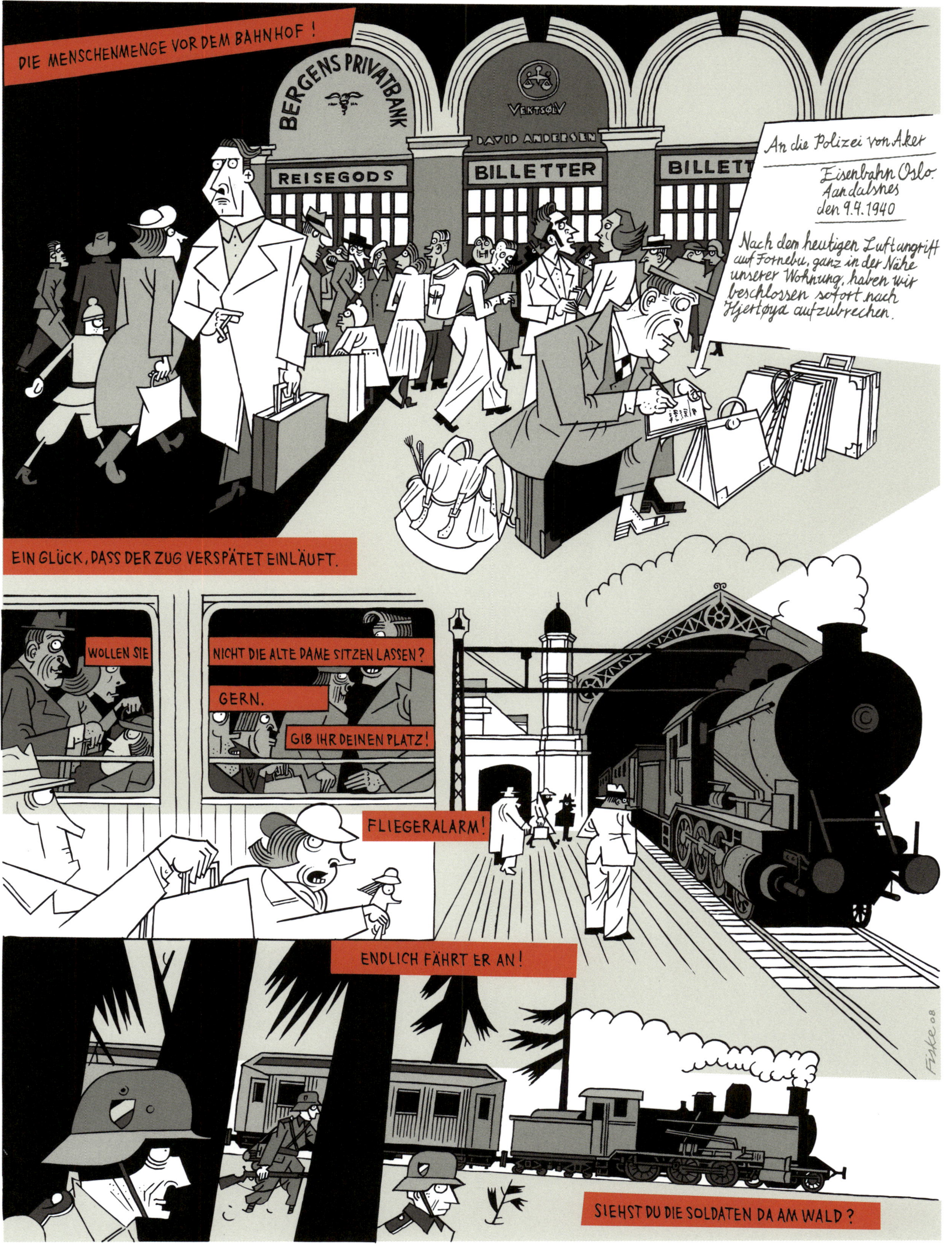

DIE MENSCHENMENGE VOR DEM BAHNHOF!
BERGENS PRIVATBANK
VEKTSØLV
DAVID ANDERSEN
REISEGODS
BILLETTER
BILLETT
An die Polizei von Aker
Eisenbahn Oslo. Aandalsnes den 9.4.1940
Nach dem heutigen Luftangriff auf Fornebu, ganz in der Nähe unserer Wohnung, haben wir beschlossen sofort nach Hjertøya aufzubrechen.
EIN GLÜCK, DASS DER ZUG VERSPÄTET EINLÄUFT.
WOLLEN SIE
NICHT DIE ALTE DAME SITZEN LASSEN?
GERN.
GIB IHR DEINEN PLATZ!
FLIEGERALARM!
ENDLICH FÄHRT ER AN!
SIEHST DU DIE SOLDATEN DA AM WALD?

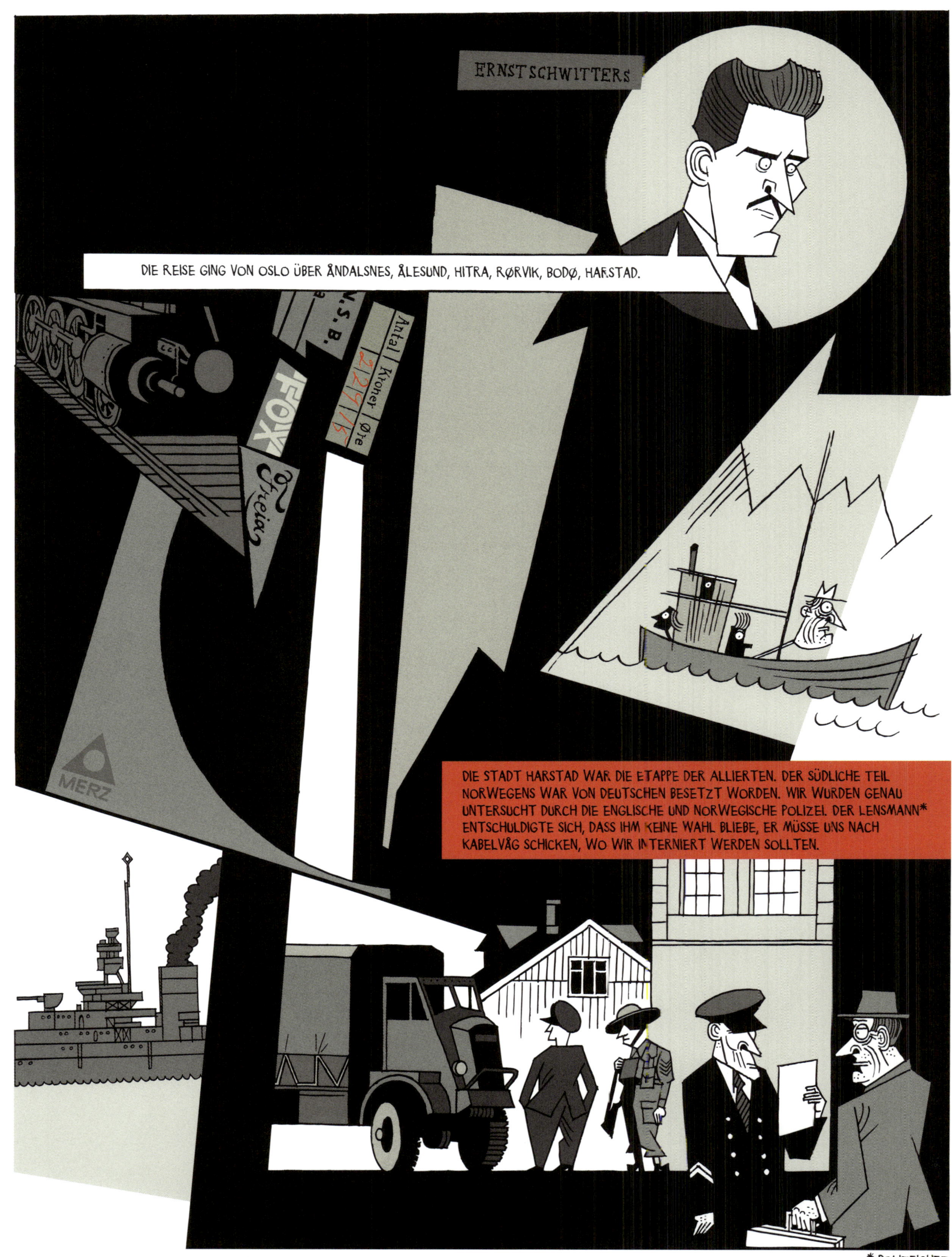

* POLIZEICHEF

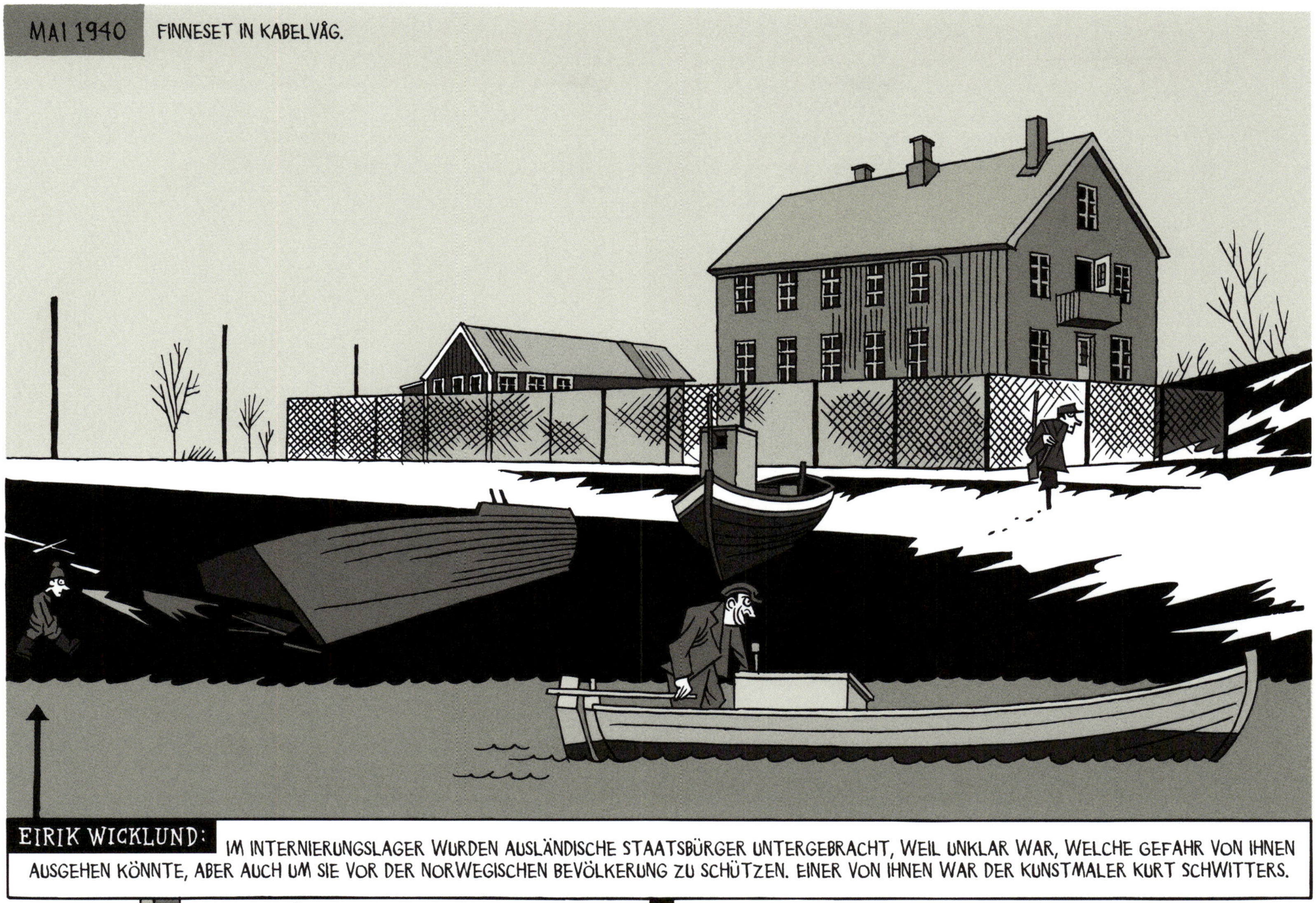

MAI 1940 FINNESET IN KABELVÅG.

EIRIK WICKLUND: IM INTERNIERUNGSLAGER WURDEN AUSLÄNDISCHE STAATSBÜRGER UNTERGEBRACHT, WEIL UNKLAR WAR, WELCHE GEFAHR VON IHNEN AUSGEHEN KÖNNTE, ABER AUCH UM SIE VOR DER NORWEGISCHEN BEVÖLKERUNG ZU SCHÜTZEN. EINER VON IHNEN WAR DER KUNSTMALER KURT SCHWITTERS.

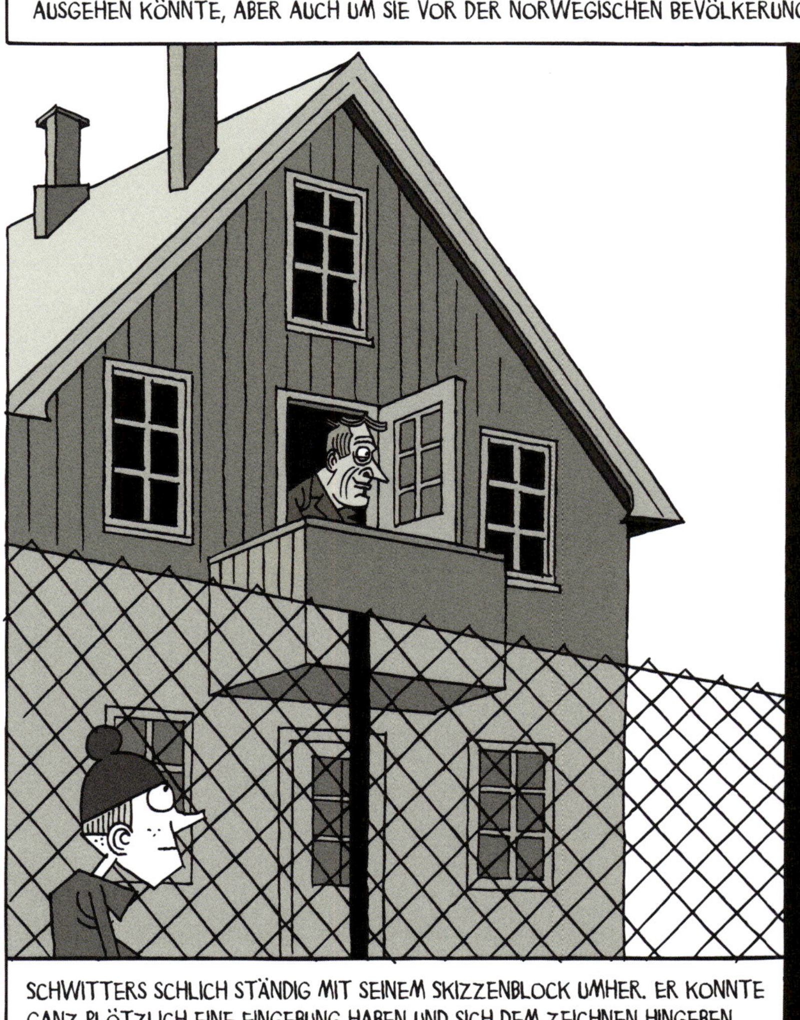

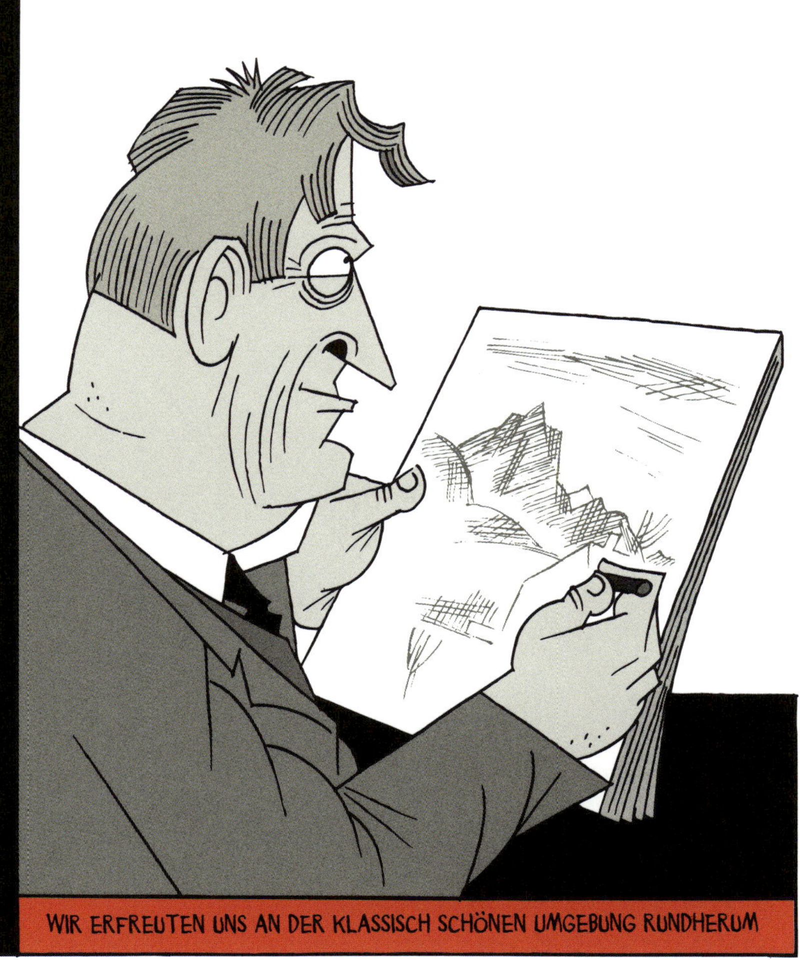

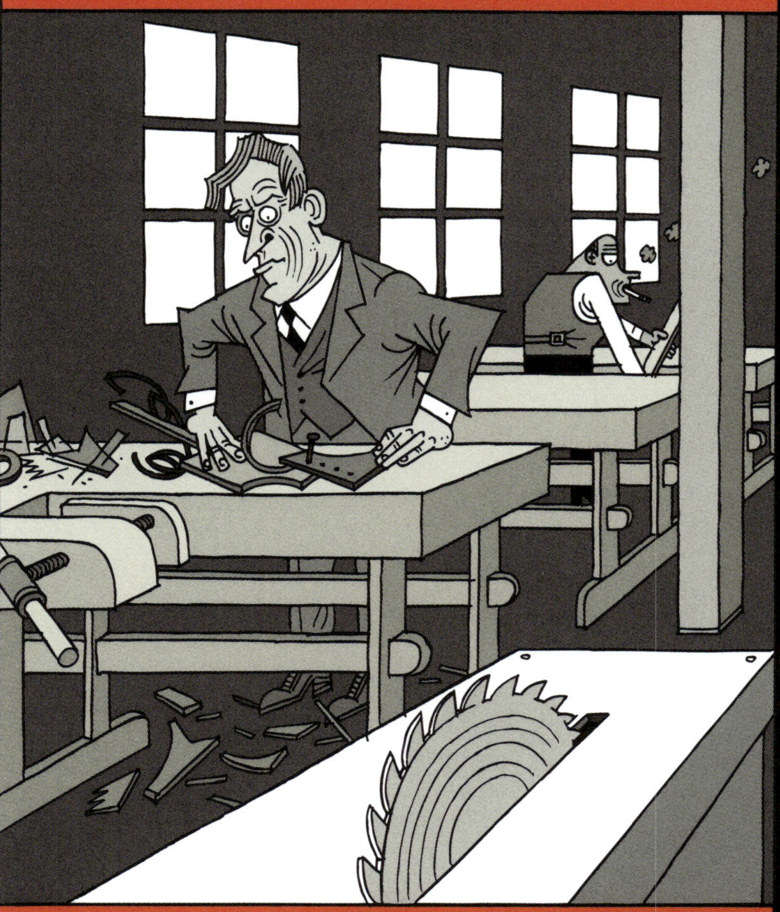
UND HATTEN EIN GROSSES VERGNÜGEN, IN DER TISCHLEREI, DIE ZUM LAGER GEHÖRTE, ZU ARBEITEN.
MAN WARNTE UNS NUR VOR DER KREISSÄGE, DIE DREIHUNDERTUNDFÜNFZIG UMDREHUNGEN MACHTE UND DAHER ÄUSSERST GEFÄHRLICH WAR.

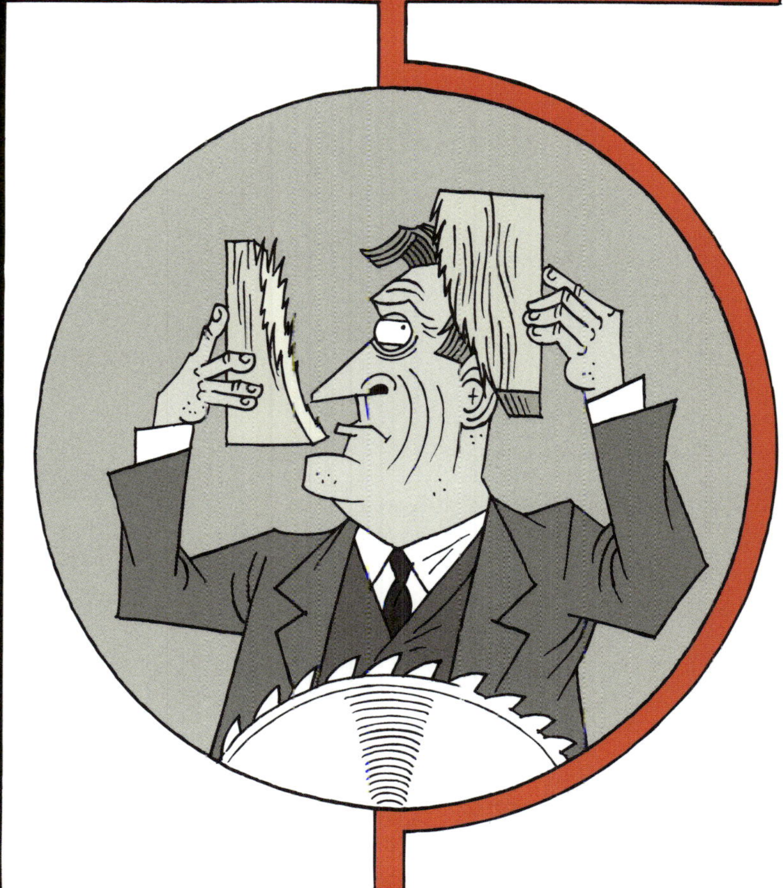
ICH WAR ERSTAUNT, WIE SCHNELL SIE EINEN DICKEN HOLZKLOTZ ZERSÄGTE, ZWAR NICHT GANZ SAUBER, ABER SCHNELL.
MASCHINE BLEIBT EBEN MASCHINE.

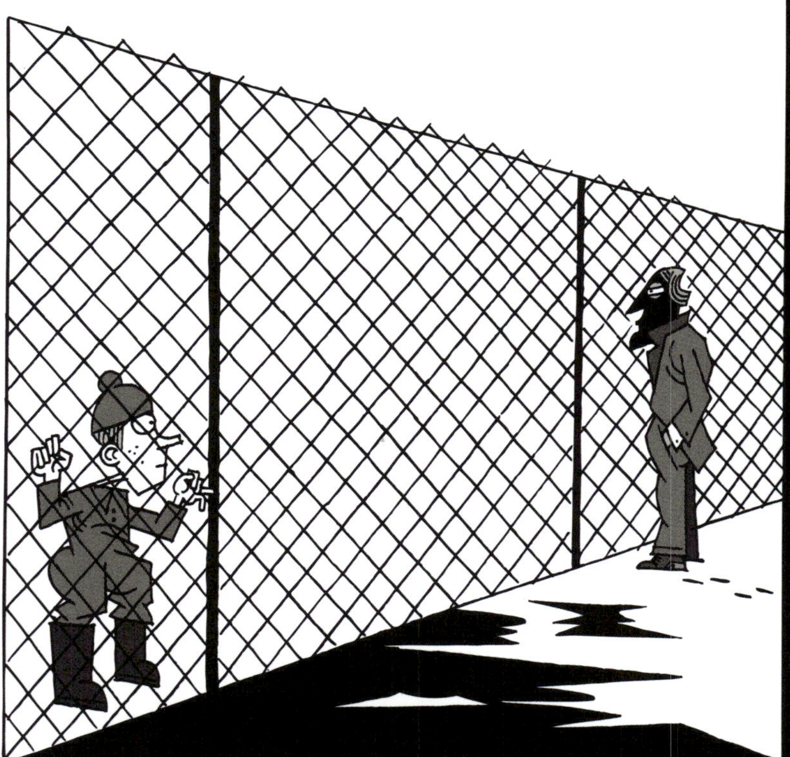
WICKLUND: EIN MANN WURDE INTERNIERT, DER, VERSCHLOSSEN WIE ER WAR, SICH DEUTLICH VON DEN ANDEREN UNTERSCHIED. SEIN NAME WAR KÖLN.

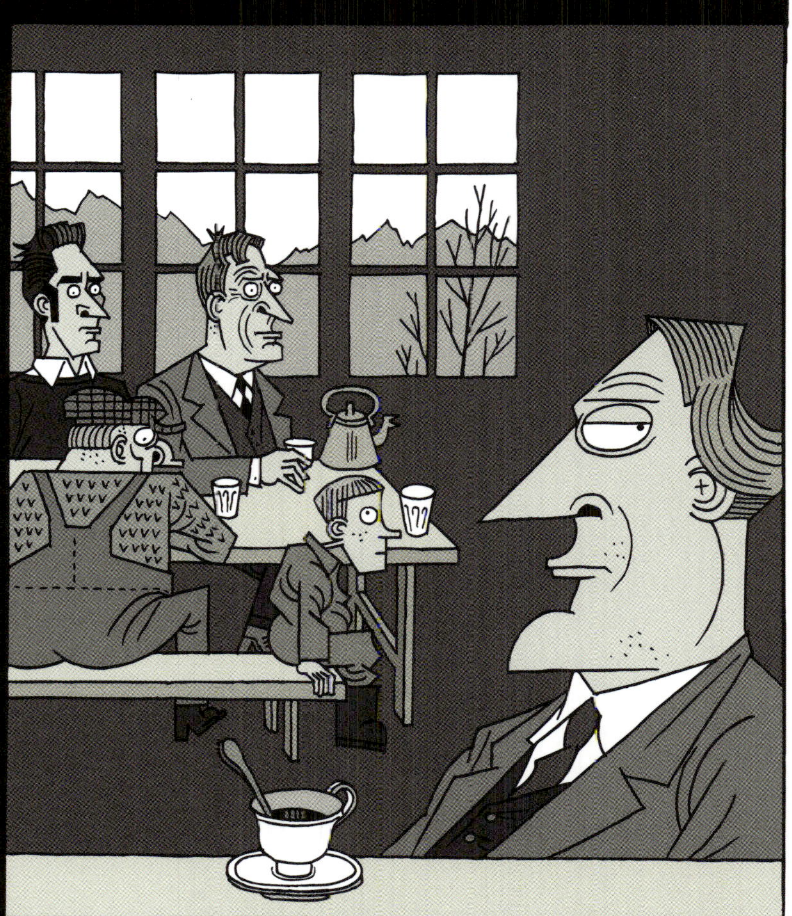
ES WAR AUFGEDECKT WORDEN, DASS KÖLN NICHT DER FISCHHÄNDLER WAR, DER ER VORGAB ZU SEIN, SONDERN EIN SPION, DER MIT HILFE EINES EIGENEN SENDERS AN DAS DEUTSCHE MILITÄR BERICHTETE.

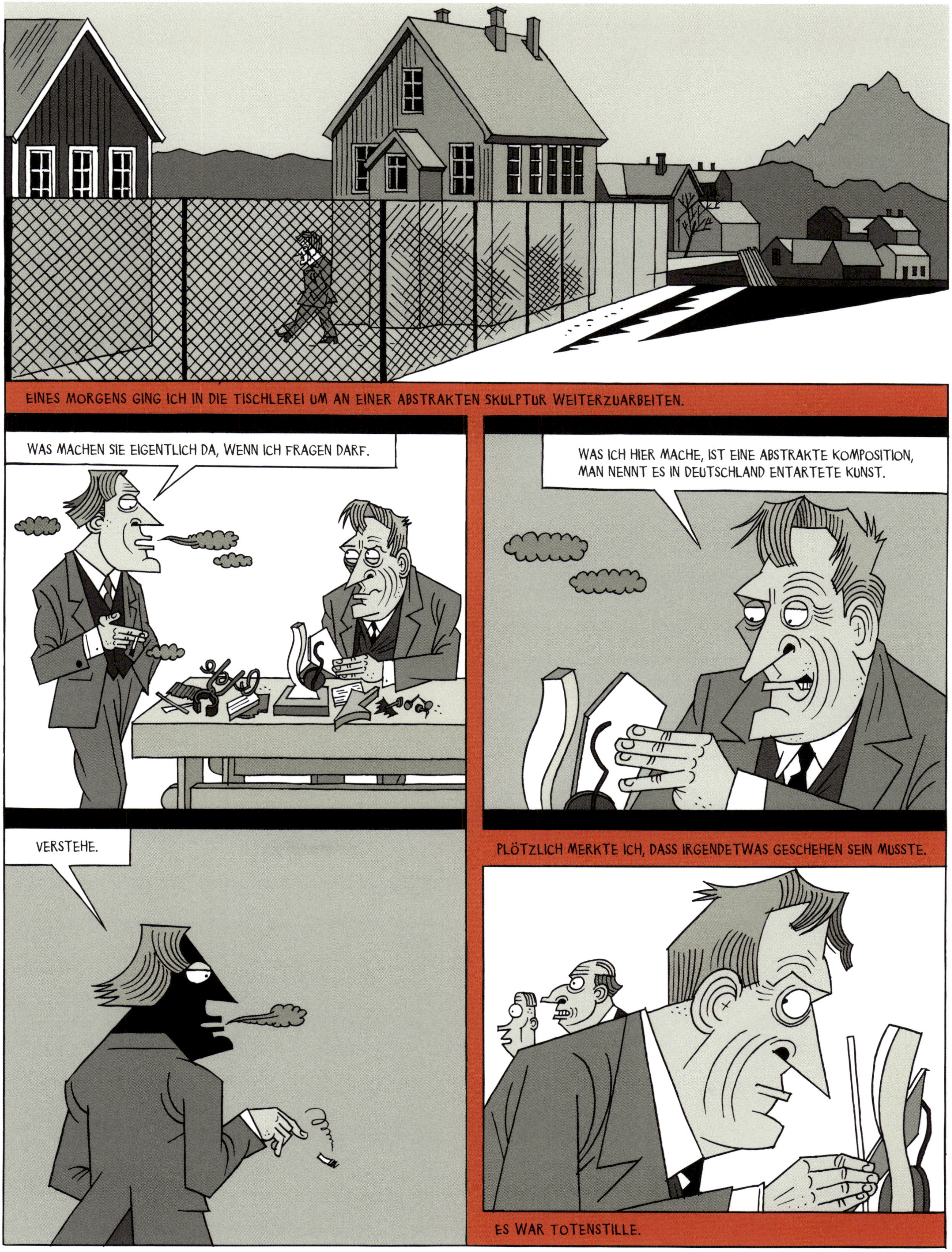

EINES MORGENS GING ICH IN DIE TISCHLEREI UM AN EINER ABSTRAKTEN SKULPTUR WEITERZUARBEITEN.

WAS MACHEN SIE EIGENTLICH DA, WENN ICH FRAGEN DARF.

WAS ICH HIER MACHE, IST EINE ABSTRAKTE KOMPOSITION, MAN NENNT ES IN DEUTSCHLAND ENTARTETE KUNST.

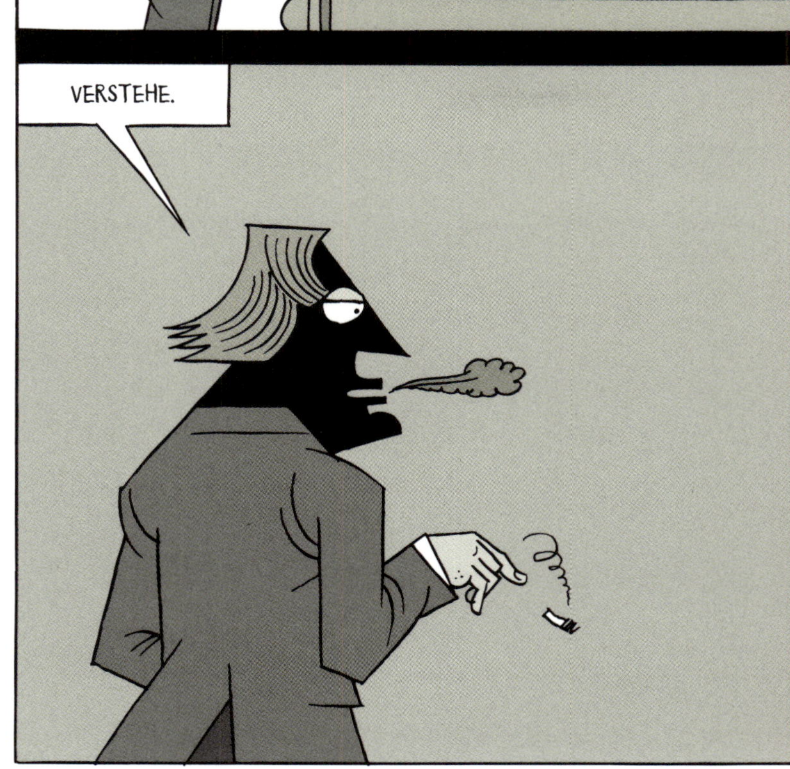

PLÖTZLICH MERKTE ICH, DASS IRGENDETWAS GESCHEHEN SEIN MUSSTE.

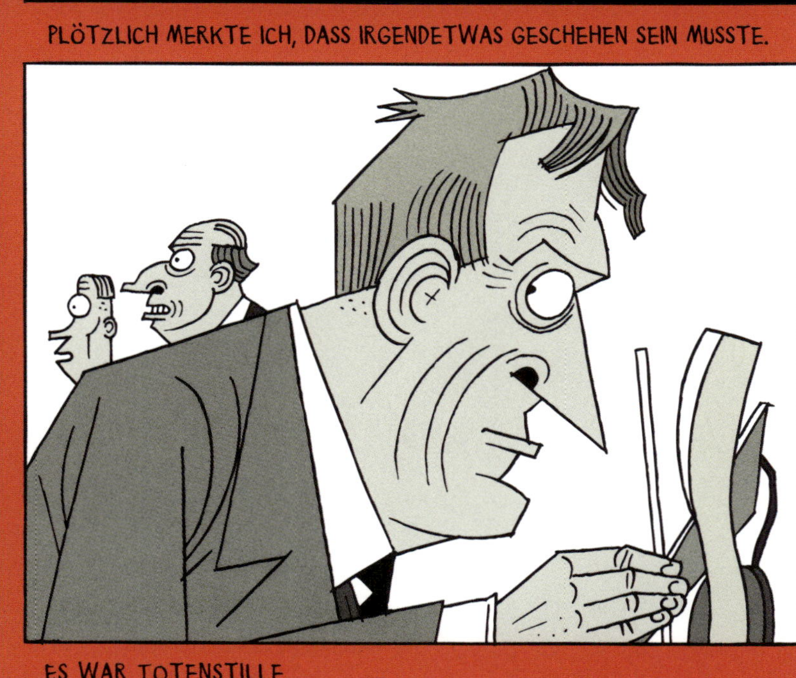

ES WAR TOTENSTILLE.

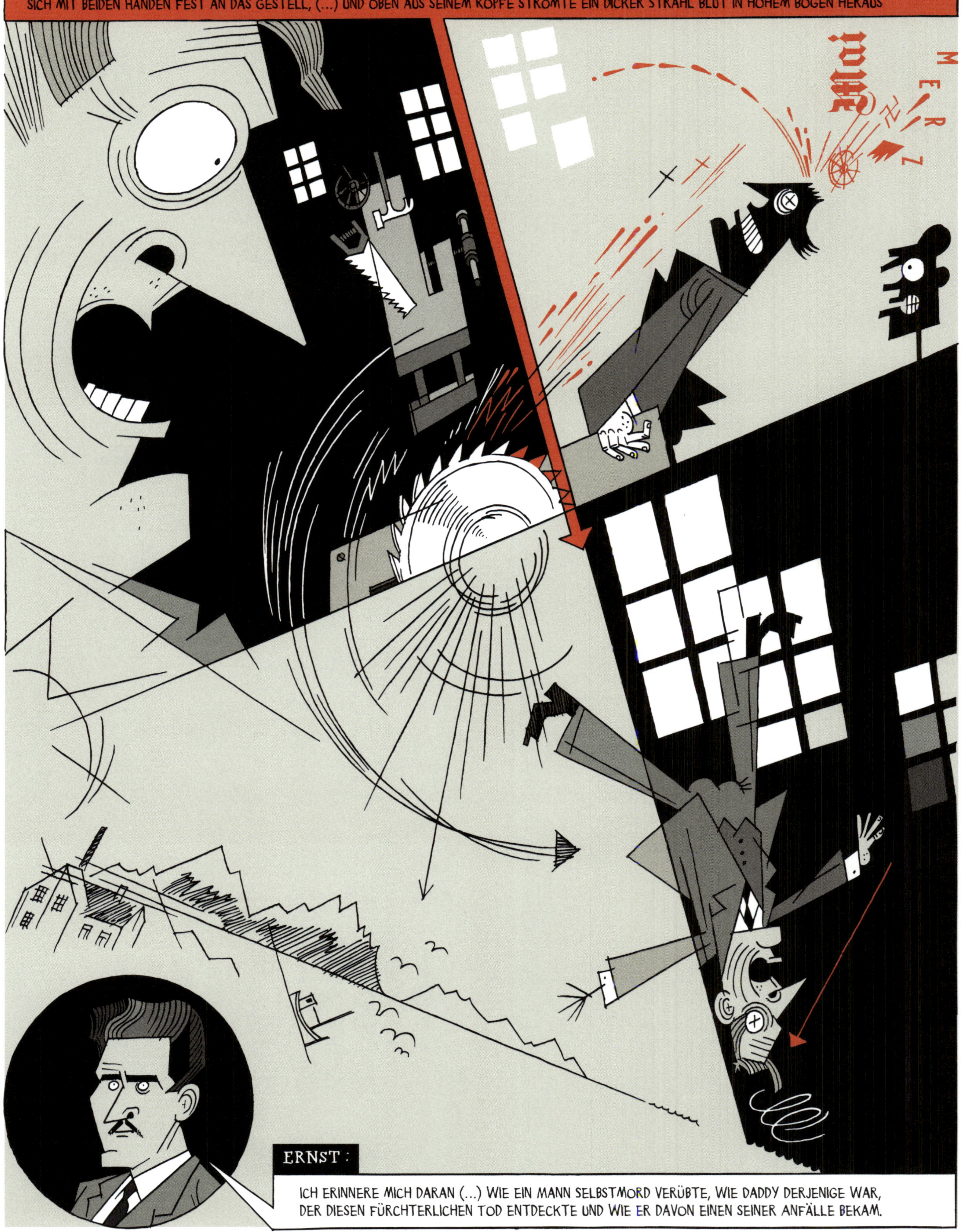
DA DREHTE ICH MICH UM UND HATTE EINEN SCHAUERLICHEN ANBLICK. AN DER KREISSÄGE STAND (KÖLN) KRAMPFHAFT AUFGERECKT (...), KLAMMERTE SICH MIT BEIDEN HÄNDEN FEST AN DAS GESTELL, (...) UND OBEN AUS SEINEM KOPFE STRÖMTE EIN DICKER STRAHL BLUT IN HOHEM BOGEN HERAUS
ERNST:
ICH ERINNERE MICH DARAN (...) WIE EIN MANN SELBSTMORD VERÜBTE, WIE DADDY DERJENIGE WAR, DER DIESEN FÜRCHTERLICHEN TOD ENTDECKTE UND WIE ER DAVON EINEN SEINER ANFÄLLE BEKAM.

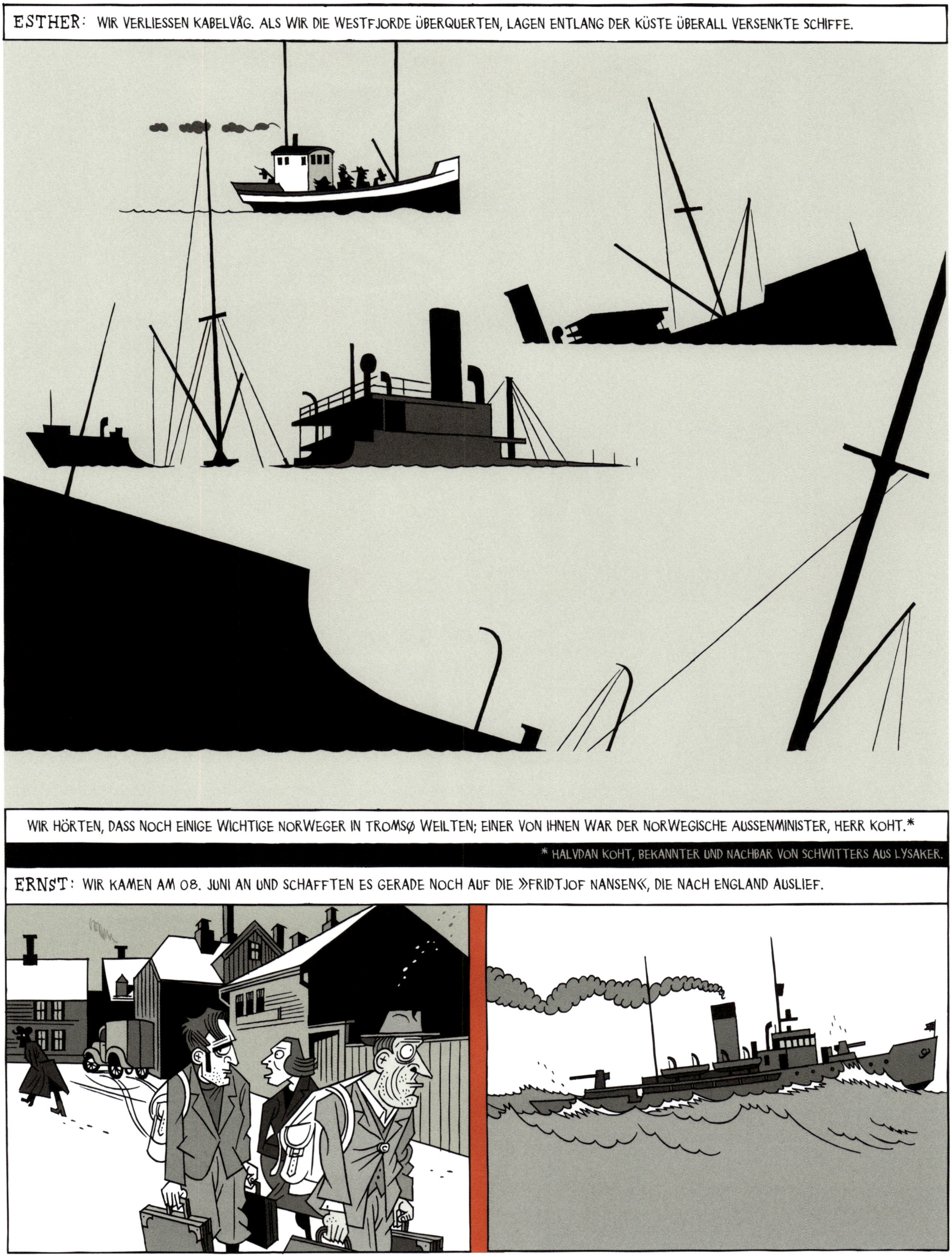

ESTHER: WIR VERLIESSEN KABELVÅG. ALS WIR DIE WESTFJORDE ÜBERQUERTEN, LAGEN ENTLANG DER KÜSTE ÜBERALL VERSENKTE SCHIFFE.

WIR HÖRTEN, DASS NOCH EINIGE WICHTIGE NORWEGER IN TROMSØ WEILTEN; EINER VON IHNEN WAR DER NORWEGISCHE AUSSENMINISTER, HERR KOHT.*

* HALVDAN KOHT, BEKANNTER UND NACHBAR VON SCHWITTERS AUS LYSAKER.

ERNST: WIR KAMEN AM 08. JUNI AN UND SCHAFFTEN ES GERADE NOCH AUF DIE »FRIDTJOF NANSEN«, DIE NACH ENGLAND AUSLIEF.

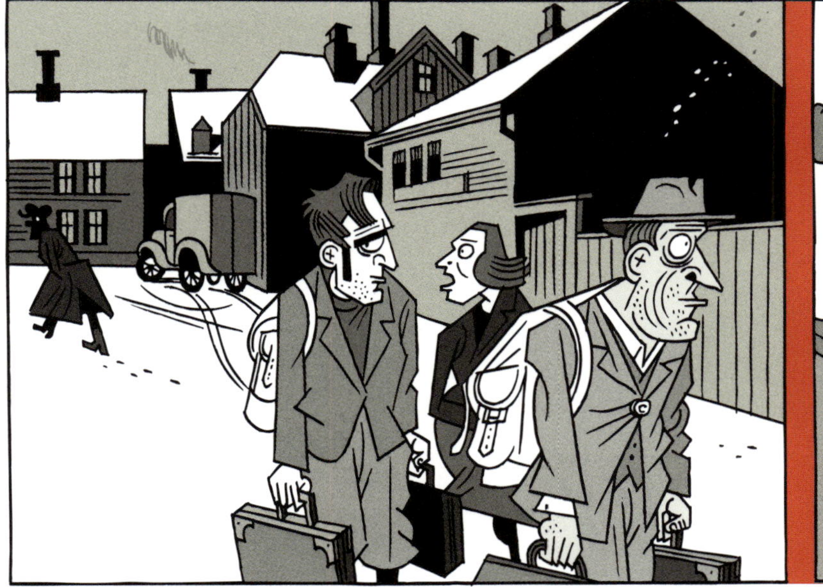

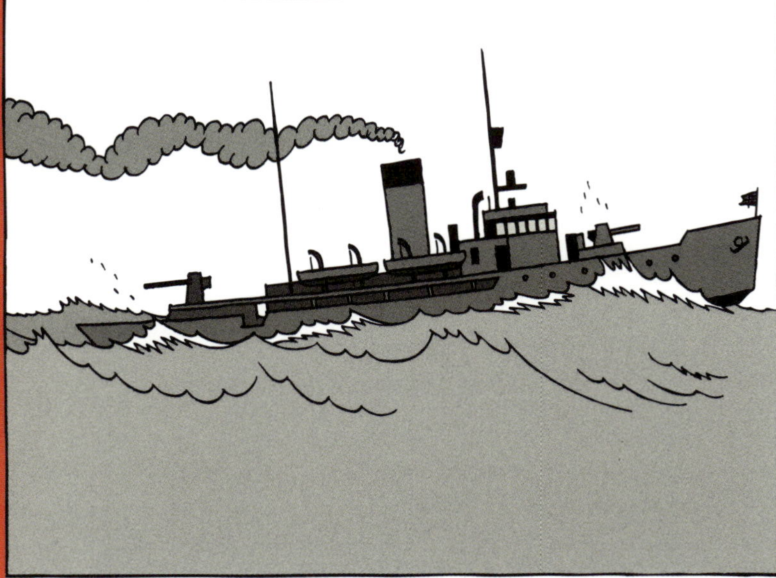

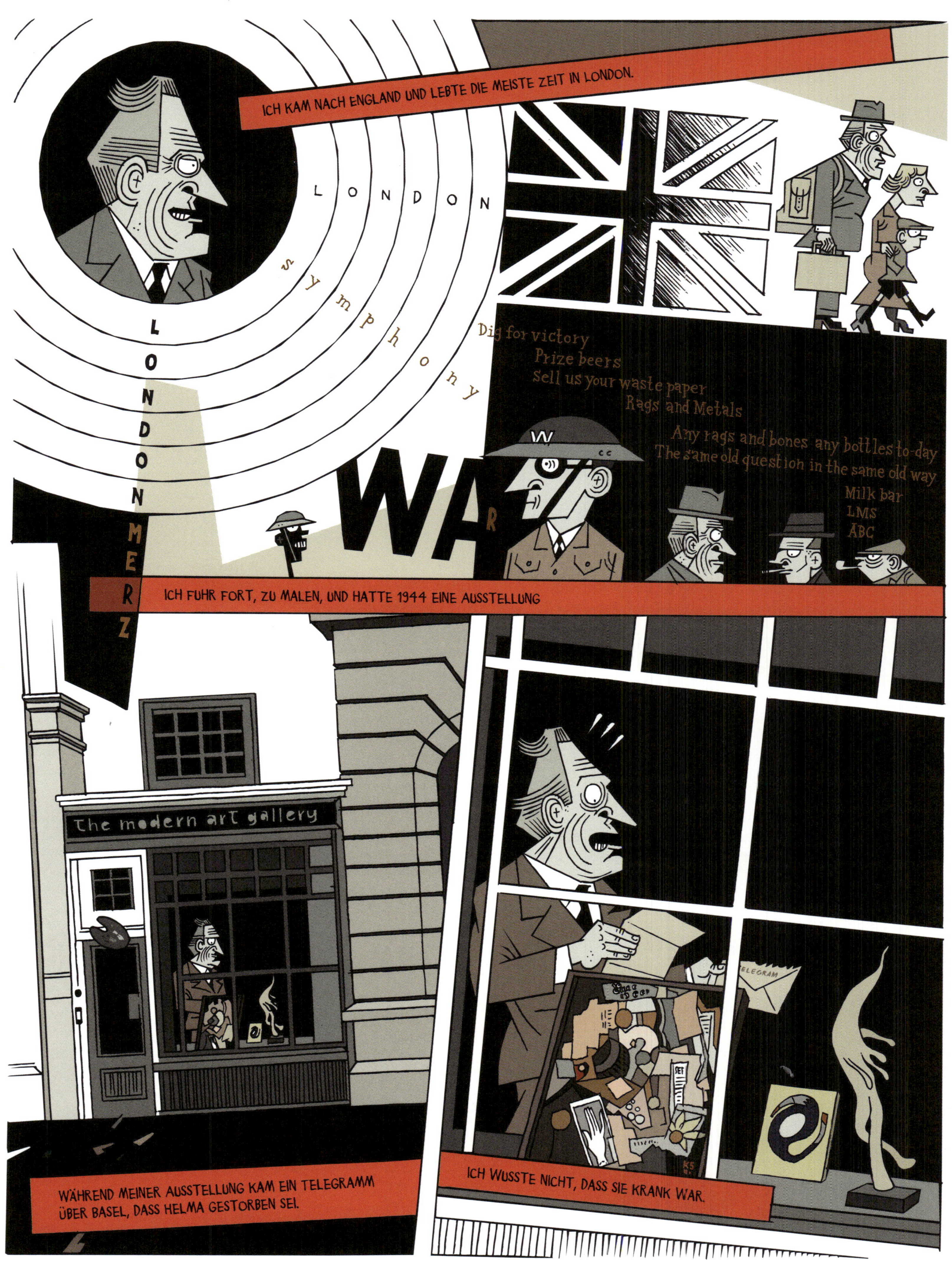
ICH KAM NACH ENGLAND UND LEBTE DIE MEISTE ZEIT IN LONDON.
L O N D O N
s y m p h o n y
L O N D O N M E R Z
Dig for victory
Prize beers
Sell us your waste paper
Rags and Metals
Any rags and bones any bottles to-day
The same old question in the same old way
Milk bar
LMS
ABC
WAR
ICH FUHR FORT, ZU MALEN, UND HATTE 1944 EINE AUSSTELLUNG
the modern art gallery
TELEGRAM
WÄHREND MEINER AUSSTELLUNG KAM EIN TELEGRAMM ÜBER BASEL, DASS HELMA GESTORBEN SEI.
ICH WUSSTE NICHT, DASS SIE KRANK WAR.

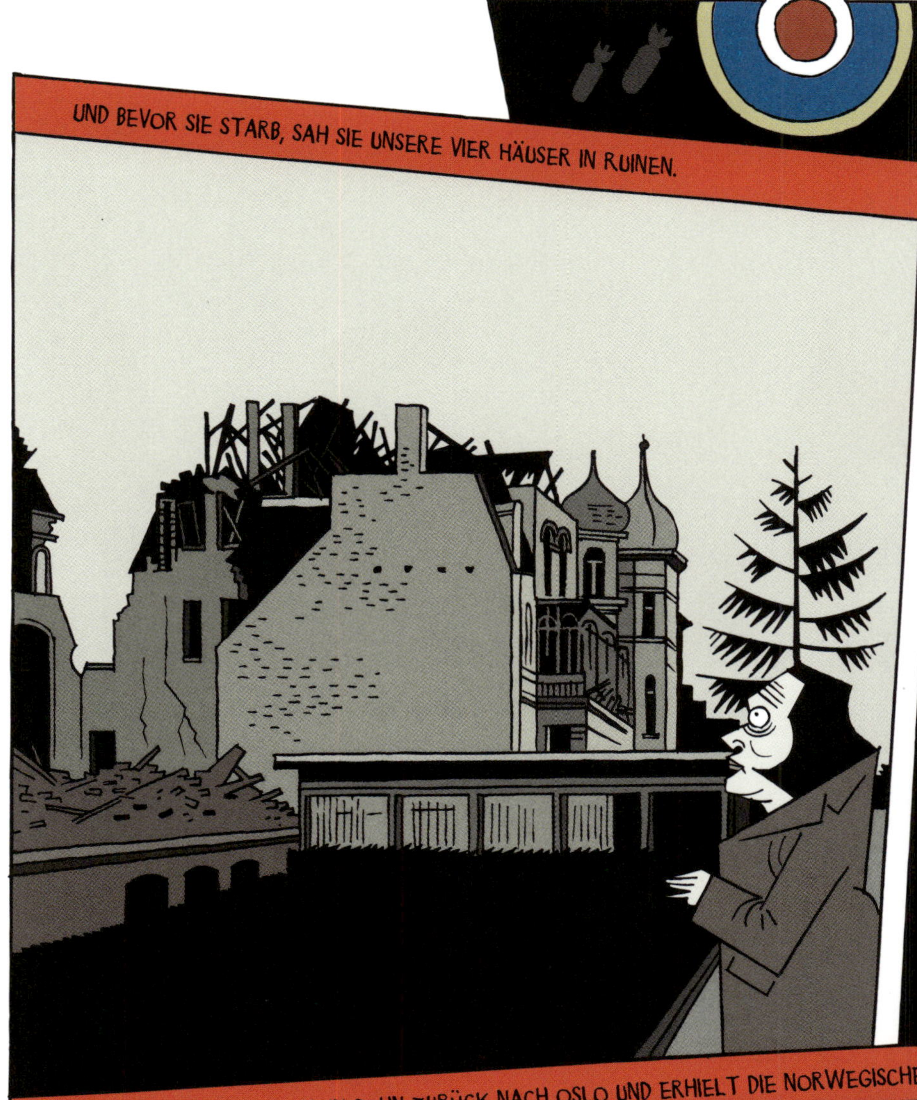

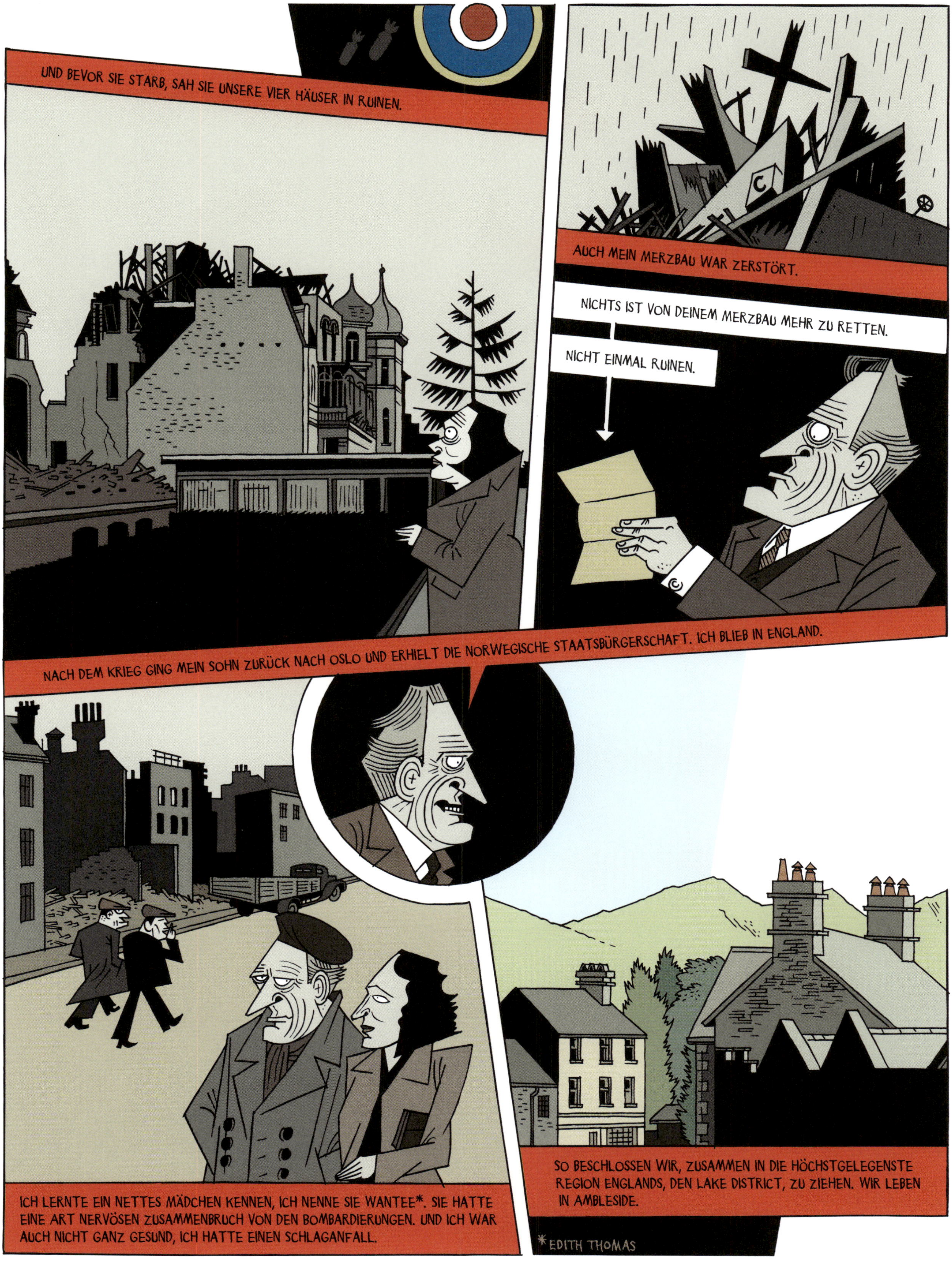

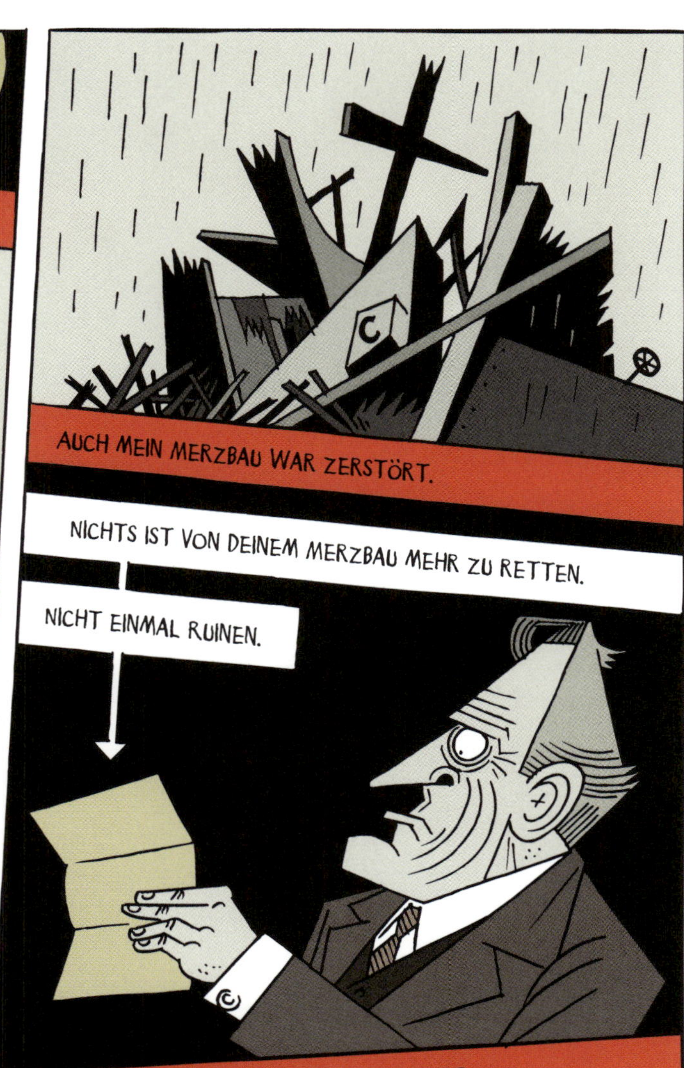

NACH DEM KRIEG GING MEIN SOHN ZURÜCK NACH OSLO UND ERHIELT DIE NORWEGISCHE STAATSBÜRGERSCHAFT. ICH BLIEB IN ENGLAND.

ICH LERNTE EIN NETTES MÄDCHEN KENNEN, ICH NENNE SIE WANTEE*. SIE HATTE EINE ART NERVÖSEN ZUSAMMENBRUCH VON DEN BOMBARDIERUNGEN. UND ICH WAR AUCH NICHT GANZ GESUND, ICH HATTE EINEN SCHLAGANFALL.

SO BESCHLOSSEN WIR, ZUSAMMEN IN DIE HÖCHSTGELEGENSTE REGION ENGLANDS, DEN LAKE DISTRICT, ZU ZIEHEN. WIR LEBEN IN AMBLESIDE.

*EDITH THOMAS

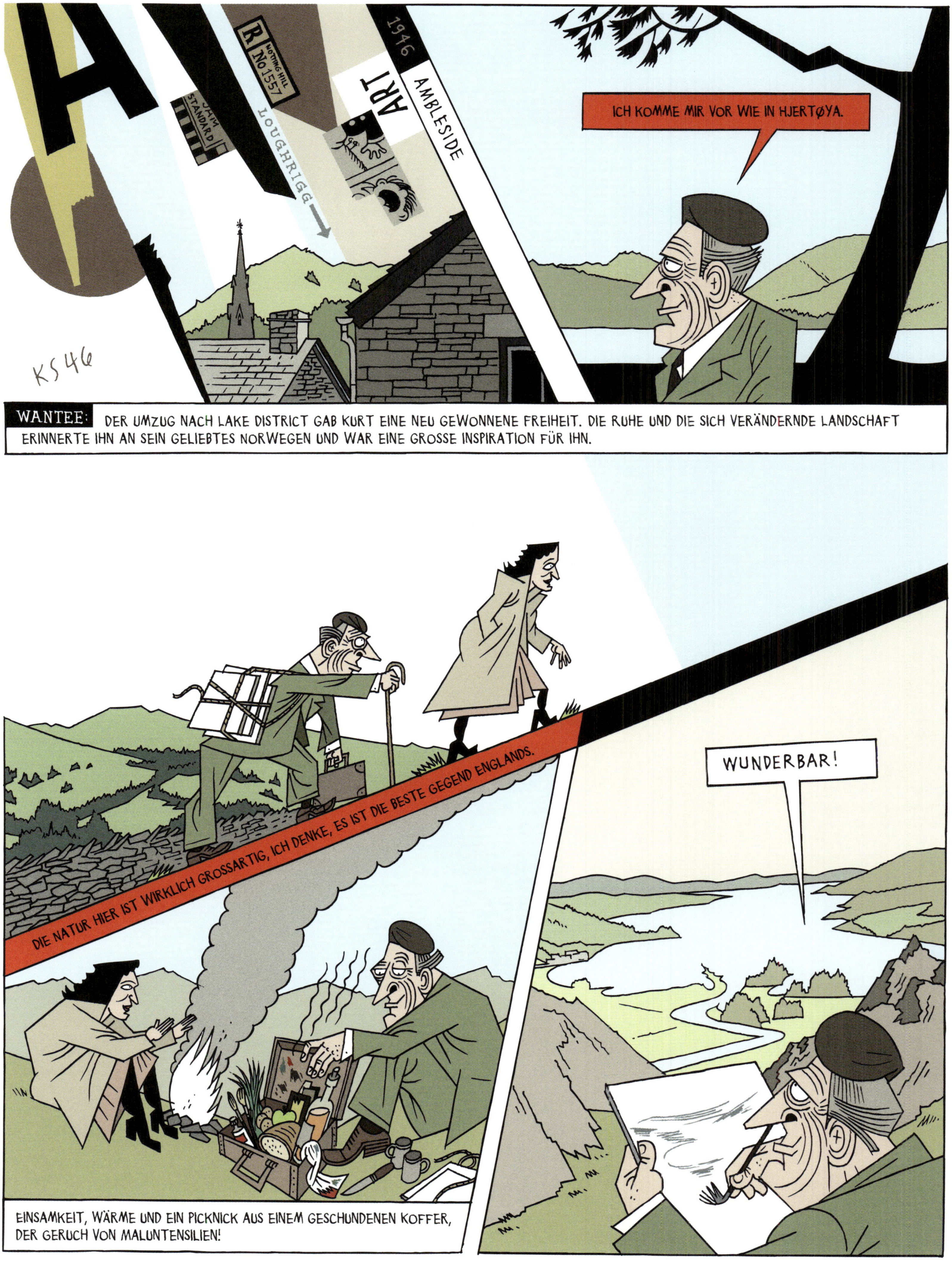

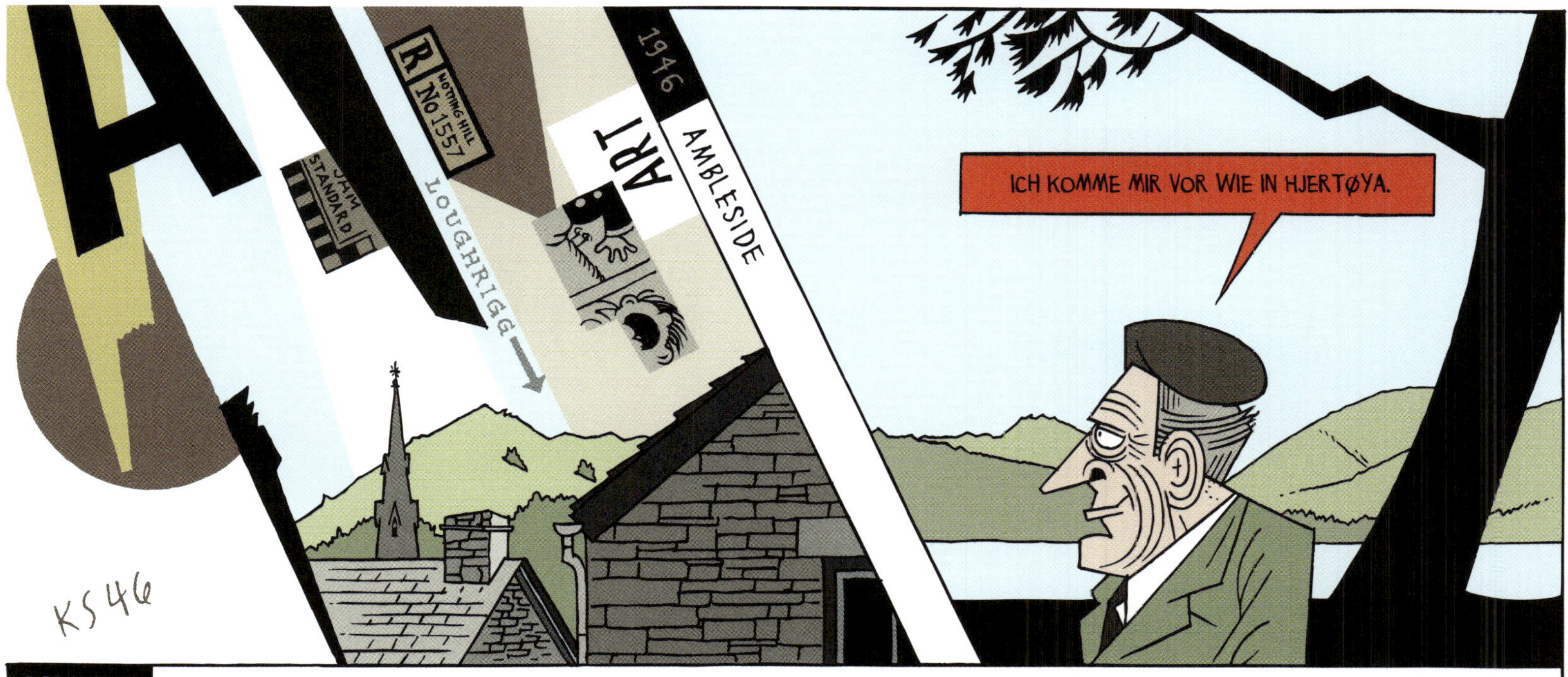

WANTEE: DER UMZUG NACH LAKE DISTRICT GAB KURT EINE NEU GEWONNENE FREIHEIT. DIE RUHE UND DIE SICH VERÄNDERNDE LANDSCHAFT ERINNERTE IHN AN SEIN GELIEBTES NORWEGEN UND WAR EINE GROSSE INSPIRATION FÜR IHN.

DIE NATUR HIER IST WIRKLICH GROSSARTIG, ICH DENKE, ES IST DIE BESTE GEGEND ENGLANDS.

WUNDERBAR!

EINSAMKEIT, WÄRME UND EIN PICKNICK AUS EINEM GESCHUNDENEN KOFFER, DER GERUCH VON MALUNTENSILIEN!

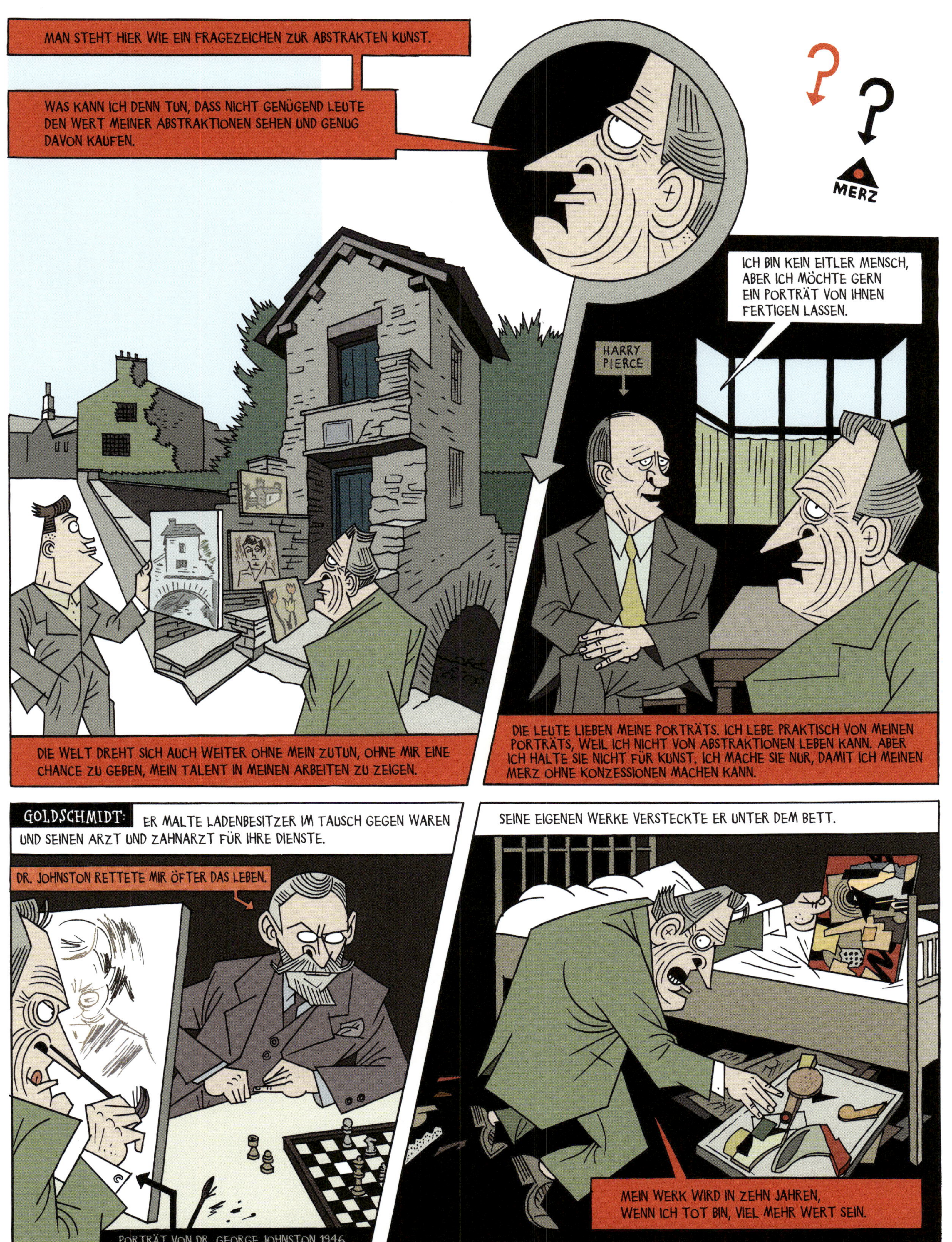
MAN STEHT HIER WIE EIN FRAGEZEICHEN ZUR ABSTRAKTEN KUNST.
WAS KANN ICH DENN TUN, DASS NICHT GENÜGEND LEUTE DEN WERT MEINER ABSTRAKTIONEN SEHEN UND GENUG DAVON KAUFEN.
MERZ
DIE WELT DREHT SICH AUCH WEITER OHNE MEIN ZUTUN, OHNE MIR EINE CHANCE ZU GEBEN, MEIN TALENT IN MEINEN ARBEITEN ZU ZEIGEN.
ICH BIN KEIN EITLER MENSCH, ABER ICH MÖCHTE GERN EIN PORTRÄT VON IHNEN FERTIGEN LASSEN.
HARRY PIERCE
DIE LEUTE LIEBEN MEINE PORTRÄTS. ICH LEBE PRAKTISCH VON MEINEN PORTRÄTS, WEIL ICH NICHT VON ABSTRAKTIONEN LEBEN KANN. ABER ICH HALTE SIE NICHT FÜR KUNST. ICH MACHE SIE NUR, DAMIT ICH MEINEN MERZ OHNE KONZESSIONEN MACHEN KANN.
GOLDSCHMIDT: ER MALTE LADENBESITZER IM TAUSCH GEGEN WAREN UND SEINEN ARZT UND ZAHNARZT FÜR IHRE DIENSTE.
DR. JOHNSTON RETTETE MIR ÖFTER DAS LEBEN.
PORTRÄT VON DR. GEORGE JOHNSTON 1946
SEINE EIGENEN WERKE VERSTECKTE ER UNTER DEM BETT.
MEIN WERK WIRD IN ZEHN JAHREN, WENN ICH TOT BIN, VIEL MEHR WERT SEIN.

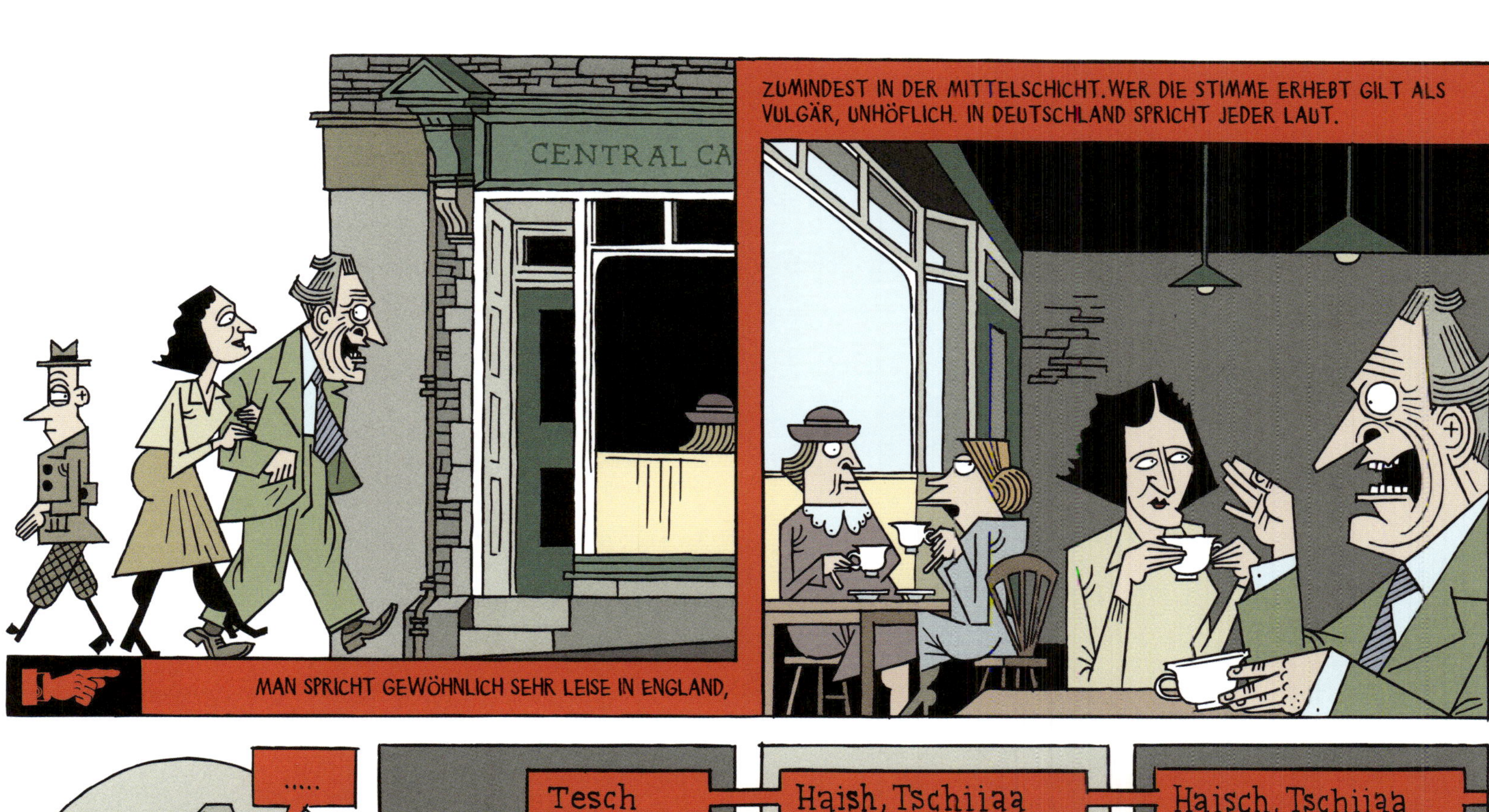

CENTRAL CA
MAN SPRICHT GEWÖHNLICH SEHR LEISE IN ENGLAND,
ZUMINDEST IN DER MITTELSCHICHT. WER DIE STIMME ERHEBT GILT ALS VULGÄR, UNHÖFLICH. IN DEUTSCHLAND SPRICHT JEDER LAUT.

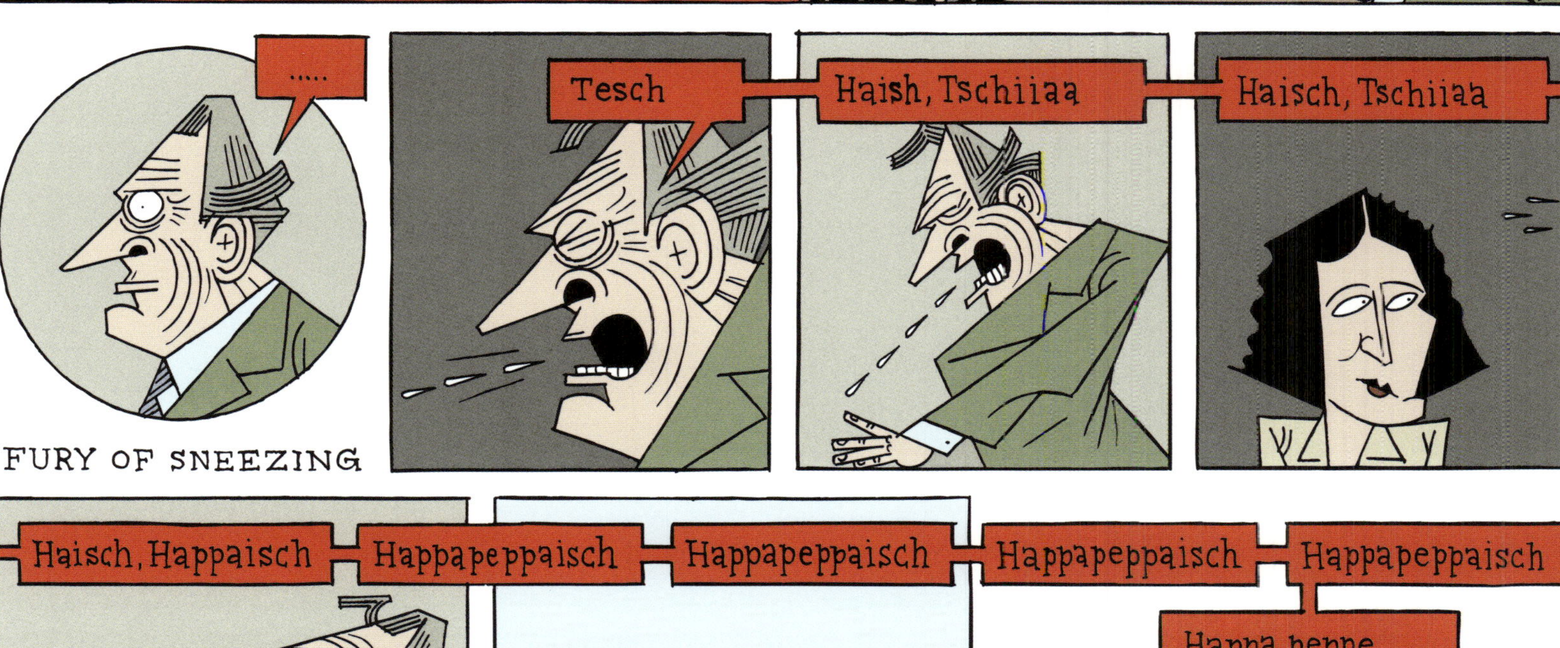

.....
FURY OF SNEEZING
Tesch
Haish, Tschiiaa
Haisch, Tschiiaa

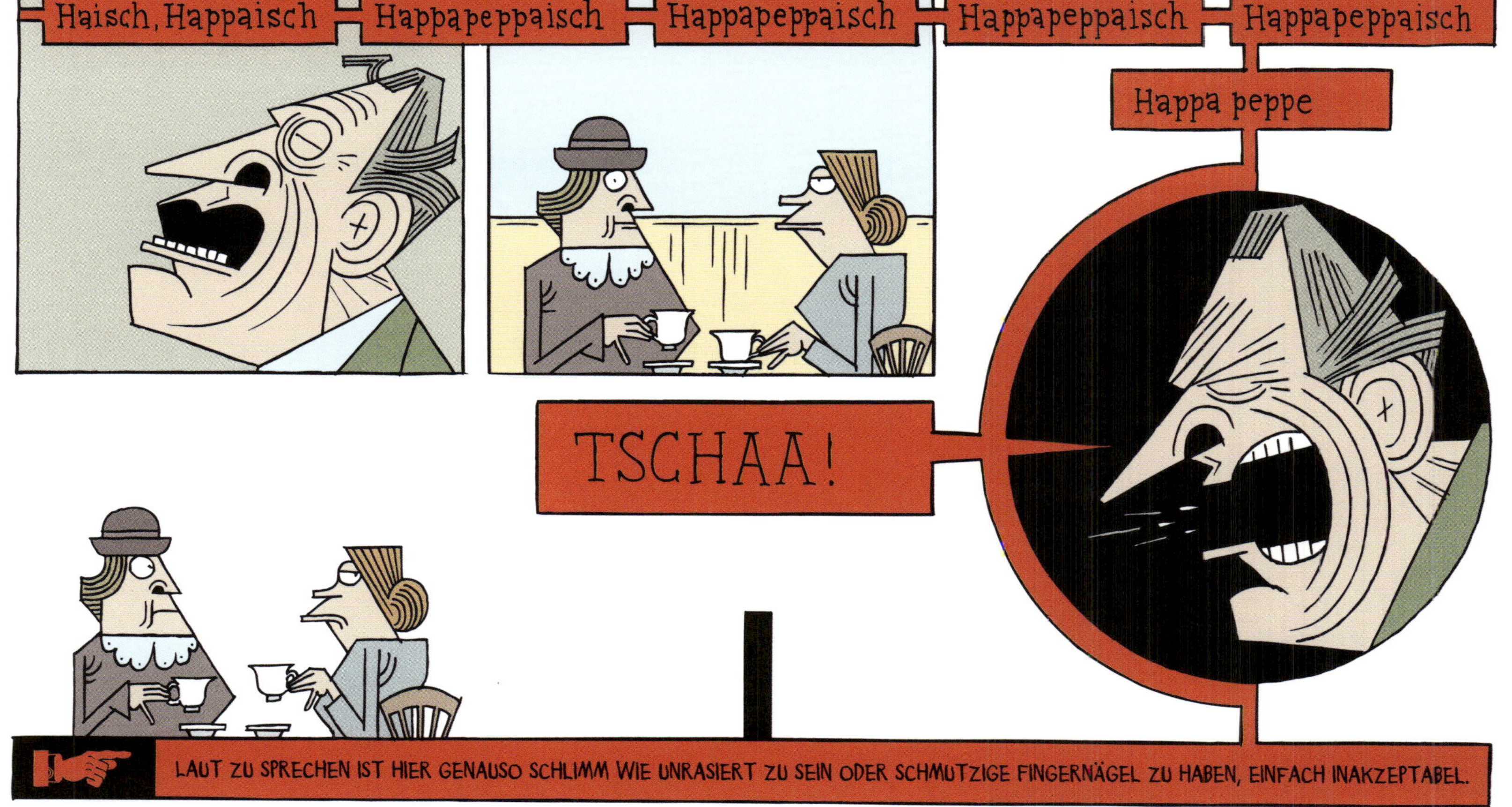

Haisch, Happaisch
Happapeppaisch
Happapeppaisch
Happapeppaisch
Happapeppaisch
Happa peppe
TSCHAA!
LAUT ZU SPRECHEN IST HIER GENAUSO SCHLIMM WIE UNRASIERT ZU SEIN ODER SCHMUTZIGE FINGERNÄGEL ZU HABEN, EINFACH INAKZEPTABEL.

ER (...) REZITIERTE DIE URSONATE, SEIN LAUTGEDICHT. ES WAR SEHR BEWEGEND UND FASZINIEREND, WIE SICH SEIN VORTRAG VON DEN SEHR LYRISCHEN BIS ZU DEN DRAMATISCHSTEN PASSAGEN HIN AUFBAUTE.

:HILDE GOLDSCHMIDT

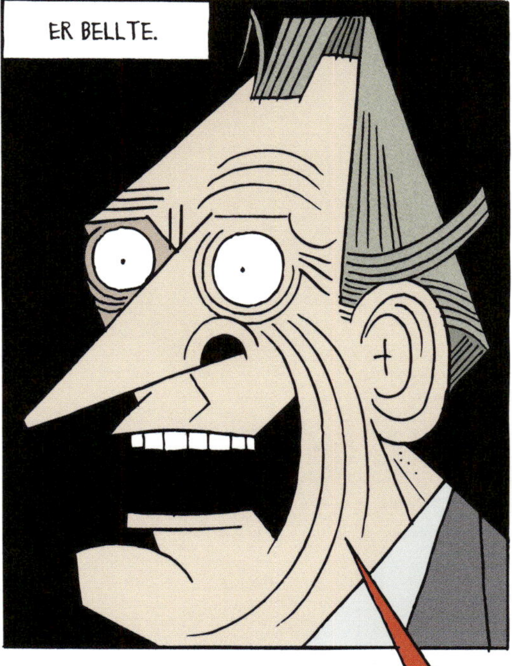

URSO
NATE

(c) ü3+
3a

ER SCHNIEFTE,

rakete rinnsekete
rakete rinnsekete
rakete rinnsekete

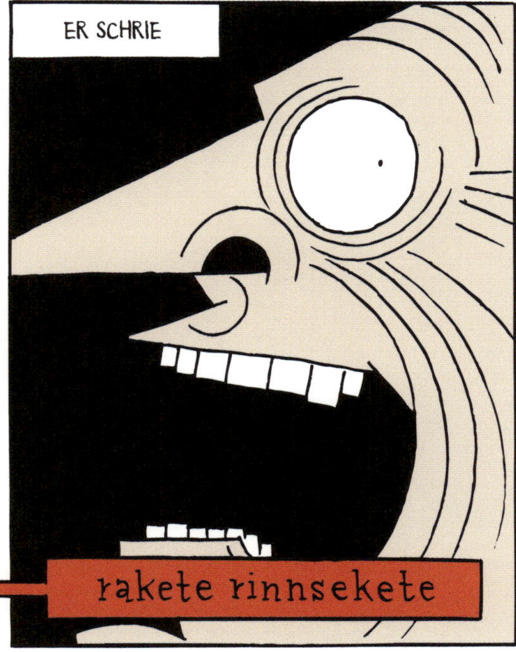

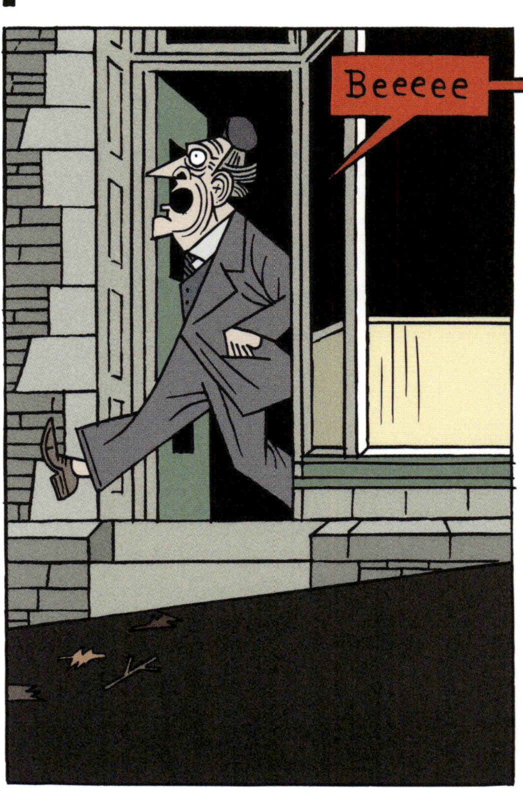

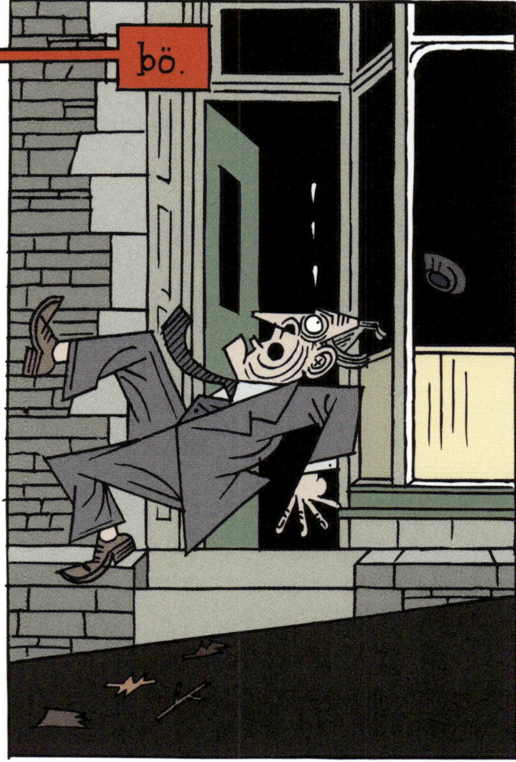

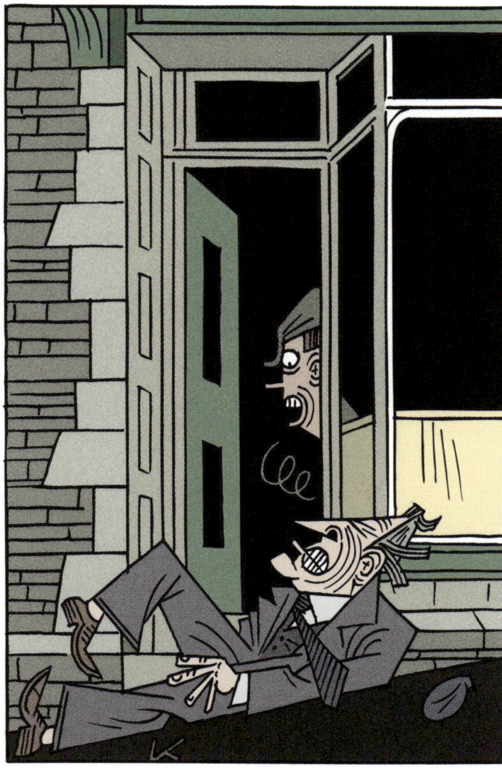

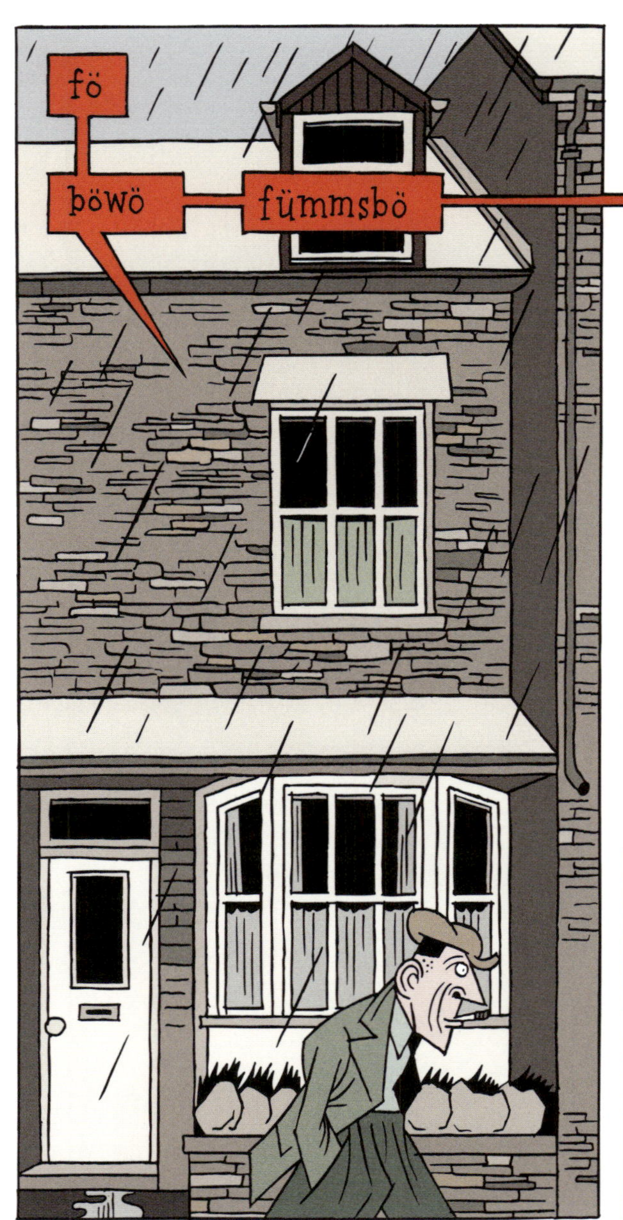

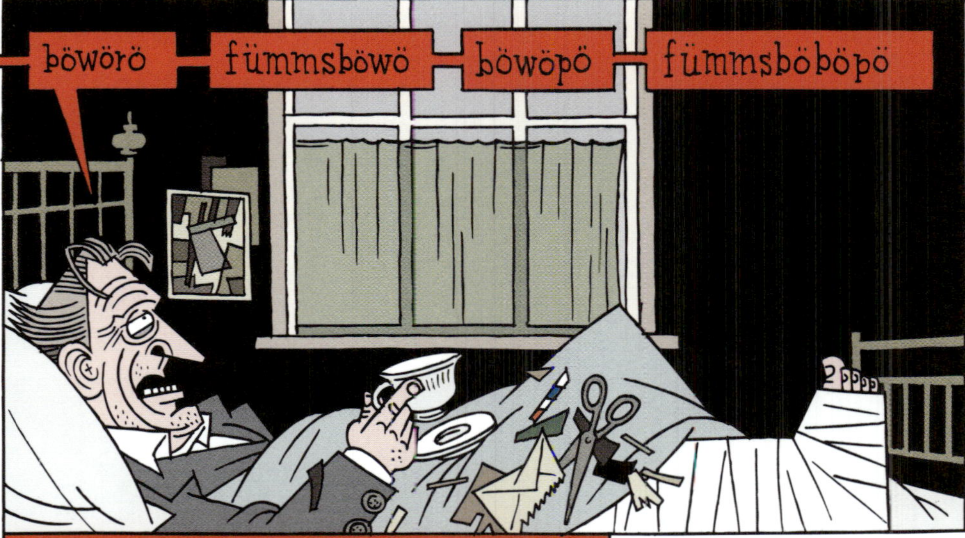

MEINE SONATE IN URLAUTEN IST AUF DEM ERSTEN SATZ AUFGEBAUT EINEM RONDO MIT DEM HAUPTTHEMA: FÜMMS ... DIESES HAUPTTHEMA IST TEILWEISE EINEM GEDICHT VON RAOUL HAUSMANN ENTLEHNT, DAS SICH SO SCHREIBT:

fmsbwtözäu
pggiv-..?mü

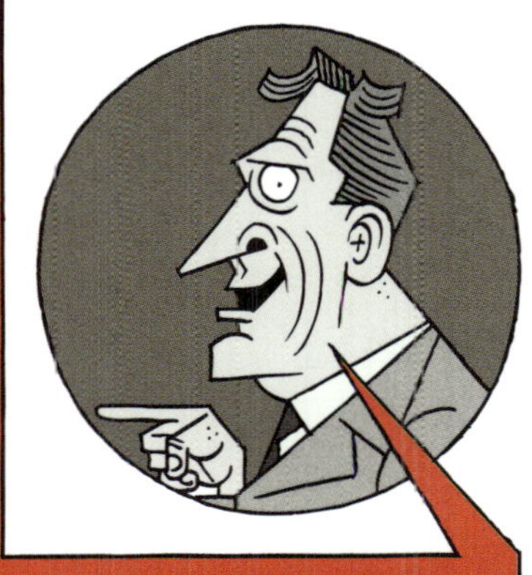

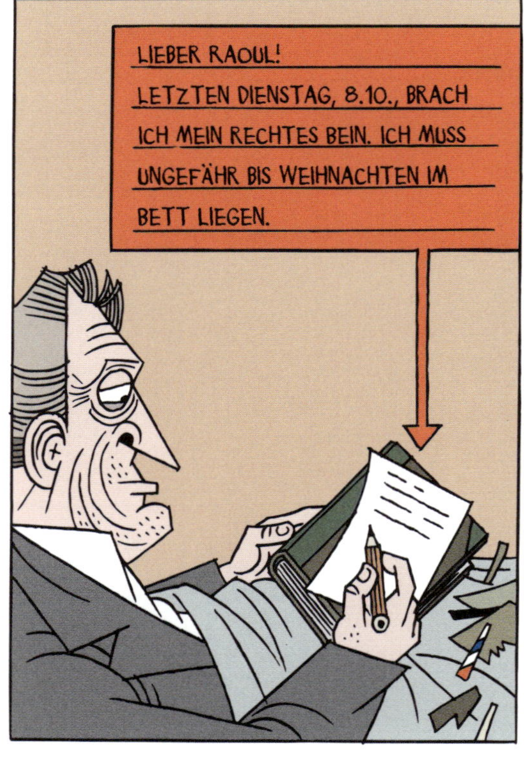

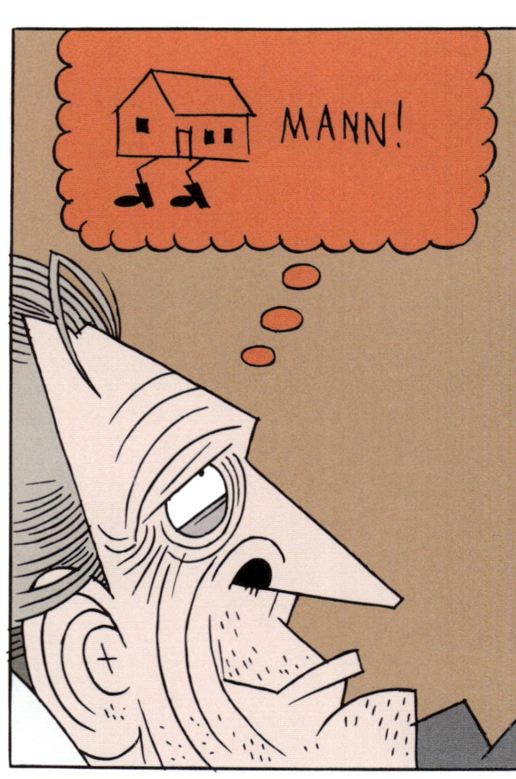

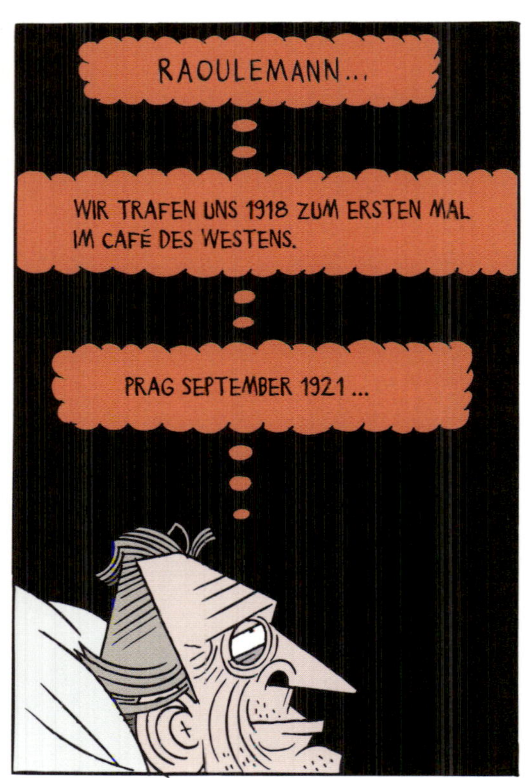

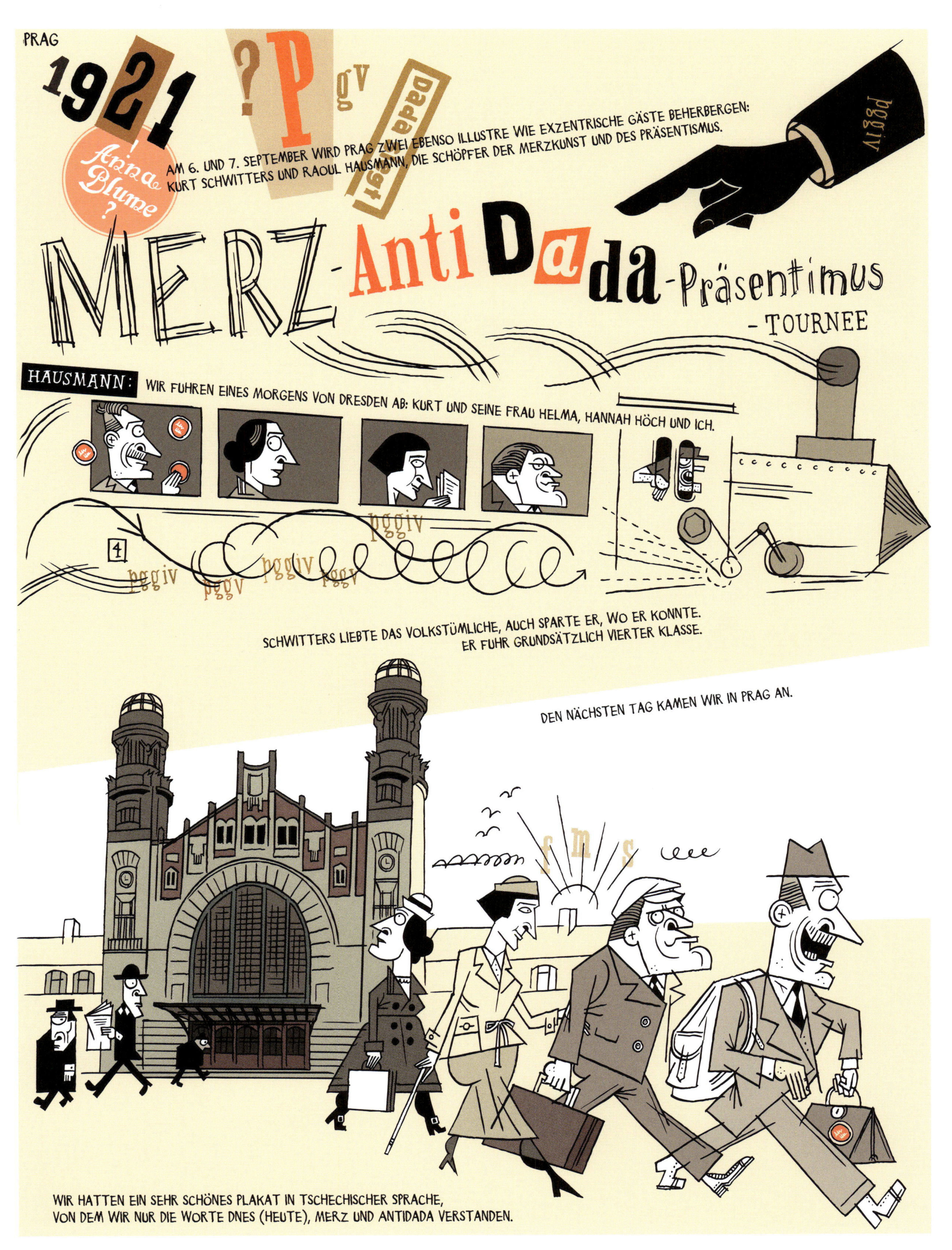
PRAG
1921
?P gv
Dada siegt
! Anna Blume ?
AM 6. UND 7. SEPTEMBER WIRD PRAG ZWEI EBENSO ILLUSTRE WIE EXZENTRISCHE GÄSTE BEHERBERGEN: KURT SCHWITTERS UND RAOUL HAUSMANN, DIE SCHÖPFER DER MERZKUNST UND DES PRÄSENTISMUS.
pggiv
MERZ-Anti Dada-Präsentimus
-TOURNEE
HAUSMANN: WIR FUHREN EINES MORGENS VON DRESDEN AB: KURT UND SEINE FRAU HELMA, HANNAH HÖCH UND ICH.
4
pggiv
SCHWITTERS LIEBTE DAS VOLKSTÜMLICHE, AUCH SPARTE ER, WO ER KONNTE.
ER FUHR GRUNDSÄTZLICH VIERTER KLASSE.
DEN NÄCHSTEN TAG KAMEN WIR IN PRAG AN.
f m s
WIR HATTEN EIN SEHR SCHÖNES PLAKAT IN TSCHECHISCHER SPRACHE,
VON DEM WIR NUR DIE WORTE DNES (HEUTE), MERZ UND ANTIDADA VERSTANDEN.

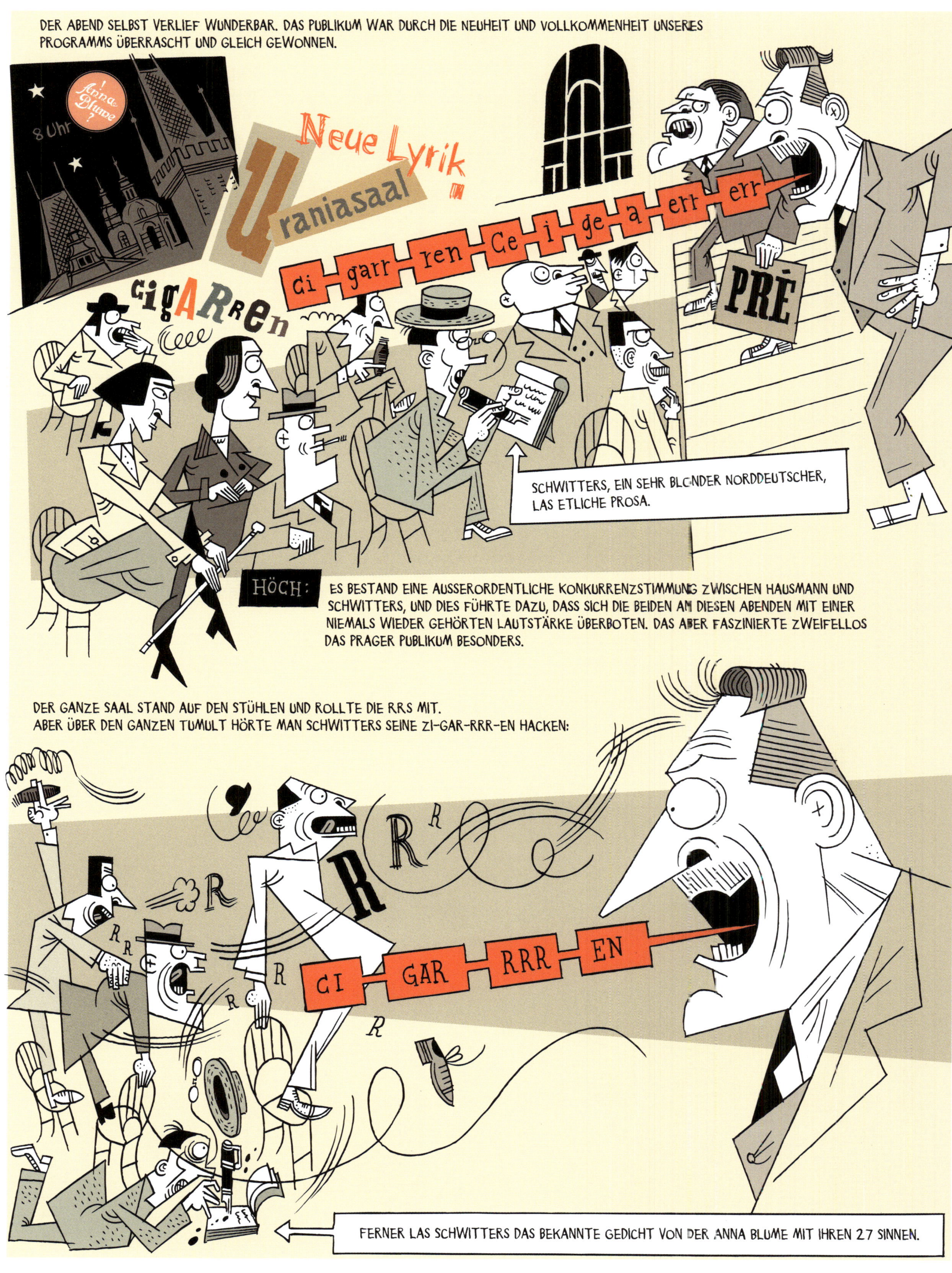
DER ABEND SELBST VERLIEF WUNDERBAR. DAS PUBLIKUM WAR DURCH DIE NEUHEIT UND VOLLKOMMENHEIT UNSERES PROGRAMMS ÜBERRASCHT UND GLEICH GEWONNEN.
8 Uhr
Anna Blume
Neue Lyrik
Uraniasaal
cigARRen
ci-garr-ren-Ce-i-ge-a-err-err
PRÉ
SCHWITTERS, EIN SEHR BLONDER NORDDEUTSCHER, LAS ETLICHE PROSA.
HÖCH: ES BESTAND EINE AUSSERORDENTLICHE KONKURRENZSTIMMUNG ZWISCHEN HAUSMANN UND SCHWITTERS, UND DIES FÜHRTE DAZU, DASS SICH DIE BEIDEN AN DIESEN ABENDEN MIT EINER NIEMALS WIEDER GEHÖRTEN LAUTSTÄRKE ÜBERBOTEN. DAS ABER FASZINIERTE ZWEIFELLOS DAS PRAGER PUBLIKUM BESONDERS.
DER GANZE SAAL STAND AUF DEN STÜHLEN UND ROLLTE DIE RRS MIT.
ABER ÜBER DEN GANZEN TUMULT HÖRTE MAN SCHWITTERS SEINE ZI-GAR-RRR-EN HACKEN:
CI-GAR-RRR-EN
FERNER LAS SCHWITTERS DAS BEKANNTE GEDICHT VON DER ANNA BLUME MIT IHREN 27 SINNEN.

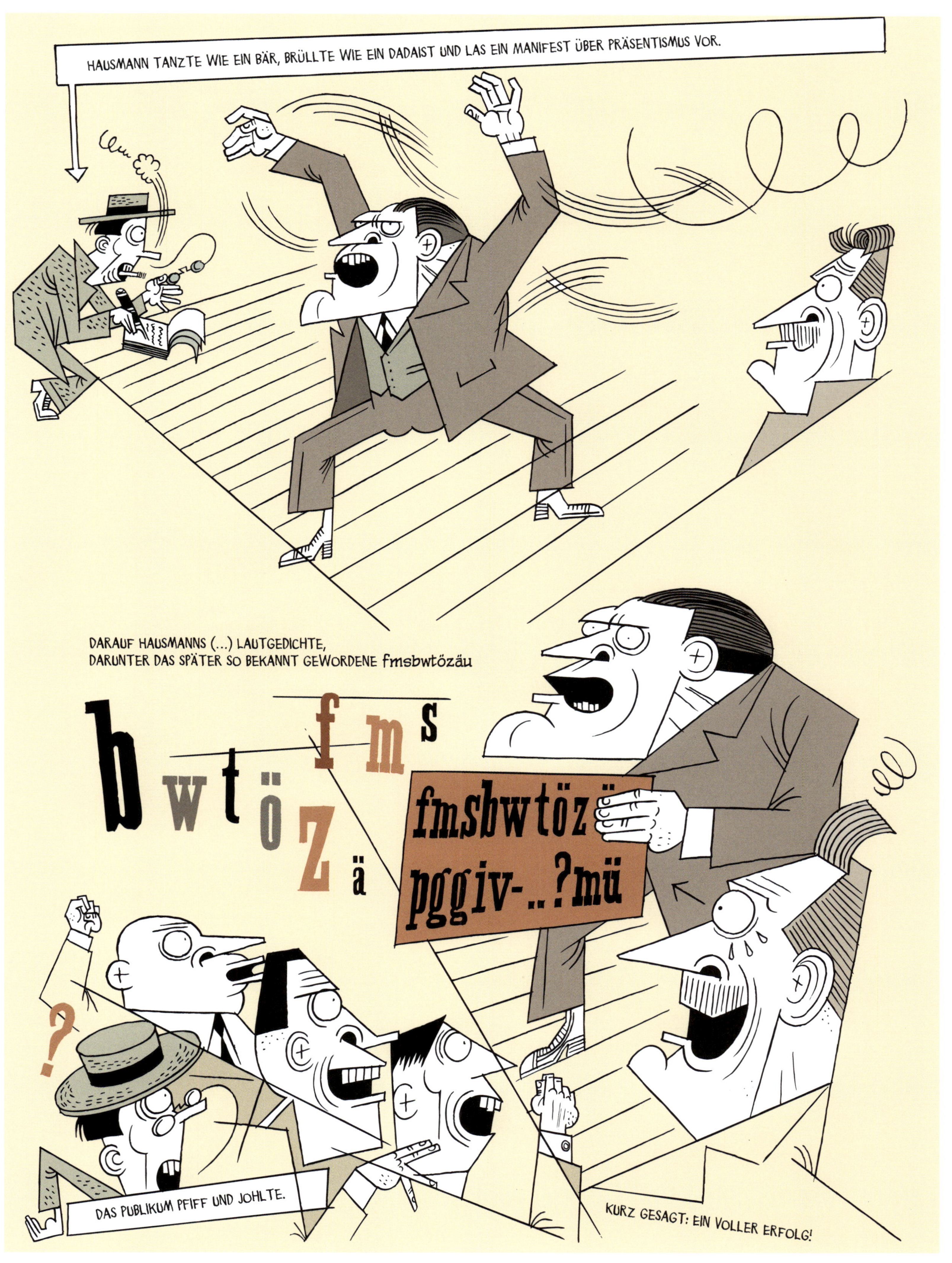
HAUSMANN TANZTE WIE EIN BÄR, BRÜLLTE WIE EIN DADAIST UND LAS EIN MANIFEST ÜBER PRÄSENTISMUS VOR.
DARAUF HAUSMANNS (...) LAUTGEDICHTE,
DARUNTER DAS SPÄTER SO BEKANNT GEWORDENE fmsbwtözäu
b w t ö f m s Z ä
fmsbwtözä
pggiv-..?mü
?
DAS PUBLIKUM PFIFF UND JOHLTE.
KURZ GESAGT: EIN VOLLER ERFOLG!

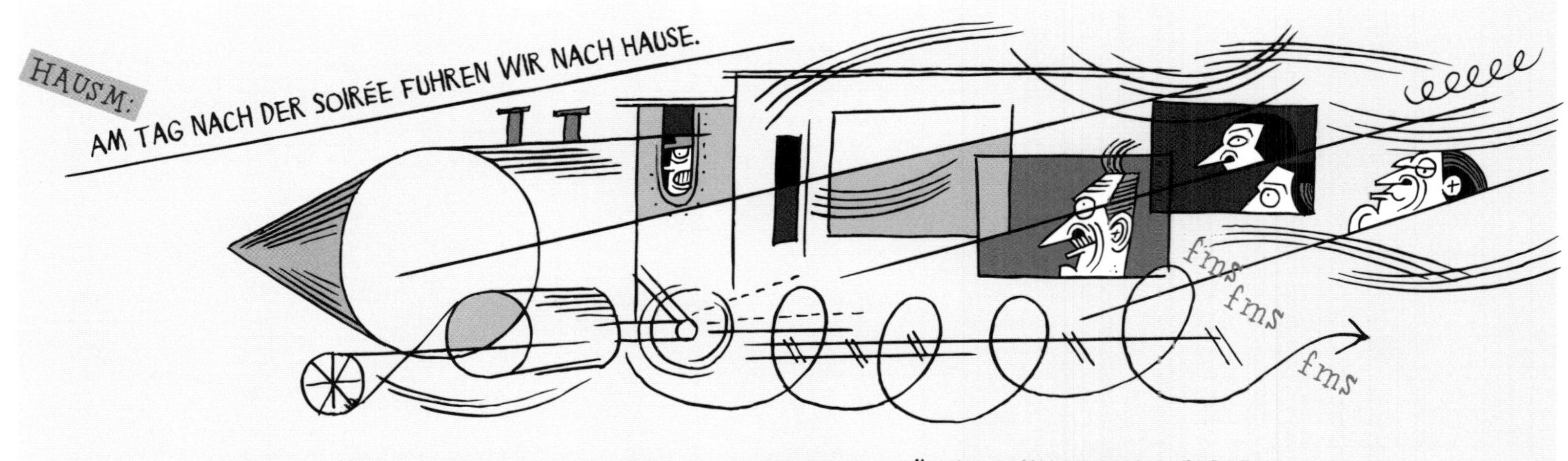

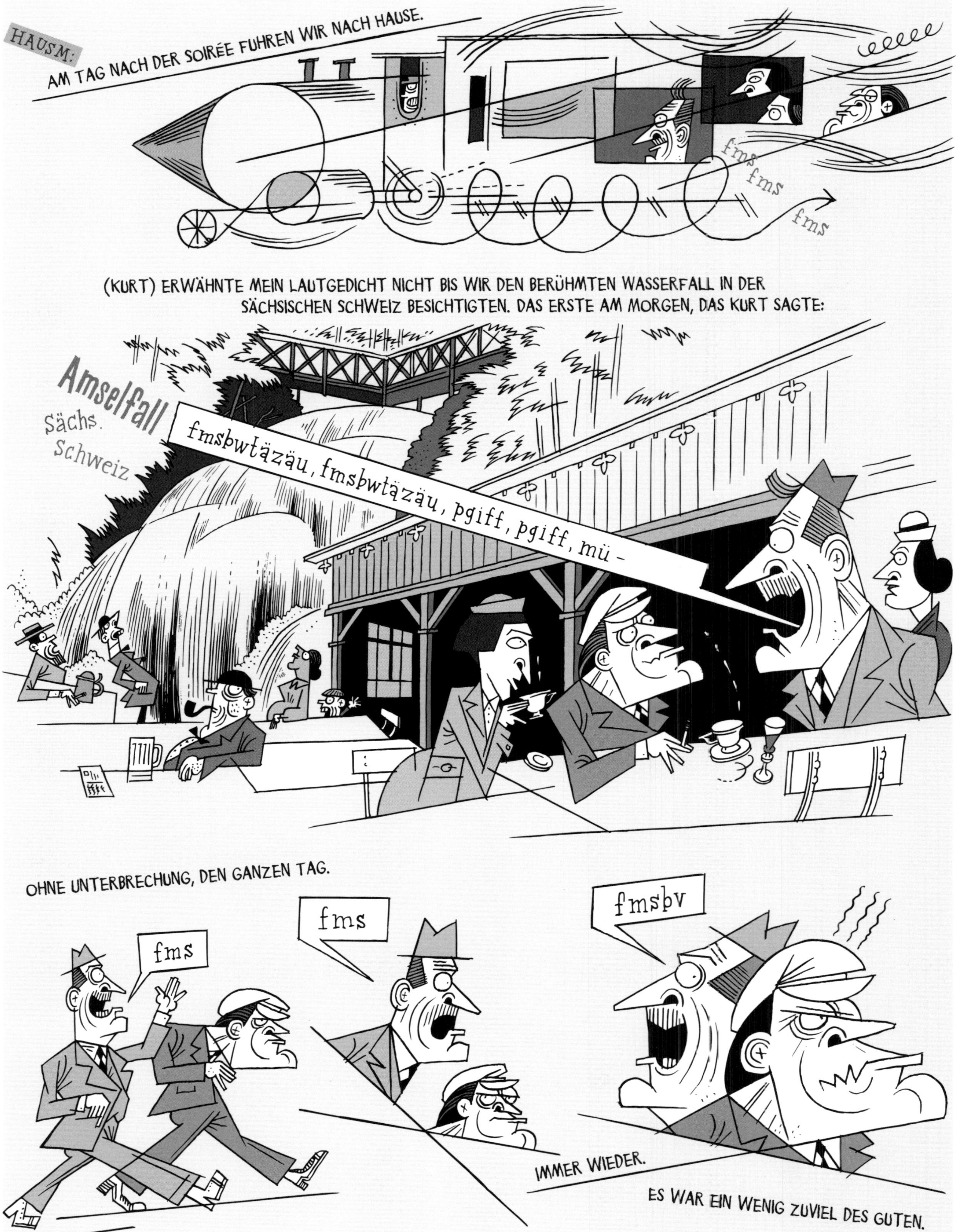

(KURT) ERWÄHNTE MEIN LAUTGEDICHT NICHT BIS WIR DEN BERÜHMTEN WASSERFALL IN DER SÄCHSISCHEN SCHWEIZ BESICHTIGTEN. DAS ERSTE AM MORGEN, DAS KURT SAGTE:

Amselfall
Sächs.
Schweiz

fmsbwtäzäu, fmsbwtäzäu, pgiff, pgiff, mü-

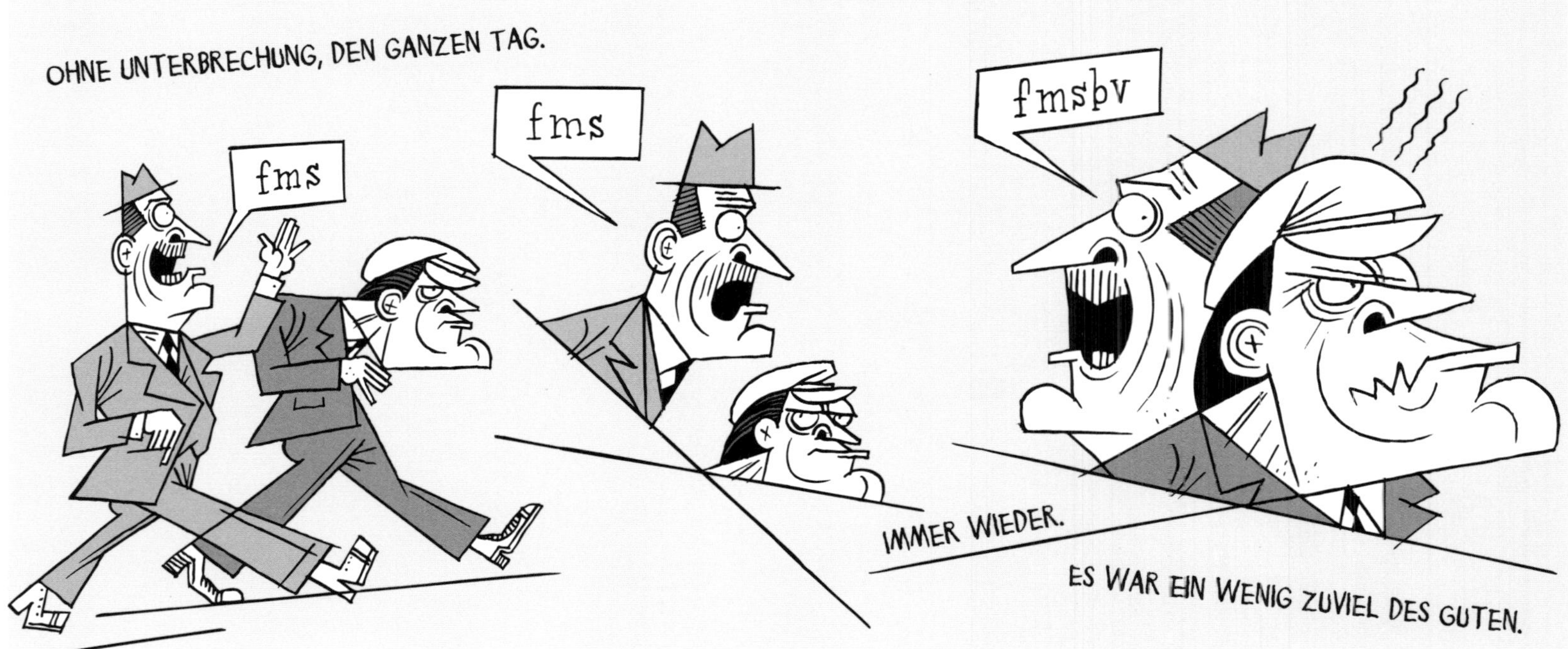

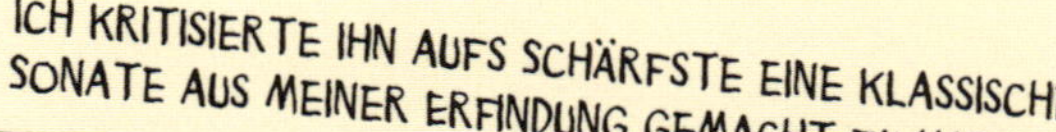

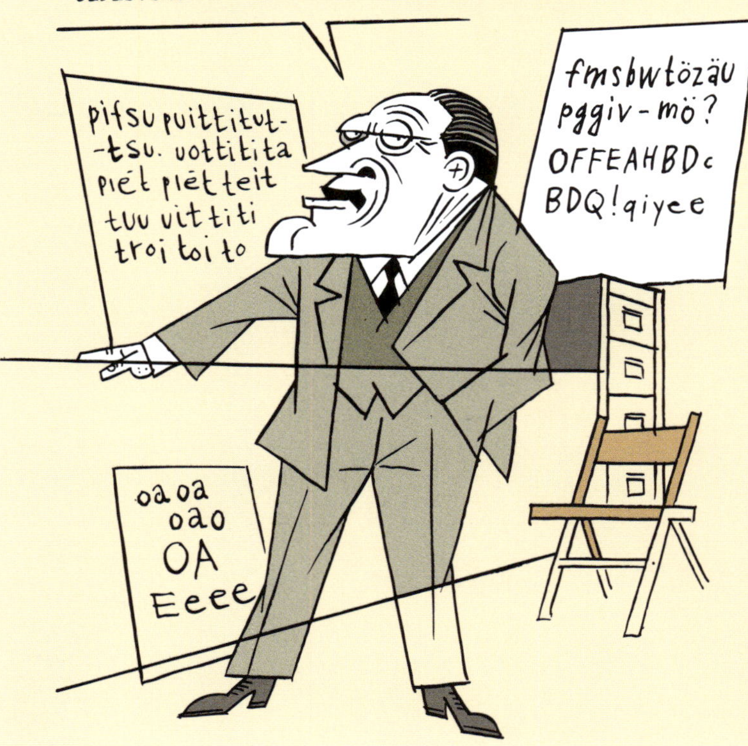

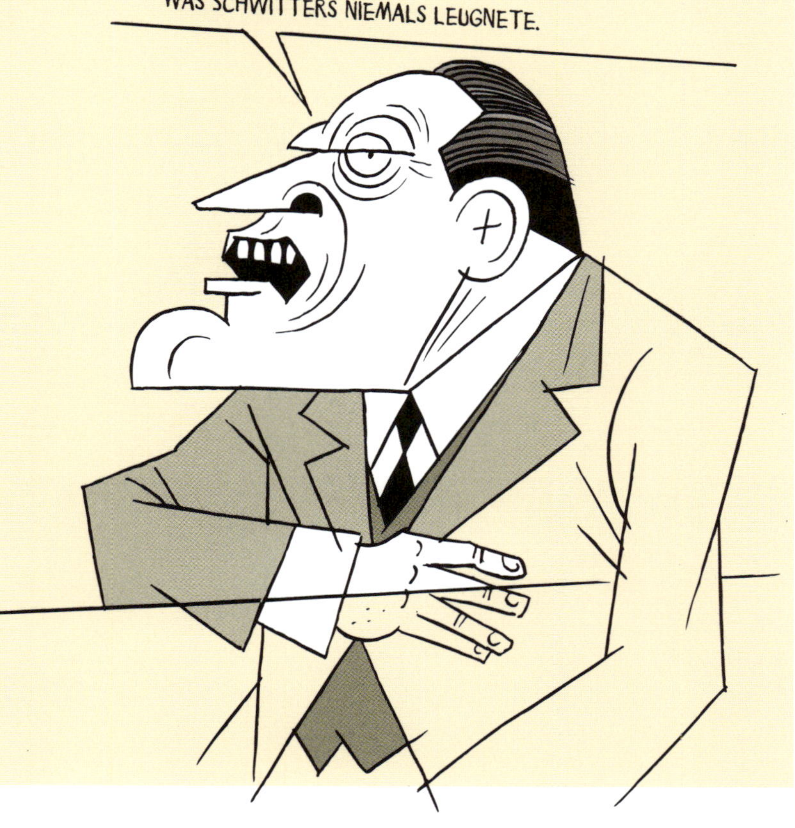

böwöröböpö – fümmsböwöböpö – böwörötääböpö – fümmsböwötääböpö – böwörötääzääböpö – fümmsböwötääzääböpö

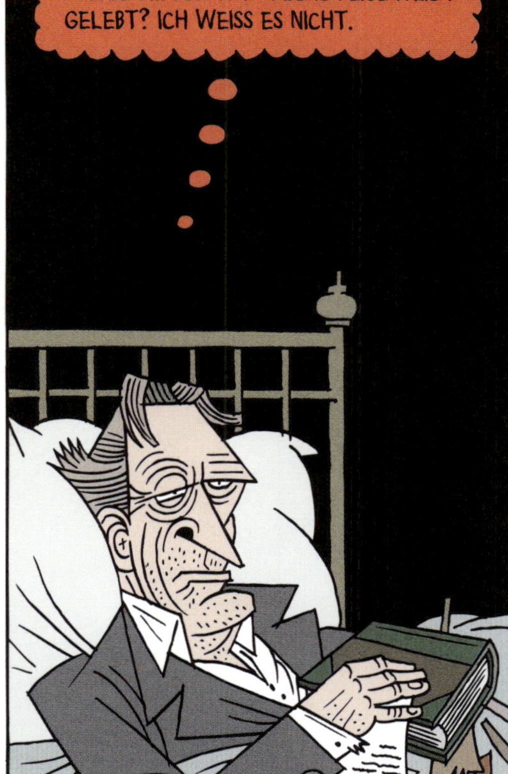

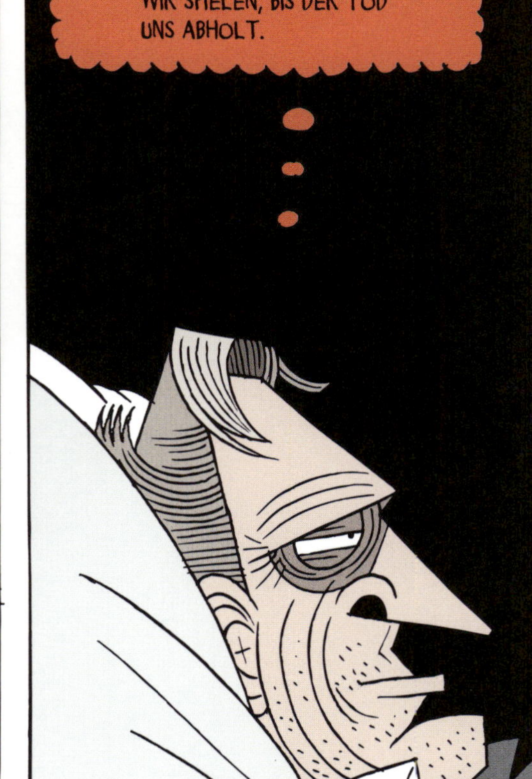

WENN DU AUF EINEM HOHEN BERG STEHST, FÜHLST DU DICH FREI UND GLÜCKLICH. NICHTS STÖRT DICH, NICHTS BEHINDERT DEINE SICHT. DU FÜHLST GLÜCK.

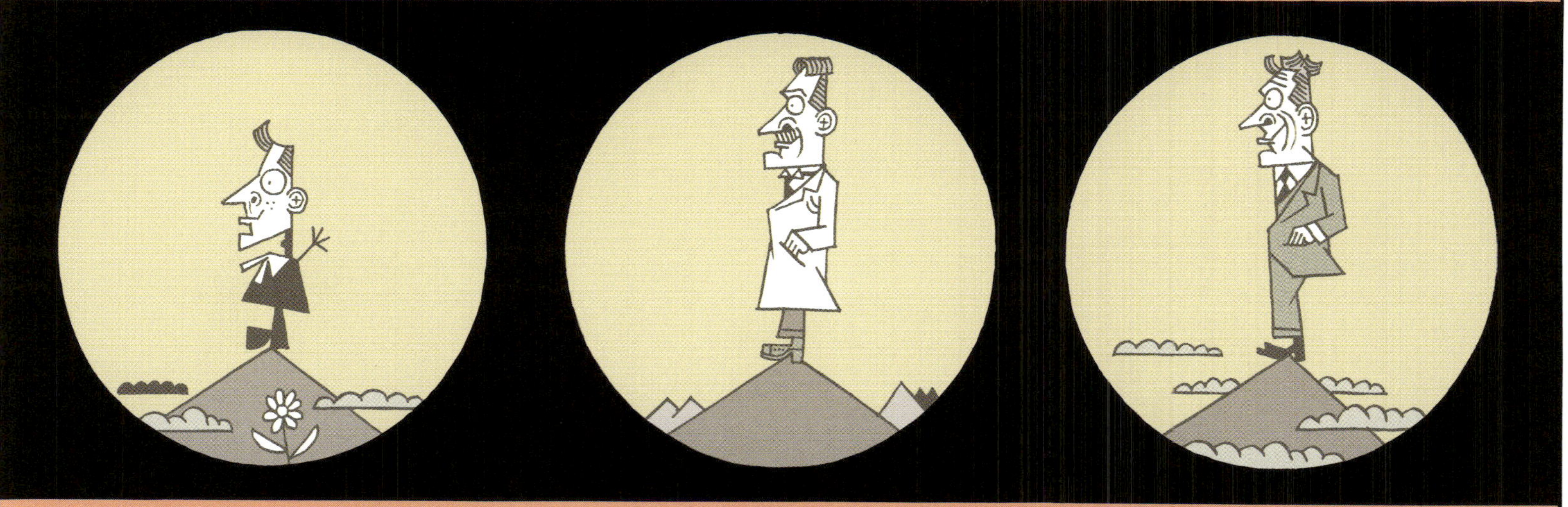

ICH HABE MICH OFT GLÜCKLICH GEFÜHLT UND KONNTE MIR NICHT VORSTELLEN, DASS DIESES GLÜCK NICHT FÜR IMMER ANHALTEN WÜRDE.
ICH WAR GESUND, HATTE ALLES WAS ICH MIR WÜNSCHTE, KONNTE INS WEITE RUND BLICKEN UND EINE GLÜCKLICHE ZUKUNFT SEHEN.

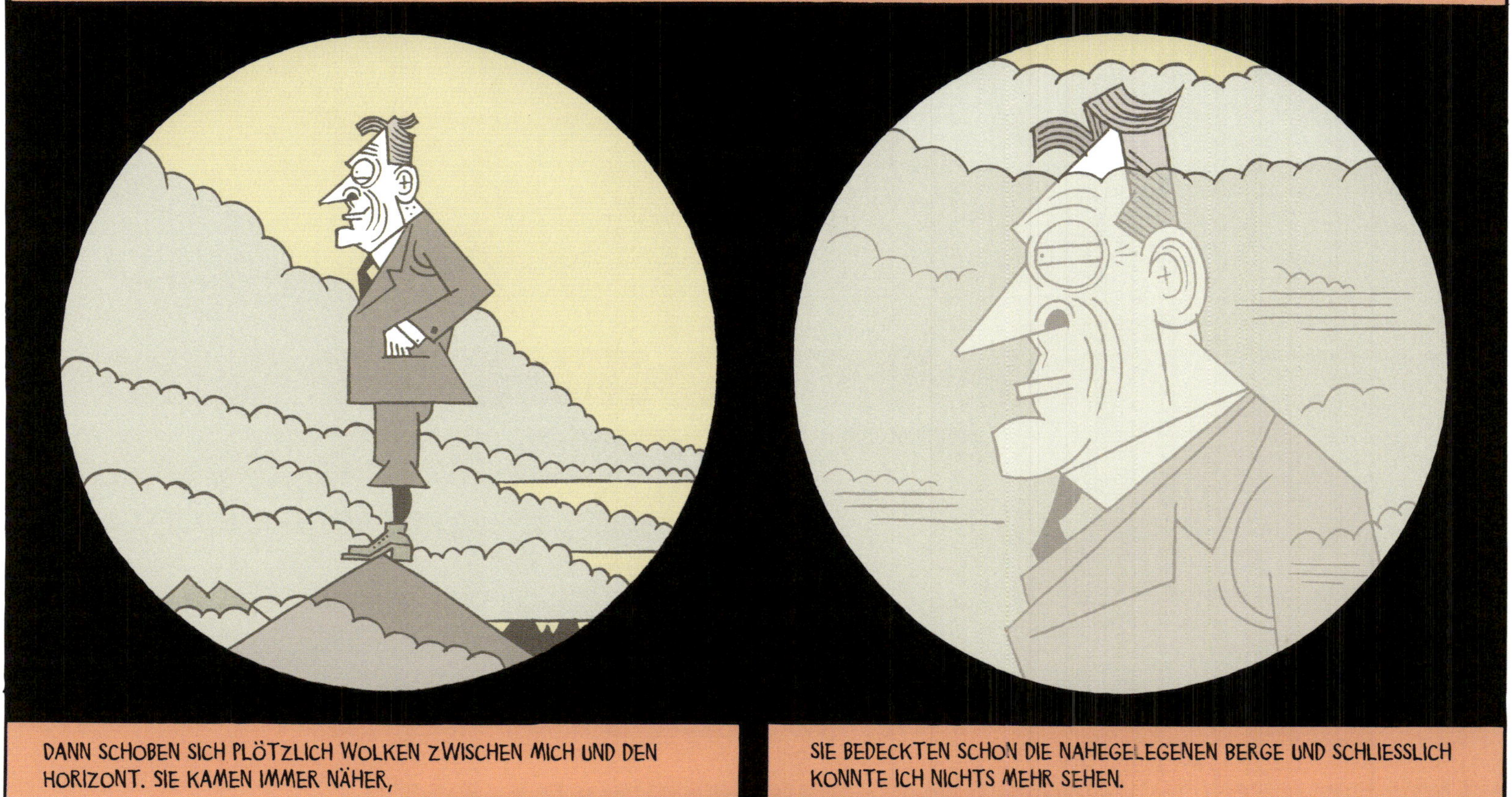

DANN SCHOBEN SICH PLÖTZLICH WOLKEN ZWISCHEN MICH UND DEN HORIZONT. SIE KAMEN IMMER NÄHER,

SIE BEDECKTEN SCHON DIE NAHEGELEGENEN BERGE UND SCHLIESSLICH KONNTE ICH NICHTS MEHR SEHEN.

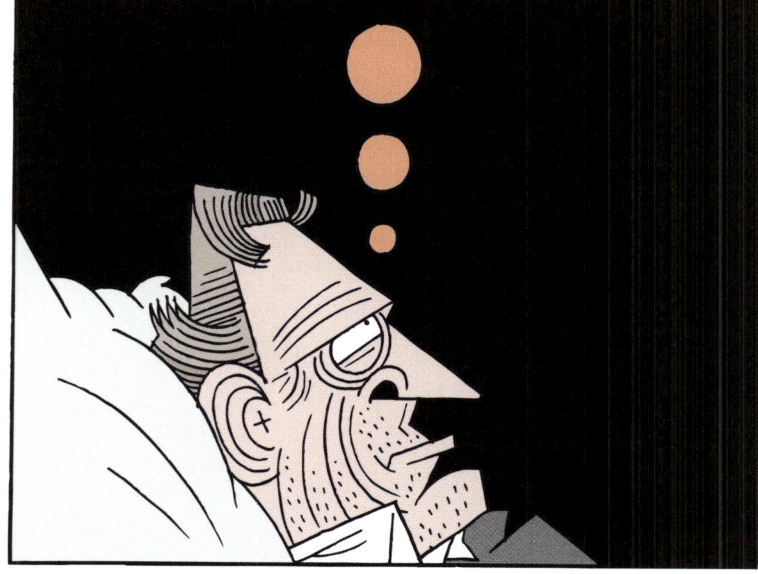

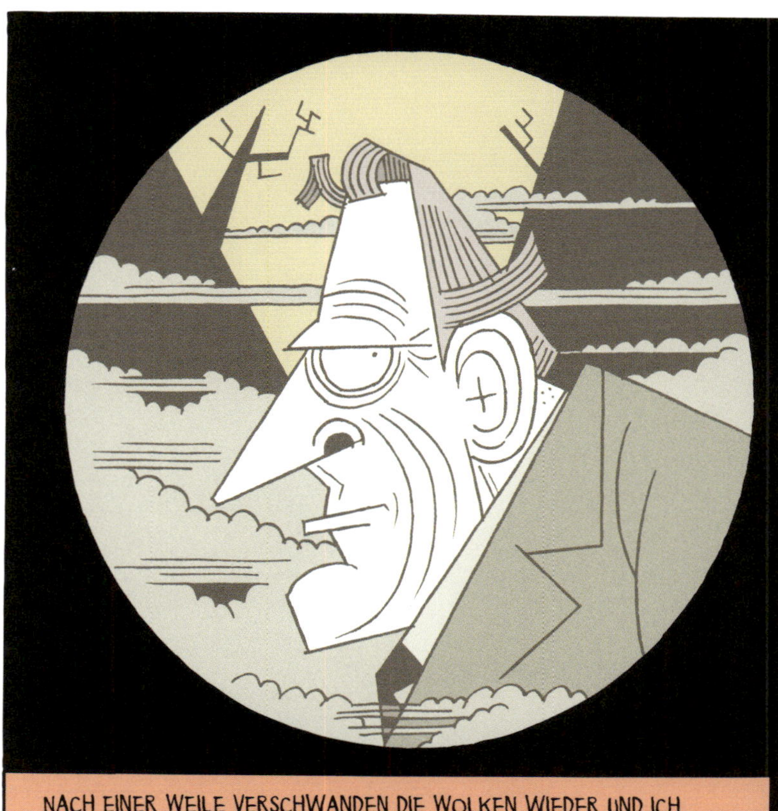

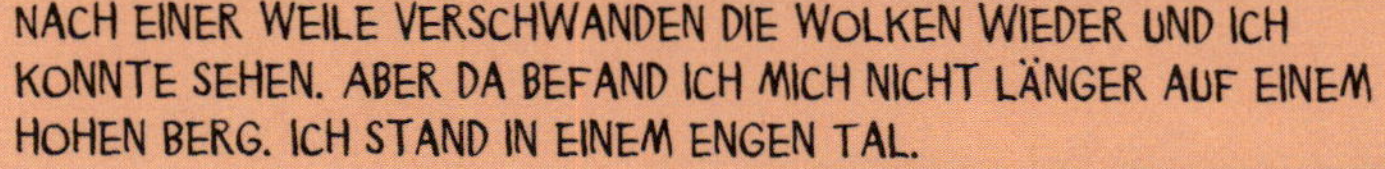

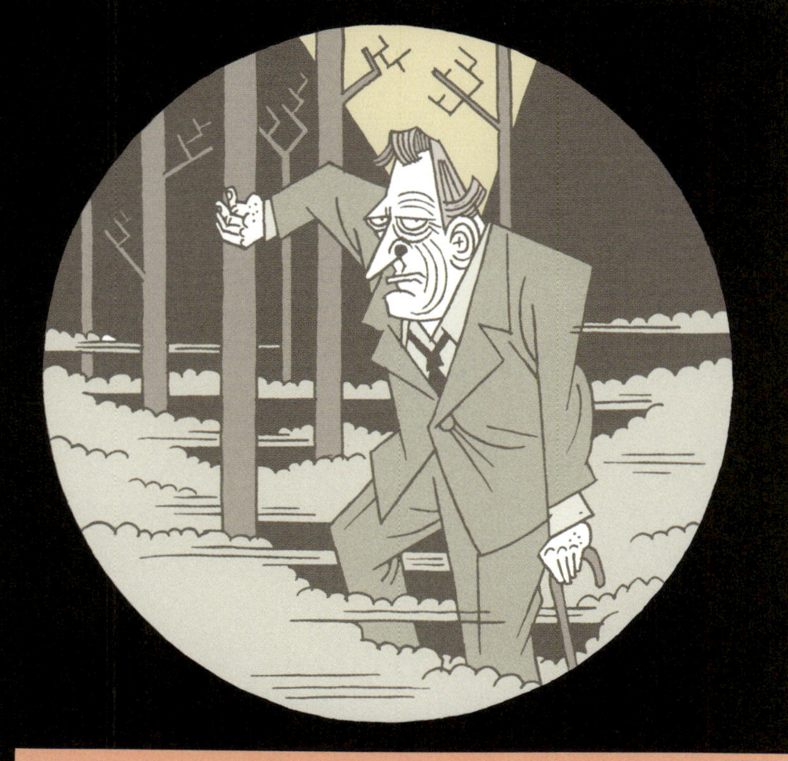

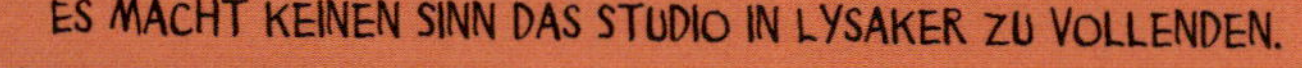

ALLES, WAS ICH IN HANNOVER BESASS, WAR ZERBOMBT ODER VERBRANNT. DER MERZBAU IST ZERSTÖRT.

ES MACHT KEINEN SINN DAS STUDIO IN LYSAKER ZU VOLLENDEN.

HELMA (...) TOT.

....

OHNE WANTEE WÄRE ICH NICHT MEHR.

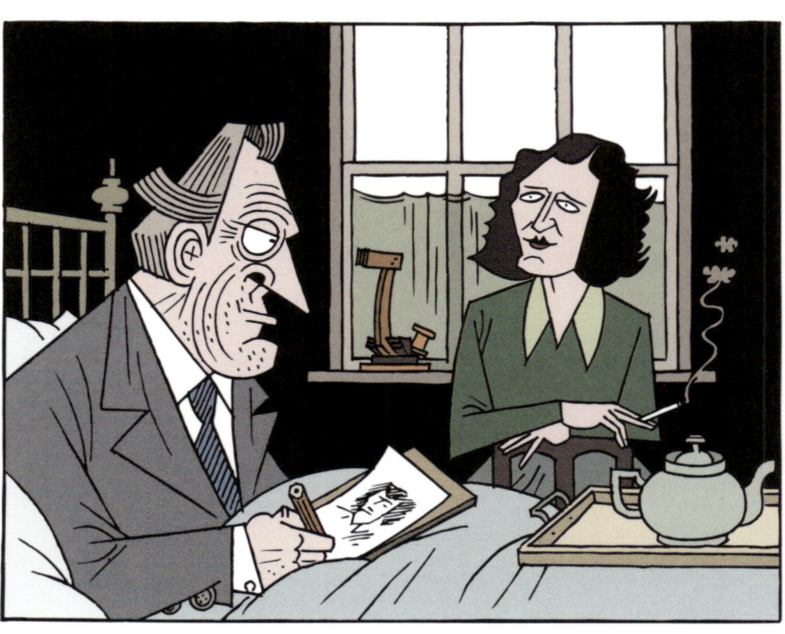

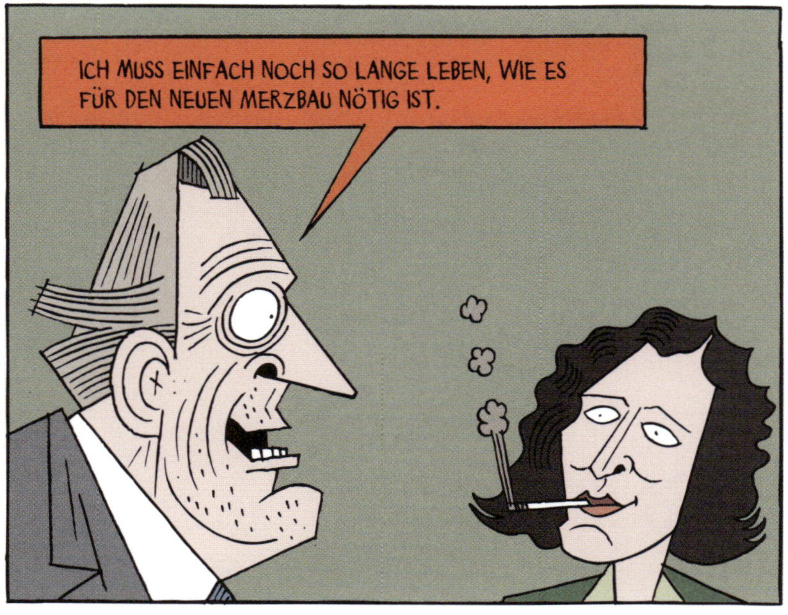

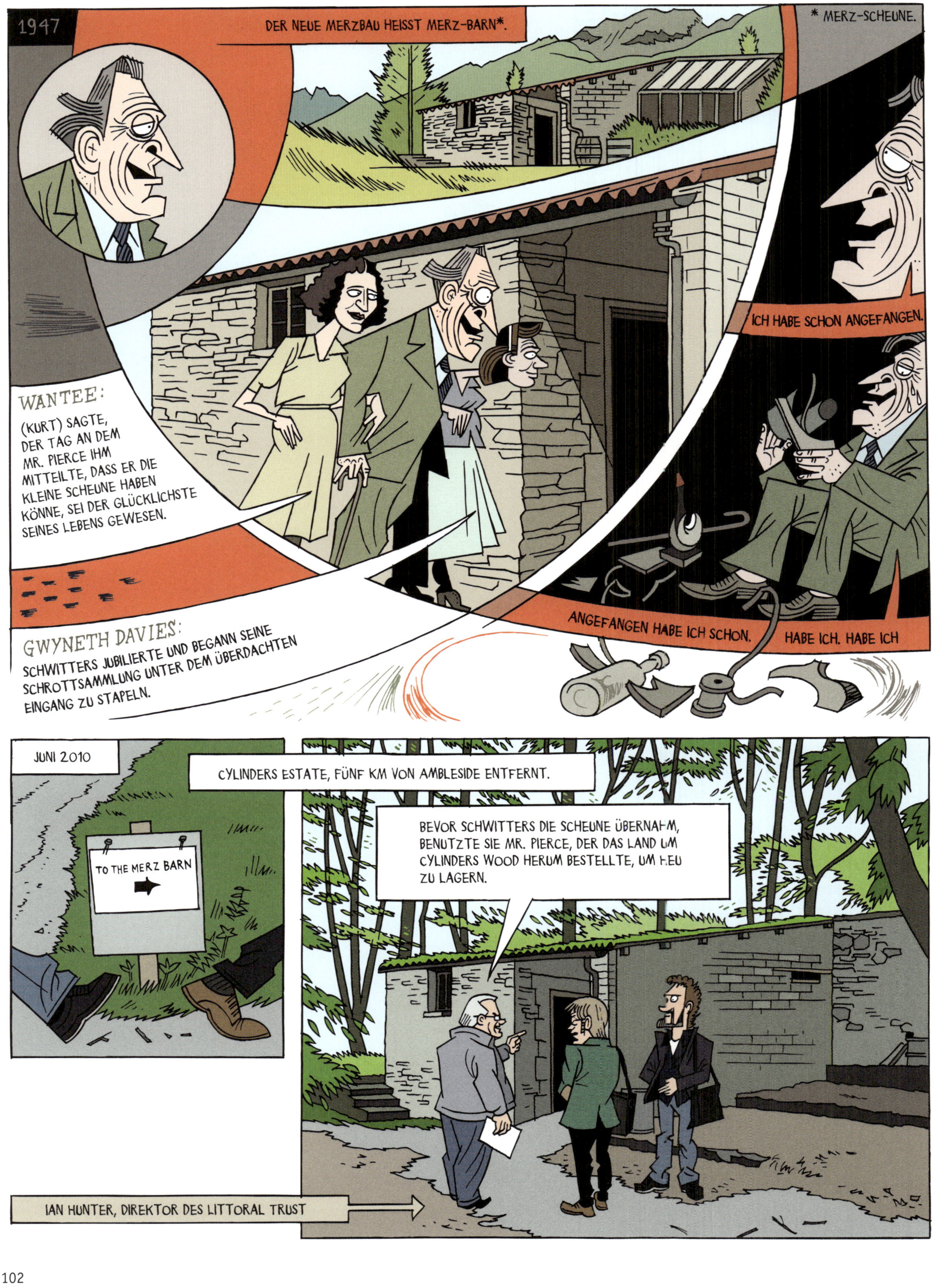

1947

DER NEUE MERZBAU HEISST MERZ-BARN*.

* MERZ-SCHEUNE.

ICH HABE SCHON ANGEFANGEN.

WANTEE:

(KURT) SAGTE, DER TAG AN DEM MR. PIERCE IHM MITTEILTE, DASS ER DIE KLEINE SCHEUNE HABEN KÖNNE, SEI DER GLÜCKLICHSTE SEINES LEBENS GEWESEN.

ANGEFANGEN HABE ICH SCHON.

HABE ICH. HABE ICH

GWYNETH DAVIES:

SCHWITTERS JUBILIERTE UND BEGANN SEINE SCHROTTSAMMLUNG UNTER DEM ÜBERDACHTEN EINGANG ZU STAPELN.

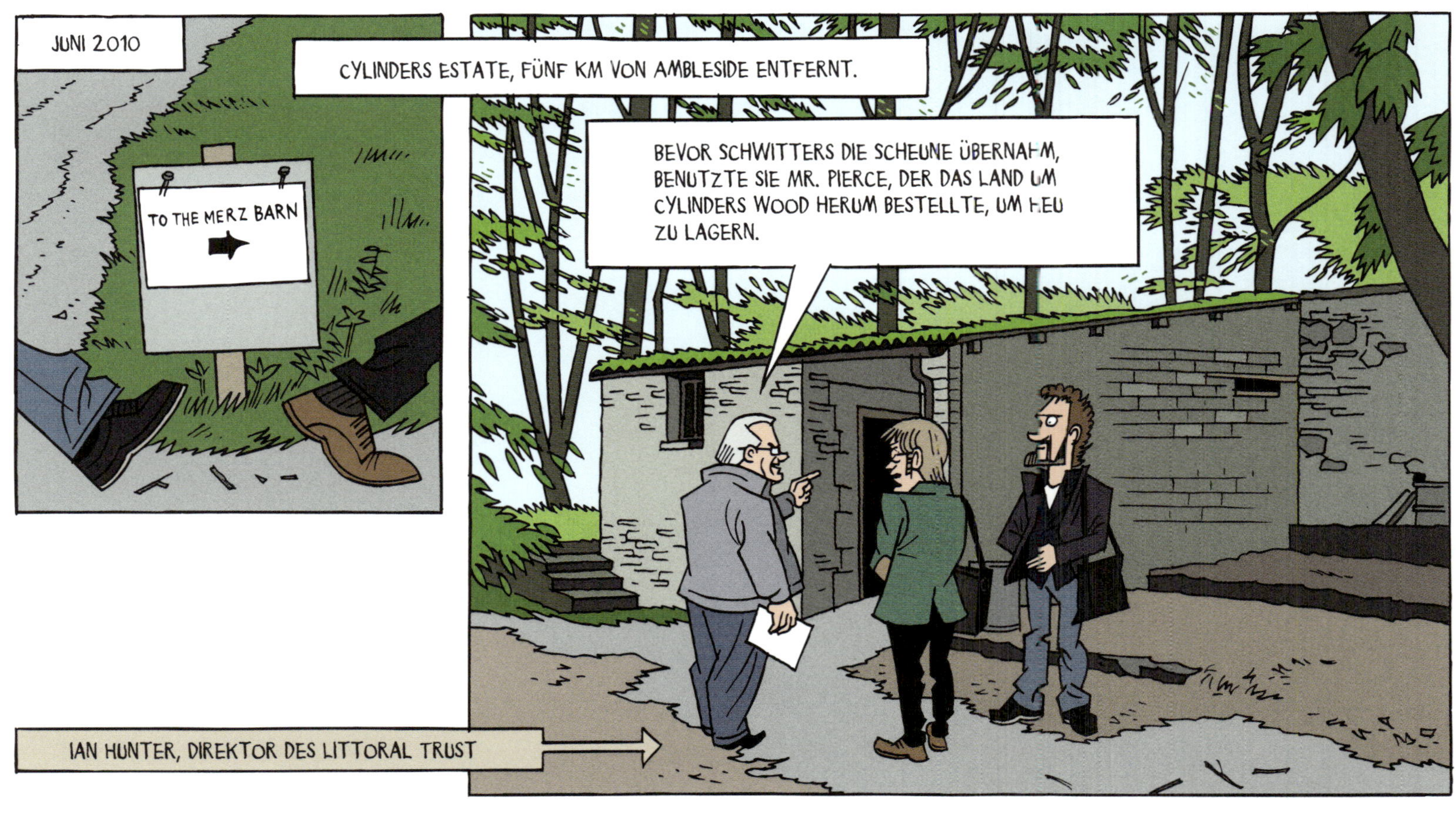

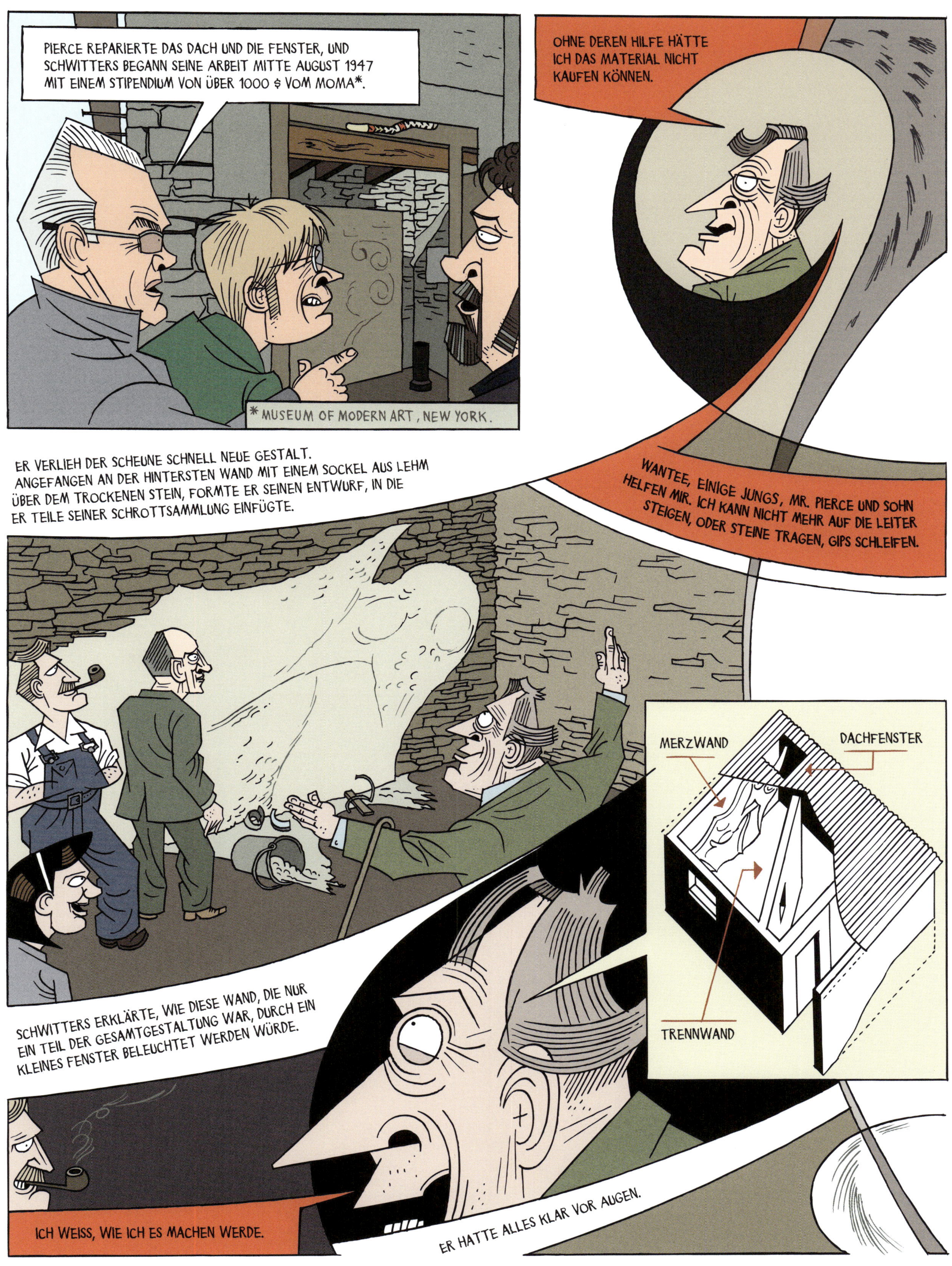
PIERCE REPARIERTE DAS DACH UND DIE FENSTER, UND SCHWITTERS BEGANN SEINE ARBEIT MITTE AUGUST 1947 MIT EINEM STIPENDIUM VON ÜBER 1000 $ VOM MOMA*.
* MUSEUM OF MODERN ART, NEW YORK.
OHNE DEREN HILFE HÄTTE ICH DAS MATERIAL NICHT KAUFEN KÖNNEN.
ER VERLIEH DER SCHEUNE SCHNELL NEUE GESTALT. ANGEFANGEN AN DER HINTERSTEN WAND MIT EINEM SOCKEL AUS LEHM ÜBER DEM TROCKENEN STEIN, FORMTE ER SEINEN ENTWURF, IN DIE ER TEILE SEINER SCHROTTSAMMLUNG EINFÜGTE.
WANTEE, EINIGE JUNGS, MR. PIERCE UND SOHN HELFEN MIR. ICH KANN NICHT MEHR AUF DIE LEITER STEIGEN, ODER STEINE TRAGEN, GIPS SCHLEIFEN.
MERZWAND
DACHFENSTER
TRENNWAND
SCHWITTERS ERKLÄRTE, WIE DIESE WAND, DIE NUR EIN TEIL DER GESAMTGESTALTUNG WAR, DURCH EIN KLEINES FENSTER BELEUCHTET WERDEN WÜRDE.
ICH WEISS, WIE ICH ES MACHEN WERDE.
ER HATTE ALLES KLAR VOR AUGEN.

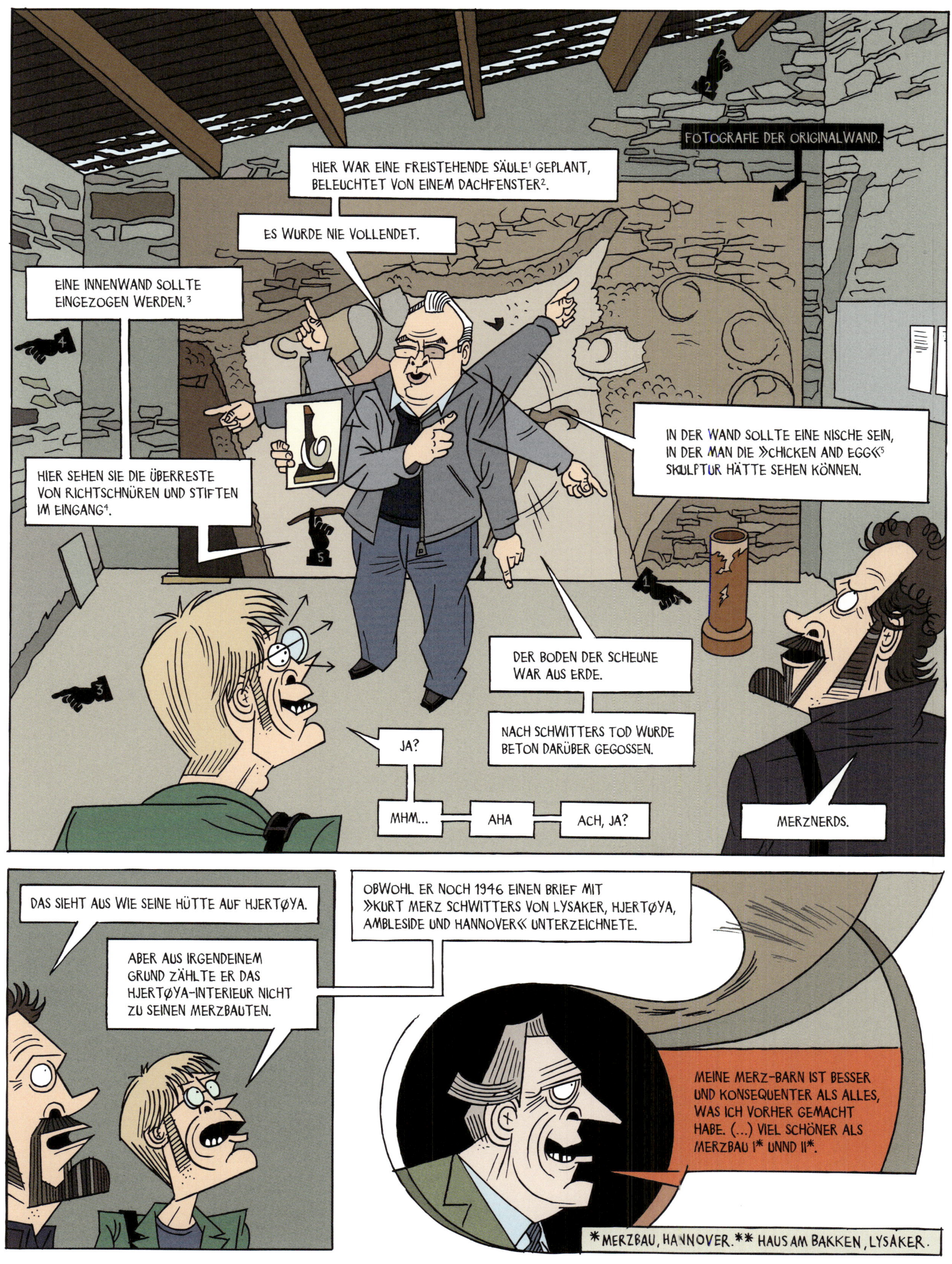
FOTOGRAFIE DER ORIGINALWAND.
HIER WAR EINE FREISTEHENDE SÄULE[1] GEPLANT, BELEUCHTET VON EINEM DACHFENSTER[2].
ES WURDE NIE VOLLENDET.
EINE INNENWAND SOLLTE EINGEZOGEN WERDEN.[3]
HIER SEHEN SIE DIE ÜBERRESTE VON RICHTSCHNÜREN UND STIFTEN IM EINGANG[4].
IN DER WAND SOLLTE EINE NISCHE SEIN, IN DER MAN DIE »CHICKEN AND EGG«[5] SKULPTUR HÄTTE SEHEN KÖNNEN.
DER BODEN DER SCHEUNE WAR AUS ERDE.
NACH SCHWITTERS TOD WURDE BETON DARÜBER GEGOSSEN.
JA?
MHM...
AHA
ACH, JA?
MERZNERDS.
DAS SIEHT AUS WIE SEINE HÜTTE AUF HJERTØYA.
ABER AUS IRGENDEINEM GRUND ZÄHLTE ER DAS HJERTØYA-INTERIEUR NICHT ZU SEINEN MERZBAUTEN.
OBWOHL ER NOCH 1946 EINEN BRIEF MIT »KURT MERZ SCHWITTERS VON LYSAKER, HJERTØYA, AMBLESIDE UND HANNOVER« UNTERZEICHNETE.
MEINE MERZ-BARN IST BESSER UND KONSEQUENTER ALS ALLES, WAS ICH VORHER GEMACHT HABE. (...) VIEL SCHÖNER ALS MERZBAU I* UNND II*.
*MERZBAU, HANNOVER. ** HAUS AM BAKKEN, LYSAKER.

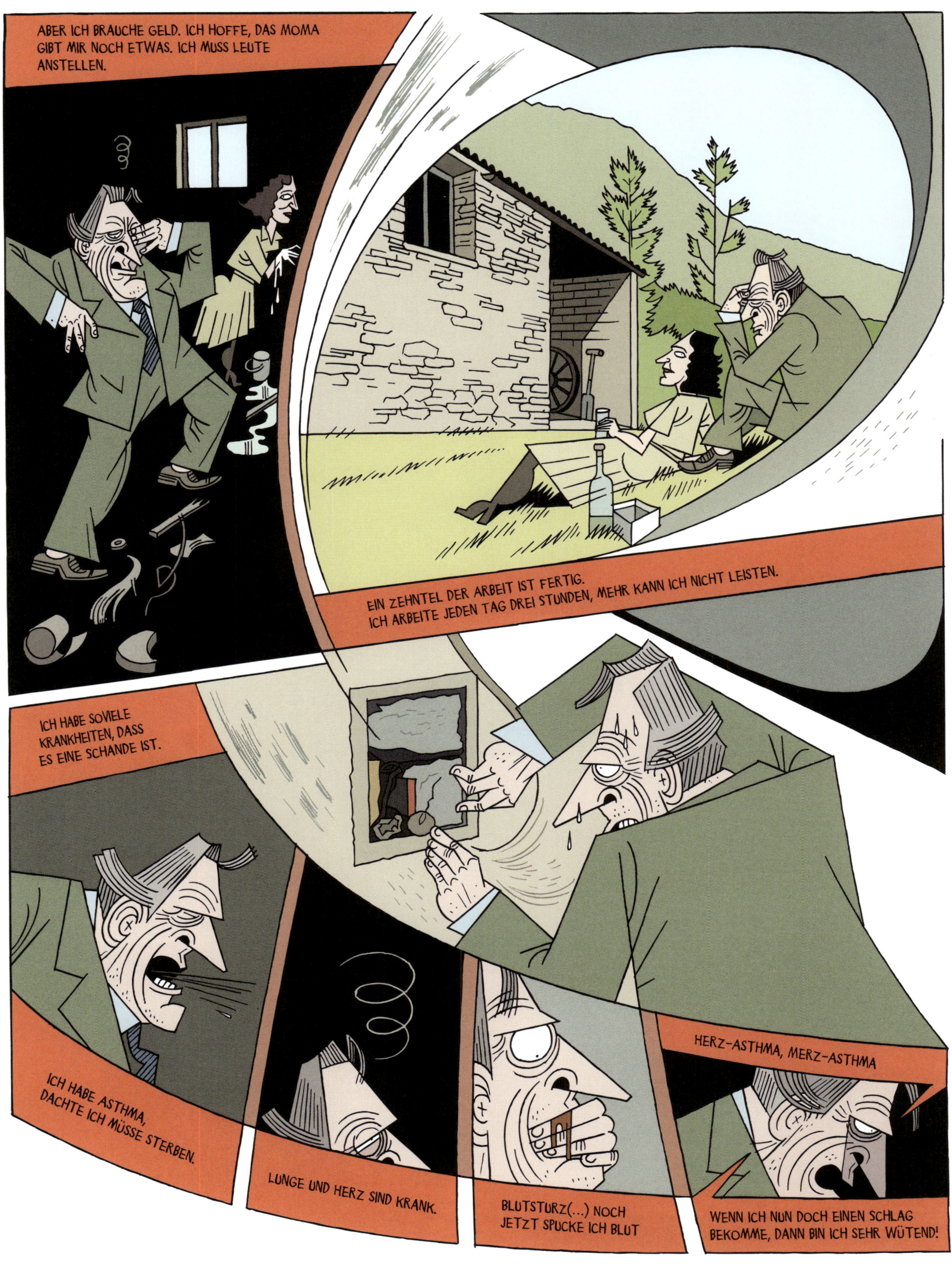
ABER ICH BRAUCHE GELD. ICH HOFFE, DAS MOMA GIBT MIR NOCH ETWAS. ICH MUSS LEUTE ANSTELLEN.
EIN ZEHNTEL DER ARBEIT IST FERTIG. ICH ARBEITE JEDEN TAG DREI STUNDEN, MEHR KANN ICH NICHT LEISTEN.
ICH HABE SOVIELE KRANKHEITEN, DASS ES EINE SCHANDE IST.
ICH HABE ASTHMA, DACHTE ICH MÜSSE STERBEN.
LUNGE UND HERZ SIND KRANK.
BLUTSTURZ(...) NOCH JETZT SPUCKE ICH BLUT
HERZ-ASTHMA, MERZ-ASTHMA
WENN ICH NUN DOCH EINEN SCHLAG BEKOMME, DANN BIN ICH SEHR WÜTEND!

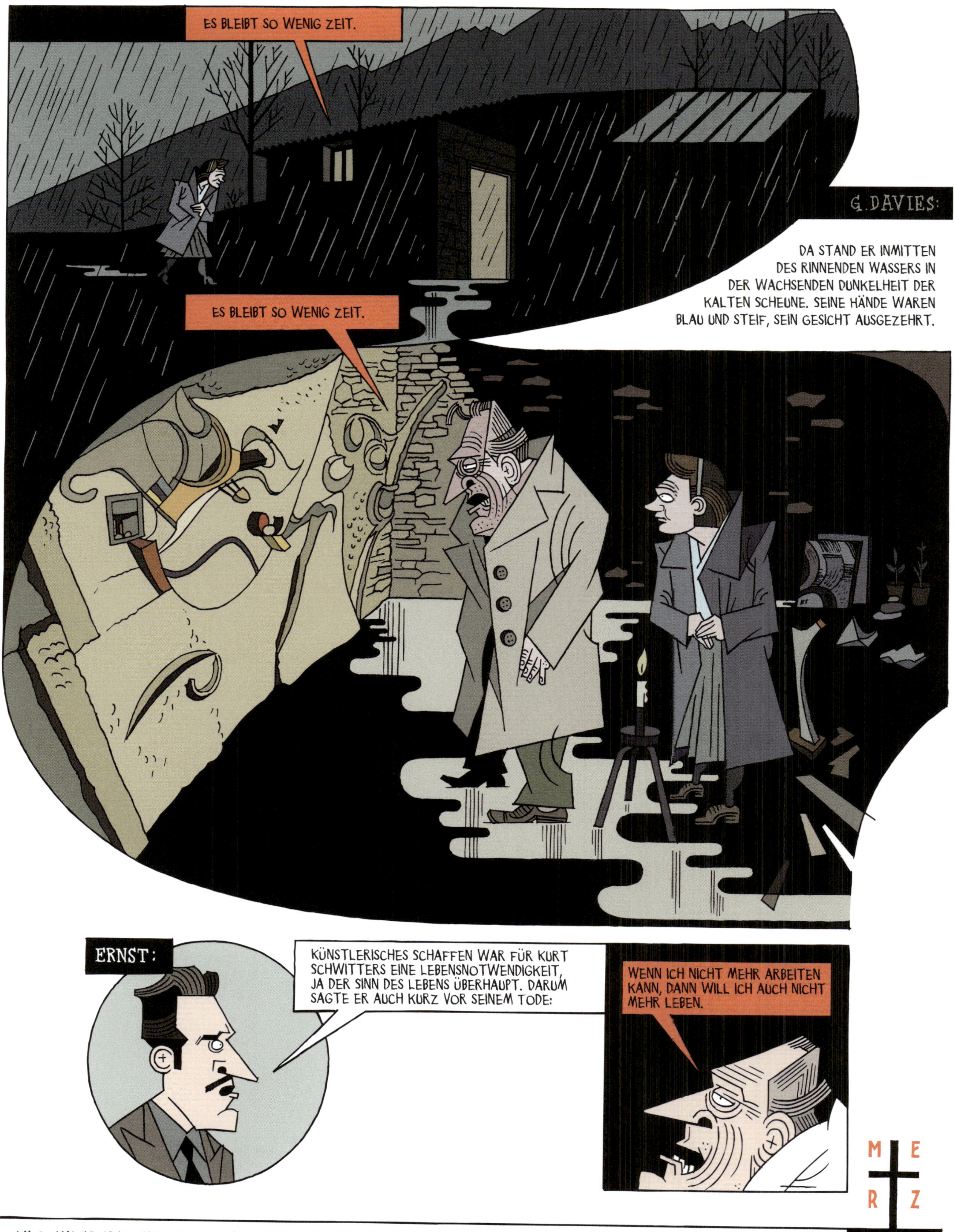
ES BLEIBT SO WENIG ZEIT.
G. DAVIES:
DA STAND ER INMITTEN DES RINNENDEN WASSERS IN DER WACHSENDEN DUNKELHEIT DER KALTEN SCHEUNE. SEINE HÄNDE WAREN BLAU UND STEIF, SEIN GESICHT AUSGEZEHRT.
ES BLEIBT SO WENIG ZEIT.
ERNST:
KÜNSTLERISCHES SCHAFFEN WAR FÜR KURT SCHWITTERS EINE LEBENSNOTWENDIGKEIT, JA DER SINN DES LEBENS ÜBERHAUPT. DARUM SAGTE ER AUCH KURZ VOR SEINEM TODE:
WENN ICH NICHT MEHR ARBEITEN KANN, DANN WILL ICH AUCH NICHT MEHR LEBEN.
M E
R Z
AM 8. JANUAR 1948 STARB KURT SCHWITTERS IM KENDAL GREEN HOSPITAL AN EINEM HERZVERSAGEN.
1887 1948

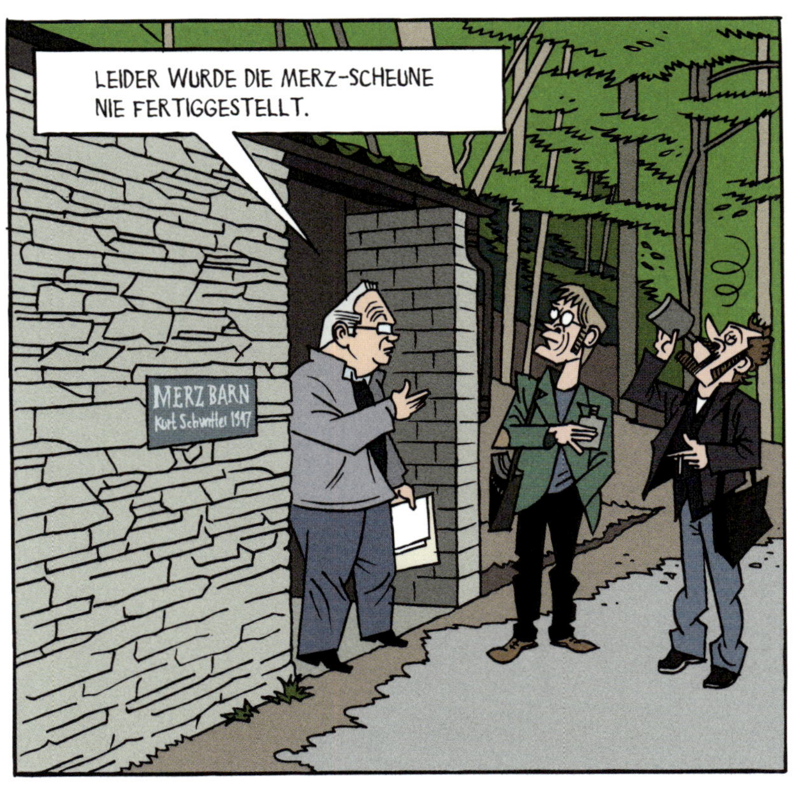

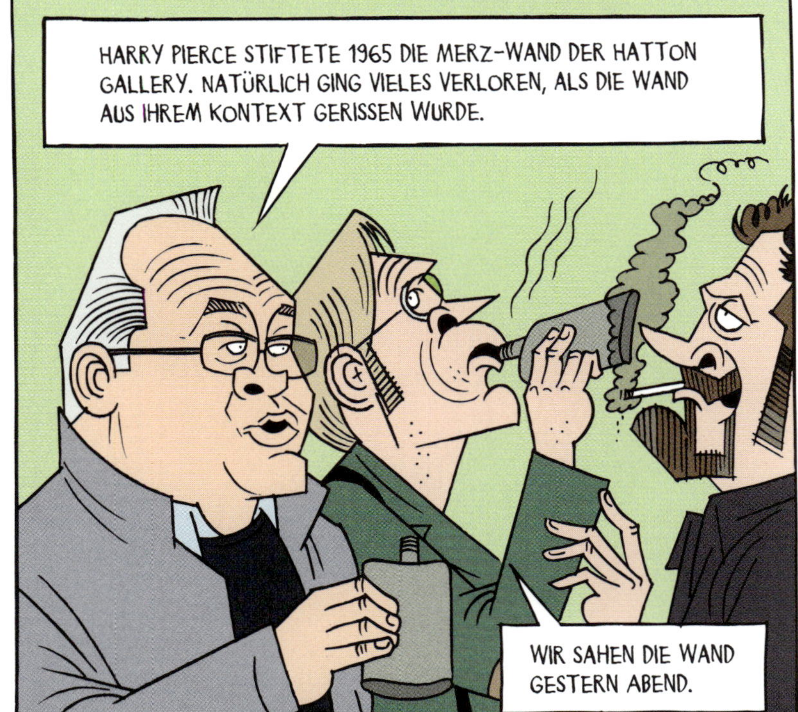

TAGS ZUVOR IN DER HATTON GALLERY, NEWCASTLE UNIVERSITY.

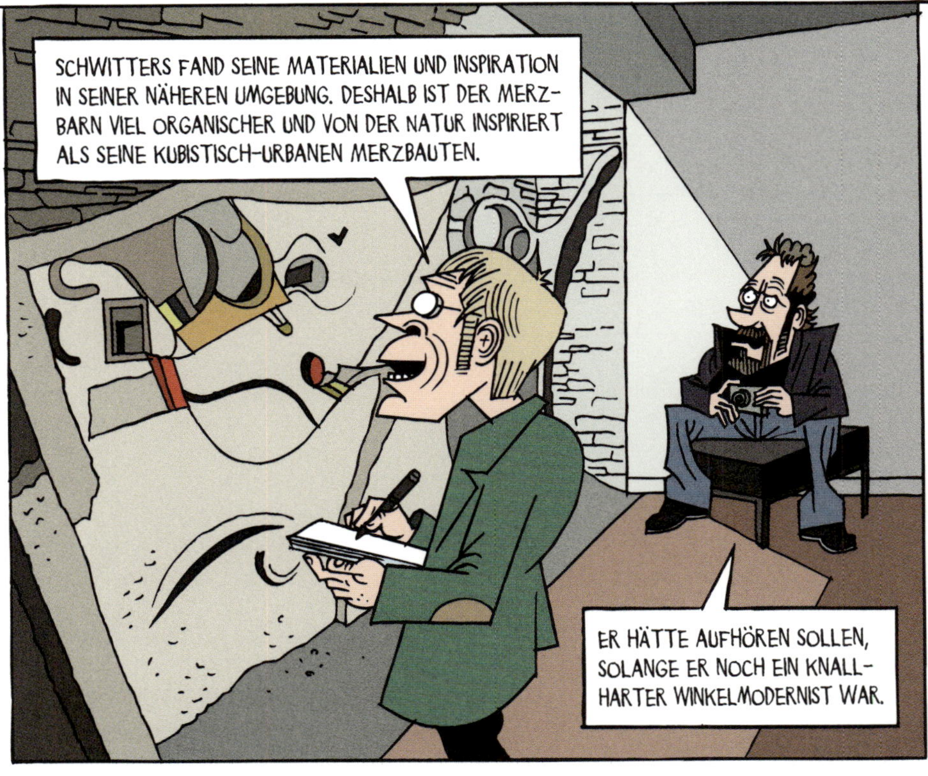

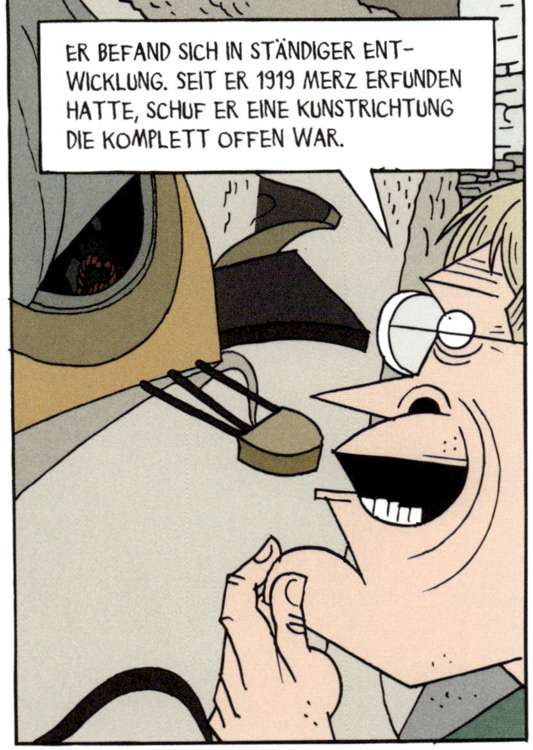

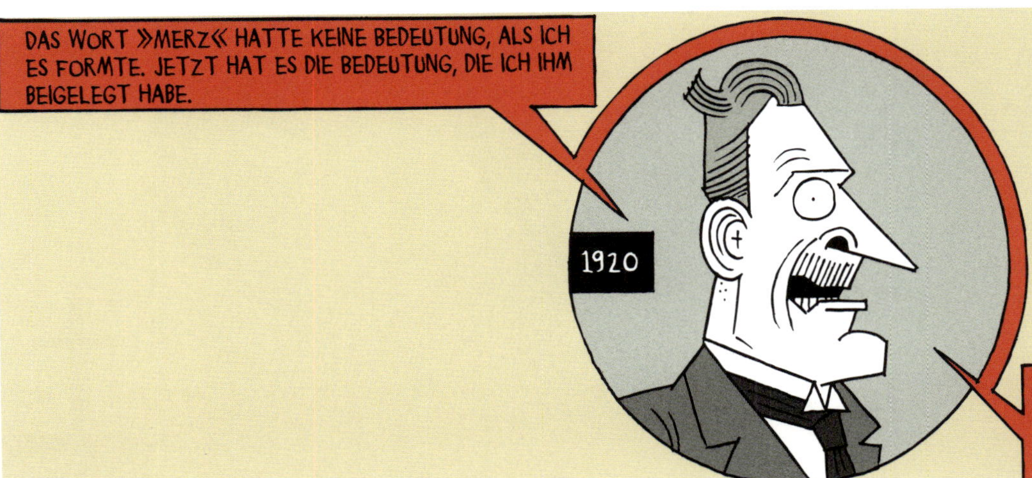

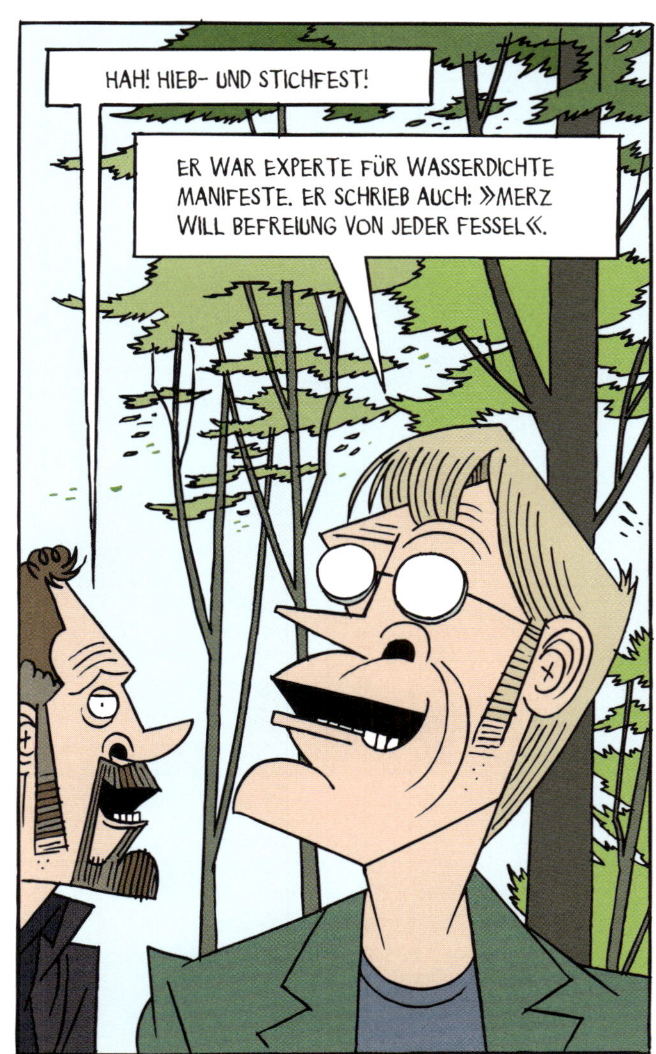
HAH! HIEB- UND STICHFEST!
ER WAR EXPERTE FÜR WASSERDICHTE MANIFESTE. ER SCHRIEB AUCH: »MERZ WILL BEFREIUNG VON JEDER FESSEL«.

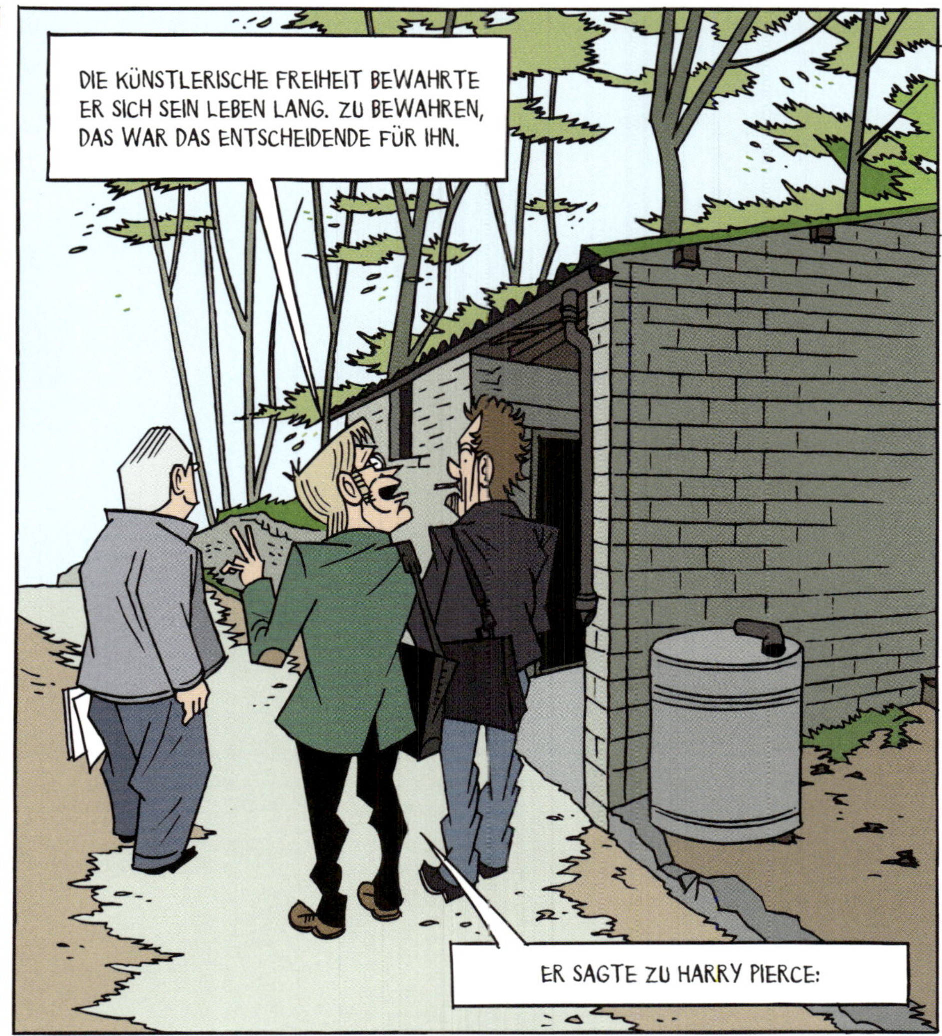
DIE KÜNSTLERISCHE FREIHEIT BEWAHRTE ER SICH SEIN LEBEN LANG. ZU BEWAHREN, DAS WAR DAS ENTSCHEIDENDE FÜR IHN.
ER SAGTE ZU HARRY PIERCE:

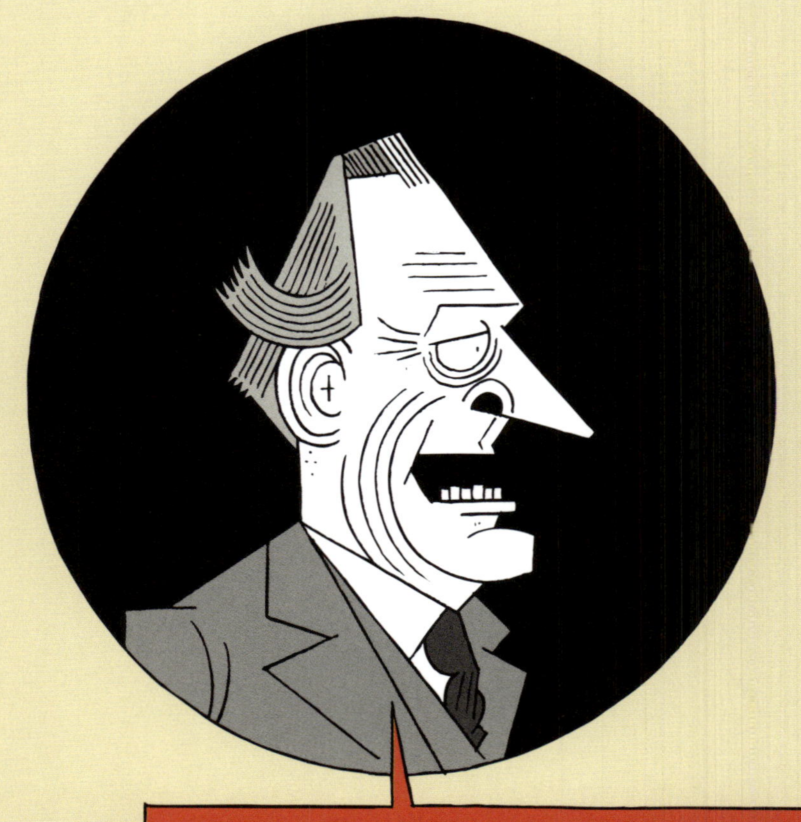
KEINE GENERATION SOLLTE SICH DAMIT ZUFRIEDEN GEBEN, DAS WEITERZUFÜHREN, WAS ES SCHON VORHER GAB.
SCHAFFEN SIE ETWAS NEUES, UM DIE KUNST AM LEBEN ZU HALTEN, AUCH WENN ES KEINEN ERFOLG VERHEISST.
Fiske 2010

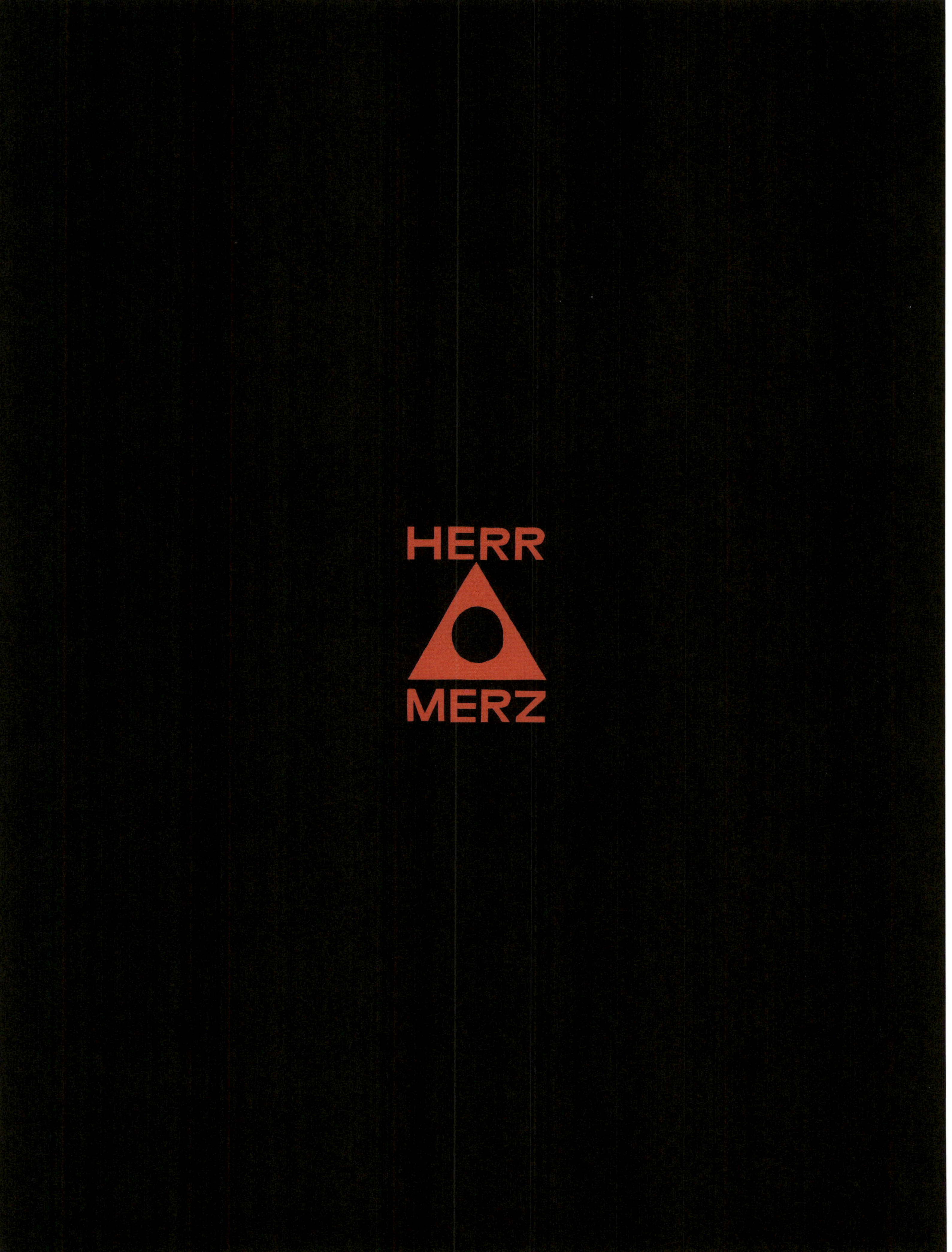
HERR
MERZ

QUELLEN

S. 2–3: „Schwitters in Lobosice". Hans Richter: *Dada art and anti-art*. Thames and Hudson 1997, S. 151.
S. 6 Panel 1: *Schwitters in Norway*. Hatje Cantz/Henie Onstad Art Centre 2009. Panel 4: Kate Traumann Steinitz: *Kurt Schwitters – a portrait from life*. University of California Press 1968, S. 3.
S. 8: „Kurze Lebensbeschreibung". *Kurt Schwitters: Das Literarische Werk* (hiernach *LW* genannt). Band 3. Herausgegeben von Friedhelm Lach. Deutscher Taschenbuch Verlag 2005, S. 210-211.
S. 9: „Herkunft, Werden und Entfaltung". *LW*. Bd. 5, S. 83.
S. 10, Text 1–2, 6–7: „Kurt Schwitters". *LW*. Bd. 5, S. 335. Text 3: „Daten aus meinem Leben". *LW*. Bd. 5, S. 241. Text 4–5: („Kurt Schwitters – Herkunft, Werden und Entfaltung"). *LW*. Bd. 5, S. 84.
S. 11, Panel 1: „Kurt Schwitters". *LW*. Bd. 5, S. 335. Panel 2-8: John Elderfield: *Kurt Schwitters*. Thames and Hudson 1985, S. 56. Panel 9: „i". *LW*. Bd. 5, S. 139.
S. 12–13: „Der Ursprung von Merz". *LW*. Bd. 3, S. 274.
S. 14: „Watch your step!". *LW*. Bd. 5, S. 167. „i (Ein Manifest)". *LW*. Bd. 5, S. 120.
S. 15, Panel 1–4: „Die Merzmalerei". *LW*. Bd. 5, S. 37. Panel 5: El Lissitzky und Hans Arp: *Die Kunstismen*. Eugen Rentsch Verlag 1925, S. XI.
S. 16, Text 1–2: „Selbstbestimmungsrecht der Künstler". *LW*. Bd. 5, S. 38. Text 3: „Die Bedeutung des Merzgedankens in der Welt". *LW*. Bd. 5, S. 134. „An Anna Blume", *Anna Blume und andere*. Verlag Volk und Welt, Berlin 1985, S. 394.
S. 17: „Meine Sonate in Urlauten". *LW*. Bd. 5, S. 288–289. „Konsequente Dichtung". *LW*. Bd. 5, S. 190. „Ursonate". Kurt Schwitters. *Anna Blume und andere*. Verlag Volk und Welt, Berlin 1985, S. 394.
S. 18, Text 1, 14, 15: „Merz". *LW*. Bd. 5, S. 79. Text 2–13: „Aus der Welt: MERZ". *LW*. Bd. 5, S. 153–155.
S. 19, Sprechblase 1: „Watch your step!". *LW*. Bd. 5, S. 167. Sprechblase 2: „Kurt Schwitters". *LW*. Bd. 5, S. 253.
S. 20, Panel 1: „Merz". *LW*. Bd. 5, S. 79. Panel 3–6: „Ich und meine Ziele". *LW*. Bd. 5, S. 343–345.
S. 21: Werner Schmalenbach: *Kurt Schwitters*. Harry N. Abrams 1967, S. 132–133.
S. 22, Panel 1: Schmalenbach, S. 132. Panel 2–3: Gwendolen Webster: *Kurt Schwitters' Merzbau*. Ph.D.-Diss., Open University, Milton Keynes 2007, S. 33–35.
S. 23, Panel 1: Richter, S. 152. Panel 2: „Ich und meine Ziele". *LW*. Bd. 5., S. 344. Panel 3: *Hannah Höch. Eine Lebenscollage 1921–1945*. Hatje Cantz 1995, S. 128. Panel 4: Kate Trauman Steinitz: *Kurt Schwitters – a portrait from life*. University of California Press 1968., S. 90.
S. 24, Panel 1: Steinitz, S. 91. Panel 2–3: „Ich und meine Ziele". *LW*. Bd. 5, S. 343. Panel 4: Kurt Schwitters: *Wir spielen, bis uns der Tod abholt*. Ullstein Sachbuch 1986, S. 242.
S. 25, Panel 2: Webster: *Kurt Schwitters' Merzbau*, S. 57. Panel 3–4: Ernst Schwitters: „Zum Geleit – ein paar unpassende Worte". *Kurt Schwitters im Exil: Das Spätwerk 1937–1948*. Marlborough Fine Art (London) Ltd. 1981, S. 25.
S. 26: Ernst Schwitters: „Kurt Merz Schwitters: Ein Familienbetrieb". *Typographie kann unter Umständen Kunst sein*. Museum Wiesbaden 1990, S. 9.
S. 27, Panel 1–2: Elderfield, S. 156. Panel 3: Webster: *Kurt Schwitters' Merzbau*, S. 52. Panel 4: Richter, S. 152.
S. 28, Panel 1a: *Merz World: Processing the Complicated Order*. JRP/Ringier 2000, S. 75. Panel 1b: Richter, S. 152. Panel 2–3: Webster: Kurt Schwitters' Merzbau, S. 61, 62, 64.
S. 30, Panel 2: „Ich und meine Ziele". *LW*. Bd. 5, S. 346. Panel 3a: Steinitz, S. 67. Panel 3b–4: Gwendolen Webster: *Kurt Merz Schwitters. A Biographical Study*. University of Wales Press 1997, S. 105.
S. 31, Panel 1: Ernst Schwitters: „Kurt Merz Schwitters: ein Familienbetrieb", S. 9. Panel 2: Webster, *Kurt Schwitters' Merzbau*, S. 60.
S. 32: George Grosz: *An autobiography*. University of California Press 1998, S. 133.
S. 33, Panel 1–3: Richter, S. 137–138. Panel 4: Elderfield, S. 40. Panel 6: „Merzfrühling". *LW*. Bd. 5, S. 188. Panel 7: „Banalitäten (3)". *LW*. Bd. 5, S. 148.
S. 34: Richter, S. 145.
S. 36–39: Kurt Schwitters: „van Doesburg". *LW*. Bd. 5, S. 350. **S. 36**, Panel 3b: I.K. Bonset (Theo van Doesberg): *Karakteristiek van het Dada*. Mécano no. 4/5 (White) 1923. Panel 5: Elderfield, S. 105. **S. 38**, Panel 1: „MERZ 1 – Holland Dada". LW. Bd. 5, S. 131. **S. 39**, Panel 7: „MERZ 1 – Holland Dada". *LW*. Bd. 5, S. 132.
S. 40, Panel 2a: Ernst Schwitters: „Kurt Merz Schwitters: ein Familienbetrieb", S. 10. Panel 2b: Kurt Schwitters: Merz 11, Typoreklame, 1924, S. 90. Panel 3a: Jan Tschichold: *Elementare Typographie*. Typographische Mitteilungen, 1925. Panel 3b: Kurt Schwitters: *Die neue Gestaltung in der Typographie*, 1930, S. 13.
S. 41, Panel 1: *Typographie kann unter Umständen Kunst sein*, S. 95. Panel 3: Webster, *Kurt Schwitters' Merzbau*, S. 66.
S. 42, Panel 2: Steinitz, S. 92.
S. 43–46: *Schwitters in Norwegen. Arbeiten, Dokumente, Ansichten*. Herausgegeben von Klaus Stadtmüller. Postskriptum Verlag 1997, S. 80–83 und 100. S. 46: „Ursonate", S. 395.
S. 47, Panel 1a: *Schwitters in Norwegen*, S. 83. panel 1b: Catalogue raisonné. Bd. 3, 1937–1948. Bearbeitet von Karin Orchard und Isabel Schultz. Sprengel Museum Hannover 2006, S. 12. Panel 1c: *Wir spielen, bis uns der Tod abholt*, S. 254. Panel 2–5: *Schwitters in Norwegen*, S. 100.
S. 48: Terje Thingvold: „Kurt Schwitters og Molde". Romdalsmuseet årbok 1998, S. 194.
S. 49, Panel 1–2: „Ich sitze hier mit Erika". LW. Bd. 3, S. 101.
S. 50, Panel 1: Thingvold. Panel 5: Steinitz, S. 41.
S. 51, Panel 1a: *Kurt Schwitters in the Netherlands*. Waanders Uitgevers 1997, S. 27. Panel 1b: Steinitz, S. 81. Panel 2–3: Steinitz, S. 42. Panel 4: Steinitz, S. 81.
S. 52–53: „Ich sitze hier mit Erika". LW. Bd. 3, S. 104.
S. 54: *Schwitters in Norwegen*, S. 78. Sprechblase: *Schwitters in Norwegen*, S. 114.
S. 55, Panel 1, 3, 4: Evy Falkenthal: „Vår venn Kurt Schwitters". Farmand Nr. 40, 1979. Panel 2: *Schwitters in Norwegen*, S. 78.
S. 56: „Ich sitze hier mit Erika". LW, Bd. 3, S. 116-119.
S. 57, Panel 3: Thingvold.
S. 58, Panel 2: *Kurt Schwitters. Merz – a total vision of the world*. Benteli Publishers, Bern 2004, S. 211. Panel 4-7: „Ich und meine Ziele". LW. Bd. 5, S. 340 und 347.
S. 59–62: Gerhard Schaub: *Schwitters-Anekdoten*. Anabas Verlag 1 999, S. 15–18.
S. 63, Panel 2: *Das verfemte Meisterwerk*. Akademie Verlag 2009, S. 79. Panel 4–5: Kurt Schwitters: „Flucht nach Norwegen". *Schwitters in Norwegen*, S. 13.

S. 64, Panel 1: *Schwitters in Norwegen*, S. 13. Panel 3: Ernst Schwitters: *Mitt livsløp*. Riksarkivet, Journalnr. 6695/45. Panel 4: Christopher Burke: *Jan Tschichold and New Typography*. Hyphen Press 2007, S. 145.
S. 65, Panel 1: *Schwitters in Norwegen*, S. 107-108. Panel 2: *Wir spielen, bis uns der Tod abholt*, S. 140. Panel 3: *Schwitters in Norwegen*, S. 108. Panel 4: Schmalenbach, S. 159. Panel 5-6: „Bogen 1 für mein neues Atelier". *LW*. Bd. 5, S. 365.
S. 66, Panel 1: *Kurt Schwitters in Exile*, S. 51. Panel 2: Schmalenbach, S. 160. Panel 3: *Wir spielen, bis uns der Tod abholt*, S. 138. Panel 4–5: Schmalenbach, S. 159.
S. 68, Panel 2a: Jutta Nestegård: *Kurt Schwitters i Norge*. Dissertation (mag.art.) – Universität von Oslo 1993, S. 164. Panel 2b: LW. Bd. 5, S. 366. Panel 4: Elderfield, S. 155.
S. 69, Panel 1–2: *Wir spielen, bis uns der Tod abholt*, S. 145. Panel 3: *Schwitters in Norwegen*, S. 112.
S. 70, Panel 1: *Wir spielen, bis uns der Tod abholt*, S. 145. Panel 2–4: *Schwitters in Norwegen*, S. 112.
S. 71, Panel 1: *Schwitters in Norwegen*, S. 112. Panel 2: „Wir leben 25 Minuten zu spät". *LW*. Bd. 3, S. 160.
S. 72: *Schwitters in Norwegen*, S. 116.
S. 73: Elderfield, S. 182.
S. 74–75: *Wir spielen, bis uns der Tod abholt*, S. 151–152.
S. 76–77: Riksarkivet, Journalnr. 6695/45.
S. 78–81: „Flucht". *Schwitters in Norwegen*, S. 183–185.
S. 82, Panel 1: Riksarkivet, Journalnr. 6695/45. Panel 3: „Der Mann in der Maschine". *Schwitters in Norwegen*, S. 186.
S. 83, Panel 1–2: Eirik Wicklund: *Interneringsleiren på Finneset i 1940*. Årbok Vågan 1995, S. 54/57. Panel 3: *Schwitters in Norwegen*, S. 186.
S. 84, Panel 1–2: *Schwitters in Norwegen*. S. 189. Panel 3–4: Wicklund, S. 57, 62.
S. 85–86: *Schwitters in Norwegen*, S. 190–191.
S. 87, Panel 1: Esther Guldahl. Unveröffentliche Tagebuchskizze, S. 93/95. Panel 2–3: Ernst Schwitters: *Mitt livsløp*. Riksarkivet, Journalnr. 6695/45.
S. 88, Panel 1 und 5: Kurt Schwitters. *Bürger und Idiot*. Fannei & Walz, Berlin 1993, S. 157. Panel 3: „London Symphony". Elderfield, S. 208. Panel 3–4: *Wir spielen, bis uns der Tod abholt*, S. 200.
S. 89, Panel 1: Kurt Schwitters. *Ich ist Stil*. Museum der bildenden Künste Leipzig 2000, S. 47. Panel 2: *Wir spielen, bis uns der Tod abholt*, S. 200. Panel 3: Webster: *Kurt Merz Schwitters*, S. 370. Panel 4: *Bürger und Idiot*, S. 157. Panel 5–6: *Kurt Schwitters in Exile*, S. 35.
S. 90, Panel 2, 4 und 5: Webster: *Kurt Merz Schwitters*, S. 335, 364, 355. Panel 3: Barbara Crossley: *The Triumph of Kurt Schwitters*. Armitt Trust, Ambleside 2005, S. 57.
S. 91, Panel 1a: Webster: *Kurt Merz Schwitters*, S. 358. Panel 1b: Crossley, S. 64. Panel 2: Webster: *Kurt Merz Schwitters*, S. 341. Panel 3a: Crossley, S. 101. Panel 2b: Webster: *Kurt Merz Schwitters*, S. 378. Panel 4a: Crossley, S. 74. Panel 4b: Catalogue Raisonné Bd. 3, S. 539. Panel 5a: Crossley, S. 74. Panel 5b: William Feaver: *Alien in Ambleside*. The Sunday Times Magazine 1974.
S. 92, Panel 1, 2 und 10: Webster: *Kurt Merz Schwitters*, S. 352. Panel 3–9: „Fury of Sneezing". *Anna Blume und andere*, S. 490.
S. 93, Text 1: Feaver. Panel 1–3: Webster: Kurt Merz Schwitters, S. 339. Panel 1–6: „Ursonate". *Anna Blume und andere*, S. 396.
S. 94, Panel 1–2: „Ursonate", S. 396. Panel 3: *LW*. Bd. 5, S. 289–290. Panel 4–6. *Wir spielen, bis uns der Tod abholt*, S. 243, 233, 202, 247.
S. 95: *Höch. Eine Lebenscollage*, S. 49–51.
S. 96: *Höch. Eine Lebenscollage*, S. 46, 48, 51. Hannah Höch: *Aller Anfang ist DADA!* Hatje Canz 2007, S. 168.
S. 97: *Höch. Eine Lebenscollage*, S. 48, 51.
S. 98: Schmalenbach, S. 212.
S. 99, Panel 1–2: Schmalenbach, S. 214. Panel 3: „Ursonate", S. 396. Panel 4: *Ich ist Stil*, S. 47. Panel 5: *Wir spielen, bis uns der Tod abholt*.
S. 100, Panel 1–2: Robin Martakies: *Kurt Schwitters. Free Spirit*. Trafford Publishing 2006, S. 2.
S. 101, panel 3–5: *Bürger und Idiot*, S. 157. Ernst Nündel: *Schwitters*. Rowohlt Taschenbuch Verlag 1981, S. 117. Webster: *Kurt Merz Schwitters*, S. 363. Webster: *Kurt Schwitters' Merzbau*, S. 92.
S. 102, Panel 1: *Wir spielen, bis uns der Tod abholt*, S. 288. Panel 3: Crossley, S. 105. Panel 3–5: Webster: *Kurt Merz Schwitters*, S. 388. Panel 7: Crossley, S. 106.
S. 103, Panel 1: Webster: *Kurt Schwitters' Merzbau*, S. 93. Panel 2: *Wir spielen, bis uns der Tod abholt*, S. 286. Panel 3–4a: Webster: *Kurt Merz Schwitters*, S. 388–389. Panel 4b: Feaver.
S. 104, Panel 1: Martakies, S. 85, 69. *The Merz Barn Project*. Littoral Arts Trust, S. 11. Panel 3: *Wir spielen, bis uns der Tod abholt*, S. 185, 291.
S. 105, Panel 1: Crossley, S. 112. Panel 2, 3, 4, 7: Webster: *Kurt Merz Schwitters*, S. 390, 389, 379. Panel 5: *Wir spielen, bis uns der Tod abholt*, S. 290. Panel 6: Crossley, S. 105.
S. 106, Panel 1, 2: Crossley, S. 113. Panel 3, 4: *Kurt Schwitters in Exile*, S. 17, 41.
S. 107, Panel 1, 2: Martakies, S. 76, 78. *Kurt Schwitters in Exile*, S. 58. Panel 5: Robert Motherwell: *The Dada Painters and Poets*. The Belknap Press of Harvard University Press 1981, S. 59.
S. 108, Panel 1: Motherwell, S. 59. Panel 3: Crossley, S. 110.
S. 112, Panel 3: *Kurt Schwitters in Norwegen*, S. 56.
Cover: „Kurt Schwitters". *LW*. Bd. 5, S. 56.
Rückseite: Panel 1–3: „Merzfrühling". *LW*. Bd. 5, S. 188. Panel 4: „i (Ein Manifest)". *LW*. Bd. 5, S. 120.

DANK AN
Steffen Kverneland, Espen Holtestaul, Cis-Doris Andreasson, Olav Løkke, Karin Orchard, Terje Thingvold, Eirik Wicklund, Ian Hunter, Robin Martakies, Gwendolen Webster, Karin Hellandsjø, Ina Kronenberger, Dag Sveinar, Børre Haugstad.

Kurt Schwitters: Jetzt nenne ich mich selbst Merz
HERR MERZ

Text und Zeichnungen: Lars Fiske
ISBN: 978-3-939080-79-4

Übersetzung: Nadja Gebhardt
Redaktion: Johann Ulrich
Lettering und Produktion: Tinet Elmgren
Herausgeber: Johann Ulrich

avant-verlag | Weichselplatz 3-4 HH | 12045 Berlin
info@avant-verlag.de

Mehr Informationen finden Sie online:
www.avant-verlag.de
www.facebook.com/avant.verlag

Ebenfalls von Fiske/Kverneland erschienen:
Olaf G.
ISBN: 978-3-939080-26-8

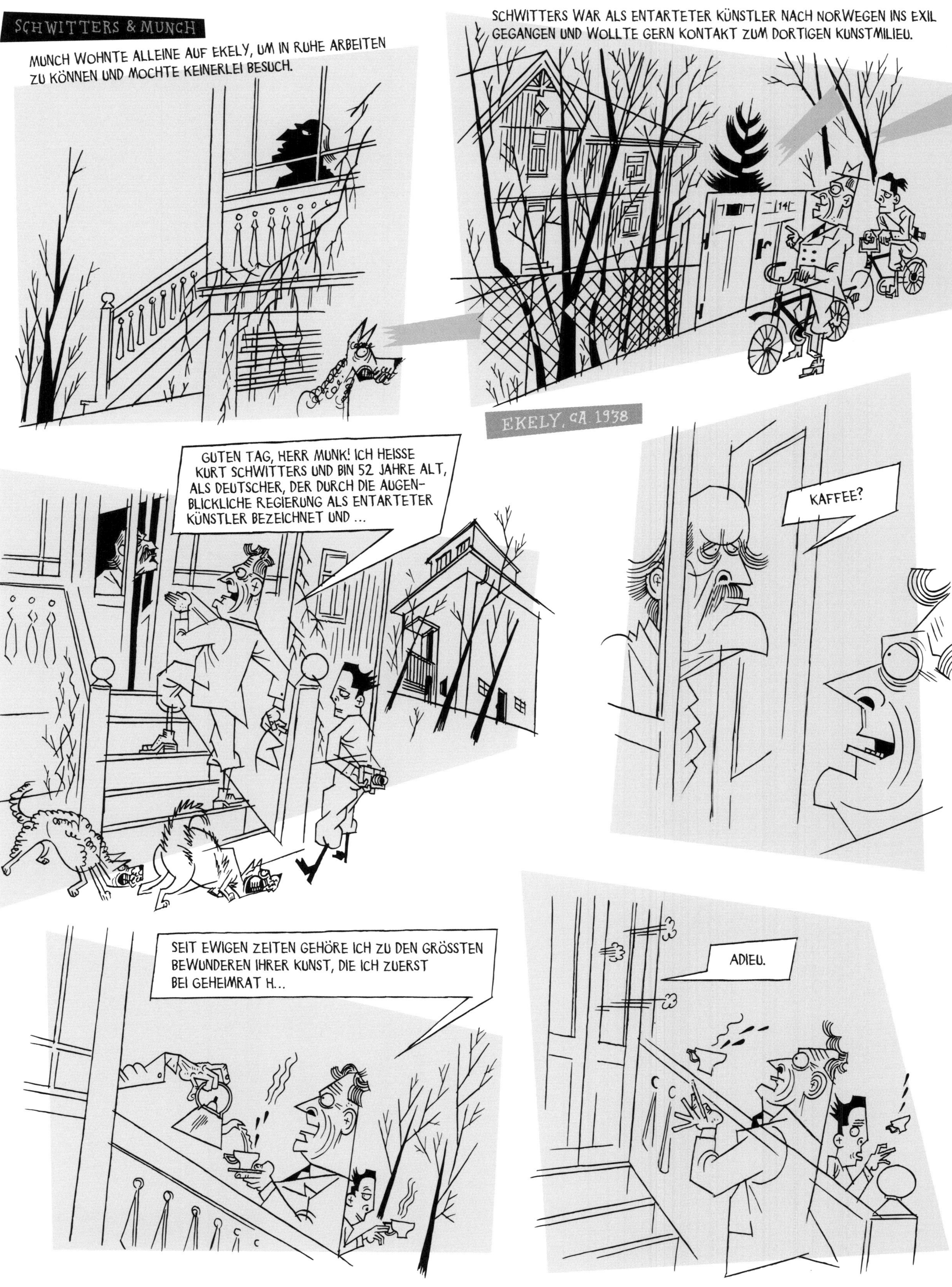
SCHWITTERS & MUNCH
MUNCH WOHNTE ALLEINE AUF EKELY, UM IN RUHE ARBEITEN ZU KÖNNEN UND MOCHTE KEINERLEI BESUCH.
SCHWITTERS WAR ALS ENTARTETER KÜNSTLER NACH NORWEGEN INS EXIL GEGANGEN UND WOLLTE GERN KONTAKT ZUM DORTIGEN KUNSTMILIEU.
EKELY, CA. 1938
GUTEN TAG, HERR MUNK! ICH HEISSE KURT SCHWITTERS UND BIN 52 JAHRE ALT, ALS DEUTSCHER, DER DURCH DIE AUGENBLICKLICHE REGIERUNG ALS ENTARTETER KÜNSTLER BEZEICHNET UND …
KAFFEE?
SEIT EWIGEN ZEITEN GEHÖRE ICH ZU DEN GRÖSSTEN BEWUNDEREN IHRER KUNST, DIE ICH ZUERST BEI GEHEIMRAT H…
ADIEU.

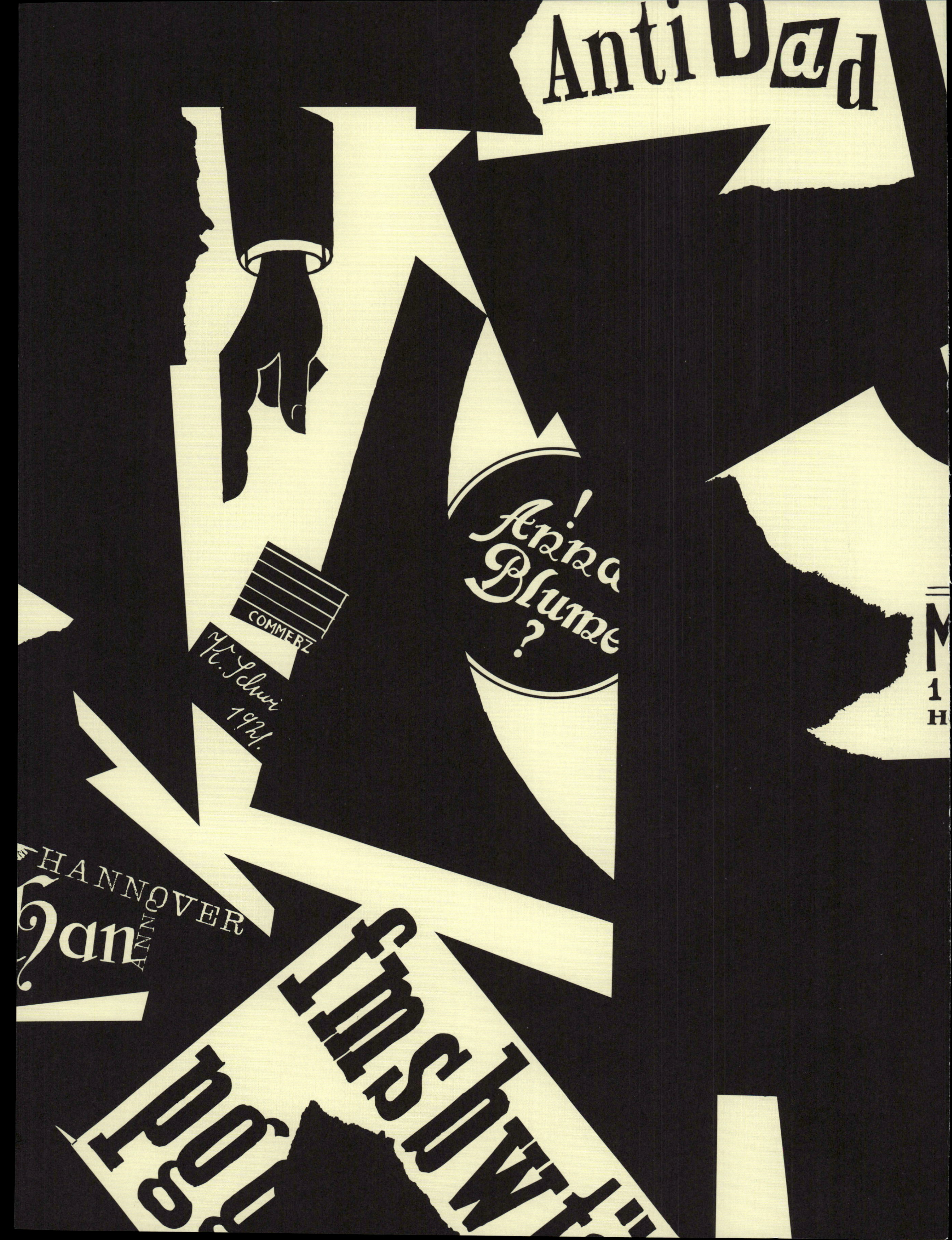

Anti Dad

! Anna Blume ?

COMMERZ

K. Schwi
1921.

HANNOVER

Han

ANNN

M
1
H